李虎 / 著

分离、互动与调适

Separation,
Interaction and Adjustment

一个壮族村落的
人口流动与文化变迁

Population Mobility and
Cultural Change of a Zhuang Village

社会科学文献出版社
SOCIAL SCIENCES ACADEMIC PRESS (CHINA)

序

李明欢

  知晓壮族并留下刻骨铭心之美好印象，源自童年时在影院里被刘三姐那美妙动听的歌声所打动，被银幕上那青翠秀丽的柳江山水所陶醉。然而，只有在我真正面对来到我面前的第一位壮族博士研究生即本书作者李虎时，方开始了对于壮族历史和文化的直接感悟，并且从见证李虎多年对于学术孜孜不倦的追求开始，我对于壮族情怀、壮族精神的理解也得以深化。

  本书系李虎在其博士论文基础上修订完善而成。自20世纪80年代以降，随着越来越多农村人口走上流动打工之路，学术界关于打工者的研究可谓与日俱增，不可胜数。因此，当李虎提出以壮族打工者为其博士生阶段的研究对象时，我多少有些担心：如何能在这汗牛充栋的研究中创出新意？可喜的是，历经三年多的努力，李虎交出了一份合格的答卷！如今，学生的大作即将付梓，作为导师自然倍感欣慰！

  人类学的魅力正是如此：经由与研究对象日常间的生活，呈现诸如一次餐桌上的参加者、座次、饮食、话题等的平常与特殊之处，从中找到人群背后的社会真相和文化意义。书中，无论是伏台"原空间"中的仪式、家庭、节日与生计，还是因人口的流动而引发的各种变迁，以及在变迁过程中人群或诸多个体在适应面前的磨合，都揭示了当代中国社会的巨大变化：面对开放的社会，传统乡村，也就是作者提及的类似"原空间"般乡村中的人群社会发生了怎样的变化，以及他们如何应对此种变化。如果说古典人类学家竭尽全力将一个个不同地域被他们视为"凝固"的人群社会文化加以呈现且从中找寻真相的话，那么，现代人类学家则致力于"大洪水"来临之前的种种"救赎"，但他们追寻的目标实质与古典人类学家相同。然而，当代人类学者将更多的精力放在了对一区域中一人群社会变迁的描述，这不仅是因为当代社会确实发生着与任何历史时期都难以相较的巨大变化，也是因为人类学家关照人类社会现实的初心不断强化。正如书中所呈现的，一切社会变迁中都会有群体的分离与重组，也会有被人群视为"传统"的事物的分崩离析、消隐或杂糅，更会有面对这一切变化时个体的彷徨、不适乃至争执，作者使用"分离、互动与调适"作为本书研究的基调，正是如此，更是恰如现实。

本书作者不仅坚守人类学的田野传统，也继承了材料呈现与语言表述上人类学的看家本领：一个个故事，一处处细节，一段段观察，一番番对话，一道道思考与讨论，无不体现出人类学味道。读它，中国的一个个乡村就闪现在脑际；细读它，中国乡村正在发生的变迁俨然就在眼前。

李虎生于壮乡，自幼在壮族山乡文化熏陶中成长，同时也在社会化过程中更深地融入了博大精深的中华文化。他的研究以其家乡广西马山伏台为田野点，从"原空间"出发，全面梳理地方、社会、国家之间的关系，进而以主要篇幅剖析伴随着人口流动而出现的壮族乡村人口生存空间的拓展，以及他们在新空间的落足、适应与发展。李虎还注意剖析壮族文化如何伴随着人口持续不断地向外流动，与汉族文化既碰撞又交融，同时指出壮族传统文化既成为维系外出者与留守者关系的重要纽带，也是缓解农村走向解体的根本保障。

熟悉的乡情与专业的学识相互融合，使李虎的研究既凸显壮族传统习俗、民间信仰等独具特色的文化特征，又注意通过扎实的比较研究点明壮族与汉族人口流动在动因、方式等方面的相似之处及缘由。毕竟，同生活于中华民族大家庭之中，同谋发展于广袤的中华大地，各民族的所思、所想、所历、所求，自然呈现诸多共享、共有、共治、共得。

"歌似滔滔柳江水，源远流长永不断！"壮乡歌仙刘三姐的歌声早已成为中华民族的璀璨瑰宝传遍四方，祝愿包括本书作者李虎在内的诸多壮乡优秀青年学者也以其步步深化的研究为中华民族的学术百花园增新光，添异彩！

目 录

绪　论 / 1

第一章　原空间：聚落环境、历史与社会文化 / 24
　　第一节　聚落的空间环境及背景 / 24
　　第二节　村落的生计方式与传统文化 / 32
　　第三节　国家民族政策的实施与地方民族关系 / 47
　　第四节　原空间的松动：集体化时期的人口流动 / 62
　　本章小结 / 66

第二章　空间拓展与社会分离：村落打工文化的形成 / 68
　　第一节　空间拓展的历程 / 68
　　第二节　空间拓展的动因 / 85
　　第三节　空间拓展的策略与分离仪式 / 96
　　本章小结 / 111

第三章　新空间的文化适应：他乡生活 / 113
　　第一节　物质层面的适应 / 114
　　第二节　制度层面的适应 / 136

第三节 精神层面的适应 / 154
本章小结 / 175

第四章 原空间的调适与变迁：分离背景下的留守社会与文化 / 177
　第一节 生计方式 / 177
　第二节 婚姻家庭 / 201
　第三节 公共参与和闲暇生活 / 234
　第四节 村落关系与语言认同 / 251
　本章小结 / 260

第五章 两种空间下的互动与维系：传统与现代的交融 / 264
　第一节 传统与现代的交汇：不同空间下的沟通方式 / 264
　第二节 春节：同一时空下的短暂聚首 / 276
　本章小结 / 289

第六章 结论与思考 / 291
　第一节 分离、互动与调适 / 291
　第二节 问题与思考 / 299

附　录 / 313

后　记 / 315

绪　论

壮族作为国内人口最多的少数民族，因其具有的悠久历史和灿烂文明，长期以来备受学界关注，当前有关壮族的研究愈发系统、成熟。学界的另一个研究热点——"人口流动"及"流动人口"，自20世纪90年代以来也一直备受瞩目，至今相关研究方兴未艾。然而，目前将这两个主题交叉融合的研究并不多见。因此，本书力图在人类学田野调查的基础上，以一个壮族村庄的人口流动为研究对象，揭示壮族人口流动的某些特质，以及因人口流动引发的人口、信息、文化等方面的互动对流出地文化及村落社会的影响。绪论部分拟先说明本研究的选题缘起和田野点选择，评述研究现状，介绍田野过程和研究构架，以展示研究的目的、意义与整体构想。

一　研究缘起

在我五六岁时，父亲即外出务工（当时称"搞副业"）；我升入初中后，父母双双加入赴海南海口种菜的队伍中，直至今日。其间，身边的兄弟姐妹、亲朋邻里，纷纷背井离乡跨入赴广东打工的行列，或弃田外出，或弃学（甚至辍学）而去。而自己也开始从村里的小学，到村外的完小，到镇上的初中，再到县里的高中，以及区外的大学……十余载寒窗苦读，一步步走上外出求学之路。蓦然回首，家乡的很多亲人依然在外出务工的潮流中打拼，能够通过求学走出乡村者凤毛麟角，更多的人仅初中毕业甚至肄业便外出打工。打工文化已然渗透到人们生活的方方面面，成为个人成长过程的必需经历，甚至成为人生的一种通过礼仪和村落中不可或缺的文化模式。一系列的问题由此而生：什么动力驱使那么多人别妻离子、背井离乡到城市务工？这些人在城市中过着怎样的生活？打工对村落社会、个人及壮族文化到底产生什么影响？两种空间下的人们如何应对长期分离带来的诸多问题？打工潮影响下的村落和务工者将走向何方？等等。作为家乡培养出的唯一博士，我对这些问题展开探索义不容辞。我虽然未曾亲自实践打工，但体验过种菜的艰辛；虽然没有经历打工，但生活中从来没有离开打工。我在求学过程中的生活保障，依赖的正是父母艰辛种菜和兄弟姐妹们辛苦打工所获取的血汗钱。大学至今，每逢寒暑期我都会根据父母的居所和建议，选择回老家或去父母在海口的菜地。

幼年时，我是家乡最早一批留守儿童中的一员，亲身体验长辈外出打工对自己及留守村落的乡亲造成的诸多影响，感受着打工生活和打工文化对村落中的人和社会文化的洗礼；成年后，我是村落中依赖打工收入得以完成学业并走出乡村的一员。这些亲身经历使我更迫切需要为家乡及这群在外奔波的亲人做点什么，而作为清贫学子，唯有记录、思考和写作。这使我进一步增强研究家乡壮族人口流动现象的责任感和使命感。

更重要的是，中国城乡人口流动不断加剧的社会现实和学术研究的现状，使这一主题的研究具有重要的意义和价值。当前"外出务工"已然成为中国农村的普遍现象，无论是中国农村自身的发展、建设和管理，还是学界关于中国农村的研究，都必须关注因大量人口外出务工而对农村本地造成的社会影响及后果。对城市的研究同样需要关注"农民工""打工仔、打工妹"等流动人口的话题。因此，"人口流动"和"流动人口"成为学界、媒界和政界关注的焦点，有关务工者的研究、讨论及相关调研报告、政策文件林林总总，不胜枚举。各个学科也纷纷从自身角度切入流动人口和人口流动现象的研究，尤其是社会学、人口学、经济学、人类学、文学、管理学的成果蔚为壮观。然而，当前对少数民族人口流动尤其是壮族人口流动状况的研究仍略显薄弱：现有研究主要偏重于其在城市（流入地）的生活状况及城市管理策略，尤其是关注其生活适应问题，对流出地的重视明显不足。有限的以流出地为研究对象的成果，侧重于其经济变化、政治变革及留守问题，而有关少数民族人口流出所产生之文化影响的系统研究尚不多见。具体到壮族的人口流动研究，无论是与庞杂的壮学研究成果相比，还是同各学科研究者纷纷参与而产生的众多人口流动著作比较，这一主题的成果都数量不多，既显得零星又缺乏系统性（见绪论之研究现状述评）。因此，对壮族人口流动的研究具有一定的学术价值和现实意义。

总体而言，本研究遵循人类学的基本传统，立足于一个村庄，在村庄中开展研究，试图总结出规律性的认识；在此基础上，基于流动人口的特殊性，将视野扩大到村庄外的流入地，探寻流动人口流出地和流入地的经验互动及文化适应。选择壮乡伏台作为田野点，当然不能仅考虑其是我的家乡，熟悉且有感情便于研究，还需要思索这一村庄及其流动人群所具有的代表性和典型性。本研究主要的田野点——伏台，是一个位于广西马山县西部的壮族村落，村庄中的青壮年几乎全部外出务工，务工人员的类型包括建筑工地上的农民工、工厂中的打工仔和打工妹以及城市边缘的代耕菜农。就村庄的人口外流特性而言，其与中国大部分农村，尤其是中西部偏远地区的农村具有相似性，而流动人口中的建筑工和打工仔、打工妹也具有普遍性；然而村庄中壮族文化的特点和代耕菜农的流动类型又使其具有一定的特殊性和典型性。同时，田野点所属的壮族乡镇及周边地区的农村普遍存在与其类似的情况，即具有相似的壮族文化背景、大多数人外出务工，且存在前述三种类型的务工人员，而伏台村民则是这一区域中赴海南海口种菜的第一批人，也是较早赴广西南宁和广东务工的人员之一。因此，就特定区域而言该田野点具备一定的代表性和典型性。

二　研究现状述评

人口流动作为人类社会历史上一种重要的社会现象，长期以来受到历史学、人口学、人类学、社会学、经济学、管理学、文学等学科研究者的高度关注。但各学科研究的侧重点不同，甚至对人口流动①的表述不一，但是无不在探讨人口从一个地理区域移动到另一个地理区域的原因、特点、规律及其引发的问题等。随着现代化和全球化步伐的加快，信息传递和交通条件的便捷，人口流动的趋势明显加快，与之相关的研究成果也层出不穷。

---

① 国内学界中，人口流动通常是社会学、人口学、人类学的提法，经济学等则一般使用劳动力转移之说，二者当然有别，一般认为人口流动比劳动力转移的范围更大。而国外的提法不一，如移民、人口迁移、劳动力循环转移等。文献综述中为了尊重原作，一般不改变原有提法，主要强调这些概念内涵的一致性。

(一) 国外相关研究

流动迁徙在人类发展史中占据着重要地位，是人类社会生存发展过程中一个重要而显著的特征。长期以来人口迁徙受到学术界的极大关注，迁徙被认为是西方规范人口学中除了出生与死亡之外的第三个研究主题。19世纪末，列文斯坦（E. G. Ravenstein）的《人口迁移规律》[①]一文通常被认为是人口迁移的开创之作。他认为，人口迁移并非完全盲目无序流动，而是遵循一定的规律；促使人口流动的原因主要有受歧视、受压迫、沉重的负担、气候不佳、生活条件不合适等，而其中经济因素是最主要的。列文斯坦的这些观点，被认为是20世纪50年代人口迁移"推-拉"理论的主要渊源。

人口学界著名的"推-拉"理论则由学者唐纳德·博格（D. J. Bague）和李（E. S. Lee）[②]等人在列文斯坦研究的基础上完善而成。"推-拉"理论从运动学的观点解释人口流动的动因，认为导致人口流动的动因有两种力量：一种是促使人口流动的力量，即有利于人口流动的正面积极因素；另一种则是阻碍人口流动的力量，即不利于人口流动的负面消极因素。"推-拉"理论提出后，在很长一段时间里被移民研究者奉为圭臬，争相使用于不同的人口迁移材料分析中，可谓"长盛不衰"并能"放之四海"。这归功于"推-拉"理论非常聪明地设计了一个简易灵巧的大框架，往里进行实质性"填充"的学者们可以享有非常自由的想象空间。[③]

当然，随着来自世界各地实证材料的涌现，以及移民研究的不断深入和细化，"推-拉"理论也受到诸多批评和怀疑。厦门大学李明欢教授曾将这些批评和怀疑归纳为四个方面。其一，"推拉模型"将"迁移"描述成某一群体被动地被"推"、被"拉"的过程，无视移民主体在这一过程中的主观能动性。其二，"推拉模型"无法回答当原先存在的"推拉"因素发生变化之后，为什么移民行为并不一定立刻终止；反之，在另外的个案中，某

[①] E. G. Ravenstein, "The Laws of Migration," *Journal of the Statistical Society of London* 2 (1885): 167–235.
[②] E. S. Lee, "A Theory of Migration," *Demography* 1 (1966): 47–57.
[③] 李明欢：《20世纪西方国际移民理论》，《厦门大学学报》（哲学社会科学版）2000年第4期。

些"推拉"因素并未发生明显变化,移民行为却减少或下降了。其三,在相似的"推拉"因素的作用下,同一群体中有的人走上移民道路,有的人却依然故我,安于现状,原因何在?其四,移民行为完全是"推拉"因素作用下的"理性选择"吗?其中难道不存在偶然的恣意行为吗?① 因此,20世纪后期的西方移民研究已经很少再简单地罗列各研究对象的"推拉"因素,而是注重分析迁移行为的"推力"或"拉力"的深层次原因,以及"推力"或"拉力"产生效应的具体方式,等等。

随后人口流动也逐渐成为经济学家们关注的焦点,相关的理论建构颇多,其中最有影响力的是刘易斯(W. A. Lewis)的二元经济模式②、拉尼斯-费景汉模式(Ranis-Fei Model)③、乔根森(Dale W. Jorgenson)模式④、托达罗(M. P. Todro)人口流动模式及哈里斯(Harris)对其的修正⑤、斯塔克(Stkar)的新迁移经济学理论⑥等。这些模式及理论建构从不同视角解释发展中国家人口流动的动力、特点及机制。

然而,在诸多国际上较有影响的人口流动和迁徙的模式和理论中,几乎没有看到来自中国经验的研究。这与中国特殊的历史背景和政治环境,尤其是国内的人口流动和移民管理政策密切相关。就人口流动而言,20世纪50年代末到70年代末,中国政府长期采用严格限制人口流动的政策,这一时期,人口流动的行为不切实际,也不具备研究的环境。进入80年代后,随着改革开放政策的实施,国内人口流动问题日益凸显,相关研究才逐步得以开展。部分外国学者也逐渐加入有关中国乡村向城市人口流动现象的研究中来。不少研究直指中国改革开放之后的国内人口流动现象,分析其

---

① 李明欢:《20世纪西方国际移民理论》,《厦门大学学报》(哲学社会科学版)2000年第4期。
② 〔美〕威廉·阿瑟·刘易斯:《二元经济论》,施炜等译,北京:北京经济学院出版社,1989。
③ Gustav Ranis and John C. H. Fei, "A Theory of Economic Development," *The American Economic Review* 4 (1961).
④ Dale W. Jorgenson, "The Develomtot of a Dual Economy," *The Economic Journal* 71 (1961).
⑤ John R. Harris and Michall P. Todaro, "Migration, Unemployment and Development: A Two Sector Analysis," *The Economic Journal* 60 (1970).
⑥ Stark O. and Taylor J. E., "Migration Incentives, Migration Types: The Role of Relative Deprivation," *The Economic Journal* 101 (1991): 1163–1178.

成因、特征和影响;① 一些研究则从社会性别的角度,关注女性流动人口的生存状况②、社会适应③以及对个人的婚姻、家庭造成的影响④;部分研究成果注意到中国人口流动的特殊政治和社会背景,注重分析地方政府与人

---

① Chan, Kam Wing, "Internal Migration in China: A Dualist Approach," in Frank Pieke and Hein Mallee, eds., *Internal and International Migration* (Surrey: Curzon Press, 1999), pp. 49 – 72; Chan, Kam Wing and Li Zhang, "The Hukou System and Rural-Urban Migration in China: Processes and Changes," *The China Quarterly* 160 (1999): 818 – 855; Croll, Elisabeth and Huang Ping, "Migration for and against Agriculture in Eight Chinese Villages," *The China Quarterly* 149 (1997): 128 – 146; Davin, Delia, *Internal Migration in Contemporary China* (New York: M. E. Sharpe, 1994); Mallee, Hein, "In Defense of Migration: Recent Chinese Studies on Rural Population Mobility," *China Information* 10 (1996): 108 – 140; Mallee, Hein, "Rural Household Dynamics and Spatial Mobility in China," in *Scharping* (1997), pp. 264 – 277; Mallee, Hein, "Agricultural Labor and Rural Population Mobility: Some Observations," in Loraine A. West and Zhao Yaohui, eds., *Rural Labor Flows in China* (Berkeley: Institute of East Asian Studies, University of California Press, 2000), pp. 34 – 59; Nolan, Peter, "Economic Reform, Poverty and Migration in China," *Economic and Political Weekly* 28 (1993): 1369 – 1377; Rozelle, Scott, Li Guo, Mingao Shen, Amelia Hughart, and John Giles, "Leaving China's Farm: Survey Results of New Paths and Remaining Hurdles to Rural Migration," *China Quarterly* 158 (1999): 367 – 393; Scharping, Thomas (ed.), *Floating Population and Migration in China* (Hamburg: Mitteilung des Institus fur Asienkunde, 1997); Scharping, Thomas, "Selectivity, Migration Reasons and Backward Linkages of Rural-Urban Migrants: A Sample Survey of Migrant to Foshan and Shenzhen in Comparative Perspective," in Frank N. Pieke and Hein Mallee, eds., *Internal and International Migration: Chinese Perspectives* (Surrey: Curzon Press, 1999), pp. 73 – 102.
② Jacka, Tamara, "Working Sister Answer Back: The Representation and Self-Representation of Women in China's Floating Population," *China Information* 13 (1998): 43 – 75; Jacka, Tamara, "Other China/China's Others: A Report on the First National Forum on the Protection of Migrant Women Workers, Beijing," *New Formations* 40 (2000): 128 – 137; Jacka, Tamara, "On the Move: The Life Stories of Rural Migrant Women in Contemporary China," *Intersections: Gender, History and Culture in the Asian Context* (2000), http://wwwsshe.murdoch.edu.au/as/intersections/; Jacka, Tamara, "Migrant Women's Stories," in Arianne Gaetano, and Tamara Jacka, eds., *On the Move: Women and Rural-to-Urban Migration in Contemporary China* (New York: Columbia University Press, 2004), pp. 279 – 285.
③ Davin, Delia, "Migration, Women and Gender Issues in Contemporary China," in Scharping (1997), pp. 297 – 314; Davin, Delia, "Never Mind If It's a Girl, You Can Have Another Try," in Jorgen Delman, Clemens Ostergaard, and Flemming Christiansen, eds., *Remaking Peasant China* (Denmark: Aarhus University Press, 1998), pp. 81 – 91.
④ Murphy, Rachel, "The Impact of Labour Migration on the Well-Being and Agency of Rural Chinese Women," in Tamara Jacka and Adrienne Gaetano, eds., *On the Move: Women in Rural-Urban Migration in Contemporary China* (New York: Columbia University Press, 2003); 〔澳〕杰华:《都市里的农家女——性别、流动与社会变迁》,吴小英译,南京:江苏人民出版社,2006。

口流动的关系①、流动人口在城市中的市民身份②、城乡户籍制度的存在与改革③。一些学者则关注中国人口流动的回流现象及其对农村的影响。④ 还有的学者则对某一区域的人口流动进行研究⑤，或在中国的农村个案研究中涉及人口流出现象的描述和分析⑥，等等。

在国外学者的研究成果中，目前在国内比较具有影响力的有剑桥大学爱尔兰籍学者瑞雪·墨菲（Rachel Murphy）的《农民工改变中国农村》⑦，澳大利亚学者杰华（Jacka Tamara）的《都市里的农家女——性别、流动与社会变迁》⑧ 及华裔美国学者张鹂的《城市里的陌生人》⑨。同时，有关中国少数民族人口流动的研究开始受到关注，如郭菲（Fei Guo）博士对流入北京的少数民族进行研究和探讨；Robyn Iredale、Naran Bilik 等人对中国西北和西南的少数民族进行专题和个案研究。⑩

---

① Solinger, Dorothy J., "China's Transients and the State: A Form of Civil Society?," *Politics and Society* 21 (1993): 91–122.
② Solinger, Dorothy J., *Contesting Citizenship in Urban China: Peasant Migrants, the State and the Logic of the Market* (Berkeley: University of California Press, 1999).
③ Mallee, Hein, "China's Household Registration System under Reform," *Development and Change* 26 (1995): 1–29.
④ Woon, Yuen-Fong, "Labor Migration in the 1990s: Homeward Orientation of Migrants in Pearl Delta Region and Its Implications for Interior China," *Modern China* 25 (1999): 475–512; Zhao, Y. H., "Labor Migration and Returns to Rural Education in China," *American Journal of Agricultural Economics* 4 (1997): 1278–1287.
⑤ Scharping, Thomas, "Selectivity, Migration Reasons and Backward Linkages of Rural-Urban Migrants: A Sample Survey of Migrant to Foshan and Shenzhen in Comparative Perspective," in Frank N. Pieke and Hein Mallee, eds., *Internal and International Migration.: Chinese Perspectives* (Surrey: Curzon Press, 1999), pp. 73–102; Woon, Yuen-Fong, "Circulatory Mobility in Post-Mao China: Temporary Migrants in Kaiping County, Pearl River Delta Region," *International Migration Review* 27 (1993): 578–604.
⑥ Chan, Anita, Richard Madsen, and Jonathan Unger, *Chen Village under Deng and Mao* (Oxford: University of California Press, 1992).
⑦ 〔爱尔兰〕瑞雪·墨菲：《农民工改变中国农村》，黄涛、王静译，杭州：浙江人民出版社，2009。
⑧ 〔澳〕杰华：《都市里的农家女——性别、流动与社会变迁》，吴小英译，南京：江苏人民出版社，2006。
⑨ 〔美〕张鹂：《城市里的陌生人——中国流动人口的空间、权力与社会网络的重构》，袁长庚译，南京：江苏人民出版社，2014。
⑩ Robyn Iredale, Naran Bilik, and Fei Guo, *China's Minorities on the Move: Selected Cases Studies* (New York: M. E. Sharpe, Inc, 2003).

简言之，随着中国人口流动规模增大和速度加快，越来越多的国外学者关注中国国内的人口流动研究。目前的研究成果比较丰硕，也涉及诸多层面，但在理论深度和研究的系统性上仍有不足，针对少数民族人口流动及其社会文化影响的研究相对较少。

（二）国内相关研究

20世纪70年代末以来，伴随着我国经济体制的改革、城乡经济的活跃、城市化的加速以及户籍制度的改革，城乡人口流动日趋加快，相应的科学研究成果日趋增多，对少数民族人口流动的研究也逐渐深入。

1. 有关少数民族人口流动的研究

与全国人口流动相关研究成果之庞大数量相比，目前有关少数民族人口流动的研究成果比较有限。这些研究成果可以归纳为几个方面的主题。

第一，少数民族人口流动的动因研究。基于西方人口流动理论的影响，国内对少数民族人口流动的原因分析，大多没能摆脱"推－拉""成本－效益"等理论的框架和思想。沈林、张继焦、杜宇等[①]，金春子[②]，郑信哲[③]，柏贵喜、罗义云[④]，高永久、曹爱军[⑤]等人的研究观点基本一致，即认为少数民族流动人口流入城市的原因是多方面的，但经济原因最主要。除了城市良好的经济社会条件等拉力外，少数民族流动人口所在地严酷的自然条件和发展相对落后的经济社会也是不容忽视的推力。但也有学者提出不同看法，认为地区经济发展不平衡的结构因素，导致欠发达地区农村人口流向发达地区和城市，这是影响少数民族人口流入城市的一个基本因素而不是唯一因素。具体到特定的民族和个体的流动动因可能更为复杂，并具有个人生活特色。因此，对少数民族流动人口迁移的动因，必须具体问题具体分析，不能一概而论。[⑥] 部分研究者通过比较不同省份少数民族地区农村

---

① 沈林、张继焦、杜宇等：《中国城市民族工作的理论与实践》，北京：民族出版社，2001。
② 金春子：《城市少数民族流动人口与城市民族工作》，《中国民族》2002年第3期。
③ 郑信哲：《略论我国少数民族人口流动及其影响》，《满族研究》2001年第1期。
④ 柏贵喜、罗义云：《西南民族地区乡城人口流动的推阻因素分析》，《湖北民族学院学报》（哲学社会科学版）2005年第1期。
⑤ 高永久、曹爱军：《少数民族人口流动：驱动因素与社会效应》，《广西民族研究》2012年第4期。
⑥ 拉毛才让：《试论少数民族流动人口的构成、分布特点及动因》，《攀登》2005年第2期。

劳动力流动的影响因素，指出：个体因素对选择外出或从事本地非农业劳动有显著的影响；家庭中人口数量及老年人数量在1%的水平下促进男性劳动力外出，女性劳动力则受到家庭中学龄前儿童数量的影响。①

第二，少数民族人口流动及流动人口的特点研究。人口流动和流动人口密切相关，流动人口是人口流动的主体，人口流动则是流动人口的一种状态或者一个过程。当前国内学界一般都将人口流动与流动人口的特点综合阐述，很少将二者区别论述。②

我国少数民族流动人口从农村流向城市表现出的主要特点是，数量呈逐年上升趋势，流动形式呈现多样化，少数民族流动人口在一些城市少数民族人口中所占比例逐年提高，从业多集中于商业、餐饮业和旅游业，文化教育水平低。③郑信哲从少数民族流动人口产生的时间、鲜明的职业特点、形成一些具有特色的少数民族流动人口聚落、民族妇女因婚嫁而迁至东部地区的现象增多、存在的困难、流动形式无序多于有序等方面分析论述其特点。④周竞红在谈到城市少数民族流动人口特点时指出，少数民族流动人口绝对数不大，在城市少数民族人口中所占比例不高；从业集中于商业和餐饮服务业，而且小商贩占相当比例；流向中心城市和大城市的趋势得以加强；流动人口的文化教育水平大多较低；自主、自愿的经济型流动是少数民族流动人口的主流。⑤拉毛才让认为，近距离或省区内流动仍是流动人口的主流，跨省区流动的少数民族仍然是少数；青壮年占流动人口总量的绝大多数；男性的流动是少数民族流动人口的主流；少数民族流动人口的文化水平较低，大多低于流入地文化教育的总体水平；少数民族流动人口的从业主流是务工经商；少数民族流动人口大多倾向于聚居的方式，他们甚至有着自己松散的非正式组织，这些组织与其说是建筑于民族认同

---

① 刘伟江、丁一、杨雪：《少数民族地区农村劳动力流动及其影响因素研究》，《人口学刊》2005年第2期。
② 李吉和：《近年来城市少数民族流动人口研究综述》，《西北第二民族学院学报》（哲学社会科学版）2008年第3期。
③ 金春子：《城市少数民族流动人口与城市民族工作》，《中国民族》2002年第3期。
④ 郑信哲：《略论我国少数民族人口流动及其影响》，《满族研究》2001年第1期。
⑤ 周竞红：《少数民族流动人口与城市民族工作》，《民族研究》2001年第4期。

之上，不如说是更多地建筑于亲缘的认同之上。① 陈乐齐认为当今城市少数民族流动人口的特点是流动速度加快、流向比较明确、聚居现象普遍、从业特征明显、受教育水平低。② 在东部地区，少数民族人口流动的动因带有较强的机遇性、流迁范围带有较强的地域性、流迁落脚点带有较强的群体性、流迁文化带有较强的民族性、流迁联系带有较强的广泛性。③ 李吉和则将少数民族流动人口的特点归纳为流动人口规模增大、流动原因的经济性强、流动的季节性和无序性明显、流动人口劳动适龄人口居多但受教育水平相对较低、从事职业具有民族经济文化特点且以体力劳动为主、居住大分散小聚居等。④ 肖锐根据 2013 年全国流动人口动态监测数据等资料，分析指出新世纪新阶段我国少数民族流动人口的五个特点：少数民族流动人口的学历低、阶层低；80 后成为少数民族人口流动的主力军；少数民族人口流动多趋于跨省流动；少数民族人口流动并没有改变我国少数民族人口分布的基本格局；少数民族人口流动的规模与少数民族人口的总规模基本一致。⑤

此外，部分学者立足于西北各大城市，针对西北城市的人口流动及流动人口特点进行总结。汤夺先以甘肃省兰州市为例，结合田野调查资料，认为西北大城市少数民族流动人口具有以下特点：其一，在人口来源上，多来自距离大城市较近的西北民族地区；其二，在流动行为上，受城市民族宗教等因素影响较大；其三，在流动类型上，宗教型流动人口是其重要组成部分；其四，在从业特征上，在具有民族特色的行业集中就业；其五，在流动人口生存现状上，部分少数民族流动人口成为城市新贫困人口。⑥ 杨军昌指出，西北少数民族流动人口的特点是流动时间滞后于汉族、流向主

---

① 拉毛才让：《试论少数民族流动人口的构成、分布特点及动因》，《攀登》2005 年第 2 期。
② 陈乐齐：《我国城市民族关系问题及其对策研究》，《中南民族大学学报》（人文社会科学版）2006 年第 5 期。
③ 迟丽华：《山东东部沿海地区少数民族人口流迁问题研究》，《满族研究》2006 年第 2 期。
④ 李吉和：《我国城市少数民族人口流动特点探析》，《西南民族大学学报》（人文社会科学版）2008 年第 11 期。
⑤ 肖锐：《当前我国少数民族流动人口的境况及变化趋势研究》，《中南民族大学学报》（人文社会科学版）2016 年第 2 期。
⑥ 汤夺先：《西北大城市少数民族流动人口若干特点论析——以甘肃省兰州市为例》，《民族研究》2006 年第 1 期。

要是西北省区的大中城市、受宗教影响大、从业特点突出、区外流量比例较小但渐呈增加之势。①

可见，少数民族人口流动及流动人口的特性还是比较明显的，尤其是回族、维吾尔族等一些主要居住在西北地区的少数民族，其流动的地域、居住方式、行业选择都具有鲜明的特性。由此也可看出，当前国内对少数民族人口流动和流动人口的特性研究多偏重于西北少数民族地区，而对南方少数民族的人口流动特性的研究成果尚不多见，少有的研究中也没有能够总结出这些少数民族流动的特点。

第三，少数民族流动人口城市的适应性研究。适应问题不仅是少数民族流动人口进入城市后面临的首要问题，也是他们在融入城市前需始终面对的困境，因此也是当前少数民族流动人口研究最受关注、成果最丰硕的主题之一。杨圣敏、何星亮、张继焦、任一飞、庄孔韶、郑信哲等学者曾先后组织过若干城市少数民族流动人口调查，内容涉及城市中的民族村、都市流动人口的族群认同与文化适应、人口结构的变迁等问题，并形成一些研究报告。其中，由张继焦负责的"城市适应模式——对城市少数民族流动人口的调查与研究（2001—2002年）"，是一项对少数民族流动人口城市适应问题比较系统的调查，以此为基础张继焦撰写并出版了《城市的适应——迁移者的就业与创业》②一书。中南民族大学的李伟梁、陈云2005年暑期在武汉市进行了一项关于"少数民族流动人口的城市适应及社会支持"的调研，并据此撰写两篇学术论文。从其调研报告来看，主要采用发放问卷（共发放问卷56份，回收有效问卷51份）和半结构式访谈（14名少数民族流动者）等研究手段，调查内容比较全面，具有较高的参考价值；但从调查报告反映的问题来看，未能体现不同民族在适应方面的差异，而且没有注明各民族流动者样本所占比例及职业的分布情况，使得调查的结论相对比较笼统，有必要进一步细化和深化。③李伟梁指出，少数民族流动人口的城市生存和适应包括经济、社会和文化心理三个层面。这三个层面

---

① 杨军昌：《论西北少数民族流动人口问题》，《黑龙江民族丛刊》2007年第2期。
② 张继焦：《城市的适应——迁移者的就业与创业》，北京：商务印书馆，2004。
③ 马旭：《少数民族流动人口城市适应研究——以武汉市为例》，博士学位论文，中央民族大学，2007。

的适应同时发生，但也呈现一种依次递进的关系。首先是经济适应，少数民族流动人口就业和住房问题的解决是其城市适应的第一步；其次是社会适应，少数民族流动人口经过一段城市生活的磨炼和熏陶之后，逐渐与城市生活方式相适应；最后是文化心理适应，少数民族流动人口改变了对城市人的看法和对城市生活的态度，对城市生活产生强烈的认同感和归属感，将城市的行为规范和价值观念内化，产生明显的留城倾向。①

窦开龙基于甘肃500名少数民族流动人口的实地调查与深入访谈所获取的资料，对少数民族流动人口大都市适应性问题的表现、形成原因与相应对策做了分析和阐述。② 高向东、余运江、黄祖宏则通过上海的少数民族流动人口数据，建立少数民族流动人口城市适应的衡量指标体系，运用定量方法探析现阶段城市少数民族流动人口城市适应的影响因素，并着重从民族因素与制度因素两方面进行对比研究。③ 郑信哲从较宏观的视角分析少数民族流动人口在城市的适应与融入现状，探讨其问题与症结，④ 分析阻碍其适应与融入的主客观因素，并提出对策建议。⑤

同时，部分学者从城市融入的视角探讨少数民族流动人口适应性的问题。王振卯通过定量化的模型对少数民族流动人口融入城市的主要影响变量进行分析和研究，发现影响少数民族流动人口社会融入的因素是多元的，收入水平、宗教信仰、民族类别等因素的影响在模型中均不显著；显著的影响因素除了性别、文化水平和配偶情况之外，还包括少数民族流动人口的信息来源和地方政府是否提供有针对性的服务；历史文化方面，对流入地宗教的看法及流出地域等文化和历史造成的因素影响显著；经济方面，

---

① 李伟梁：《少数民族流动人口的城市生存与适应——以武汉市的调研为例》，《内蒙古社会科学》（汉文版）2006年第5期。
② 窦开龙：《西北少数民族流动人口大都市困境适应的人类学分析——来自甘肃的实证调查》，《西北第二民族学院学报》（哲学社会科学版）2007年第4期。
③ 高向东、余运江、黄祖宏：《少数民族流动人口城市适应研究——基于民族因素与制度因素比较》，《中南民族大学学报》（人文社会科学版）2012年第2期。
④ 郑信哲：《论少数民族流动人口的城市适应与融入》，《中南民族大学学报》（人文社会科学版）2014年第1期。
⑤ 郑信哲：《论少数民族流动人口的城市适应问题》，《兰州学刊》2015年第7期。

收入高低的影响并不显著,但对流动人口所从事的行业影响较为显著。① 部分学者从更具体的角度讨论少数民族流动人口城市适应与融入的问题,如城市融入的路径②,社会融入的现状③、模式④,文化适应⑤,市民化⑥,等等。部分学者从相反的视角,探索影响少数民族社会融入的不利因素,并提出相关的解决对策。陈云指出,由于经济生产水平、宗教信仰、生活方式的差异,城市少数民族流动人口大部分仍徘徊在城市社会边缘,难以融入现代都市生活。⑦ 黎明泽进一步指出,社会认同"内卷化"已经成为阻碍少数民族流动人口融入沿海城市的重要因素。⑧

此外,以中山大学人类学系为核心的一批学者高度关注城市化进程中的民族问题和少数民族适应,出版了系列研究著作,如《城市化进程中的民族问题研究》⑨《中国少数民族的移动和适应——基于广东的研究》⑩ 等,其中收录不少从人类学、民族学的视角探讨少数民族在广东沿海城市的流动和适应问题的佳作。

第四,少数民族人口流动对流入地(城市)的影响。大量少数民族流动人口进入城市,既产生正面影响,也带来负面效应。就正面影响而言,

---

① 王振卯:《少数民族流动人口社会融入影响因素研究——对江苏省的实证分析》,《内蒙古社会科学》(汉文版)2010 年第 5 期。
② 丁海江、向洪:《少数民族流动人口城市融入的路径研究——以重庆市社会工作介入为例》,《中南民族大学学报》(人文社会科学版)2016 年第 6 期;马伟华:《社会支持网构建:少数民族流动人口城市融入的实现路径分析》,《西南民族大学学报》(人文社会科学版)2018 年第 2 期。
③ 肖昕茹:《我国少数民族流动人口社会融合现状研究》,《云南民族大学学报》(哲学社会科学版)2015 年第 1 期。
④ 刘立祥:《城市少数民族流动人口社会融入模式探究》,《贵州民族研究》2016 年第 2 期。
⑤ 张文礼、杨永义:《论少数民族流动人口的城市文化适应问题》,《西北民族大学学报》(哲学社会科学版)2013 年第 3 期。
⑥ 青觉:《城市少数民族流动人口市民化研究》,《中南民族大学学报》(人文社会科学版)2017 年第 1 期。
⑦ 陈云:《少数民族流动人口城市融入中的排斥与内卷》,《中南民族大学学报》(人文社会科学版)2008 年第 7 期。
⑧ 黎明泽:《浅论城市融入过程中的社会认同"内卷化"——以沿海城市少数民族流动人口为例》,《广州社会主义学院学报》2010 年第 4 期。
⑨ 周大鸣、马建钊主编《城市化进程中的民族问题研究》,北京:民族出版社,2005。
⑩ 陈晓毅、马建钊主编《中国少数民族的移动和适应——基于广东的研究》,北京:民族出版社,2007。

为城市提供丰富的劳动力资源，缓解城市人口老龄化问题，同时繁荣市场，扩大内需，促进城市第三产业的发展①，促进城市化和城市经济的进步，推动城市化的进程。同时少数民族人口进入城市，还改变原有的民族构成，增进少数民族之间的沟通、了解和融合，加速城市民族化和文化多元化的趋势。② 对此学者们表述不一。郑信哲指出，少数民族人口流动加速了城市居民的多民族化趋势，促进民族交往和民族关系的发展。③ 张继焦分析流动人口对城市就业和创业方面的贡献，包括弘扬少数民族文化、促进城市多元化、促进城乡商品流通、促进城市餐饮旅游和商业等产业的发展。④ 马强则以广州市宁夏籍回族流动人口为研究对象，认为这些回族流动人口沟通了东西部市场，加强了信息交流，培养了西部大开发的先行军，为宁夏少数民族的脱贫致富打开了另一条通道，同时也宣扬了民族宗教政策，培养了个人爱国爱教意识，有利于促进地方社会的安定团结和增强群体的国家意识。⑤

当然，少数民族人口大量涌入城市也带来诸多负面效应。郑信哲指出，受主客观因素限制，少数民族流动人口不仅在城市的生存和适应面临困难，而且他们往往成为引发城市民族问题的因子，影响城市社会的和谐稳定。⑥ 杨健吾指出，少数民族流动人口存在的主要问题是盲目流动人员及其导致的犯罪，有关部门应高度重视。⑦ 杨军昌认为，少数民族流动人口进入城市存在的问题是，流入城市的少数民族人口社会分化明显，相当一部分人群就业状况处于劣势地位，在一些城市形成民族聚居的"二元社区"；由于少数民族生活方式、价值观念、风俗习惯、宗教信仰等方面与城市居民存在

---

① 陶斯文：《四川少数民族流动人口研究》，北京：民族出版社，2007，第147~150页。
② 华彦龙：《关于城市少数民族人口流动问题的思考》，《中州统战》2003年第10期；沙东芬：《少数民族流动人口对城市和谐发展的影响及对策》，《科技创业月刊》2008年第2期；杨军昌：《论西北少数民族人口流动问题》，《黑龙江民族丛刊》2007年第2期。
③ 郑信哲：《略论我国少数民族人口流动及其影响》，《满族研究》2001年第1期。
④ 张继焦：《城市民族的多样化——以少数民族人口迁移对城市的影响为例》，《思想战线》2004年第3期。
⑤ 马强：《回族特色人才的迁移就业及城市适应——广州市宁夏籍阿拉伯语从业者田野调查》，《西北第二民族学院学报》（哲学社会科学版）2007年第3期。
⑥ 郑信哲：《略论少数民族流动人口与城市社会稳定》，《学术界》2016年第8期。
⑦ 杨健吾：《城市少数民族流动人口问题研究——以成都市为例》，《西南民族学院学报》（哲学社会科学版）2002年第7期。

较大差异，容易产生一些矛盾和冲突，带来民族关系恶化；另外，少数民族流动人口在子女教育、社会保障、劳动保险、医疗等方面还缺乏机制保障。①

第五，少数民族人口流动对流出地（农村民族地区）的影响。随着国内人口流动的浪潮不断冲击西部的农村地区，当地的少数民族青壮年也几乎都加入人口流动的行列，这给流出地（农村民族地区）带来巨大的影响。这一状况已经受到一些学者的关注，并进行较为系统的研究，其中较具代表性的有陶斯文、张文政、岳雪莲等。陶斯文通过对四川少数民族流动人口的研究，将少数民族流动人口对流出地的影响归纳为正负两方面。② 陶著是国内对少数民族流动人口进行系统研究的较早成果，在很多方面提出创造性的主张和见解，但这一著作仍然存在不少缺陷，如研究视角过于宏观；田野调查明显不足，个案描述或深度访谈的信息较少。张文政在其博士学位论文中，基于以甘青宁为代表的西北少数民族地区人口流动的研究，详细地探讨人口流动对民族地区带来的经济、政治、文化、社会方面的后果。③ 可以说，这篇论文对西北民族地区人口流动的后果进行了较全面的分析和阐述，但由于作者立足点太广，视角比较宏大，在描述的细致程度和分析深度上仍存在可以提升的空间。岳雪莲的博士学位论文《仫佬族流动人口与流出地社会变迁研究——基于广西罗城凤梧村的调查》综合运用民族学、人口学、社会学以及人类学等学科的相关理论和方法，以罗城仫佬族流动人口为切入点，通过对个案的实地调查研究，依靠翔实、充分的田野调查资料，分析少数民族流动人口对民族地区的经济、政治和文化等方面的影响，以及在此基础上引起的社会变迁现象。④ 与前两项研究相比，岳文从一个微观的视角，基于一个仫佬族村落中的流动人口状况，分析人口流动引发的村落社会变迁。虽然描述的细致程度比前者大为改善，但同样存在田野调查深度不够的问题。文中虽然谈到采用人类学的田野调查和参

---

① 杨军昌：《论西北少数民族人口流动问题》，《黑龙江民族丛刊》2007年第2期。
② 陶斯文：《四川少数民族流动人口研究》，北京：民族出版社，2007，第150~178页。
③ 张文政：《西北少数民族地区乡村社会流动的后果研究——以甘青宁为例》，博士学位论文，兰州大学，2009。
④ 岳雪莲：《仫佬族流动人口与流出地社会变迁研究——基于广西罗城凤梧村的调查》，博士学位论文，中南民族大学，2011。

与观察,却没有提到田野调查的具体时间及持续程度,以及所参与的事件,从文中描述也可以看出,少有的抽样样本和有限的个案,对特有的事件缺乏"深度描写",也没能看到太多当地人的观点和思想。另外,岳文对人口流动在城市中的经验描述也不多,即有关流动者的城市经验对农村社会变迁的影响研究深度仍然不够。同时,一些学者也纷纷发表论文提出自己的观点。郑信哲指出,人口流动对少数民族社会发展的影响主要体现在,改变单一的农业经营,经济活动更加丰富多彩;促进传统观念意识的改变;民族自我意识得到加强;民族间加强相互了解和团结;民族特点相对减弱;等等。① 焦若水从经济社会、文化变迁和民族关系的角度分析人口流动与甘南少数民族社会变迁的关系。② 汤夺先综合归纳现有研究成果,从理论分析角度探讨指出,少数民族人口流动对民族地区的影响既有现代化的烙印,也有结构的变迁,需要把现代化理论与结构主义理论结合运用才能够更好地进行解释。③

此外,部分研究者对少数民族人口流动对流出地的影响进行分主题的研究,如对经济发展的影响,④ 对政治文化的影响,⑤ 等等。由于受人口流动与经济状况关系的传统研究倾向影响,很长一段时间里少数民族流动人口对流出地的文化变迁影响并不受到重视,多作为综合性研究下的附属部分。相关的专题研究成果比较有限,且多是近年才出现的。如王积超 2006 年出版的《人口流动与白族家族文化变迁》,对白族历史上至今的人口流动进行细致描述,探讨白族家族文化的发展历程及其构成、职能和特征,并分析白族地区的人口流动对白族家族文化变迁产生的影响,以及白族家族文化的未来走向。⑥ 王晓燕则以云南的一个彝族村寨为个案,展示彝族村寨

---

① 郑信哲:《略论我国少数民族人口流动及其影响》,《满族研究》2001 年第 1 期。
② 焦若水:《人口流动与少数民族地区社会变迁——对甘南合作、夏河、玛曲的调查》,《天水师范学院学报》2004 年第 4 期。
③ 汤夺先:《解析与审视:少数民族人口流动对民族地区的影响》,《北方民族大学学报》(哲学社会科学版) 2017 年第 3 期。
④ 高云:《流动人口对于少数民族地区的社会经济发展的积极作用》,《民族工作》1998 年第 8 期。
⑤ 张文政:《西北少数民族地区乡村社会流动的政治文化变迁后果分析》,《甘肃社会科学》2009 年第 6 期。
⑥ 王积超:《人口流动与白族家族文化变迁》,北京:民族出版社,2006。

中的人口流动类型、流出原因、流动的文化选择，以及流动给彝族传统文化带来的影响。①

总之，目前国内有关少数民族人口流动对流出地影响的研究并不系统，少有的几部专著多来自宏观视角的探索，缺乏细致的个案研究，理论探讨较为有限。而专题性研究则更注重于人口流动对少数民族地区经济社会发展的影响，或者是针对人口流动给少数民族地区带来的留守状况等社会问题的探讨。有关少数民族人口流动对民族地区文化变迁影响的研究仍较有限，且研究不够深入和系统性不足。

2. 有关壮族人口流动的研究

当前随着国内壮学研究发展的逐渐成熟，相关成果日新月异，层出不穷。壮族的主要居住地为广西，其与广东接壤，因此改革开放至今，广东沿海各开放城市成为壮族人口外流的主要选择地。目前，在广东的外来少数民族流动人口中，壮族人数长期居于首位。② 国内有关壮族的研究成果中谈到壮族的流动人口与人口流动状况的越来越多，但关于壮族流动人口与人口流动的专题性研究屈指可数。下文拟选择其中最具代表性和影响力者进行阐述。

壮学研究者李富强是最早关注壮族人口流动及其影响的学者之一。其《"打工族"与壮族文化变迁——以田林那善屯为例》一文，以广西田林县一个壮族村庄为例，分析村庄中的"打工族"与壮族文化变迁之间的关系。③ 厦门大学研究生李凌霞进一步拓宽视野，对壮族人口流动和文化变迁的关系研究更加深入和系统化，其硕士学位论文《嬗变的村庄与流动的人群——以广西纳村为例的研究》，④ 以一个壮族村落青壮年农民的流动与村庄社会变迁之间的关系为例，运用人类学田野实地调查的方法，收集相关

---

① 王晓燕：《流动的人群与文化的流动——以云南省大姚县松子园村为个案》，硕士学位论文，云南大学，2010。
② 陈晓毅、马建钊：《珠江三角洲城市外来少数民族的流动与适应——一个人类学的视角》，载陈晓毅、马建钊主编《中国少数民族的移动与适应——基于广东的研究》，北京：民族出版社，2007，第56页。
③ 李富强：《"打工族"与壮族文化变迁——以田林那善屯为例》，《广西民族学院学报》（哲学社会科学版）2003年第3期。
④ 李凌霞：《嬗变的村庄与流动的人群——以广西纳村为例的研究》，硕士学位论文，厦门大学，2007。

资料并整理分析。该文认为，从一个较长的历史时期和较宽广的社会力量结构来看，纳村打工群体的外流实际上是国家政治力量和市场消费主义共同作用于村庄而催生的产物；打工群体的流出导致村庄亲缘、地缘关系的松动，传统礼俗文化象征意义的稀释以及农业劳作形式的变化。王志芬则以云南一个偏远壮族山村为例，探索改革开放以来壮族村民的人口流动和职业分化，以及由此带来的思想观念变化，分析这些变化对壮族传统文化的影响。①

以上研究对壮族的人口流动和文化变迁做出探索，但仍然存在不少可以完善的空间。首先，研究缺乏系统性和分析深度不足。李凌霞的论文应该是其中较系统者，但在田野调查和描述分析的深度方面仍存在某种程度的不足，包括对所研究村落的基本状况缺乏详细描述等。其次，对壮族人口流动的研究囿于村落之中。人口流动是一个"钟摆式"的双向过程，对于人口流动的研究必须是一个动态的双向过程，一方面是流动者流出前的村庄生活，另一方面是流动者流动的经历对其自身与村庄的影响。换言之，这些研究对流动者在城市中的经历较少涉及，或指涉不深。最后，由前一问题引发的，壮族流动人口在城市生存状况的研究比较有限，其城市适应问题没有得到充分探讨。目前国内的研究多倾向于宗教身份较为明显的穆斯林群体的适应性问题，对于南方少数民族群体的适应性明显重视不够。

3. 文献评述

首先，当前有关少数民族流动人口或人口流动的研究主要关注其在流入地（城市）的适应性、生活状况，以及人口流动给城市带来的各式问题等，对少数民族流动人口流出地的关注不够，相关研究理论和个案明显不足。在有限的关于少数民族流动人口流出地的研究中，偏重于关注人口流动对流出地的经济、教育、心理等方面的影响的问题，而对流出地民族社会、文化影响的研究还略显薄弱。现有的少量研究仍缺乏系统性，且研究的深度与广度不足。

其次，现有研究更侧重宏观的描述，而从个案中总结出来的经验和规

---

① 王志芬：《少数民族地区农村居民的人口流动和职业分化对文化变迁的影响——以文山壮族苗族自治州富宁县剥隘镇坡芽村为例》，《西南边疆民族研究》第6辑，云南大学出版社，2009。

律性的研究较少。就学科角度而言，经济学、管理学等宏观视角的研究较多，人类学、民族学的研究较少，而这些为数不多的研究由于研究者的田野调查时间短，参与观察程度较低，研究深度不足，以致出现不少民族志撰写的问题，如描述不够深入和细致，缺乏他者的观点和主位的眼光，难以达到格尔茨所说的对他者文化的"深描"，更少有理论的归纳和提升。

再次，在诸多实证研究中，常将流入地和流出地分开研究，能够二者兼顾的不多。虽然说选题侧重点不同会导致其研究侧重点的差异，但人口流动毕竟涉及紧密联系的流出地和流入地两个空间范畴。研究对流出地的影响离不开对流动人口在流入地生活经验的考察；研究对流入地的影响也需要对流动者在流出地的基本状况进行把握。之所以导致二者的分离，主要是因为两地开展田野调查的难度，以及人类学内部学科间研究传统的局限。都市人类学者以都市为研究空间，主要关注都市少数民族流动人口的生存和发展状况；而民族学者或文化人类学者则基于自身的农村研究传统，关注人口流出地即少数民族地区的发展状况，对城市居住者的研究难以顾及，尤其是打工者在城市中的流动性和分散居住特性，更让部分研究者感到无从下手。

最后，关于壮族流动人口的系统研究寥若晨星，且多为数年前的研究，其受重视程度与当前越来越多壮族民众进入城市务工的社会现实不相符。当前国内学界对少数民族流动人口的研究多集中于西北的甘肃、新疆及西南的云南、四川、贵州等地，对广西少数民族的关注度明显不足，尤其是对全国人口最多的少数民族——壮族的人口流动专门研究更是少见。原因主要是：一些学者倾向于认为壮族作为当前人口最多的少数民族，其与汉族的文化差异不大，因此壮族流动人口与汉族的差异不大，没有自身的特点，壮族流动人口的城市适应也不存在问题，等等。然而事实证明，壮族虽然在长期的历史发展过程中较大程度上接受汉文化的某些方面，但仍保留着大量的自身文化传统，包括操持自身民族语言（壮语）、具有独特的婚姻习俗（如依歌择偶、不落夫家）、丧葬习俗（二次葬、崖洞葬等）、节日习俗（三月三、七月十四等）、宗教信仰（师公教、万物有灵、祖先崇拜等），以及独具特色的"那"文化和铜鼓文化等。这些文化差异使得壮族人口在外出务工、进入城市过程中仍然面临诸多的适应性问题，其中语言和文化的适应更是突出。另外，原有的民族文化在其社会成员进入城市时，对于流入地选定、就业方向、流动方式等都会产生影响，反过来，人口的大量流出导致壮族村落劳动力与社会文化角色缺失，以及流动人口带回的资金、现代信息、外来文化等新事物，都难免会对流出地的传统社会文化造成影响。基于上述情形，本研究力图展示现代化背景下壮族社区中社会文化的真实形态，以纠正两种极端想法：一种观念认为，壮族社区与汉族社区基本无异，没有保留自己的文化特点；另一种观念认为，当前壮族社区仍处于传统封闭状态下，延续着山歌对唱、依歌择偶、不落夫家、夫妻分床而眠、居住干栏式建筑、流行抢花炮等传统民族文化。前者多是看到城市生活中的壮族人而产生的直观片面感受；后者多受旅游表演的渲染或片面的民族文化宣传影视资料影响。二者的相同点即当事人很少亲临壮文化的现场，也没有真正体验过壮文化不同时空中的演变。

三 田野经历与全书构架

田野经历和研究构架的介绍和说明，是为了更清晰地展示本研究所采用的科学手段、研究路径以及写作构思和章节逻辑。

（一）田野经历

本研究最早的田野是在初步确定"人口流动"的主题时，我利用2010年12月20日至27日返乡参加大伯母葬礼之余着手有关人口流动对当地影响情况的资料收集。第二次田野的开展是2011年1月初至2月中旬寒假到海口菜地过年期间，注重从人类学的视角收集海口壮族代耕菜农的相关资料，通过访谈和参与观察掌握海口代耕菜农的基本情况，并从学术的视角进行思考。第三次田野则主要是返回流出地壮村伏台开展，即2012年1月初至2012年6月底近半年的时间里围绕壮乡伏台的人口流动历史、现状及其影响等方面进行系统的资料收集，同时奔赴南宁伏台打工者工厂、宿舍，以及伏台菜农、养猪专业户、豆腐制作个体户等现场开展田野工作，并再次到县城的档案馆、县志办公室，以及南宁的区图书馆、广西民族大学图书馆和资料室等地补充文献资料。第四次田野工作是在2013年1月5日至11日，在此期间家乡伏台从7日至9日举行为期三日的村落祭仪——斋会。这一仪式数年才举行一次，因此吸引了大量的外出务工人员返乡，这促使我决心返乡参加。这一阶段除收集斋会信息外，还在总结前期资料不足的基础上进行补充。第五次田野调查开展于 2013 年 2 月初至 3 月初，利用寒假返回海口过年期间进一步补充壮族海口代耕菜农的田野资料，弥补前期资料的不足。

当然，本研究的田野点涉及流入地和流出地，因此虽有针对性地开展数次田野调查，但距离人类学对每一田野点至少开展一年以上调查的要求仍存在一定的差距。所幸本研究的田野点也是我硕士学位论文[①]的田野点，之前积累的资料仍具有一定的价值。家乡的田野为研究者提供一种熟悉的生活环境，研究者自身的生活和体验就是一种潜在的"田野"。通过回忆亲历或亲闻之事，并以客位的视角进行分析，可以极大地丰富本研究的资料积累，弥补田野时间较短造成的某些不足。同时，本研究拥有的熟人网络可以满足后期写作中随时回访的需求，即通过网络、电话等通信手段对主要报道人进行回访，弥补写作过程中发现的资料缺憾，有利于书稿的不断补充完善。田野调查中，诸多亲戚朋友成为本研究的主要报道人，如父母、大姐、二哥、舅舅、二表姐等都是长期在海口、南宁郊区种菜的代耕菜农，伯父李美山是当地最早到南宁从事建筑业的代表，诸多堂兄弟姐妹和"帮"友都是常年在广东工厂上班的务工者，诸多基层干部、亲戚朋友和留守村民对村落历史和现状了若指掌。他们为本研究提供了丰富的信息，对书稿的完成功不可没，因此论述过程中，基于受访者的同意部分人名采用真名，少数则基于隐私和保护当事人的考虑用化名。

（二）全书构架

本研究的整体思路基本按照外出务工潮出现前后壮族村落社会及其成员做出的回应，即外出务工产生前的基本生活情况和社会文化形态，务工潮出现时社会及其成员的回应（社会成员利用现有的资源纷纷加入外出打工的队伍）。村民在进入城市后面临着对新环境的适应问题，在这一过程中原有的社会网络和文化模式仍然发挥重要作用。而对于壮族留守村落而言，随着外出务工人员的增多，村庄中的青壮年劳动力及主要的社会文化角色

[①] 李虎：《壮族拟亲属关系的研究——以广西马山县伏台屯为例》，硕士学位论文，厦门大学，2008。

出现缺位，加之外出务工者带回来的资金、信息、思想观念等也冲击着原有的社会文化，故产生新的变迁。外出务工潮促使原有村庄的社会、家庭在日常生活中出现空间的分离，社会成员则充分利用各种方式加强联系和沟通，包括传统的宗教仪式施行者，以及书信、电报，甚至是现代的电话、手机和互联网；而对于分离的人们而言，仅在春节期间可以实现短暂聚首，为此春节的活动安排变得繁忙而紧凑，与传统的壮乡春节存在较大差异。

全书分为七部分，内容安排如下。

绪论，主要对本研究的缘起、田野点选择，以及相关领域学术史的回顾做简要铺陈，对本研究的目的、内容和意义，资料来源和田野经历做必要的说明。

第一章"原空间：聚落环境、历史与社会文化"，先简要介绍聚落所属的宏观区域环境，再详细剖析具体村落的历史和环境、生计方式与社会文化，并深入探讨田野点所属区域民族政策的实施过程和民族关系状况，为后文的分析和讨论提供一个宏观地域社会史的概貌与微观社区环境相结合的叙事背景。

第二章"空间拓展与社会分离：村落打工文化的形成"，围绕田野点外出务工形成的历史脉络，分析各个阶段村民外出的动因，应对新空间需求的适应策略，以及外出者同家乡亲人、社会关系等分离时的相关仪式。

第三章"新空间的文化适应：他乡生活"，从物质、制度和精神三个层面分析外出者在进入新环境后面临的问题，以及如何利用原有社会文化和关系网络寻求适应的途径和过程。

第四章"原空间的调适与变迁：分离背景下的留守社会与文化"，分析在外出务工成为社会成员人生中的"通过礼仪"和村落社会文化的重要组成部分的背景下，外出务工人数增多导致村落原有的劳动力和社会文化角色缺失，以及外出务工带来的新观念和信息，对整个村落的社会文化造成的影响。全章主要从生计方式、婚姻家庭、公共参与和闲暇生活、村落关系与语言认同等最能反映打工文化带来影响的面相进行介绍和阐述。

第五章"两种空间下的互动与维系：传统与现代的交融"，基于原有村落在外出务工潮形成后，导致的社会、家庭、亲人之间的空间分离，即在这种有异于传统生活形态的背景下，社会成员在日常的分离时间中如何利用传统和现代相结合的方式,即神明、书信、电报及电话、手机和电脑等进行沟通和互动;而春节期间的短暂聚首促使一些原有非这一时期举行的仪式和活动被迫移时,以适应外出务工者的时间运转,这在一定程度上也导致春节期间仪式和活动的爆棚,促使社会成员春节生活的异常忙碌与劳累。

第六章为结论部分,主要对本研究的内容进行总结,并对较具代表性的问题进行归纳、阐述和分析,同时基于所研究壮族社区及其务工者的未来分析,思考中国边远农村及其务工者的发展走向。

第一章 原空间：聚落环境、历史与社会文化

壮族是一个以稻作农耕为主的民族，壮族人基本延续着"日出而作，日落而息"的生活习惯，传承着安土重迁的观念。壮族村寨多分布在广西西部的深山"弄峒"（山间的平地）之间，依山傍水，自然环境优美，但交通欠发达，对外交流受限，形成一种相对封闭的空间环境。

"原空间"正是指这样一种相对封闭的空间环境，具体而言，是指外出务工产生前伏台壮族人以村落为核心向外辐射的主要活动区域。这是一个地理范畴，与其相对的是村民的外出务工地，即"新空间"。本章拟对原空间，即外出务工出现前的壮乡伏台及其所处大致区域的空间环境、历史背景和传统社会文化习俗进行推介，以便了解外出务工前的背景，分析这些背景对外出务工的选择和务工者在外生活产生的影响，并同外出务工产生后原有社会文化所发生的改变进行呼应和比较。

第一节 聚落的空间环境及背景

社区的存在并非孤立的，只有将其置于特定的空间和时间场景下才能更清晰地认识和把握。因此，认识壮乡伏台需要对其所处的区域进行了解，并掌握其大致的历史发展脉络。

一 村庄所在区域概述

"伏台"作为一个村落名称出现的具体时间目前已无从考证，文献最早记载的情况是，其明朝时曾辖于广西思恩军民府定罗土巡检司。民国元年

(1912年),定罗土司被撤销,其辖地与那马厅辖地合并为那马县,隶属邕南道(后改为南宁道)。中华人民共和国成立后,那马县与隆山县所辖行政区域合并,形成马山县。马山县境内多山,大体分东西两大部,东部多大石山,西部多丘陵,是全区有名的山区县之一。境内除流经县北的红水河外,仅有些细小的河流,易旱易涝。加之变化无常和灾难频发的气候环境,使得农业生产一直处于难以得到保障的状况,全县经济基础非常薄弱。十一届三中全会后,马山县被定为广西48个贫困县之一;2002年被国务院确定为全国新阶段扶贫开发工作重点县。

伏台隶属马山县永州乡管辖。1998年永州乡设镇,因此当前的行政区划伏台属广西壮族自治区马山县永州镇台山村管辖下的一个屯。为了更全面了解伏台所属的宏观环境和地理位置,需对其所在区域的永州镇有大致了解。

永州镇是革命老区,为右江革命根据地的延伸。它位于马山县最西部,地处南宁、百色、河池三市交界处,东邻本县周鹿镇,西与平果县接壤,南临武鸣县,北靠大化瑶族自治县。镇政府所在地距县城84公里。永州镇有三个集市,即永固集市、德育集市、定罗集市。永固集市是镇政府所在地,是永州镇政治、经济、文化交流中心,隔两日设一个圩日,是全镇居民及附近乡镇居民进行商品交易的主要场所;德育集市位于永州镇西部9公里处,是德育村及附近居民的简单交易场所;定罗集市与永固集市相距约1公里,民国前是当地最主要的集市。永州在过去是一个交通不发达的偏远乡镇,2004年后政府投资兴修从南宁到永州镇和从县城到永州镇的公路,使得交通条件得到改善。目前从南宁和马山县城都有到达镇上的客车,通常从南宁每天有九趟车可到达,车费约45元,需经过一段高速公路进入武鸣县境内,进而转为普通水泥路进入马山县内的林圩、周鹿,最后经过州圩再回到永州镇永固街,历时约3个小时。2015年底来(宾)马(山)高速公路通车后,从南宁有高速公路可达周鹿镇,后经30余公里的乡级公路可达永州镇,历时两个半小时。从县城坐车到镇上有南、北两条公路可以到达:北路需经过大化县城,再经过州圩,然后回到永州;南路需经过周鹿、林圩等乡镇。目前镇上每天有两辆客车,来回四趟在这两条路上接送旅客,车费为20元左右,历时一个半至两个小时。

据 2010 年全国第六次人口普查统计，永州镇辖 18 个行政村，179 个自然屯，人口 55634 人。居住着壮、瑶、汉三个民族，壮族最多，占 90% 以上，壮语是全镇的通用语言。瑶族次之，主要分布在五弄、弄乐等石山区内的村屯中，操瑶语。汉族较少，大多是嫁入或有公职的外地人，其中定罗村人虽操壮语且被政府认定为壮族，但是他们大多数人自认为是汉族或客家人。

全镇区域总面积为 106 平方公里，耕地面积为 1350 公顷，其中水田 794 公顷，旱地 556 公顷。农民主要收入来源是种养业和劳务输出，粮食作物主要是水稻、玉米；经济作物有黄豆、花生、甘蔗等；养殖业有生猪、土鸡、黑山羊和水产品等；此外永州米酒、永州鱼片、永州豆腐等特色饮食闻名县内外。据不完全统计，2011 年全乡外出务工人口近 3 万人，主要到广东、海南及区内的各城市从事建筑业、手工制造业、种植业和养殖业等，外出务工经济收入近 10 亿元。①

永州地区作为马山县西部最偏远的乡镇，交通闭塞，长期以来一直处于较封闭的状态。没通公路或通公路而没有现代交通工具前，当地居民多以步行方式通过各种山间小道。据《那马县志草略》记载："向东南行而出武鸣者，路稍平易，可通舆马。若西上思林、百色，定罗乡之五更隘，堆圩之加罗隘，顽石当途，舆马至此必下步择履，方无跌倒之忧。"② 文中所述之"隘"即山脊，两山之间连接的最低处，通常一个低处壮语称为"更"，而"五更隘"，位于县西六十里，系永固乡与庙圩乡接界。③ "五更隘"即这条路上需要翻越五道山脊，可见交通状况确实很差。周鹿至永州的公路最早于民国时期修建。周（周鹿）罗（定罗）公路于 1932 年动工，设计长 30 公里，未修成。④ 1935 年 11 月国民党当局为了摧毁那马革命根据地的地下党和红军游击队，派南宁（武鸣区）民团副指挥官陈日葵坐镇州圩，将兵力驻扎在州圩街上和定罗街上，对州圩和永固等乡各村屯反复清乡扫荡，下令把方圆 90 里范围内的山林砍净烧光，强迫各乡村群众限期开

---

① 资料来源于永州镇政府提供的一份未刊材料《永州镇基本情况统计》。
② 林锦臣：《那马县志草略》，民国二十二年（1933），未刊稿，第 18 页。
③ 林锦臣：《那马县志草略》，民国二十二年（1933），未刊稿，第 29 页。
④ 马山县志编纂委员会编《马山县志》，北京：民族出版社，1997，第 446 页。

第一章 原空间：聚落环境、历史与社会文化

辟从武鸣县四坡乡到那马县州圩乡30多里长的公路，修通由那马县城周鹿街到州圩、永固乡50多里长的公路，以利车辆通行往来，方便清剿。① 在这基础上，1959年修建周鹿至永州线30公里，1961年竣工通车。② 但一直到改革开放前，永州与县城之间尚无客车往来，村民仍步行或以自行车作为交通工具。因此，改革开放前永州地区的壮族人一直处于一种相对比较封闭的空间环境之中，以"日出而作，日落而息"的农耕为主，过着自给自足的生活。

改革开放后，1982年才首次开通从县城开往永州的客车。这一时期从永州到县城每天仅有一趟客车对开，80多公里凹凸不平的石土路，一趟需颠簸4~5个小时。欲赴南宁需先坐车到周鹿或县城转车，耗时7~8个小时。直至20世纪80年代末，永州到马山的车次才增加为两辆对开，并每天增加到南宁的客车一辆，不到两百公里的路仍耗时7个小时左右。对于大多数村民而言，"县城"和"南宁"只是一个城里的名字，每天在田间劳作时偶尔遥望到远处公路上的大巴车，也是一种"意外"，基本上没有想过有机会能坐上这趟车到这些地方走一趟。因此，这一时期大多数的伏台人对外交流范围非常有限，最常去的是"永固集市"，较远的则是周边乡镇的集市。至20世纪80年代末90年代初，随着外出务工人员的增多，当地这种封闭的空间格局才逐渐被打破。

二 聚落的历史与环境

每一个村落都有自身的历史，伏台同中国大多数普通村落一样被正统历史的记载者所忽略，但村民们仍会通过各式民间故事以口耳相传的方式记录并传承着自身的历史。

（一）村名来源及历史沿革

"伏台"名称来源，并非因村落产生而得名，而是与村落建造前的地形是一块高地有关。具体而言，伏台名称来源的主要说法有三。第一种说法是四周低洼，中间凸起的一个平台。"伏"由壮语"foeg"③ 直接翻译而来

---

① 中共马山县委党史研究室编《马山革命风云·那马篇》，内部资料，2008年6月，第54页。
② 马山县志编纂委员会编《马山县志》，北京：民族出版社，1997，第448页。
③ 拼音壮文，下文若不做特殊说明，对地方语言的书写均使用拼音壮文。

27

即"隆起、凸出"之意,"台"源于"daiz",是平台或桌子之意。昔日李家先祖到伏台定居时,尚未有村落名称,住房主要建在现村落西北部之神山脚下,目前仍称该地为"旧村",从"旧村"往下看,下方为一片低洼的水田,而在这片洼地中有五块高1米多的平台,其中中间那块面积较大,5000多平方米,其他四块平台正好环绕于四周,面积较小,为300～500平方米。五个平台看起来犹如一个饭桌,中间是桌子的台面,四周为桌子的四只脚,所以将中间的平台称为凸出的桌子或凸出的平台,即"fog daiz",后音译为伏台。后来随着村落中人口数量的增多,村民即建议将村庄建设到中间这片凸起的平台上。第二种说法是长满树木的平台。据说,伏台先民在山脚下居住后,不断将下方的荒地开垦成良田,由于人口数量不多,中间这块面积较大的平台一直未开垦,平台上长满了各种杂草和小型植物,后者壮语统称为"fonj",因此称这一台面为"fonj daiz",即"长满树木的平台",直译即"伏台"。第三种说法是,种着冬瓜的平台。据说,伏台先人到现在的"旧村"安家落户后,凭借当地丰富的水资源和土地资源优势,在洼地中种植水稻,高地则种植玉米和蔬菜,由于靠近定罗集市,便将蔬菜拿到集市出售,而后逐渐成为这一带在集市上提供蔬菜的主要村落之一。曾经有一段时间,村民在这块凸起的平台上种满了冬瓜,而"冬瓜"当地壮语称为"leg feog",其中"leg"是"量词",相当于汉语中的"个"和"颗"等,"feog"意为"冬瓜",即被用来称呼该地。"feog daiz"意为"种着冬瓜的平台",后译为"伏台"。由这三种说法推知,"伏台"名称的来源一定与现在村落所建基址是一块凸出的台面有关,而村民则根据各个历史阶段与其相关物品的同音赋予了不同的意涵。

"伏台"这一地名可查到的最早历史文献是县志中关于定罗土巡检司的介绍,定罗土巡检司共辖12个城头,其中伏台是十二城头之一的损城头中的一个村庄(详见下文)。可见"伏台"村可能在明朝已经存在,是当地一个受到土巡检司管辖的村落。根据伏台的口传资料和简单的家谱资料,发现目前能找寻得到的最早到伏台定居的是李氏开基祖李福㖿。《李氏之部》记载:"一世公李福㖿葬在枯怜;三世生进稳公葬在坡瓦;四世生富爵公葬在周鹿狮子头;五世茂本公葬在坡丰;六世生兴赏公葬在岜夏;兴廷公葬在陇凌登椅山";"李福㖿原命生于辛巳年十二月十九日辰时;李进稳原命

第一章　原空间：聚落环境、历史与社会文化

图1-1　伏台村落俯瞰
说明：书中图片若不做说明均为本人田野期间拍摄。

生于壬辰年七月十八日戌时，寿阳六十五岁，不幸于道光丙申年八月二十三日申时；李富陈原命生于辛酉年九月十五日辰时……"李氏祖先进稳公的墓碑载："先祖考字进稳公，乃李福哢、福永日公之孙也，原籍广东省，后迁宾阳县贡川陇米厚、周鹿岜光屯，原命生于乾隆壬辰年（1772年）七月十八日戌时，生寿阳六十五岁，不幸于道光丙申年（1836年）八月廿三日申时正寝。"由此推断"李福哢原命于辛巳年"应该是1700年，即其是雍正至乾隆年间的人。如果说李福哢公是定居伏台的始祖，那么伏台村是在清初才形成的。县志关于定罗土巡检司的记载只介绍其司辖12个城头，于何时起辖此12个城头并未说明，如果说是设立之初就开始管辖，那么伏台村至少在明嘉靖七年（1528年）就已经存在。那显然与家谱和口传资料不符。当然《李氏之部》撰写于1988年4月，李氏祖进稳公的墓碑则立于1994年举行三次葬①时，也有记忆失误的可能。而且县志记载并没有明确说明是否定罗土巡检司在成立之初即辖12个城头，因此很难断定"伏台"形成的历史时间。可见由于壮族当地的文献资料非常少，而家谱记载内容也相当简单，县志记载的内容也不明确，村落形成的具体时间常无从考证。

---

① 与二次葬类似，即举行二次葬以后，或由于风水原因，或为便于清明祭祖而将祖先骸骨合葬，因此择好宝地，再行三次葬。所谓的二次葬，指死者在葬后三五年，待尸体腐化完后，择宝地拾骨重葬。

在村落中，不管是黄姓子孙还是李姓子孙都承认李氏祖先最早定居于此，至今流传着一则相关的故事：

> 起初，只有李氏祖先定居伏台，他们通过开荒置地，勤劳耕作，家世越来越富足。后来有一位黄姓的外地人来到伏台，李氏祖先看他穷困潦倒，出于怜悯，便请他做长工。李氏祖先发现黄氏为人忠厚老实，勤劳善良，便把女儿许配于他，并给他们置了一些田地，从此黄氏便定居于伏台。之后黄氏家族的子孙迅速繁衍，而李氏家族的繁衍则相对缓慢。李氏后人认为，祖先将女儿嫁给黄氏导致李氏家族财运转移，李家才发达不起来，黄家却飞黄腾达。故李氏后人在一段时间里，曾禁止自己的女性子孙嫁到黄家。

据 2012 年田野期间统计，伏台全村共有 120 多户，734 人，分为三个姓氏：黄、李、农。其中黄姓有 90 多户，558 人，是村中大姓，而农姓仅有 1 户①，共 7 人。农氏于中华人民共和国成立后从瑶族地区迁出（本是瑶族，现自认壮族）。伏台全村基本是壮族（除近年几位嫁入之外地女子外），壮语是村落内的通用语言。

（二）聚落环境

如前文所述，伏台先人起初定居于山脚，依山面水。这是诸多壮族村落的地理位置选择，而通常所依之山即为本村神山。对于神山，各村均有禁止随意砍伐和挖掘的规定，部分村落仅在村庙仪式的集体聚会时允许上山砍伐或捡拾枯枝残叶作为柴火，一些村落则规定全村性的集体仪式及各户村民的婚丧嫁娶均可上山砍柴。

壮族人对风水比较讲究。然而，伏台当地人认为，祖先选址时对风水并不是特别精通，选择此处建村，地理位置并不是特别好，风水一般。村民的这一观点主要与当地流传的一则故事有关。曾有位风水先生骑马从弄二经过良实屯，走到坡丰屯附近时坐骑突然朝着北面仰天长嘶数声，然后前膝跪地不起。风水先生只好下马欲行，然而马匹前膝跪地，宁愿匍匐前

---

① 计生站的数据为 2 户，该户有三兄弟，因长兄结婚生子，镇计生站将其另计为 1 户。

第一章 原空间：聚落环境、历史与社会文化

行。风水先生颇为好奇，朝北方察看，清晰地望见远处有一个村庄，背靠两座绿葱葱的大山，前方一条小河流过，叹道："难怪啊，难怪，原来有如此风水宝地，可谓平生未见啊。"然而当他朝前走一段路到达坡埔高地时，才发现村庄西北竟然没有被山围住，大叹可惜。后来曾有位村民想在村西北的山脚开采石头，村人警告说，"本来那座山就没有将我们村围住，你再去那里采石，那一豁口不是越来越大吗？"开采者为此停止了这一行为。

村民建房时比较讲究地理和方位，存在一定的禁忌。目前村落的房屋都是背对神山，坐西北朝东南，即大门面向东南。据悉，20世纪80年代初，村内有一户人家通过努力发达起来，建造了村内第一座钢筋水泥式的两层小楼。建房时为方便通行，将大门开在北面，直面村中一座神山。后来生意每况愈下，从此败落，甚至负债累累。村人认为，这跟他家房屋风水有直接关系，大门所开方位不符合村内规矩，直面神山，整栋房屋位于村落中央，且高度最高，这说明这栋房屋需承担全村所有来袭的不祥之物，加上其正好对着神山上的一个山洞，受邪气所侵。后来，另一位房屋位于村落中央的村民也打算修建一座三层楼新房，但有老人劝说，"你家的房子不能建太高，建高意味着你们家要承担整个村子，你担得起吗？担不起会给你家带来很多麻烦。"

现在的伏台是一个自然村，与感益屯、良实屯和坡丰屯同属台山行政村。伏台背靠大山，东邻感益屯与坡丰屯，西近永固街，南与定罗街隔河相望。伏台背靠的大山中分布着几个瑶族村落，其中五弄村定台屯是距离伏台最近的村落，两村相距不足2公里。在过去，伏台是这些瑶民赶圩（集市）的必经之路，尤其在民国前永固集市尚未兴起时，山里的瑶民需经过伏台到定罗赶圩。伏台距离永固集市和定罗集市都非常近，离永固集市约1公里，与定罗集市隔河相望，直线距离不足2公里。虽然伏台和定罗集市直线间不通公路，但在永固集市尚未兴起时，伏台村民大多跨河通过小路步行至定罗集市赶圩。换言之，如果说伏台是壮族聚居村，定罗是汉族聚居村（下文将详细介绍），山里居住的则是瑶民，那么伏台与汉民、瑶民都有着千丝万缕的联系。

1912年，那马厅和定罗土司被合并成那马县，实行保甲制度，伏台归属于那马县周圩区团永固保。政治中心的转变引发了经济中心的转变，永

固集市逐步形成，并取代了定罗集市。周边村民转到永固赶圩，此时五弄瑶民赶集仍需经过伏台村里或村旁。20世纪90年代后政府加大对瑶乡的经济扶持力度，从瑶山铺设一条沙石路直通镇上，这条公路沿着伏台村边山脚直通永固街，从此赶圩瑶民无须从伏台村内经过。

第二节 村落的生计方式与传统文化

生计方式和传统文化是民族社会存在和发展的基本要素。前者是民族社会赖以生存的基础，是其成员根据所处自然环境逐渐创造出来的；后者则是社会成员在长期历史发展过程中创造的物质、制度和精神文化的总和。

一 生计方式

伏台全村共有耕地360余亩，其中水田250多亩，旱地110多亩，水田主要种植水稻，旱地则种植玉米、大豆、花生等，其中离村落及水源较近的旱地主要种植蔬菜。下文拟对伏台最重要的水田耕作及具有特殊意义的蔬菜种植情况做扼要介绍。

（一）水田耕作

伏台所处地理环境除了有一条小河流经村前，村周边还分布着十余口大小不一的水塘。中华人民共和国成立前，村民曾在河流上游安放四部水车对全村水田进行灌溉；中华人民共和国成立后，随着水利设施的逐渐完善，水车被拆除，而曾安放水车的区域至今被称为"luog seiq"，意为四个轮子状的物体，即四个水车。此外，伏台还是上游俊龙村弄芒屯排农水坝的灌溉区域。相传，排农水坝系清朝时农姓地方乡绅集资雇请"湖广"石匠前来修建，引造加、德育两条溪水灌溉下游的俊龙、永州、台山等村落的良田，约3000亩，是马山县比较古老的水坝，亦属灌溉效益最大的工程。从20世纪50年代末期起，经数次修建，成为造加、德育水库灌区下游的一个重要拦河引水工程，保证灌区3000亩双造稻田用水，效益显著。相对当地其他村落而言，较好的自然环境和优越的水利设施，使得伏台的水田稻作耕种比较发达。

伏台种双季稻，每年水稻耕作的安排时间通常为：农历二月初播种、育秧苗；三月中旬及清明前后整理农田、插秧，秧苗插好后第一次施肥；五月即给水稻耨第一次草并施第二次肥；六月中旬耨第二次草并割田草，同时整理田地、播种、育秧（第二季）；六月下旬至七月初为农忙季节，收割水稻，并开始耙田、插秧、施肥；八月份给水稻耨第一次草并第二次施肥；九月份耨第二次草并割田草；十月底中旬至下旬割稻谷，收仓。

（二）蔬菜种植

当地有句谚语云："谭清卖香，里川卖簸箕，安河卖母猪，定罗做生意，伏台卖青菜。"① 其大意为，谭清屯人制作的香比较好，在集市上卖香的基本是谭清人；里川屯人多精通竹编技艺，编成的各类竹编用具既耐用又好看，很受欢迎；安河人卖母猪则指该屯人过去多养母猪卖猪仔，但卖出的猪肉多为母猪肉，即安河人的猪仔好，但猪肉差；定罗街人很会做生意，因为定罗曾是那马土巡检司所在地，民国前当地的主要集市，定罗先人多是商人出身，精于经商之道并世代相承，后来集市改设至永固后，永固街上的大多数商贩也多为定罗人；伏台人则擅长种菜，其种出的蔬菜在当地集市上很受青睐，青菜鲜嫩，冬瓜直而长，等等。这句俗语归纳了当地各村于集市上擅长的交易物品，同时也体现一种区域内的分工合作，虽然不是那么绝对，但在过去很长一段时间内，确实具有这种趋向。

我在田野期间，曾有外村人跟我说："以前，永州集市上的蔬菜都是你们伏台人提供的，如果没有伏台人，永州集市上估计连菜都没得卖。而且你知道吗？你们伏台人种出来的蔬菜也比较好，很受欢迎。现在菜市场卖菜的仍然以你们村的为主。有什么事要找伏台人，直接去菜市场问就对了。"这是外村人对伏台人种植蔬菜的肯定。在当地一旦天气干旱，伏台村中蔬菜减产，永固集市的蔬菜也会出现供不应求的局面，此时市场的菜价即会居高不下。2011年田野期间，很长一段时间内，当地持续无雨，天气干旱，伏台村民常说的一句话就是："现在集市上的蔬菜贵啊，一斤3块钱都没有菜卖，你想连我们都快没有菜吃了，更何况其他村的人呢？"这说明伏台人对自己具备蔬菜种植条件的骄傲，即如果自己村都没有蔬菜吃，其他村就更难以吃到。另外，种菜的本事也是伏台人衡量户主尤其是女主人

---

① 这句话经过作者翻译，原话为壮语，句末押韵。

是否勤劳能干的标准。菜园里的蔬菜长势、打理情况都是村民们评价的细节。因此，身为伏台人，若家中没有蔬菜吃，会被认为是户主慵懒的体现，而遭受村人指责。

伏台在外出务工潮尚未形成时，种植蔬菜到集市出售几乎成为家家户户重要的经济来源。村落周边的高地几乎种满蔬菜，每户至少有0.5亩菜地。村民除进行稻作及田地劳作，便是打理菜地，即使是在农忙时节，也会在傍晚挑粪水到菜地走一遭，再回家进晚餐。如果确实忙得无暇顾及菜地，村民也常常惦记着菜地，最常说的一句话是："几天没有进过菜地，估计杂草都长过膝盖了。"这句话既反映村民对菜园的牵挂和惦记，也体现村民的一种辩解，即我不是不顾菜地而是忙不过来。菜园的打理不仅限于成人，老人和儿童也是重要的劳动力。老人和儿童从事的既包括拔草等较轻的活，又包括挑水浇菜等。村内儿童尤其是女孩自读小学四年级（八九岁时）起很长一段时间里，下午放学吃完饭后即被安排挑着一对小桶在菜园里浇菜，到一定的时间段回家吃晚饭再去学校上晚自习。每逢周末则被安排到集市上卖菜。这样的情况一直持续到离开村落到镇上读初中后，这些活儿则转给弟弟妹妹。

我曾与村人谈论过为何伏台人比周边大多数村的人种菜都在行的问题。有人指出，伏台村离街上近，圩还设在定罗时，伏台村的老人就已经去那里卖菜。有人说，种菜需要水，伏台村有很多池塘，差不多二十个，其他村可没有那么多，而且伏台有很多地与这些池塘离得很近，很适合种菜，方便挑水浇菜。还有村民说，其祖先以前就很会种菜，"不是说'伏台'就是种冬瓜的一块高地吗"。根据村民陈述及自身经验的总结，伏台人善于种植蔬菜是由于其靠近集市和具备丰富水资源的优越地理环境，以及长期积累的种菜技能。

二　传统文化

伏台及其所属的壮族地区具有悠久的历史，当地壮人创造出独特的社会文化。下文拟从当地较具代表性的公共仪式、民间信仰、拟亲属关系和民族习俗进行阐述和分析。

（一）公共仪式

永州壮族聚居区具有丰富多彩的公共仪式文化。这些仪式文化是当地壮族人在长期的历史发展过程中结合自身的历史和实践不断创造出来的，充分体现其民族文化和族群特点。

1. 抢花炮

抢花炮是流行于壮族民间的一项具有浓厚民族特色的传统体育活动，深受广大民众喜爱。各地抢花炮时间不一，如农历正月十五、正月十六、二月初二、三月初三等。① 永州地区的抢花炮主要在定罗和眼圩举行，前者于每年农历三月三歌节期间举行，后者则在正月十六举办。伏台人每年必定组队参加定罗街举办的抢花炮活动。当地人认为，花炮具有神性，抢到者可"添丁发财"，但抢花炮时，须遵守"规矩"，禁止乱抢，否则"神"的灵验度会失效。昔日参加者众，几乎所有青壮年都乐于参与，尤其是无儿无女者，常雇请村中年轻力壮者为其抢花炮。定罗的花炮用软韧的山野藤绕成，由红布或绸缭绕，印上记号。赛前用披红的轿子抬着北帝神像和花炮，一路敲锣打鼓、燃放鞭炮，来到定罗东面的抢炮场地上。场地中央置一铁铳，放上花炮，点燃引线，使花炮冲上天空。抢炮者站在场地上，判断落下的方位，奋力抢夺。抢到花炮者跑到北帝雕像前跪拜，活动即结束。抢到花炮后，众人即敲锣打鼓将花炮送到其家中，摆放于神龛上。主人逢年过节祭祀供奉，次年敲锣打鼓，抬着大肥猪等礼物（如愿添丁发财者礼物更是丰盛）送还花炮，继续再抢，周而复始。② 定罗的抢花炮场地固定在村东面的稻田里，与伏台仅一河之隔，因此昔日抢花炮活动举行时，伏台村民定会倾村而出，或直接参与或围观加油助威。现年55岁的伏台村民李猛的出生，即被认为是如愿抢到花炮的结果。其父娶第一位妻子时生育三个女儿，苦于膝下无子便纳妾，又生育两个女儿，于是便雇人参与抢花炮仪式，成功抢到后如愿得子。

中华人民共和国成立初期，抢花炮活动因被认为具有封建迷信色彩而遭到禁止。20世纪80年代初贡川眼圩的抢花炮曾得到恢复，定罗街的抢花炮活动也曾筹划恢复，但一直未能如愿。田野中曾访问当时主张恢复抢花炮仪式的定罗街老人，他们指出，虽然大力号召，但没有人响应，抢炮本

---

① 黄伟晶、黄桂秋编著《壮族民俗风情》，南宁：广西民族出版社，2011，第176~177页。
② 黄文钺主编《定罗街志》，未刊稿，2011，第76~77页。

来都是由年轻人参加,三月三的时候年轻人都去广东了,哪里有人参加啊?

2. 山歌

山歌,壮语称为"hwen"或"fwen",很多学者直接称"欢"。马山山歌可分为东部山歌与西部山歌,前者旋律奔放、粗犷,歌调有蛮歌、三顿欢、卜列欢、呼吁欢、得儿欢、了麻欢、了麻竹、大环调、加方调、杨圩调、县城的哭腔调等;后者则多平稳流畅,主要歌调有雪欢、嘹欢、高腔调、排歌、恩国罗等。①

《那马县志草略》载:"惟土人,不时有少年男女,三五成群,或在山野,或在路途,互唱山歌。近今改良风俗会成立,此种鄙俗,想不久必消灭矣。"② 可见,过去很长一段时间里山歌风行于壮族聚居地区,而封建政府则将其视为陋俗,厉行禁止。当然,山歌并没有因此而消失。就伏台而言,20 世纪 80 年代末之前,山歌依然是村民日常生活中必不可少的一部分。白天是山间田峒砍柴、放牛或劳作的人们在歌唱;夜间是恋爱的男女,在小河边、田野里或村口对歌。尤其是在重大节庆或有婚嫁仪式时,临近各村的歌师更是聚在一起把酒对歌,一决高下。80 年代后,受现代化浪潮的冲击,马山壮族民间山歌传唱正在逐步消失,但目前在不少村民家中仍保存有用古壮字记载的歌本。

3. 棋游戏

壮族民间社会中存在名目繁多的棋游戏,除汉族的象棋、围棋之外,还有许多具有壮族自身民族特色的传统棋游戏。壮乡伏台的传统棋游戏各式各样,多简单易学,其中最具代表性的有"区"字棋、枪棋、皇棋、虎棋、回纹棋、三子棋、跳棋等。过去常常可以见到,在村头巷尾、山坳口、凉亭、大榕树下、村中地坪和乘凉休息的石板上,刻有或画有各式各样的棋盘,村民利用闲暇时间,聚在一起开展各种棋类游戏。棋游戏凭借着极强的娱乐性和竞技性,吸引着众多社会成员参与。棋游戏的参与者既包括对弈双方,也包含其支持者与旁观者,这些成员构成一个共同研讨棋艺、争论棋术的文化共同体。这一共同体的存在基础是共同的棋文化,其成员

---

① 中国人民政治协商会议广西马山县委员会编《马山风物》,未刊稿,2007,第 67~68 页。
② 林锦臣:《那马县志草略》,未刊稿,民国二十二年(1933 年),第 6 页。

的交流途径则是共同的民族语言（壮语）、共通的民族思维和棋游戏规则。当然，棋游戏的过程并非都是严肃的，参与者讨论的话题具有随意性和广泛性，除了棋游戏相关的内容外，还涉及农事生产的安排、耕作技术和技巧等务实性知识，有时还穿插着村落中的各式笑话、奇闻趣事和本民族的神话、故事、谚语等活跃气氛的信息。[①]

（二）民间信仰

壮族地区的民间信仰是道教、佛教与祖先崇拜、巫术的交织，祖先崇拜在其中占有重要的地位。马山西部壮族的宗教信仰以神灵崇拜、祖先崇拜、师公教、巫信仰为主。

1. 神灵崇拜

社神是壮族民间村落的保护神，可保村屯平安、人畜兴旺。可以说在壮族地区各村都建有社庙，社庙内一般没有神像，仅设牌位和香炉，逢年过节，尤其是在春节和中元节，家家户户前往供奉祭拜。

伏台有自己的村庙，村庙建造的时间不详，内仅剩一块重修碑，刻有序云："尝闻。天开地辟，神为庶民之主；古往今来，人为万物之灵。因立，社王灵庙管地乡中人物。至壬寅年（笔者注：1902年）来，逢水灾难，庙堂尽毁。又及甲辰岁（笔者注：1904年），重建，谨刻石碑开捐资钱，列明于后，不朽云耳。"可见，村庙于1902年曾因水灾毁坏，1904年村人集资重建。据村内老人说，村庙文革曾废，80年代初重建，建起一座砖瓦小庙。2003年再次集资重建，建成现在贴满瓷砖、富丽堂皇的样式（见图1-2）。庙内无神像，仅有一块小石碑和三个香炉。小石碑立于神庙正中央，碑面刻有：

灵威宫
社德巍峨千古仰
敬奉
本境显灵德兴定台二位大王

[①] 李虎：《壮族传统棋游戏及其社会文化功能——以桂西壮乡伏台屯为例》，《西南边疆民族研究》第9辑，云南大学出版社，2011。

本院高祖枯橘　　枯檩二位社神
本史恩主岑道高郎金郎廖三位官员
王恩浩荡四民安

图1-2　伏台村庙、公共集餐场所及神山

碑的背面则刻有光绪三十年（1904年）的重修庙序内容及捐资名单和数额。

村庙是村民祭祀、集会和举行重大宗教仪式的重要场所。祭祀包括过年、过节的祭祀，村民家中有重大事情的祭祀，如婚嫁、建房、杀猪、卖猪等；集会包括农历二月初二村民（每户一人）的聚餐，每月各小组的做"cungh"仪式（全村分为六个小组，每组每月轮流到村庙中祭祀聚餐，每家派一人），青年男子的结"帮"或聚餐；宗教活动包括全村的斋会等。可见，村庙是村落重要的宗教仪式及各类公共活动的空间。

除了社神之外，受万物有灵观念的影响，壮族人认为，宇宙间的自然物，如山弄森林、河流泉水、巨石大树等都有灵魂，天有天神，山有山神，水有水神，树有树神……因此村旁的大树、巨石往往亦成为崇拜对象。每逢大年初二，体弱多病的小孩父母，带着祭品，在树、石上贴上孩子的姓名，求树神、石神保佑孩子长大成人、长命百岁。家中除大堂的神龛外，鸡舍有神，猪圈有神等，逢年过节均须祭祀。

壮族民间信仰最具特色的是花神婆崇拜。花神婆，又称"花王圣母"，壮语称"meh mwog",是专管各家生育和保佑孩童健康之女神,各家均立其神坛于孩童母亲卧室床头。马山壮族人认为新生儿都是从花神婆的花园中来的,由花神婆所赐,故逢孩童身体不适或年节均需焚香祭祀。

2. 祖先崇拜

壮族人认为,人死之后,灵魂依然在奈何桥(壮族人观念中的阴阳分界)那边生活。阴间的祖先可护佑阳世的子孙平安顺利、兴旺发达,这是一系列丧葬仪式和祭祀祖先的前提和依据。壮族住宅厅堂正中板壁前,多立有一个高约五尺的长条形神台,神台下为八仙桌,是放祭祖供品的地方。神台往上是神龛,稍往里凹,有遮檐,壁上以红纸书写"×(×为各户对应的姓氏)门历代宗亲考妣之神位座"字样,两侧配有对联,如"老少平安凭祖德,子孙显贵赖宗功"等,下方摆三个香炉。在一年所有的节日中,祖先均可优先享受香火,其中春节和中元节是两次大祭,须摆上鸡、鸭、水果等供品。

伏台村中,每家大厅的正中都设有神龛,神龛既是客厅的标志,也是一个家庭的重要象征符号。建新房需设神龛,分家另立门户更要设神龛,神龛在某种程度上甚至成为壮族民间家庭分家的一个符号。神龛上没有神像,只有香炉和酒杯等祭祀用具,过去神龛上的内容都是用毛笔在红纸上书写,并设统一的格式,现在集市上已经有用塑料统一制作的模板(见图1-3)出售。堂屋的神龛是家庭各种宗教仪式的主要场所,不管是简单的家庭祭祀,还是请师公、道公主持的各种宗教仪式,均在此举行。在伏台,除各种家庭宗教仪式外,逢年过节、家中有贵客或重大事情,如建房、婚庆、杀猪卖猪、结"老同"等仪式,乃至外出务工前均需在神龛前祭祀。

3. 师公教

壮族具有众多独具特色的民族文化,其中师公教具有较高的地位。师公教,又称"师教""眉山教""三元教""武教",是在西瓯、骆越"越巫"信仰基础上,广泛吸收与整合中原古巫傩、道教、佛教等外来宗教文化因素以及儒家思想观念而形成的一种民间宗教。[①] 壮族师公与道公的区别向来是壮学界争论的一个焦点,有人认为师公就是道公,还有人认为二者

---

① 杨树喆:《壮族师公教的民俗学研究》,博士学位论文,北京师范大学,2000。

图 1-3 伏台房内大厅神龛
说明：春节期间祭祀中的神龛，桌上摆着诸多作为祭品的驼背粽。

有很大差别。伏台的道公认为，道公和师公都可称为"道师"，二者有别，前者称为文道，其经书为汉字，念经时偏向于西南官话（汉语方言），主持日常仪式；后者称为武道，其经书为生字（古壮字），念经时用壮语，主要负责主持解决各式凶神恶煞鬼神时的仪式，如非正常死亡者的葬礼。有些道师身兼二职，如伏台人黄亚，但两个系统有异，所拜师父也不同。当地人均称为"lao sei"，即老师或道师。

4. 巫信仰

壮族的巫多为女性，男性巫师较为少见。马山壮族地区基本上村村有一两位女巫。女巫，壮语称"yah gyimq"，其主要职能是通过某种超自然力量获知过世亲人的信息，或驱鬼祀神保佑平安等。能否成为巫师通常是命中注定，一般情况下某人被神或某种精灵选中后，她就会出现某方面的精神异常，通过向其他资深巫师拜师后，在卧室内设香案供奉自己的神明或精灵，通过这些神和精灵的帮助，逐渐具备一种超自然力量，变成真正的女巫。

伏台的女巫有两人，一位是70余岁的农婆，另一位是40余岁的蒙贵秀。其中最受欢迎的是农婆，据农婆所述，她是四十年前被祖神选上的，那时她大病一场,常梦见一些鬼神找她,不停地说胡话。因此,邻居去问当地的神婆,神婆说山里有几位神选上她,她命中注定要做"gyimq",只有成为"gyimq"才可以摆脱身上的不适。后来在神婆的帮助下农婆在家里摆上神坛供奉这些神,这位神婆也就成了她师父。总之,巫信仰在壮族的民间社会具有较大的影响力。

壮族社会中虽然没有形成比较系统的宗教体系,但其民间信仰非常复杂,而且这些信仰在壮族人的社会生活中发挥着至关重要的作用,至今仍影响着留守村落和外出务工的村民。

(三) 拟亲属关系

亲属关系是在血缘关系和姻缘关系基础上形成的,而民间社会中还存在一种与血缘、姻缘无关的亲属关系,人类学称之为拟亲属关系。壮族社会中也存在诸多拟亲属形式,其中最具代表性的是结"老同"和结"帮"。

1. 结"老同"

壮族的民间社会中存在一种特殊的拟亲属关系,称为结(交)"老同"。结"老同",是指两位年龄相仿且毫无血缘、姻缘关系的同性社会成员,通过某种特定仪式后,形成彼此的权利和义务关系,并以二人为中心扩散开来的一系列拟亲属关系。结为"老同"的二人通常需具备以下条件:第一,年龄相仿,一般不会相差太多;第二,须同性别,壮语中男女各自结"老同"的叫法不同,男性之间结为"老同",称"jiao tongh",女性则称"jiao maih",二者可以统一译为"结(老)同"或"交(老)同";三、须没有亲属关系,即无血缘或姻缘关系;四、须通过某种仪式,一般是主动结交一方,在征得对方同意后,选择一个节日(一般是过年),准备好礼品(通常需有一只鸡)到对方家中做客,吃过饭后,双方即结为"老同",以后过年过节相互来往,彼此到对方家中做客;家里有婚嫁、丧葬、节庆、生日等重大事情时,相互帮扶。若结交"老同"的双方均未成年,则须经双方家长同意后,在主动方家长带领下到另一方家结为"老同"。两人结为"老同"后就一直以"老同"相称,以"老同"相待,并将对方的亲属视为亲属,将对方的父母兄弟等亲属也以"爸、妈、哥、弟"等称呼。有时为与自己亲属的称呼相区别,也在亲属称谓前加"同"字,如"老同"的父亲称"同爸"、母亲称"同妈"等。

下文将以伏台李姓男丁为例进行分析，将各世男丁数目及在世男丁所结交的"老同"数等进行统计，见表1-1。

表1-1　伏台李氏男丁及结"老同"相关数据

单位：人

	七世	八世	九世	十世	十一世	十二世	总人数
所传男丁	4	6	15	25	41	16	107
在世男丁			5	18	41	16	80
在世男丁结"老同"数			3	12	35	8	58
与本村黄姓结"老同"人数			2	8	32	8	50

资料来源：田野调查，2007年2月。

由表1-1可知，李氏在世的80名男丁中，有58人结交"老同"，占在世男丁人数的72.5%；58名结"老同"的在世男丁中，有50人与本村黄姓结为"老同"，占86.2%；8人与外村姓氏结为"老同"，占13.8%。可见，李氏男丁结交"老同"人数占在世男丁人数的大部分，而本村黄姓更是李姓结交"老同"的首选。由表1-1还可发现，第九世至第十二世李氏结交本村"老同"的比例分别是66.7%、66.7%、91.4%、100%。李氏与本村黄氏结"老同"的比例逐渐增多，而且所占的比例也比较大，主要是因为在伏台，黄氏人口是李氏的三倍多，黄氏男丁中一旦需要结"老同"，为了方便联系，父母一般优先在本村或附近村落中物色。另外，壮族人的观念中，只要有人来请求结"老同"，都应该答应。加上黄氏人数远远超过李氏，因此黄氏少数的人就可能使得李氏结"老同"人数占本族总人数的很大比例。

2. 结"帮"

结"帮"，即壮族青少年达到一定年纪（伏台一般是十五六岁）后，在特定日子里结伙到本村村庙聚餐，并结成村落中的一个特定年龄组。这个"帮"的成员以后有义务在村内的重大事务中相互团结、互相帮助，发挥作用。一个"帮"中也会存在数对"老同"，有的是结"帮"前结的"老同"，有的是结"帮"后结的"老同"，这些人之间除了具有"帮"的关系，还有更为亲密的"老同"关系。这种"帮"不是帮派，也不是社团，而是一种在村落事务中发挥作用的社会团体，通过约定俗成的社会规范制约成员的行为，而没有明文的"帮"规。

传统社会中，结"帮"在村落事务中发挥着很大作用，如葬礼、婚礼、做斋等。葬礼中，昔时伏台不允许死者子辈亲属抬棺材，因此葬礼的"担架队"一般是孙辈的"帮"中成员。当前由于村内缺乏年轻人，在很难找到人抬棺材的情况下，死者子辈的"帮"成员也不得不参加担架队，甚至有死者的直系子孙直接参加抬棺材者，这在过去都是大忌。婚礼中，在唱山歌的年代，新郎的"帮"友是其对歌的主要帮手，尤其是去新娘家接嫁妆时①，不但要同新娘的女性朋友对歌，还要同新娘兄弟的"帮"友划拳拼酒。现在山歌在壮族人的现实生活中已经逐渐消失，但接嫁妆成员依然是新郎的同龄"帮"友。

当然"帮"中的成员在维护村落的自身权利中也发挥着重要作用。伏台所在的永州地区地少人多，各种生存资源的竞争非常剧烈。面对汉族、瑶族等他族人员及壮族其他村落的竞争，每个村落内部都必须强化内聚力，以维护本村的共同利益。在本村利益受到侵犯时，村内的各个"帮"都必须团结一致，当"帮"中的成员受到欺负时，其他成员有义务相互帮助。

20世纪80年代初期，伏台的结"帮"仪式逐渐淡化，但大多数村民仍然与同属一个"帮"的人共同活动，年纪小时一同上学、玩耍，成年后，一同赶集追女孩，晚上一同外出找女孩对山歌，等等。随着务工潮的兴起，越来越多的年轻人外出务工，各个"帮"的组织不但没有瓦解，反而凝聚力不断强化。各"帮"成员在每年回家过年时，自发组织到村庙聚餐，共同讨论和处理一些村内的公共事务，包括捐资修路、修庙和外村人侵犯本村利益的事情等。

总之，壮族村落中的拟亲属现象是复杂多样的，除上述结"老同"、结"帮"外，还包括认干亲、寄干亲、收养、跟子等，② 因篇幅及本研究主题所限，不赘述。这些拟亲属现象作为一种社会网络交叉作用在村落内部和

---

① 马山壮族的婚礼新郎及"帮"友一般不去接新娘，而是大物品的嫁妆（如新床、衣柜、摩托车等），新娘则是在亲人的护送下把小件嫁妆送到新郎家，参加完婚礼即返回娘家。婚后一段时间里，仅过年过节时，新娘才能到丈夫家暂住几日，直到生育后，才可长住在丈夫家，即不落夫家。

② 李虎：《壮族拟亲属关系的研究——以广西马山县伏台屯为例》，硕士学位论文，厦门大学，2008。

各村落之间，使得村落内部和村落之间布满一种网状结构关系，形成一个紧密结合的统一体。

（四）民族习俗

壮族文化璀璨多姿，举不胜举，而独特的民族习俗是其最重要的体现。这些习俗包括依 fwen（歌）择偶与不落夫家、夫妻分床而眠、二次葬等。

1. 依 fwen（歌）择偶与不落夫家

壮族民间社会崇尚恋爱自由的观念。不管是过去还是现在，大多数青年男女都是先通过自由恋爱，后经父母允许，才缔结为夫妻。在过去，山歌是恋爱中必不可少的。就伏台而言，20 世纪 90 年代前，山歌仍然非常流行。恋爱的男女，在小河边、田野里或村口对歌的现象很常见。很多情况下，村落中同一个"帮"中的几人或两三位"老同"约好一起外出寻对象。女子也是和关系较好的姐妹相约而出。如果两方中有一两位互相认识，那就比较方便搭讪，若没有，那么山歌便是男子吸引女子的最主要方式，他们经常一路上边走边唱。如果两人有意，日后便常单独约会，直至双方父母同意后谈婚论嫁。其间，山歌是男女青年交往的重要工具，双方通过山歌互相结识、了解、增进感情，并最终结合。歌唱的能力和唱出的内容也成为双方评价对方的重要准则，是昔时婚恋选择的重要标准。

结婚后，壮族人遵循"不落夫家"的习俗。"不落夫家"，也叫"不落家""坐家""坐娘家""长住娘家"，是指男女青年结婚，新娘不立即到婆家与丈夫常居，共同生活，而是回到娘家居住，直至怀孕后或生育第一个子女时，才到婆家与丈夫常居。在"不落夫家"期间，妻子并非不允许再踏进夫家门，逢年过节，夫家常派自家亲近的女性，如母亲、姐妹等，到妻家邀其返回欢度节日，并与丈夫同居。节日过后，妻子照常回娘家居住。妻子生育头胎时，不允许在娘家生，而须到夫家分娩，产后便开始住在夫家。①

伏台的不落夫家习俗消失于 20 世纪 90 年代初，最后遵循不落夫家习俗的是 80 年代末期结婚的女性，例如村民黄秀和陆惠。黄秀属伏台黄姓之女，出生于 1965 年，1987 年 22 岁时与同村李明结婚，即开始长住娘家，虽然

---

① 黄伟晶、黄桂秋编著《壮族民俗风情》，南宁：广西民族出版社，2011，第 53~54 页。

娘家和夫家仅百米之遥，但仅过年过节夫家人去邀请时才会到夫家居住一两日，婚后很长一段时间一直没有怀孕。据说，夫妻二人患有生育上的疾病，求医后于1993年育有一子，此后到夫家居住。而陆惠系距离伏台约4公里外的下感屯人，生于1966年，与村民李四一同到广东打工认识，1989年结婚。婚后继续到广东打工，未生育前，从广东回家都是直接回到娘家，虽然伏台比下感距离镇上更近，更加方便。在老家期间到夫家居住时间很少，直到1992年育有一子，才长期居住在夫家。在访谈中，黄秀说："当时都是这样的，我虽然是嫁在村里，但不能随便过来，一方面是害羞，另一方面是你没有生小孩之前随便就过来，村里人会说三道四，而且大家都认识我，我以后还要在村里生活。"①

2. 夫妻分床而眠

壮族人有夫妻分房不同床的独特生活习俗，即丈夫和妻子各有房间，即使是同一间房，也在房内置两张床，夫妻分开睡。对于这一习俗的成因，有学者认为壮族先民对性有一种神秘感，将性视为不洁的行为，为避免不洁之物在家中危及家人，夫妻选择在野外交媾。据古籍记载，宋代邕州溪峒（今南宁市一带）壮族夫妇异室而居。到晚上，夫妻相约到山野过夫妻生活，绝不在卧室内。他们认为，如果在家中有性行为即会招鬼进门，加害于人。随着人们认识水平的提高和科学知识的增加，壮族野外交媾的习俗已经改变，但夫妻不同床而眠之俗至今延续。大部分壮族地区虽可夫妻同房，但形式上仍保持异室而宿或异床而卧的习俗，有的地方夫妇各居一室，中间有门相通。马山等地的壮族，夫妻同室但房内放两张床，妻子的床为陪嫁物，表示圣洁。平时各下蚊帐安寝，有特别亲近的亲友来访，男性可与丈夫同卧，女性则与妻子同眠，这在壮族人看来是很平常、很自然的事情，大家不仅不会感到别扭，还认为是对来客的信任和亲密。②

《马山县志》对县境内壮族人的居住形式有这样的描述："（县）西部在

---

① 2012年1月24日访谈资料。访谈地点：李明家；访谈人：李明之妻——黄秀。需要说明的是，田野中绝大多数访谈语言均采取当地壮语，本书中所使用访谈内容均通过我的语言转译，描述过程中为了尽可能贴近受访者的原意，有的直接进行翻译，部分地方为了表述顺畅需要则稍加整理，但仍力求保持原意。下文若不做特殊说明，均如此。

② 黄伟晶、黄桂秋编著《壮族民俗风情》，南宁：广西民族出版社，2011，第34～35页。

分离、互动与调适

永州、州圩一带，绝大多数房子都开后门，男住北面，女住南面，或是男住楼上，女住楼下，厅堂不安床位。"① 直至20世纪90年代初打工潮形成前，伏台的壮族人仍保留夫妻分床而眠之习俗，结婚时的嫁妆除衣柜、各式生活用品外还包括新娘的床。房间布局通常是夫妻两床设于房内两头，床之间隔一道墙并设一个中门，丈夫床铺位于靠近大门一侧，妻子床铺位于里侧；有时中间不设墙而以衣柜隔开，为女性保留一定的隐私空间；有时房间空间有限，则置两张紧挨着的床位，仍然是夫妻分开睡（见图1-4）。在打工出现初期，受到某些外来文化的影响，一些青年夫妻开始同床而眠，但仍然不敢公开示人，即部分夫妻形式上仍设两张床两套被褥，夜间则睡在同一张床上。20世纪90年代初，曾有一位嫁至伏台的瑶族女性言语中不慎暴露其与丈夫同床而眠的信息，成为多数村民闲聊时的笑柄。据说，这对夫妻虽然在房间中设了两张床，但外面的床上未打理而堆满衣物，于是当有人进入房间看到后便随口问，"这个床怎么这么乱？"这位瑶族女性随口回答："太忙了，乱就乱咯，反正晚上我们只睡一张床。"这句话一经传开，村民们便纷纷私下议论。有的人则指责说："其他夫妻私下里也有同床的，但也没有谁敢说。他们夫妻自己同床睡就算了，她竟然还敢说出来，真不要脸。"事后不久，这对夫妻便外出务工，有村民则认为，那是因为他们不堪流言蜚语才出去的。这说明夫妻同床的禁忌在90年代以前仍然在伏

图1-4 壮乡窄小卧室中的夫妻床

① 马山县志编纂委员会编《马山县志》，北京：民族出版社，1997，第127页。

台村落中得以维持,至今50岁以上的夫妻仍保持分床而眠的习俗。但随着打工潮的兴起,越来越多年轻人开始同床而眠。对于这一新现象,老人们只能无奈地说:"时代变了。"

3. 二次葬

二次葬,又称捡骨葬、拾骨葬,是壮族地区普遍流行的葬式。第一次葬是老人逝世后用棺材装尸下葬,葬后三五年举行二次葬,即开棺将骸骨捡起装入"金坛"择吉日下葬。捡骨之后,不论是寄葬还是再葬,每年清明节均需祭扫。①

伏台所属壮族地区至今流行拾骨葬。骸骨拾好后装入"金坛"中,并寄葬在山洞内,清明节期间到山洞中扫墓祭祀。有的"金坛"一放就是数年甚至数十年,直到择好吉地举行二次葬。

总之,依 fwen(歌)择偶与不落夫家、夫妻分床而眠、二次葬等民族习俗在很长一段时间里一直在壮族社会中传承和延续,是壮族人日常生活形式的重要一面。

第三节 国家民族政策的实施与地方民族关系

永州地区的民族关系并不复杂,基本呈和谐、健康的态势,但永州镇及其周边的民族关系仍然具有自身的特点。一方面,就全国而言,汉族是人口最多的民族,汉语(普通话)是通用语言;而在永州境内,壮族是人口最多的民族,壮语是通用语言,也是主要的日常交际用语。另一方面,永州境内居住着不少瑶族民众,且永州镇北部大化瑶族自治县的瑶族民众与境内的瑶族、壮族也有直接往来;镇南部武鸣县、东部的双联乡也居住着部分汉族人或客家人。应该说,永州镇的民族关系主要体现在壮、瑶族与汉族之间的关系上,在马山县境内具有一定的代表性。

对于永州辖区内部分村落而言,与壮族和汉族同时打交道的机会并不多,而伏台的地理位置决定其与瑶族及定罗人存在密切的关系,刚好位于两个村落之间,均相距约1公里,且各村落之间田地相近,并竞争着各种山

---

① 黄伟晶、黄桂秋编著《壮族民俗风情》,南宁:广西民族出版社,2011,第80~83页。

林资源与水资源，存在一定的矛盾。中华人民共和国成立后，中国共产党实施新的民族政策，对各民族地区民族关系的发展发挥了重要作用，但永州地区的某些民族矛盾并未完全得到解决。

一 民族政策

中华人民共和国成立初期，为进一步巩固政权加强民族工作，中国共产党及其政府在广西开展了一系列的民族工作，包括民族识别，实行民族区域自治，帮助少数民族恢复经济、发展生产、改善生活，创造少数民族文字，帮助少数民族发展教育文化事业，等等。下文拟从对伏台所属壮族地区影响较突出的民族识别和拼音壮文的推广进行分析。

（一）民族识别

中华人民共和国成立前，由于历代统治者或忽视民族关系或实施民族压迫政策，广西境内除回族外，其他少数民族都得不到承认。壮族虽有600多万人口，但在民国时期仅被当作汉族的一个分支，被认为是讲土语的汉族人，而不被承认为一个民族。新中国成立后，为了落实民族政策，搞好民族区域自治建设，1951年开始在广西开展民族识别工作。

1951年6月27日，以李德全为团长，费孝通、曹孟君、马杰、熊寿祺为副团长的中央民族访问团中南分团到广西少数民族地区访问。在宣传党的民族政策、帮助少数民族地区进行基层建设的同时，开展对少数民族社会历史调查的初步工作，撰写了《广西少数民族历史资料提要》及部分地区少数民族情况的调查报告，对壮、瑶、苗、彝等民族的名称、支系、姓氏、分布状况及历史活动等做了详细介绍，为确定广西境内部分人们共同体的民族成分提供依据。同年11月，中共广西省委、省人民政府根据中南军政委员会第四次会议形成《关于开展少数民族工作的决议》，在全省开展批判大汉族主义和地方民族主义，实行民族平等的教育。为了全面弄清广西的民族情况，为建立民族区域自治地方创造条件，从1953年到1956年，广西再次组织比较系统的民族识别工作。1953年8月17日，广西省民委制定《调查民族成分工作计划方案》。从1953年下半年起，在广西省民委的统一领导下，由中南民族事务委员会和广西省民委共同派出人员组成调查组，对广西未确定民族成分的人民共同体开展识别工作。1954年3月10日，广西省民委印发《识别民族成分调查参考提纲》，对民族识别调查提出具体的要求。①

1. 从布土、布僚到壮族：中国人口最多的少数民族的产生

为了确认新中国这一多民族大家庭中的各民族成员，以利于民族区域自治和其他民族政策的推行与实施，从 1950 年起，中央和有关地方的民族工作机构即开始组织专家、学者和民族工作者，对各地提出的 400 多个民族名称进行科学识别。经过民族识别，中国共产党领导的人民政府最终将主体居住于广西境内的"布壮""布土""布曼""布雅伊""布僚""布衣"等不同称谓的族群统称为僮族。由于"僮"字的读音易混淆，含义不清，易引起误会，1965 年 10 月 12 日，根据周恩来总理的提议，国务院正式批准，把"僮"改为"壮"，"僮族"改为"壮族"。确认初期的人口为 1900 多万人，中国人口最多的少数民族被确认并诞生。此外，政府还确认瑶、苗、侗、仫佬、毛难（1987 年经国务院批准改为毛南）、京、彝、仡佬等民族，加上汉族和回族，使广西形成 12 个世居民族共处的格局。

就伏台地区的壮族人而言，历史上的资料多称其为"僚族""土人"等。《那马县志草略》记载："阖境民人，分为汉、僚、蛮、猺四族。四族人口之数，约有五万余。蛮、猺二族，占千分之二，僚族占千分之三。僚族和汉族之交际，好尚感情，曾若若唯唯与呵，相去无几。蛮、猺二族，浑浑噩噩，行为龌龊，犹是太古之朴陋而不化。"文中之"僚"当属壮族的一部分，而根据"僚族占千分之三。僚族和汉族之交际……相去无几"之描述推测，部分壮族的其他分支可能已经被列入汉族中，因为历史上那马地区的壮族人甚众，不可能仅千分之三，加上"风俗"部分所述之"那马属内民众，分新民、土、客等人三大种。其所向之风俗，亦因之有大同小异。至苗猺等杂居那马，实为小部分，其风俗自是迥别"，"新民、客"之群体均为后来之汉族，而土语之描述与现在的"壮语"一致。由此推断，"僚""土人"均为地方文献对当地"壮族人"的称呼。

当地人通常自称"bou duo""bou liao""bu mban"，而称呼山中居住者为"bou long""bou yiao"，对于汉人则称为"bou sei""bou heg"。"bou"

---

① 广西壮族自治区地方志编纂委员会编《广西通志·民族志》，南宁：广西人民出版社，2009，第 7~8 页。

通常被音译为"布",即"……人"之意,"bou duo"意为讲同自己一样语言的人,此处之"duo"应该是文献中之音译"土",即讲土话的人;"bou liao",常音译为"布僚",意为我们自己人;"bou mban",因各地读音略有偏差,常音译成"布坂""布曼"等,"mban"有村庄之意,因此意为居住在村庄里的人。而对他者族群的称呼中,"bou long"常音译为"布弄""布陇"等,意为居住在山弄里的人;"bou yiao"常译为"布瑶",即瑶族人,二者均用于称呼当地的瑶族;"bou sei"即讲汉语的人,"bou heg"则指客人。在田野过程中,当地老人称,过去永州地区的壮族人均没有"布壮"的称呼,"壮族"之族属也是在国家认定后才由部分关注国家政策的村民获知。由于永州周边地区以壮族人居多,壮语是通用语言,当地人对于"壮族"之认知仅在文字上。目前为止,大多数老人仍不知道自己是"壮族",也不知道"壮族"意味着什么。对于从未离开过本地区的村民而言,"壮族"只是身份证上的一个标识,壮族更不是所谓的少数民族,因为当地壮族人口最多,只有瑶族和汉族才是少数,因此,不仅有瑶族身份者令人惊异,有汉族身份者更是令人诧异。换言之,当地人的族群认同多建立在与瑶族和汉族相对的"bou duo""bou liao""bou mban"支系称呼之上。

2. 瑶族:大山中的布弄

民族识别前,以平果县乐尧山区为主,及桂西的隆安、隆山、那马①、田东等县的广西部分地区居住着一部分居民自称"bou rong"(陇人),他们称汉族为"bou he"(客人),壮族为"bou na"(种稻田的人),称附近的瑶族为"bou iu"(瑶人)。民族识别中,自报为陇人。1954年,广西民族事务委员会民族社会历史调查工作组了解到,"rong"汉译即"陇",意思是"山谷合沓等可以居住人之处",凡居住于边界重叠山陇中的人都称为陇人,居于平地有良田的称为"bou na"。后来根据部分陇人的意愿,将陇人认定为瑶族。

《广西壮族社会历史调查》资料中记载有陇人被认定为瑶族的背景与原因。

解放前,乐尧山区陇人自己不知道是什么族,部分群众认为是汉

---

① 今马山县即由隆山县和那马县合并而来。

族，个别群众说是瑶族，一般人都称是陇人。解放后，政府工作人员认为陇人生活困苦，又居住在山区，可能是瑶族。1952年，平果县召开各族各界人民代表会议时，便以瑶族名义通知乐尧山区代表参加，虽未正式承认其为瑶族，但瑶族之名便叫出来了。据1953年7月，桂西壮族自治区民族工作队实地调查的材料云："有很多人不知道自己是什么民族，如参加桂西壮族自治区成立大会代表潘德茂说：'我去参加开会是以瑶族身份为代表，但这个瑶族名称，在参加县各族代表会议时，大家认为我是在乐尧山区而说是瑶族，其瑶族的根据，我也不懂，以后我做代表回去，也跟着宣传是瑶族。'因此，乐尧山区群众说自己是瑶族即由此而来的。这次到县参加学习的积极分子说：'我们自己也不知道是什么族，政府给我们定什么民族，我们就做什么民族。'"这次调查，潘德茂代表参加了我们的工作，他最初表示叫瑶族没有什么根据，叫壮族也可以，但后来又表示群众要求承认瑶族，迫切希望建立瑶族自治区。现在，综合平果县民政科负责同志和二区区委、区长的报告以及我们实地调查了解：乐尧山区乡干部和积极分子迫切要求承认为瑶族；一般农民群众则无所谓，但也希望做瑶族，不过没有那么迫切；老年人和部分群众认为叫什么族都可以。要求承认瑶族的主要是从两点出发。一是从经济观点出发，认为居住在山区、生活苦，不是瑶族是什么？只有承认自己是瑶族，才能得到政府的特别照顾。我们认为这与解放后未能适当解决山区群众生活困难有关（如移民和开荒问题），而且解放几年来，平原地区各种社会改革工作很忙，对山区各种运动未能很好地领导和进行，工作同志很少到山区（据说，区卫生员一次没去过山区）。二是从政治要求出发，认为承认为瑶族，可以区域自治，自己当家做主，他们看到或听到老根据地西山瑶族的光荣，认为做了瑶族才是少数民族，才光荣。我们认为这种政治要求与解放后未能充分照顾山区群众政治生活有关。现在7个乡、10000多人口，只有28个乡干部，一个区级干部都没有，也没有提拔过一个干部到区里或县里工作。此外，要求承认瑶族的另一个原因是，乐尧山区陇人过去受到果化州土官和国民党反动派的压迫和剥削，又受到果化汉商和槐前、永定等乡平地壮人的歧视，有自卑感，外面人叫自己陇人,自己的确也居住在山陇里,有着"陇"就是"瑶"的看法,而且风俗习惯和语言与平地壮人相比,又有一定程度的差异,又附会乐尧的"尧"音与"瑶"同,而固称瑶族。①

从这一材料中可知"陇人"被认定为瑶族的大致过程,其原因主要是:一方面,政府工作人员的倾向性或先入为主观念的影响,让陇人以瑶族身份参加自治区工作会议;另一方面,相对壮族而言,被认定为"瑶族"在政治经济上更有机会获得国家少数民族优惠政策的照顾。如材料中所述隆山和那马等地也分布着一部分陇人,伏台附近的山里即分布着不少陇人,被称为"bou long""bou yiao"。在当地更多用"弄"字,而非"陇"字,目前这些人居住的村庄都以"弄"来命名,如十弄村、五弄村。五弄村与伏台所属的台山村接壤,1980年从台山大队分出另立大队,由于地处山区、有五个大山弄,故名"五弄"。现辖定台、弄灵、弄石、弄达、弄吉、弄麻、弄峨、排达、弄劳、弄二、龙练11个自然屯,村委会驻定台屯。耕地面积为557亩,总人口为1497人。在过去瑶乡尚未修通公路前,这些瑶族人到定罗集市或永固集市赶集大都需从伏台村境内经过,因此与伏台壮族人接触频繁。

3. 定罗人:汉族还是壮族?

定罗现存黄、左、杜、陈、谭、周、林、韦、卢等22个姓氏,2000多人口,通过家谱,可以发现这些姓氏先人大多是从外地到定罗经商后定居。在田野调查期间,部分定罗老人称自己不是壮族人,是汉族,是"客家人"。从黄氏的《江夏宗谱》可以发现其最早的迁居祖是广裕公,生于1698年,终于1774年,享阳76岁,其于清康熙年间(约1718年)与同胞兄广林公从广东番禺县经商到达定罗,起初只是在坡力(坡黎、玻璃)村的"弄欧"(壮语地名,音译)口搭一间茅屋居住,后与该村农氏结缡。武容里古城西南面有邑是、感旦两个小村,而城东面则是杂草丛生的荒地。雍正庚戌年(1730年),广裕公等迁到邑是村西面的荒地上(今定罗)建房

---

① 广西壮族自治区编辑组、《中国少数民族社会历史调查资料丛刊》修订编辑委员会编《广西壮族社会历史调查》(七),北京:民族出版社,2009,第179~180页。

定居。还有其他各姓氏的家谱载：左氏始祖赓长公生于辛巳年（1701 年），系广东府顺德县龙山乡人，壮年行商至此，与黄氏广林公女成亲并定居于此。杜氏始祖宰祥公康熙辛未年（1691 年）生，青壮年时从山东老家出发，一路经商，几经艰辛，行走多年，约 1730 年到达定罗落脚定居。陈家始祖荣化公生于顺治庚寅年（1650 年），原籍广东韶州府尧平县人。另一黄氏始祖众文公于康熙年间从山东白米街糯米行一路行商至榜圩江中村定居，后移居定罗……从这些族谱中可以看出，这些姓氏大多是清初从广东（客家人聚居区）等地一路经商至此，与当地人通婚并定居下来。可见定罗人认为自己本来是汉族，直到 50 年代才被政府指定为壮族的观点有一定的依据。

在本地壮民的观念中，定罗人与本地人有较大的差别。由于地域局限，在永州壮民观念中没有汉族、客家人、壮族①的概念，只有本地人、瑶人和外地人之别。而区分本地人、瑶人和外地人的差别最主要的是语言：本地人说本地语（壮语），瑶人说瑶话，外地人说的是"客（家）话"或"字话"（壮语直译，即普通话）。而定罗人虽然说的是本地话，但很多词语差别极大，尤其是在亲属称谓上，基本上属于另一套系统，因此当地壮民认为定罗人不是自己人，私下里常用其被认为是"奇怪"的亲属称谓语来称呼他们。例如，定罗人称呼父亲为"a na"，称呼母亲为"a die"，这与周边村落把父称为"boh"、把母称为"meh"，存在巨大差异，所以周边居民私下里会称呼定罗人为"a na a die"。

据《定罗街志》记载："壮族是马山县土著民族。定罗街民来自区内外十多个县市，原族源并不都是壮族，如从广东、山东、宾阳等地来的各姓氏均是汉族。由于来到定罗年代久远，也就随乡入乡，民族同化了。"② 由此可见，定罗不少人仍认为自己祖先不是壮族，而是到定罗定居后才逐渐同化成为壮族。因此，中华人民共和国成立后，定罗人虽然被认定为壮族，但仍被周边壮族民众视为"自己人中的他者"，定罗人对自己的界定是"被同化为壮族的汉族人"。

---

① 在没有进行民族识别前，这里的壮民不知道什么叫作"壮族"，也不知道自己是壮族。甚至在民族识别后，大部分人很长一段时间里仍然不知道自己是壮族，传统的观念里只有本地人、瑶人、外地人的族群分类。
② 黄文钺主编《定罗街志》，未刊稿，2011 年 10 月，第 82 页。

（二）拼音壮文

壮族具有自己独特的民族语言，并在长期的生产实践和社会活动中，仿造汉字的六书构字之理，经不断发展而创造出一种至今流行于民间的方块文字——saw¹dip⁷，意即生僻字或生造字，又被学界称为古壮字或方块壮字。方块壮字历史悠久，多用来记事、写契约或抄录歌谣，保障很多壮族民间文学作品得以传世。但由于各地方块壮字字形不一，规范各异，笔画繁多，构造复杂，书写不便，只能长期囿于民间小范围存续，虽经久不绝却始终未能上升到全社会通用的层面，更没有被行政公文和正规教育所采纳。因此，壮族在历史上虽有完整的民族语言，但没有形成统一规范的民族文字。①

20世纪50年代，党和政府为贯彻实施民族平等政策，保障各民族享有平等的权利和自由，在大规模语言调查基础上，根据"自择自愿"的原则，先后为10个少数民族创制了14种拼音文字，拼音壮文即其中的一种。

1984年，上级部门开始在永州台山完小开设拼音壮文试点班。试点班强调，学前班至小学一、二年级以学壮文为主，把原来汉文课本全部翻译为壮文课本，预订专门的壮文教材；三年级开始主要开设汉文课程。试点班的师资，一是将该校在职教师委派到县壮文学校学习3~5个月壮文，二是由广西壮文学校中专班毕业生分配而来。试点班经费、教师工资由县教育局开支，开办经费由自治区语委拨给。从1983年至1984年上半年，每班每年拨给人民币1000元。1984年下半年后，按学生拨给开办费，每个学生一年给人民币25元。开办经费强调使用在学生学习和教学上，专款专用。

台山完小设于坡丰屯附近的村委会旁，设三至五年级，同时在伏台、感益、良实、坡丰四个自然村下设四个小学，分别开设学前班及小学一、二年级。壮文试点主要在下设的四个小学中实施，学前班全部为壮文教学，一、二年级以壮文为主，汉文为辅。其中伏台小学1984年有教师2人，学生为学前班22人，一年级25人，二年级15人。两位教师被轮流派往县壮文学校接受壮文培训后，既传授壮文，也教授汉文。1985年该校其中一位

---

① 李虎：《拼音壮文推广的困境与反思》，《学术论坛》2011年第4期。

教师调走，在随后几年中，先后由村中具有一定学历的村民到县城培训后担任壮文代课教师，数易其师。1987 年，因种种原因，学前教育（壮文教育）停办，一、二年级也取消壮文教学。我在 1987 年进入伏台小学的学前班就读壮文半年，后学前班停办。学前班的学员通过用右手跨过头顶摸左边耳朵的方式，测评是否达到升入小学一年级的年龄。我因年龄太小，胳膊不够长无法摸到耳朵，而被拒绝升入一年级，后父亲前往求情才得以接纳。田野期间，我针对壮文教育的推行和取消，访问曾担任过学前班壮文教师的伏台村民黄合生。他说："当时村里的学前班没有老师，换了好几任，留不住人，于是村干部推荐我到乡辅导站，再派我去县里壮文学校学习了一段时间，然后回来教书，但是教了几个月，总是拖欠工资，上面工资发不下来。县里财政说没有钱发，就取消了。其实壮文教育用处不大，很多学生学了壮文，到三年级汉文都不懂，更麻烦。"① 县志中对壮文教育的压缩也进行了分析："试点班因教学质量低，学生家长不大乐意……把汉文课本全部翻译为壮文课本，工作量很大，学生比较难记难用。到三年级上学期开设汉文必修课时，因汉文程度落后又跟不上。"②

调研期间，我曾在自治区图书馆翻阅《广西通志·少数民族语言志》一书时，无意中看到书中一幅彩图（见图 1-5），名为"马山县永州乡台山村伏台小学壮文二年级小学生给群众念壮文读物"。图片中的小孩为伏台村民黄勇盛，两侧分别为其父母，身后为祖父母，各怀抱其一个弟弟。后来我将这张图片展示给他们看时，众人都非常惊奇。黄勇盛表示，对这张照片已经没有记忆，不过自己确实接受过几年的壮文教育，至今壮文知识已经遗忘得所剩无几。他说："以前学的壮文都忘记了，后来考试也不用壮文，还不是要写汉字。呵呵，现在出去打工赚钱，也都是说普通话，就是因为我们讲壮话习惯了，普通话反而说不好。"③

田野中发现，曾接受过拼音壮文教育且能记得拼音壮文者已经不多，更是无人使用，即使是之前担任过壮文教师的村民亦然。然而，生活中还有少部分村民（如歌师、师公）仍然使用方块壮字记载歌本和经文，如大

---

① 2012 年 5 月 6 日访谈资料。受访者：黄合生；访谈地点：伏台黄合生家。
② 马山县志编纂委员会：《马山县志》，北京：民族出版社，1997，第 635 页。
③ 2012 年 1 月 25 日访谈资料。受访者：黄勇盛；访谈地点：伏台黄勇盛家。

分离、互动与调适

马山县永州乡台山村伏台小学壮文二年级小学生给群众念壮文读物。

图 1-5　伏台壮文小学学生读壮文读物
资料来源：由《广西通志·少数民族语言志》（广西壮族自治区地方志编纂委员会编，广西人民出版社，2000）一书插图翻拍。

旺村大外屯的歌师陆仕章即记录了大量歌本，并数次代表永州在各项歌手比赛中获奖。这一主题值得进一步研究。

二　壮瑶关系

永州镇属于壮族聚居区，壮族人口占绝大多数，壮语是唯一的通用语言，因此，当地壮族人在区域内具有一定的民族优越感和地方民族中心主义。永州地区的民族关系总体表现较为和谐，各民族基本能友好相处。当然，受文化差异的影响，壮族民众一度对于瑶族人也具有一定的偏见。两族之间的通婚较少。在伏台，过去同山里瑶族人通婚的事件简直是大新闻，通婚的人家会一直成为村民闲聊中的笑柄，通婚者也会因此觉得没有面子。由于当地的壮族和瑶族多聚居于不同村落，因此壮瑶民族关系多体现在两个民族各自聚居的村落之间的关系上。

（一）定台村的诞生

定台是一个居住着30多户瑶族人的村落，位于伏台东北部的大山中。定台村落出现于1964年，其产生与当时的政治环境和社会背景密切相关。而"定台"这一地名则直接与伏台有关。对此，说法主要有二。一种说法是这一地方是伏台的一个洼地,"定"由壮语直接音译而来,指的是一个洼地或凹地。这一洼地的形成有的人说是原本就如此,有的人说是因为伏台村民在那里挖泥土烧砖建房所致。另一种说法指这一地方属于伏台先占领下来的土地,或者说这个地方已经界"定"属于伏台的地盘。概之,定台是伏台的地盘,先有伏台才有定台。

中华人民共和国成立前,虽然瑶族居住的五弄村与台山村毗邻,但瑶族人居住于深山中,壮族和瑶族的来往并不频繁,仅限于壮族人到山里砍柴、种地,瑶族人到定罗、永固集市路经台山村境内。在土地改革及集体化时期,为了进一步促进民族团结、加强管理,将五弄小队编入台山大队。这期间,伏台临近的山弄重新开发了一些土地,同时,由于山中条件比较恶劣,政府也鼓励居住其间的瑶族人迁出定居。在政府的鼓励和支持下,有弄峨的一户瑶族居民迁到伏台居住,并获得从一户地主家分出来的房产和土地,即现在唯一的一户农姓人家;也有弄灵、弄石、弄达、弄麻、弄峨的几户居民迁到定台建房居住,定台逐渐演变成为一个瑶族聚居村落。这一村落的形成使瑶族和壮族的关系更加密切,定台与伏台相距不足 2 公里。伏台是这些瑶族人到镇上赶集的必经之路,加上这些瑶族人不仅会说瑶语,还会说壮语,因此他们之间的交流不存在障碍。

1980 年五弄从台山大队分出另立大队,两个大队分土地时,定台村落周边的几十亩田地被安排分给定台,而大部分土地和村落下方的一口大池塘仍归伏台所有。这为后来伏台与定台之间的水源和土地之争埋下隐患。

(二)定台鱼塘之争

20 世纪 80 年代初,五弄小队从台山大队中分出,分别形成五弄村委会和台山村委会。五弄村民都是瑶族,台山村民则为壮族,定台属前者的一个自然村,伏台则属后者。行政区域的划分,自然涉及土地和山林的划分,由于在集体化时期,两个生产队共同开发了不少新土地,尤其是伏台和定台接壤的山弄中。加上定台作为一个在原属伏台区域范围内形成的新村落,因此当时的村干部即协商将定台周边的一部分土地划归定台,外围和山弄里的大多数土地及定台中的一口大池塘仍属于伏台所有。大池塘周边的水田均为定台人所有,水田灌溉和排水都离不开大池塘,而且水中还有鱼;而伏台村民每年到山中放牛,必定路过大池塘,牛群多在塘中喝水、戏水。

于是引来双方的争论，定台人认为，伏台的牛不但破坏池塘的堤岸和水源，有时还会糟蹋庄稼；伏台人认为池塘是自己的，牛喝水都不可以啊？塘里的鱼也是我们的，定台竟有人在塘中钓鱼、捕鱼。村民个人之间长期不断的小吵小闹，最终爆发了一次较大的争端。当时正值寒假，我因此参与了整个过程，加上事件的重大和特殊，至今记忆犹新。

1993年一天的晚饭后，伏台村庄内突然响起尖锐而响亮的哨声，打破了夜晚的宁静，每一声哨子声之后便是一声呼喊："八点钟到特权①家开会，每家至少一人啰……"这种开会召集方式在集体化时代很常见，但进入90年代后变得越来越少，甚至一年都难得出现一次。会议并不是村干部召集的，而是几名青壮年受到许可后组织召集。在村民们带着疑惑陆续来到开会地点后，村主任黄安隆坐在一旁默不作声，四十多岁的村民黄朝率先说话："今晚召集全村人开会，是因为定台池塘的事情，现在那些人，越来越嚣张了。今天我们几个放牛，看到几个定台人在捕鱼，我们说他们，他们还骂我们，说什么池塘是他们的，鱼也是他们的。这个事情必须解决，如果我们村再不出面，这些人就真的要骑到我们头上来。"听到这里，村民们的情绪如炸开了锅，纷纷述说自己与定台人争执乃至被欺负的过程。

待大家陈述得差不多后，黄朝继续说："大家都知道，池塘是我们伏台的，过去我们分的时候只是口头上说说而已，现在这些人开始叫嚣起来说我们没有凭据，那伏台只有全村人出面去证实给他们看。"黄朝看了看大家，以及坐在自己旁边的几位"帮"友，说："现在是这样，我们几个之前商量了一下，明天一早我们全村去定台池塘捕鱼，要做个样子给他们看，捕到的鱼晚上在村庙'艮埚'（聚餐）。每家至少要出一个人，如果愿意去两三人的我们也欢迎，大人小孩都可以。"接着众人纷纷表达自己的意见，最后达成共识，次日到定台鱼塘打鱼。各村民小组把组里的捕鱼工具都拿出来，个人也可以自带工具，青壮年负责渔网、赶鱼等，小孩可以帮忙或守着打上来的鱼。大家分好工之后，村主任黄安隆才开始说话："明天的活动要注意安全，集体要团结一致，尽量不要同他们起冲突，并做好分工，

---

① 特权，即黄权生家，其房子位于村落最中央，家中开了一个小卖部，因此常常成为村民聚集之地，也是全村召开各种会议的重要场所之一。"特"是壮语称呼男性的前缀，"达"则是称呼女性的前缀。

第一章 原空间：聚落环境、历史与社会文化

我明天在乡里有会议要参加，就不去了。"最后大家确认碰头的时间和地点后即散会。

次日一早，众人带着各种捕鱼工具，呼喊着蜂拥至一公里外的定台鱼塘。此时位于鱼塘上方山脚下的定台村便有人外出观望。于是众人约定，一旦捕到鱼则一起高声呼喊，要让定台所有的人都知道伏台人来了。参加捕鱼的伏台村民成人、儿童近百人，分为几组。每组进行分工，包括拉网、护网、赶鱼、抬鱼等，各组捕到的鱼暂时分开放，相互竞赛看哪组捕得最多，但最终打到的所有鱼都会汇总，晚上到村庙聚餐，无论哪组打到鱼，其他组都要配合呼喊助威。最后在一阵阵地动山摇的呐喊声中，定台村边聚集的人越来越多。于是便有人站出来，喊："伏台人来偷鱼了。"还有人说："去派出所报案了，政府肯定会来解决的。"打鱼的伏台人只用各种呼喊和欢笑声来回应。自始至终，没有见到一位政府人员出面，定台人鉴于人数上的劣势，也再没有出声。晚上，参与捕鱼的村民聚集到村庙会餐。由于人数众多，且聚餐还需添加其他菜肴，于是每户各缴2元钱费用。村民用捕到的鱼祭祀社神，同时聚在一起，或划拳拼酒，或畅谈整个过程，资历较深者则跟年轻人讲述伏台与定台的起源故事，述说伏台壮族人与瑶族人的各种关系。

虽然整件事情以村庄为对立单位展示，但两个村庄属于不同的族属，而且村民们在讲述的过程中，无不体现出我群与瑶族人相比存在的心理优越感。村民们大多认为，瑶族本来就是搬到伏台地盘上的外人，就不应该跟布僚作对。因此，民族观念和民族意识体现出来的优越感在鱼塘归属矛盾的刺激下促发了伏台壮族人的这一举动。而对于定台瑶族人而言，虽然有少数人敢站出来鸣不平，并拿出政府和派出所作为支持者，但最终基于自己村落的规模小、人口少，不了了之。

三　壮汉关系

20世纪90年代之前，永州附近乡镇人口多以壮族人为主，汉族人口寥寥无几，因此当地壮族民众与外界汉族的交流并不多。如前文所述，定罗人根据村内各姓氏族谱记载有祖先主要从广东因经商移居于此的内容，以及自身文化与周边壮族村落的差异，认为自己与周边壮族不一样，是汉族

中的"客家人"。同时，定罗人也被当地的壮族人视为他者。因此在很长一段时间里，当地的壮汉民族关系主要通过周边壮族村落与定罗村的关系得以体现。

据《定罗街志》载："定罗人初来乍到时，与本地人交谈并不那么顺畅。因为定罗街的先辈们平时交际、会话操的都是白话（粤语）、扬美、宾州等话，很少有人讲壮话。一生坚持讲白话的人是黄钟良，不管男女老少，凡跟他交谈的，他从不直接用壮话跟你交谈。如你听不懂他的话语，他才耐心地用壮话翻译给你听，所以定罗街人也就养成讲白话的习惯，不管过去和现在，一般人都会讲白话，至少能听懂白话。同时，我们平时用壮话称呼的'姐姐''妈妈'是地道的汉话（白话）译音，可却被本地人取笑，直到现在他们才不得不承认我们是对的。这就是我们带有汉人深深烙印的缘故。"① 这段话虽存在不少语病，但也可以看出定罗人对自己族属的定位，认为自己祖先是汉族，祖先传承的汉文化对现在仍然造成很大的影响，且具有无比的自我心理优越感。同时也真实地描述出本地壮族人取笑他们的状况，当然最后也不忘自我安慰式地认为"现在他们才不得不承认我们是对的"。

正是基于历史原因，至今定罗人虽讲壮语并被认定为壮族，但定罗人对自己的定位仍然是由汉族同化而来，当地的壮族人一定程度上也视其为"他者"。一方面是定罗人的语言虽然是壮语，但夹杂各种其他汉语方言音，以至于与当地壮语有一定的差异；定罗的婚丧习俗也有一定的差别，内部各姓氏通婚居多，即"自产自销"；宗教信仰上也有差异，定罗除了在村中设立社神，还建有玉虚宫、北帝庙、三界庙等，供奉着与周边村落不同的神明。文化差异也导致定罗人与周边的壮族存在一定的分歧。有人曾说过，定罗人与周边的村落基本都闹过矛盾，每年定罗青年都与其他村青年打一次群架，估计周边没有哪个村未与定罗闹过矛盾。据当地人总结，定罗与周边的里川、谭清、良实、岜是等都有过青年打群架的经历。2012年农历腊月二十九，定罗与坡力两村青年斗殴，定罗青年凭借人数优势直接到坡力村口集结挑衅。总之，定罗人与周边壮族村落长期以来存在一定的误会和分歧，这也

---

① 黄文钺主编《定罗街志》，未刊稿，2011年10月，第82页。

第一章 原空间：聚落环境、历史与社会文化

是民国初期周边村民放弃定罗集市，支持改到永固街赶集的原因。

据永固村社庙内的"永固街史"碑刻记载，永固街是民国元年（1912年）建立，原定罗团（"木凌加、地傲损、皮来朗、久当局"①）十二城头人民每三天都到定罗圩集市交易，后来由于它的地理环境及其他情况等不再适应时代的需求，各城头人民迫切要求另立新圩，主要领导人农朝相、农廷勋、陆凤祥、农万遵、黄文德等，组织上访省府（桂林），并发动群众捐献财物。当时得到李香林、李凤章、潘仕达等开明人士的支持，经过多年努力，1915年终于得到上级领导出面"调庭"②达成协议，新旧两圩并存，但分开先后，改为不同日，从此着手筹建固定圩亭，命名新圩为"永固圩"。③这一碑文的内容为永固街老人编写2008年所立，虽然没有直接道出当时两圩之间的尖锐矛盾，但字里行间已经隐藏不少内容，如"其他情况""人民迫切要求另立新圩""上访省府"及"出面调庭④达成协议，新旧两圩并存"。定罗和永固相距约一公里，赶集民众肯定重叠，对忙于农业劳作的民众而言，不可能天天赶集，只能隔三岔五才上街一趟，因此两圩势必会存在竞争。据镇政府提供的"永州镇地名普查资料"记载，"1911年有财势人，为争夺圩场，决定在此地建新圩，定名为永固，是永远固定不变的意思"。可见当时永固另立新圩也是争夺圩场的过程。此外，据田野期间对参与立碑的永固街老年协会成员访谈了解到，这块碑的内容写得很隐晦，鉴于两圩之间的有些事情已经成为过去，不应再重提，免得有挑拨矛盾的嫌疑，而且永固街现在有很多商户原籍就是定罗街的。当然，定罗周边村落的记忆中仍然有不少关于过去部分定罗人欺行霸市及欺负周边村落的故事，这也是两圩在竞争过程中，村民放弃定罗这一具有几百年历史老街改到永固街赶集的原因。最终定罗街逐渐被放弃，集市随之没落。

此外，地方的一些土匪也曾打着驱赶和攻击外来人的旗号聚众围攻定罗。据《那马县志草略》记载："民国七年（1918年），定罗区匪首农特志、陶特快等聚党百余人，白昼竖旗剽劫村乡，阖邑惊动。县长周颂彝带

---

① 原文如此，根据县志记载的内容，应为"木凌架、地教损、皮来朗、欧唐国"。
② 原文如此，应为"调停"。
③ 2012年2月16日在永固社庙内用数码相机拍摄碑文，后整理而成。
④ 原文如此，应为"调停"。

县警及团壮往剿，溃回后，经广西游击队进剿，匪始窜散，不久特志、特快等皆伏诛，函首县城法场示众，地方顿安。"① 县志的记载比较简略，仅基本包括土匪产生和覆灭的经历，而《定罗街志》做了进一步的补充："据传，农特志、陶特快曾联合十二城头攻打定罗街，气焰十分嚣张，土匪们不但掠夺财物，而且在光天化日之下侮辱妇女，扬言不杀光'客人'誓不罢休！[注：土匪们称来自山东、河南、广东以及广西南宁、扬美、宾州（宾阳）等地的定罗街人为'客家人'，简称为'客人'] 逼得定罗街许多家人背井离乡，躲避匪害。如黄继丰全家人逃到白山（今白山镇）避难。"② 可见，当时定罗街居民所代表的"客人"与周边村落的"土人"在很长的历史时期里都存在一定的矛盾和分歧。

第四节　原空间的松动：集体化时期的人口流动

从前文可知，受地理环境和交通状况限制，原空间社会呈现一定的封闭性和一体化。当然，这种封闭性和一体化是相对于大多数人而言的，而少数"异类"在改革开放前的集体化时期就曾尝试着外出谋求新出路。

一　集体化时期的外出状况

田野调查期间在与村民的闲谈中，我了解到集体化时期伏台在某些阶段管理比较严格。例如 1967 年割资本主义尾巴，村民家中禁止养鸡鸭、不许种植规定之外的农作物，包括南瓜苗。村民黄昌生说："当时自己家种了几株南瓜，才长出一些，再过十来天就可以有南瓜苗菜吃，但还是被派下来的工作队拔掉。"村民黄安隆说，自己家当时养了两只鸭子，不得不偷偷地宰掉。此外，家里的祖先神龛也不得不撤掉，工作队说这是牛鬼蛇神，迷信行为，而村民则采取各种策略应对。其中一位 80 余岁的村民③说：

> 严格是严格，那是上面的工作队，村干部家里还不是没有撤掉，

---

① 林锦臣:《那马县志草略》，民国二十二年（1933 年），第 34~35 页。
② 黄文钺主编《定罗街志》，未刊稿，2011 年 10 月，第 16 页。
③ 2012 年 6 月 1 日访谈资料。受访人：李全青之妻；地点：伏台其家中。

第一章 原空间：聚落环境、历史与社会文化

这个是神，是祖先，撤掉是阴功（指阴功修得不好）啊。所以大家都是把神龛上的牌位、香炉撤下后藏起来，过年过节要祭祀时再搬出，拜完再收起来。工作队过来到厅堂上看看没有就走了，谁也不会到处乱搜。当时我家的香炉就藏在一堆玉米秆下，收起时对着祖先说，现在时代不同，您就先委屈一下吧。过年过节搬出祭祀后又放回去。抓得严就是那么几年，后来不查了又都搬出来。

集体化时期的严格管束使大多数村民更愿意安于现状，跟随集体一起出工干活，收工吃饭，记工分。据说，当时劳动管理推行大寨的一套做法，凡出勤者，不管数量、质量，不管技术、工效高低，不管重工、轻工，一律记一个"0"，即做一餐工记个零，一天三餐记三个零。因此，村民中流传着几句顺口溜："出工一条龙，做工一窝蜂；一天三个蛋，出工不出汗。"其大意为，出门干活时排成长队，做工时三五成群聚在一起，边聊天边做，说得多做得少，甚至有些人在没有监督时只顾闲聊。只要人到场，即使不出力，也是一天记三个圈，以示满勤。换言之，这一时期社员生产积极性差、劳动效率低，最终导致粮食产量低，各家各户年终分配量不足以糊口。另外，当时政府组织修建一些公共设施，如公路、桥梁、水库等，也急需在农村中抽调出一部分劳动力，因此部分村民可以在大队干部的推荐下外出务工，表现好的村民即有机会留下，成为村民羡慕的"摆脱田地，不用干又脏又累农活"的工人。在这样的背景下，少数村民也希望能通过大队干部的推荐外出寻求机会。据统计，这一阶段伏台共有6位村民外出后如愿成为村民们羡慕的"吃公粮者"。当然也有部分村民被推荐外出后，因表现平平或其他原因最终返回农村继续从事农业劳作，这些人通常会认为自己没有"当干部"的命。当然，这些村民的外出经验，也为他们在改革开放后成为当地首批外出者打下基础。

现年63岁的伏台村民李美山，是改革开放后带领村里人外出务工的主要人物，也是当时周边外出务工最具影响力者之一。在访谈[①]中，他陈述了

---

① 对李美山访谈次数较多，其中较正式的访谈有三次，地点都是在其伏台家中，时间分别为2012年1月15日、1月22日及2月7日。闲聊式的交流较多，时间和地点不定。这段话的来源，以1月15日的第一次访谈内容为主，及后来闲聊中获取资料的补充整理。

分离、互动与调适

自己在改革开放前的一些经历。

  那时家里真的很穷，吃不饱，经常饿肚子，有一段时间大家饿得出现浮肿，旧街人还有不少饿死的。加上我那时年轻也不安分，不想只待在家里，总想着出去走走。因为当时你（指笔者，后文除特别说明外，皆同）九爷爷做大队干部，找了他几次，终于有次机会，上面下来要人，我被派到南宁去干活。那时候大概是70年代初，我被派到南宁一个油库，替新建的油库修路。我白天修路，晚上跟那些带队的人一起聊天打牌。那时他们刚好要建一栋房子，很多人不会，但是我会，所以就帮他们建，而且我还会木工活，帮他们修这修那的，不久之后他们看我还可以，就不让我直接到工地上干活，做了个小组长。在那里干了几个月，月工资32元，这在当时可是很多的。因为总是跟那些带队的人一起混，自己嘴巴又敢说，很快就学会讲白话。加上表现好，我差点有机会留下来了。如果我有关系，现在肯定是国家退休工人，领着工资过日子。当时那个油库说留下我，但是下面要开证明盖章放人才可以。各种手续都办好了，到了县里，那个负责人就是不盖章不同意。只能说自己没有这个命，当时从我们这里一起去的一帮人中油库没有留下几个，我就是其中之一。

  回来后，心里又一直想着出去，但没有机会。过了两年，我按捺不住就偷偷溜出去搞副业，一般出去的时间都比较短，十来天或几个月，大多是给人家建房子或做木工活，每天的工资是1.7元。当时东西卖得也便宜，一盒火柴才两分钱，而在家里算工分，干一天活才0.4元，所以我才老是偷偷往外跑。当时永州到南宁的路都是沙子路，坐车要6~7个小时，我有几次还骑自行车去过，从凌晨四五点一直骑到晚上十点才到。队里的干部也是睁一只眼闭一只眼，没有追究责任，因为当时我的亲叔叔当队干，最多回来被叔叔说几句，我也不管他。很多人都不敢啊，而我还是偷偷溜出去，跑了很多地方，近的有现在的周鹿镇石塘，远的天峨县、邕宁区、南宁等。在石塘的煤矿里挖过煤，到天峨、邕宁、南宁主要是给人家建房子、做木工活，做一段时间就回来，拿着钱按照队里缺席的天数，给队里补交一点。我到过这些地方，都尽量学说当地话，待的（时间）久就学会了。

对于外出的原因，被访者除了自身因素外，生活的困难是最主要的。在当地人的记忆中，20 世纪 50 年代末至 60 年代初的三年困难时期（1959～1961 年）生活最为悲惨，周边村庄曾出现过饿死人的现象。老一辈的伏台人指出，伏台没有出现饿死人的现象，但也有不少人因饥饿而浮肿。究其原因，一是三年困难时期粮食减收、失收；二是地方干部搞浮夸风，虚报粮食产量，因此需要向国家缴纳的更多。伏台之所以没有村民饿死，既因为田地耕作条件较好，也因为当时在任的领导浮夸程度略小。对于经历过这段困难时期的伏台人而言，没有什么比贫困和饥饿更可怕。因此，每当提到过去的艰难和贫苦时，老人们都会提及集体化时期的饥饿以及由此导致的浮肿和饿死状况，而旧街（定罗）人饿死人数最多更是被频繁提及。

70 年代初，伏台当地的劳动管理开始推行农业大寨的做法，队员的管理主要由各小队负责，上级工作组已经查得不太严。在这一背景下，李美山依赖自己叔叔是大队干部的条件，才有机会离开村庄到外面闯荡，最终积攒了不少外出经验。当然，集体化时期大多数村民更愿意安于现状，习惯于服从集体的安排，虽然像李美山这样的案例不多，但也可以体现原空间封闭环境中的一种抗争力量。

二 集体化时期的外出动因

集体化时期村民的外出可以分为两种类型，即委派型外出与自行外出。由于国家集中力量在各地修建水库、大坝、各种水利设施，以及公路、桥梁、公共建筑等公共设施，急需大量的劳动力，各级机构和相关部门逐级向下招收劳务人员。各级生产队收到通知后，即从本生产队中抽调符合要求的村民，开好介绍信，并派其前往报到。通常被征调外出者，每个月都能领到比村内集体劳动更高的酬劳，而且部分表现优异者还有机会被继续推荐到其他项目上，甚至留在特定的岗位中，成为具有干部身份的"工人"。基于上述原因，不少村民非常希望争取到这种机会。伏台在集体化时期共有 40 余人在不同的年份被征调外出，但最后能如愿离乡离土者仅有 6 人。不少村民在所服务的工程结束后队伍解散即返乡，少部分村民受到认可，并被相关单位接纳。但一些村民指出，自己被单位接纳后，却被县里的部门卡住不放，比如前文所述之伏台村民李美山。

当然，并不是所有村民都愿意被外调，有的村民被外调后，也因家中有事而申请回乡。据一位70岁的黄姓受访者讲述，当时由于自己在生产队中踏实肯干、工作积极、表现优异，曾有队干找他谈话，打算推荐他到南宁的一个单位去，但被他拒绝了。理由很简单，自己不识字也不会讲普通话，且家中上有老下有小，舍不得离开。另一位受访者则很遗憾地讲述他的经历："我当时曾经被派到南宁的一个工地上去修路，做了半年，后来哥哥从家里来信说爸爸病重，要我赶紧请假回来，我就回来了，从此在家照顾爸爸再没出去。现在想来真后悔，当时我干得很好，跟我一起出去的坡力村那两个人都留下了，现在退休领着国家工资呢。我表现比他们还好，如果坚持下来现在肯定也和他们一样，只是我没这个命。"① 因此，这一时期委派型外出的主要条件是上级部门的需要、村民脱离农村成为非农业人口的期望以及个人外出的意愿。

严格来说，改革开放前民众是不允许随意流动的，有限的流动都是在政府的有效管理和监控范围内，但少数人仍然通过种种方式寻求外出的机会。如前文所述之李美山，从他的经历可以看出，其外出原因：经济需要是关键，即外出搞副业的收入要比在生产队中的工分收入高得多；其他的外在条件，包括当队干叔叔的庇护、个人前期外出的经验，以及自己掌握的技术和个人好闯的性格。正是集体化时期这些"不安分"于农业耕种者在外闯荡的经历为改革开放后的人口流动积攒了经验，也打下了重要的基础。

本章小结

总之，伏台所属的壮族聚居区具有较悠久的历史，当地民众在很长的历史时期内（至少是改革开放前）仍长期生活在一个相对封闭的环境中，有限的集市交易范围正是重要体现，即本书所定义的"原空间"状态。在

---

① 2012年1月28日访谈资料。访谈对象：黄细兴；访谈地点：伏台其家中。

第一章　原空间：聚落环境、历史与社会文化

原空间环境中，伏台壮族人沿袭传统的生计方式，种植水稻、玉米、黄豆、蔬菜等传统农作物，其中蔬菜种植尤为伏台人所长，这是其利用自身具备的地理环境优势（靠近集市且水源充足）做出的选择。同时，伏台壮族人传承和发展着本民族诸多的传统文化，主要体现在：以抢花炮、山歌、棋游戏等为代表的公共娱乐形式；以神灵崇拜、祖先崇拜、师公教、巫信仰为主体呈现的多元民间信仰体系；以结"老同"、结"帮"等为核心的诸多拟亲属关系，作为亲属关系的重要补充形式，构成壮族社区重要的社会关系网络；以依 fwen（歌）择偶与不落夫家、夫妻分床而眠、二次葬等为典型的传统习俗，是其民族文化的特色展示。历代伏台人正是在一种自给自足的社会环境中不断传承和发展自身的社会文化。当然，在这一相对封闭的原空间环境中，分布着壮、瑶、汉三个民族，但三者之间的关系并不复杂，总体相处融洽，偶有矛盾和冲突。壮族人占绝大多数，壮语是当地的通用语言，但瑶族依然保持自身的语言和文化，而汉族与壮族仅略有差异。三者文化的差异，使其存在一定的族群偏见和矛盾，主要体现在生存资源的竞争上。壮族与瑶族的关系体现在壮族人对瑶族的偏见及山林、鱼塘资源的争夺中；而壮族与汉族的关系则体现在长期的偏见、村落间青年聚众斗殴及集市从定罗街改为永固街等方面。

改革开放前，受地理环境、交通状况、国家政策等因素限制，原空间社会长期处于一种相对隔绝和封闭的状态，呈现一体化的特征。当然这种一体化是相对而言，仍有部分社会成员跨越区域成为集体化时期的暂时流动者，如因国家建设需要在国家力量的调配和监控下部分村民得以外出工作，甚至有机会成为摆脱农民身份的工人；还有少部分人充分利用各种条件摆脱国家力量的监控寻求外出机会。正是集体化时期的这些流动者，为改革开放后人口流动的出现积攒了经验，也打下了基础。

第二章　空间拓展与社会分离：
村落打工文化的形成

改革开放前，伏台所属永州地区的壮族村民长期生活于较封闭的状态下，仅有少数"不安分"者甘愿"四处游荡"。改革开放后，随着国家政策的逐渐松动以及沿海城市的开放，这些不安分者利用前期的外出经验逐渐成为外出打工的第一批人，并通过自己成功的务工经历，吸引着越来越多的村民加入。至此，外出务工从个体转变为群体，务工潮逐渐形成，并迅速蔓延到区域内的所有村庄。大多数村民从传统封闭的村落原空间走向城市新空间，原有的家庭、村落、社会关系等出现空间的分离，而且随着打工潮的蔓延，分离程度越来越严重，分离时间越来越长。

本章拟对改革开放后伏台壮族社区外出务工潮形成的大致过程及各阶段的外出动因进行描述，分析务工者在离开家乡前所做的准备及施行的分离仪式。①

第一节　空间拓展的历程

改革开放前，伏台村民大多生活在以村落和周边集市为中心直径 10 公里的范围内。大多数村民已习惯年复一年地经历着传统的乡村生活，即农忙时的繁忙和艰辛，"日出而作，日落而息"的劳作生活；农闲时的各种村落仪式和公共文化实践，尤其是夜间丰富多彩的山歌对唱活动。在各种仪

---

① 本章部分内容经重新整合修改后发表，见李虎《论"外出打工"的仪式过程与意义——基于桂西壮乡伏台的田野考察》，《广西民族研究》2014 年第 2 期。

式活动中，村民们或参与或聆听，充分感受这种温馨和谐的山村生活。当然，并非所有村民都安于现状，甘愿生活在依赖田地劳作成果之上，过着靠天吃饭的贫苦生活，即使是在国家力量管控最严格的集体化时期，仍有少数村民通过各种手段外出寻求新出路。至此，少数伏台人开始了个人空间拓展的尝试，外出务工的大门逐渐开启，并随着政策的松动而逐渐敞开。

一 改革开放初期：个体零星外出

改革开放后，全国农村开始分田到户，逐渐推行家庭联产承包责任制。伏台于 1981 年分田地，当时全村共 6 个小组，每小组 81 人，一共 486 人。起初按每人五分田五分地分配，但各小组在划分过程中，又出现新生婴儿和一些人过世，因此在各小组土地分发时总体人数不一，分到的田地也略有差异，如第二组即因人数有所增加，成为村中人均分到田地最少的小组之一。分田到户后，村民的积极性大大提高，粮食产量有所增长。随后数年，村内人口数量迅速增加，1981~1985 年全村有 40 余名婴儿出生。随着人口数量的增多，村中闲散劳动力也越来越多，而每户拥有的田地数量非常有限，加之当时水稻产量总体不高，其他经济来源少，民众生活异常拮据。伏台村民虽然有种菜到集市出售的传统，但蔬菜价格不高，且时好时坏，尤其随着永固集市周边各种水利工程的完善，一些村落的村民及集市上的居民开始自己种植蔬菜，有的甚至在产量较高时也将多余蔬菜带到集市出售，因此，伏台的蔬菜市场出售空间逐渐缩小。访谈中，伏台村民表示：

> 虽然我们村很久以前就有种菜的习惯，但在我们这里菜并不好卖，有时价格高，有时根本没人要。而且种菜的不仅有我们村（的人），还有坡力、谭塘、感益等（村的人）。分田到户后，很多村水利都通了，都有水了，也都开始种菜，即使不能拿去卖，但至少够自己家吃，甚至连街上的人也自己种一点。后来靠近新街（永固街）的谭诺、百幕、邑是等村子的人也开始种菜到街上卖。所以当时家里找不到一分余钱，卖菜得来的钱要买油盐还有其他家用，田地多一点的家庭还可以卖米，但是很多家庭一年到头米都只是勉强够吃。那时候别说吃肉，（炒菜

的）油都很少，后来好一点了，也只有过节时才能吃到猪肉。①

在很长一段时间里，伏台壮族村落内聚集着大量的剩余劳动力，年轻人多在村中闲逛，缺少经济来源，各种开销均需向长辈索取，如附录《欢打功》中所唱"吼读字不鲁，叫父欧银用"（汉译：我读书不懂，叫爸要钱花）。各户均以农业耕种为主，土地非常有限，经济并不宽裕，因此当子女索取零花钱时，家长多不能满足，常常引发子女与父母间的摩擦和矛盾。一些年轻人向父母索取零花钱遭到拒绝后，甚至辱骂父母，或是打砸家中的生活用品，这样的事情在20世纪80年代屡见不鲜。部分年轻人在无法索取到零花钱时则通过盗窃获取钱财，当时各户值钱的东西不多，因此盗取家禽、谷物换钱是最常见的方式，而其中盗取自家谷物卖的事情也频繁发生。

一位村民回忆未外出打工前做过的事情，说：

当时家里真的很穷，身上一分钱都没有，想上街都不敢去，别说是跟其他朋友去看电影了，向我妈开口，（她）总是说没钱。现在想来当时家里确实没有钱，仅仅靠种地养猪能攒下什么钱呢？何况还需要维持一家8口人的基本生活，即使爸妈身上有点钱也要留着以备不时之需，怎么可能让我拿去看电影。所以实在没钱便打家里稻谷的主意，趁家里没人的时候，拿个袋子装十几斤稻谷拿去卖，换零花钱。拿了几次之后，估计是谷仓的稻谷减少比较明显，我爸妈就有所怀疑，便在谷仓中埋了几根稻草作为标记。每次家里取谷之后就把稻草掐断，也就是说，如果他们发现插在谷仓中的稻草明显露出来，说明稻谷被别人拿去了。其实我当时还是比较聪明的，很快便发现这个秘密，于是在偷拿稻谷后也将稻草掐掉，自己还洋洋自得了一段时间，后来还是被我爸抓到。有一天，他们谎称要进山里整玉米地，我以为又有机会。谁知，父亲出去一会就绕回来，将我当场抓住，人赃并获。我见

---

① 这是田野时与数位村民的一次闲聊中获取的资料，时间：2012年1月19日；地点：伏台村口。

势不妙，赶紧跑人，一连几天不敢回家。后来才知道其实父母已经怀疑我，又一直没有证据，所以只好想了这个法子。不过说实在的，当时确实太穷，我也只是当当家贼，可从来不敢去拿别人家的东西。现在谁还去做这种事呢？家里那点稻谷、玉米值什么钱啊？都懒得去抬，一斤才一两块钱。①

调研期间，一些村民将当时一些年轻人偷拿家里谷物去卖的事情作为"笑话"来讲，还有一个故事：村里有一两名收谷子的村民，但这些人收年轻人的谷子都不敢公开，因为村民要是知道自己的小孩拿谷子去他家卖，肯定会找收谷者理论。因此，收谷者须为卖谷者保密，同时收谷价格会比集市的便宜，以获取更高利润。一次，一名年轻人偷拿自家的稻谷到收谷者家中卖，因为谷袋较大谷物很沉，谷袋落地时砸在地上"砰"的一声。而年轻人家与收谷者家仅一墙之隔，声音太大把年轻人的母亲都惊到了，其母闻声而来，发现了此事。最后与收谷邻居吵了一架，两家为此交恶很长一段时间。可见，当地物资匮乏，经济困难是伏台早期打工者外出的基本动因。

闲在村里的年轻人大多情况下无所事事，总是与同龄人一起玩或上街闲逛、看电影或追女孩。一帮帮年轻人在一起，容易发生口角并产生矛盾。20世纪80年代中期，邻村一位李姓年轻人因其"老同"②在街上与他人发生口角，上前帮忙时不慎将对方捅伤，后跑到广西南宁，再到广东打工，无意中成为当地最早到广东打工的人之一。他在广东工厂里打工赚了不少钱，随着时间推移，这一事件也逐渐过去。他也打听到被捅者伤势并不严重，两年后便悄悄回家，在几名"帮"友的陪同下带着一只鸡和一些钱到伤者家中赔礼道歉。由于事情已过去很长时间，加上两家也存在一定的亲戚关系，伤者便不再追究，此事顺利得到解决。随后，肇事年轻人便带着几名要好的"帮"友一同外出打工。伏台也有一两名与其关系较好的年轻人随同前往，成为村落中最早去广东打工的村民。此外，集体化时期通过

---

① 这是田野时与数位村民的一次闲聊中获取的资料，时间：2012年1月19日；地点：伏台村口。

② "老同"，指壮族民间社会中存在的特殊拟亲属关系，见第一章第二节。

大队推荐出去的村民,部分成功留在城里,成为具有"工人"身份的人。改革开放后,有些企业招工,这些人便介绍自己的亲戚前往,如有几位女青年通过亲戚的介绍在南宁的糖果厂做工。

当然这一时期村民的外出是以个人为主,零星的甚至是偶然的,外出打工行为仍然没有被大多数村民认可。到20世纪80年代末,这些早期外出村民返乡所带回来的钱财和信息,充分吸引了村里的年轻人。一名年轻人谈到其第一次外出前的情况时,说:"那时候,堂哥打工回来时,我看到他穿的新衣服,用的洗发水,都是我们这里没有的,而且花钱也很大方,于是我就决心要跟他去闯。"

总体而言,伏台的外出打工呈现一种阶段性的特点:改革开放前是个别人在省内周边县份打零工;改革开放后至80年代末,则以成年男性到南宁做建筑工为主,年轻人外出打工者不多,但已经出现少量在南宁及广东深圳的工厂打工的情况;90年代初,打工潮开始涌现,呈现三种较清晰的打工类型:大多数成年男性在南宁从事建筑工,年轻人则涌入珠三角各大城市的工厂,赴海南种菜的夫妻也开始出现。因此,在很长一段时间里,广西南宁、广东、海南逐渐成为不同工种不同年龄段的村民外出打工选择的标准,即去广西南宁意味着做建筑工,更多的是成年男性;去广东代表进工厂打工,多为年轻人;去海南表示种菜出售,多为成年夫妻。

二 20世纪80年代初至21世纪初:三个方向三种形态

20世纪80年代初至21世纪初,伏台及其周边壮族地区开始形成三种类型的外出打工形式。这三种务工形式出现的时间段、呈现的特征均存在一定的差异。

(一)"到南宁"

如前文所述,南宁是距离伏台所在的永州地区最近的大城市。早期由于交通条件较差,村民中能够去南宁者不多。改革开放后,以李美山为代表曾在南宁闯荡过的部分村民,开始在南宁找活干,自称为"搞副业"。凭借在南宁的经历和熟练的白话,李美山能够轻而易举地找到各种零工,而跟他一同前往的几名"帮"友,由于不会讲白话,通常只能依赖他找到活,然后一起做。起初由于人手少,主要接木工活,从事修理用具、砌灶台等较简单且规模较小的工作。一次偶然的机会改变了李美山的想法。他在帮一户人家砌房屋时，主人对其工作非常满意，便告知自己所在单位需要修几栋房子，正愁找不到人，看他能否帮忙找人。李美山眼前一亮，想起老家有很多会砌房却闲着没事干的人，于是便声称可以回去试试，估计问题不大。次日，李美山便启程回村，召集几位会砌房屋的"帮"友商量。这些人中大多数知道李出去后赚的钱比家里多，虽然其中一两人有顾虑没有随行，但大多数愿意试试。于是，李便带着8名"帮"友一起在南宁做建筑工。在修建那位户主单位房屋的过程中，户主与李之间的交往越来越深，合作也很愉快，最后两人一拍即合，结为"老同"。在完成此项工程后，李美山的"老同"利用自己的关系，又帮其零星介绍一些工程，最终众人满载而归。年后，村里的亲朋好友及村外的一些人听闻外出做建筑比在家里更容易赚钱，便蜂拥而至，纷纷要求加入，李本就为人和善，对符合条件者一一答应，队伍很快扩大到20余人。

第二年，李美山的"老同"能够介绍的工程已基本做完，但随着队伍人数的增多，需要的工程量越来越大。为了对带出来的人负责，李利用自己熟悉南宁及精通白话的优势，四处奔波揽活。整支队伍仍然以建房为主，兼顾装修，有时找包工头，有时自己揽私活，颇有一番业绩。这支队伍人数最多时有40余人，成员的年龄多在30~40岁，李美山是主要负责人，既负责找工程又是泥工；黄彩堂具有高中学历，负责"掌数"（记账和财会）；还有两人专门负责买菜做饭，其余人员则根据各自能力分为泥工、小工等。所有人每天按时出工和收工，工程收到的资金全部公开且根据工种分掉，李美山也没有额外的收入。若众人出工之日，李外出找活，则记为出工；若大家休息时外出找活，则没有任何记录，而工程款在扣除相应的日常开支后，大家根据工种和出工的次数全部分配。换言之，李美山的角色只是义务为众人服务，并非现代意义上的包工头，他为众人找到工程后，并未从中抽取任何酬劳；当然他也不用为集体承担太多风险，如若工程款被拖欠，李虽然负责谈判，但不成功也不会受到太多指责。访谈中，李美山说："到现在为止，虽然大伙已经解散，但仍有几千块钱被老板欠着，那时候我们几人到老板家好几次，人家就说没有钱，我们也拿他没有办法。"

基于工程量及管理层面的考虑，虽然不少人希望加入，但李美山也不

分离、互动与调适

敢应允。由于其他人基本不会说白话，这支队伍都是靠李美山一人找活，找到后亲自跟老板谈，领到工程后才一起干，干完活拿到钱也是所有人按照每天干活的数量平分，李美山无权多拿一分钱。可以说李美山算是队伍中的领袖，没有他这支队伍就难以生存，有几次李因故离开南宁，这支队伍都没办法从老板处领到伙食费。一次是李病得比较厉害，不得不回家休养，但没过几日大伙即派人专程跑到家里，对李说，大家的伙食费没有了，必须他亲自去找老板，因为大家（白）话都说得不好，而且老板说了只认"老李"一人，其他人去都没用，拿不到钱，所以大家希望他能把药带到南宁工地上边休息边吃药疗养。另一次是李的父亲去世，才回来没几天，葬礼一结束就不得不赶回南宁。还有一次李才回来待了几天，老板即亲自开车到家里请他回去。李美山说：

> 有些人不是学历不高，不会讲白话，而是脸皮太薄，不敢说。大多数人能听得懂，也可以来两句，但都不敢说，所以每次都只能靠我一个人。建筑队发展到40多人的时候，压力就很大了，经常要出去找活，但人数太多，找到的小活没几天就做完。活很不好找，那时候村里还是有人要求加入，我也不好拒绝，只能说你问大伙吧。大伙都知道活少时，人越多，分到的钱越少，所以很多人都不说话。①

另一位跟随李美山多年的受访者说：

> 你伯父（指李美山）在南宁带队时很能服众，他有能力为大伙找到活，生活习惯好，抽点烟但从不喝酒，做事稳重，批评他人也是有理有据，从不随便乱说话。大伙都愿意听他的，而且说实在的，那个建筑队也离不开他。最后还不是因为他年纪大回来了，队伍也就散了啊。②

这支建筑队伍的组织形式相对比较简单，参与人员从李美山的"帮"

---

① 2012年1月15日访谈资料。受访人：李美山；地点：伏台其家中。
② 2012年2月24日，与村民李猛（55岁）在其伏台家中闲谈时获取的资料。

众，再扩散到"帮"众中的亲朋好友。成员有比较自由的选择余地，若不愿意跟随，可随时走人，一些人即使中途退出，等工钱到位仍按出工天数计算后支付。这一组织形式基本延续村落中的一些组织传统：成员为以伏台人为主的壮族男性，即以李美山所属年龄组——"帮"的成员为核心，其他具有亲属关系的村民加入后成为外围组成人员；领袖没有绝对权威，但具有一定的话语权，这种话语权源于领袖具备的整体素质以及对集体的贡献，包括能够凭借能力找来工程项目，且具有做事公平、为人公道等品格；队伍中决策事情并非领袖一人说了算，而是由集体商议讨论，包括是否同意他人加入等。

以李美山的能力完全具备成为包工头的条件，但他与现代具有雇佣性质的包工头存在较大差异。现代包工头通过自己的能力获得工程施工权，然后请工人干活并支付工资，从中谋利，即按照市场规律运作，以市场的契约关系约束为自己干活的工人，包工头与工人是雇佣关系。李美山为代表的这类建筑队领头人与成员之间不存在雇佣关系，成员间仍强调相互的亲缘、地缘关系带来的平等、互助关系。他们把工程承包中所获取的资金都用于购买必需材料和发放工资，即按照分工和工作天数分摊所有资金，领头人也需凭借工作分钱，而非因身份或其有能力争取到项目而获得额外报酬。对此，李美山说："我们所有的人就是一个集体，应该相互照顾，谈来的钱都是大家的，我跟大家一样，只是出去打工的伏台人，所有钱都应该用来支付工钱，我没有必要特殊。"这在一定程度上仍然继承着壮族社会中的某些重要文化传统，如平权性及均分制。

传统的壮族社区属于平权社会，村落属于较松散的团体，甚至乡老或寨头也不具备特权。乡老或寨头在壮族传统社会中比较常见，在人们的日常生活中发挥着重要作用。壮族社区流传着"乡有乡老，寨有寨头"的谚语，乡老即村落中年纪较大、能说会道、处事公平、较有权威的长者，受村民敬仰而自然产生，其主要职能是帮助村民排解纠纷。村民遇到矛盾和纠纷时通常会请乡老调解，当然也可视情况请其他人。乡老或寨头完全是通过在平日处事中取得他人信任，受到村民拥护而自然产生，其没有特定的权力，也不属于统治阶级之列，而类似于汉族农村社会中的士绅阶层，即在人民中有一定的影响力，但又不对谁负责，民众有事则去（也可不去），无事则与一般村民一样，从事劳动生产。① 在集体性的生产劳作中，乡老和寨头一般不允许随意命令他人做事，而是自己先行带头做好，以吸引他人效仿，起积极的示范作用。李美山所属的这支建筑队具有"平权"性质，团体相对松散，成员可较自由地选择离开，李美山只是一位暂时的"头人"或"情境性的领袖"。他只在找工程时可以外出，平日与其他成员一样同吃同住同劳动，甚至不把自己当作团体中的领袖，遇到有人请求加入时，他并非独自决定，而是由众人讨论后决策。此外，至今在壮族社区中仍然存在诸多集体均分物资的现象，如重要仪式的餐桌上，包括葬礼和婚礼等，所有人夹菜都是步调一致，桌上的肉应该均分，即当其中一人想夹肉时须招呼同桌其他人一起，若餐桌上有人暂时离开须待其入桌后或先帮其将应得肉片夹到碗中，方可招呼其他人，否则会被视为无礼。又如，过年过节时在村小组集体鱼塘捕获的鱼虾都需按人头均分，没人有特权可以多拿。

当然，这一阶段在南宁做建筑工的伏台村民并不都是跟随李美山的队伍，仍然有少数人零散地跟随其他村落的建筑队伍。但李美山的建筑队在很长一段时间里在当地人眼中颇具影响力，在南宁打工的当地人一提到伏台的建筑队无人不知晓"李美山建筑队"。

(二) "下广东"

在村民的陈述中，20世纪80年代中期邻村因打架跑到广东去的李姓青年是当地去广东东莞打工的第一人。据悉，这位年轻人在捅伤对方后畏罪逃到南宁，在南宁汽车站下车后不知该往何处去，便在候车室里坐着，正好听到一帮讲同样壮话的人在候车室聊天。由于语言相通，年轻人便侧耳细听，听到他们讨论说要去广东搞副业，于是非常感兴趣。年轻人便过去搭讪，获知这些人都是邻乡的，正由他们村的一个人带去广东东莞的一个石场打工。年轻人便谎称自己家中很困难，想出来搞副业，但又不认识人，正走投无路，希望能一同前往。由于语言相同，又是隔壁乡镇的老乡，于是带去的人便同意了。年轻人到广东后，干活非常卖力，过年时又不敢回

---

① 广西壮族自治区编辑组、《中国少数民族社会历史调查资料丛书》修订编辑委员会编《广西壮族社会历史调查》（一），北京：民族出版社，2009，第 14~15 页。

第二章 空间拓展与社会分离：村落打工文化的形成

家，跟石场老板谎称自己家里太穷，想多挣点钱再回去，后来受到老板赏识。两年后，年轻人打听到被自己捅伤者并无大碍，事情也基本平息，才决定悄悄回家，后在村中"帮"友陪同下到伤者家中赔礼谢罪，并赔偿一定的金钱。随后，这名年轻人便带村中几名关系较好的"帮"友外出搞副业。而其中一人与伏台的黄秋生是"老同"关系，黄秋生的"老同"出去后，经常与其书信来往，告知广东东莞的情况和石场上的事情，不久后他便邀请黄秋生一同前往。1988 年，黄秋生跟随"老同"到广东东莞的石场打工。1989 年，石场老板打算投资再办一个爆竹厂，急需招收更多工人，于是黄秋生在过年返乡时，招收了一批青年男女一同前往。这批人以伏台青年为主，同时夹杂着其他村落的亲朋好友。

据一名当时一同前往后嫁到伏台的女性受访者①回忆：

> 1987 年还没有结婚时就跟随别人去南宁打工，主要是在工厂里包糖果纸，一个月 45 块钱，但那时物价很低，做一件衣服包括布料和手工费才 2 块。我去广东打工是在 1989 年，那是跟你们村（指伏台）的人一起去的，当时很少有人去广东，女的更是没有。那时候你们村的黄秋生在广东东莞的一个石场打工，后来石场老板打算再开一个爆竹厂，所以让黄秋生回来招人。而我跟黄秋生的老婆是一个村子的"帮"友，关系比较好，所以就跟她一起去了。一起去的人主要是这个村的，有 20 多人，包括你五姐和二哥，我正是在那时认识你二哥的。刚到那里一个月工资 450 多（元），每顿饭也就一块多钱，菜里还有几块肉，而且厂里有一定的饭费补助，所以生活比家里好很多。当时在家里一分钱都没有，饭都吃不饱，吃肉也只是在过年过节的时候。1991 年我回来跟你二哥结婚后才没有去，后来生小孩，1993 年小孩 1 岁多才又跟你二哥去海南种菜。
>
> 当时从这里坐车到东莞需要两个白天加一个晚上，从这里到南宁后，因为没有车需要住一晚，第二天才买票上车。刚到那里时，可能

---

① 这是 2012 年 1 月 26 日晚在伏台李美山家同数位村民闲聊时，我有意将话题引向早期的外出务工情况。在场参与讨论者包括陆惠、李美山之妻、李美昌之妻等。

是因为第一次出远门，所以很想家，去一个多月就想回来。但后来又安慰自己，在老家什么都没有，在广东生活条件好，也有钱，慢慢才撑了下来。在那里上班不是很辛苦，计件工资，自己可以支配时间，但是一直坐着会很累。由于老是坐着不走路，很多人腿肿得特别厉害，痛得直哭，又不敢跟家里人说，害怕家人担心，而且当时要出去打工很多人的家里都不同意。你以为像现在这样那么多人出去啊？

在场一位63岁的女性[①]附和道：

> 当时你五姐去的时候，我可没有答应，你伯父"骂"我傻，说我没出过远门，没见过世面，要不是你伯父同意让她去我才不允许。那时候你爷爷刚过世不久（1989年农历五月），你五姐就打算出去打工，当时村里还很少有人出去，更没有一个女人去过广东打工。虽然有的女孩也想去，但很多父母就没有同意，一直到后来这些人出去平安挣钱回来，那些女孩才去。你四姐就是这样，她跟你五姐同龄，本打算那一年也去，但你大伯死活不同意，加上你四姐没有读过书，一个字不识，信更不会写，所以一年以后你五姐回来后她才跟着去的。在你伯父的劝说下，虽然我让你五姐去，但是她刚离开时我哭了几天几夜，女孩怎么出去打工呢？担心啊。哭了很长一段时间，你伯父还骂我说，哭什么啊，她是去挣钱，又不是去坐牢。现在想想那时候确实挺傻的。

可见，最早期的打工者网络中拟亲属关系发挥着重要作用，一同外出者大多是村落中同一个"帮"的成员，或某些具有"老同"关系的人。这主要与"帮"成员之间年龄相仿、爱好和能力相似直接相关。后来外出网络除了拟亲属关系之外，亲属关系也逐渐融入，如夫妻、兄弟姐妹等。同时，对于最早一批到广东的外出者而言，自身早期的打工经历和他人的成功经验都具有较大的影响力。如上文受访者所述，其丈夫因长期在外打工，所以极力支持女儿去广东，而邻居的父母刚开始并未同意其女外出。调研

---

① 上文提及的李美山之妻，前一位受访者所提及的五姐的母亲。

期间，我也发现伏台最早去广东打工的这批年轻人中，要么自己曾在南宁的"李美山建筑队"中待过，要么其父母或亲属就是其中的成员。

这批到广东东莞打工的村民在平安返乡并顺利挣到钱后，迅速在同龄人中起到积极的示范效应。其他人随后纷纷加入下广东打工的行列，20世纪90年代初，打工潮逐渐形成，"下广东"成为伏台大多数年轻人的主要选择。除了闲散在家的年轻人，一部分正在读书的学生尤其是女孩也纷纷辍学外出。我在1991~1993年读小学三到五年级期间，就读的台山小学三、四年级的学生人数各七八十人，分为两个班，五年级人数锐减，通常只剩三四十人，只能合为一个班。当时曾担任小学语文教师的村民李平回忆道："学生都想着去广东挣钱，尤其是女孩，父母说得最多的就是女孩只要识些字出去不迷路、会写信就好，读那么多书干什么？"一位在镇中心小学任教的女老师说："现在这种情况已经没有那么多，但每年还是有几个这样的学生，到五年级时就不想读，上学期有一个还笑嘻嘻地跟我说，老师我下学期就不来了，去广东，到时候挣到钱回来请你吃饭啊。有的学生过完年新学期开学就不见了（指没到学校报到），问班里的其他同学，都回答说跟哥哥或姐姐去广东了。"① 因此，这一时期的打工潮不仅影响着壮族社区中剩余的劳动力、无所事事的年轻人，而且影响到诸多辍学的未成年人乃至在校中小学生。总之，打工潮几乎席卷村落中所有的家庭，使得现在村内没有任何一个家庭无人在外打工。

随着沿海各大城市的不断开放，伏台年轻人外出城市已经不限于广东东莞，而逐渐分散到广东的广州、深圳、中山、佛山、惠州、珠海、汕头、江门等城市，成为电子厂、模具厂、玩具厂、手套厂、车衣厂等各类工厂流水线上的一员。

（三）"去海南"

随着打工潮的席卷，除了广西区内各县市及广东各大城市之外，海南各城市也成为永州地区越来越多务工者的选择，伏台人亦然。早期到海南打工的人也以建筑工为主，后在一次偶然情况下，一位伏台打工者——黄

---

① 2012年1月20日访谈资料，受访者为镇中心小学的教师，姓名不详，地点为其永州街家中。

分离、互动与调适

年隆,第一次在海口周边的农村租地种菜谋生。在伏台开展田野期间,黄年隆刚好返乡修建新房,因此有机会与其进行多次交流,① 以至能具体掌握其赴海南种菜过程乃至个人的打工经历。

> 我去海口种菜的时候,当时别说是伏台或永州,甚至广西人都没有在那里种菜的。1991年,我随别人到海南打工,刚开始主要是做建筑工,当时一天虽然辛苦,但仅有12块钱收入,一个月工资不过300多块。有几次我们几个人到菜市场转,随便问一下菜价,惊讶地发现菜价为一斤1.5~2元。于是心里盘算,若种菜来卖,每天要是有30斤蔬菜拿来卖收入一定很不错。反正对我们来说,种菜不是难事,我们在老家的时候就曾经种菜拿去街上卖。当时还不太了解,以为海口菜市场卖菜的情况跟老家一样,都是种好后直接挑到市场随便摆摊卖,后来才知道蔬菜是到菜贩手里才卖得那么贵。有种菜的想法后,在后来工闲的时候,我就特意到工地附近的菜地里转,看到有一些湖南人在附近租地种菜,便跟他们聊天,了解种菜的大致情况。跟他们聊的时间长了,也就混熟了。当时觉得种菜可以自由支配时间,不用听别人使唤,也不用看别人脸色,加上可以两公婆(夫妻)一起出来。于是,1992年初刚回家过完春节不久,我便叫上我老婆一起,两个人跑到海口种菜。第一年,整体收入并不高,全年两口子才攒了500多块钱。你知道为什么不?种菜的时候我在菜地旁搭了一个棚子,那就是一个家,我们村那一年去海南打工的人,尤其是那群"帮"友,没有找到活做的都是去我那里吃住,最多的时候一个月接待30多人,一天五六人,每天三四斤猪肉都不够啊。当时家里没地方住,他们就在周边闲置的房子临时住着,在我这里吃饭,开支不小啊。当然正是因为这样,越来越多的人知道种菜也是一条出路,很多人开始一起在附近租地种菜。第二年,我把我弟也带了下去,村里很多朋友也跟我一块下去。后来大家不断把自己的亲朋好友带去,我们在海口种菜的人才

---

① 访谈时间分别为2012年4月12日、13日、15日等,地点均是在伏台黄团世家。因为黄团世家中有一台自动麻将机,而黄年隆喜欢玩麻将,所以每次在他等人或休息时均可开展无结构式的访谈。

逐渐多起来。

其实20年来,虽然一直在海口打工,但我还是换了很多行业,先是种两三年菜,又转为养猪、养鱼,后来又去做电焊工,再后来接着种菜。

根据上文黄年隆的叙述,早期选择租地种菜有几种原因:一是觉得种菜可以挣钱;二是种菜比较自由,可以自己支配时间;三是自己在老家已经有种菜、卖菜的经验;四是可以夫妻二人一同外出。至此,黄年隆开创了永州地区壮族人一种新的外出谋生手段。其种菜的第一年,有不少老家人到海南打工找不到工作或工作不如意者到菜地中投靠,而黄年隆菜地的家成为诸多老家人的临时接待站。这些临时居住者有的找到工作离开,有的也在当地租土地加入种菜的队伍。加上后来黄年隆回乡带来的亲友及这些亲友带来的人,伏台越来越多的人通过各种社会网络加入海南种菜的队伍中,使得在很长一段时间里,海南的代耕菜农形成以广西壮族人为主体的群体。2000年前后,永州人在海南种菜达到鼎盛,估计有100多户,主要分布在海口秀英区的儒益村、业里村、周仁村、水头村、江东村、江西村等地,仅伏台人即有30多户。而后或转行或转到区内其他城市种菜,2013年春节时仍有70多户在海口种菜的永州壮族人,其中伏台10余户。对于伏台村民而言,赴海南种菜提供了一种夫妻共同外出务工的选择,而"海南"甚至成为"种菜"的代名词。目前为止,伏台有40多户曾经在海口种过菜,后来部分转为其他行业,部分转到广西区内的南宁、防城港等地种菜,其中当前从事种菜或卖菜者仍有30余户。

总体而言,这一阶段三种务工形式的形成具有某些必然性和偶然性。对于去南宁务工,必然性包括伏台所处地区的经济贫困,以李美山为代表的部分村民早期在南宁谋生时积攒的经验,以及部分村民掌握建房的技艺;偶然性是李美山碰到后来结为"老同"的"贵人"提供的单位工程项目。对下广东者而言更多的是偶然性,即那位李姓年轻人因打架伤人后外逃并遇上去广东打工的老乡,而当地的经济贫困仍然是必然因素。对于去海南种菜而言,必然性包括当地经济贫困,伏台人具备种菜经验;偶然性则是黄年隆的经历和选择。此外,这一阶段的外出社会网络中拟亲属关系占据重要的地位，即"帮"友和"老同"等。由于这些拟亲属类型多是年龄相仿、爱好兴趣相同，甚至掌握同样的技艺，所以一旦一人成功外出，多先邀请自己的"帮"友和"老同"前往，后来才逐渐扩大到亲属关系。

同时，伏台早期外出打工的三种类型也体现出不同的特点，现将其进行归纳，见表2－1。

表2－1 伏台早期三种外出务工类型的比较

	"到南宁"	"下广东"	"去海南"
工作类型	建筑工	进工厂	代耕菜农
出现时间	20世纪80年代初	20世纪90年代初	20世纪90年代初
人口特征	中年男性	青少年男女	中青年夫妇
居住形式	集体工棚	工厂宿舍或出租房	菜地临时搭建的房屋

资料来源：2012年1～6月田野调查。

由表2－1可见，三种类型的打工形式在工作类型、出现的大致时间、参与人口特征和居住形式上都呈现较大的差异。

三 21世纪初至今：多样化趋向

进入21世纪后，随着中国改革开放的进一步深化和广西区内经济的加快发展，尤其是在全球化与国家大政策的背景下，南宁及广西区内的不少大中城市迎来发展的新契机：2004年以来，南宁开始成为中国—东盟合作枢纽城市；2006年，南宁提出构建区域性国际城市的目标；2008年1月16日，国家批准实施《广西北部湾经济区发展规划》，力图将由南宁、北海、钦州、防城港四市所辖行政区域和玉林、崇左两市物流中心"4＋2"组成的广西北部湾经济区，发展为重要的国际区域经济合作区。

这些新规划、新目标和新政策为广西区内各大城市的发展提供新机会，也为其提供更多的就业岗位，打工者外出的选择更加多样化，如南宁已经不仅仅是建筑工的唯一选择。众多的沿海工厂逐渐移向广西区内的各大城市，这一举动将部分流向广东各大城市的年轻人吸引回来，城市的发展也为蔬菜需求提供更大的市场，因此部分海南的代耕菜农将阵地转移至南宁及区内其他城市。广东各大城市的工厂仍然是众多年轻人的主要选择，但也有少部分年轻人转向区内或走向福建和浙江等更远的城市。海南的代耕菜农人数有所下降,而建筑工逐渐增多。此外,除了这三种类型,烧烤、个体户、服装零售业也开始有少量的村民涉入,呈现多样化的趋向。

伏台外出务工类型的分化在2008年前后形成一波高潮。始于2007年的美国次贷危机,后来演化为席卷美国、影响全世界的金融风暴。这次金融风暴给中国的中小企业带来巨大冲击。国家发展改革委中小企业司公布的数据显示,2008年上半年,我国共有6.7万家具有一定规模的中小企业倒闭,其中作为劳动密集型产业代表的纺织企业,倒闭超过1万家。其他受影响较大的行业包括电子、玩具、五金、鞋类等劳动密集型产业和房地产业等。而这些企业主要集中在长三角和珠三角各大城市。① 同年,这两个区域的日韩等中小外资企业出现成批外迁现象。大量中小企业的倒闭或外迁,造成失业人口尤其是失业农民工数量的激增。② 2008年,伏台部分外出务工年轻人因工厂停工或失业而在年前提前返乡。这些年轻人开始思考外出务工的问题,这一阶段常听他们提到的是:总不可能一直为别人打工,总有老的一天,得学点手艺自己干才是出路。于是,部分年轻人兴致勃勃地计划学习某种技能留在老家自行创业,一些年轻人则打算外出自己当"老板",如在南宁从事餐饮、烧烤、服装零售等个体经营业。其中不少人因经验不足、资金不够、管理不当等,最终创业失败再次选择外出务工,但也有少数人坚持了下来,如村民李利成功留在老家帮亲属做装潢,村民李民夫妻、黄新夫妻等在南宁从事家庭豆腐作坊业,黄冠盛夫妻在南宁租摊位出售餐具及各式生活用品,黄武世夫妻在南宁摆摊卖烧烤,等等。2012年田野时,村民黄团世即打算年后留在老家随父亲学习装潢设计技术。黄团世说:

> 老是打工也不是办法,老了还是要回来,所以从长远看还是学点技术活好些。我爸前几年去学装潢,现在在镇上租一间店面在做,既然有这个条件还是考虑回来跟他学习一下,再说他一个人做也忙不过

---

① 朱正娟、张平、王胜远:《金融危机下我国中小企业应对策略探析》,《中国物价》2009年第7期。
② 虢篯犽:《全球金融危机对中国经济的影响及对策》,《金融论坛》2009年第5期。

来，需要帮手，等我学会以后接手一起做。我老婆暂时还是留在广东打工，毕竟老家的店还不是很稳定，收入也有限，她在外面打工的收入也算是一种帮扶。等我学会了，在老家把店做大，再考虑让她回来一起做。

可见，越来越多的年轻人开始对外出务工有更深入的思考，而非完全盲目或从众地外出。虽然由于种种原因，部分年轻人在返乡后的初次创业遭受挫折，再次选择外出，但这也足以说明外出务工在形式、目的、特点等方面开始出现新的转变。

据2012年5月调研时统计，伏台总人数为734人，共有397人的外出与务工相关（包括务工和随行），占总人数的54.09%，其中务工者328人，占外出务工相关人数的82.62%；务工随行者（即随同务工人员生活的老人或读书的小孩）69人，占外出务工相关人数的17.38%。外出地域主要分布在广西、海南、广东等省区内外各大城市，见表2-2。

表2-2 伏台外出人员大致分布省区市

单位：人

省份	广西			海南		广东						其他省区市			总计
城市	县城	南宁	其他县市	海口	三亚	广州	深圳	东莞	江门	中山	佛山	珠海	浙江	上海	福建	
务工者	6	65	12	24	2	12	55	68	6	7	41	26	2	1	1	328
务工随行者	3	26	12	8	0	4	2	3	0	0	5	6	0	0	0	69
小计	9	91	24	32	2	16	57	71	6	7	46	32	2	1	1	397
各区域小计	124			34		235							4			

资料来源：田野调查，2012年5月。

从表2-2可以看出，当前伏台外出人员的大致区域分布是：广东各城市仍然最多，共235人，占外出总人数的59.19%；在广西区内次之，共124人，占外出总人口的31.23%；在海南务工者居第三，34人，占外出总人数的8.56%；其他省市者较少，仅有4人，占外出总人数的1.01%。

总之，伏台壮族人的外出务工从早期个体、零星的现象，逐渐发展成为声势浩大的外出务工浪潮，村落打工文化随之形成。这种打工文化正是围绕打工而产生，打工成为村民谋生的最主要选择，成为衡量社会成员是否勤快、有出息，乃至婚姻嫁娶的重要标准，也逐渐成为社会成员生命过程中的通过礼仪。"打工"成为村落社会成员交流的最主要话题之一。面对村内形成的打工文化，传统的观念、思想、禁忌、风俗习惯、行为方式等也纷纷以新的方式重新得到解释和调整，以适应打工文化的需求。至此，打工由早期一种个体自我的选择，转变为社会成员的被动卷入，再到理性思考的结果。

第二节 空间拓展的动因

学界有关城乡人口流动的原因分析中，比较有影响力的理论包括唐纳德·博格和李的"推-拉理论"以及刘易斯的二元经济模式。其中"推-拉理论"认为，农村经济发展水平低等诸多因素构成农村人口流向城市的推力，而城市生活水平较高则构成城市吸引人口流动的拉力。二元经济模式认为，发展中国家存在二元经济结构，即传统农业部门和现代工业部门，二者的收入差距促使农业劳动力向城市工业部门流动。上述理论在解释壮村伏台的人口流动现象时显得过于笼统和抽象，对于某些具体问题的解释显得牵强甚至缺乏说服力。例如，"推-拉理论"无法解释处于同一环境下（相同的推力和拉力作用下）的伏台村民，有的选择外出，有的选择留下；有的留在城市，有的返回农村；以及在外出时间、外出城市、工作领域等方面的差异。而很多人外出后选择从事离乡不离土的代耕菜农，即从事传统的农业生产，这与二元经济模式的观点有所差别；一些年轻人外出后，由于追求高消费，往往入不敷出，但仍坚持在外，这也是二元经济模式难以解释的。而且对于每一阶段的人口流出以及各个体的具体选择都可能存在差异。

一 改革开放初期外出务工的动因

改革开放初期，国家力量一定程度上放松了对人口流动的严格管制，城乡人口流动开始形成。这一阶段伏台的人口外流呈现零星的、个人的及自愿性和偶然性等特点。

由于新中国成立后相对安定的政局、经济状况的好转和医疗卫生事业的改善，三十年的时间里，伏台村落的人口出现了一个增长高峰，从新中国成立初期不足 300 人增长到 1981 年分田地时的 486 人，且一直处于不断的增长之中。① 人口的增多引发土地、水、山林等资源的紧张，加上集体化时期一些错误政策带来的不良影响，改革开放初期的伏台人仍处于经济落后、温饱问题严重的状况下。对此，集体化时期曾经外出的村民利用自己掌握的语言、手艺及外出经验，开始了外出搞副业的谋生之路。早期的人口流动以成年男性为主，主要在南宁做建筑工，且常以集体形式外出，参与人数不多，因为大多数村民仍处于观望状态。最初一批人的外出不仅证实在外搞副业的收入明显高于在家务农，而且通过自己的努力带来更多的外出机会，因此越来越多的村民逐渐走上外出务工的道路。外出务工者也走出广西，由最初的南宁扩大到广东、海南等省份的沿海城市。

总之，这一阶段人口外流的原因可以归纳为：外出"搞副业"的收益明显比在家从事农业生产高，前期的外出经验，以及各种偶然因素，等等。

二 20 世纪 80 年代初至 21 世纪初人口外流的原因

这一阶段人口外流从初期的规模较小、人口较少逐渐演变成为大规模的务工潮。伏台壮族人外出的综合因素仍然可以简要归纳为经济原因、社会原因、个人原因等，但具体到各个阶段和各种类型的选择仍然存在较大差异。

务工潮未来临前，外出务工虽然具有经济上的因素，但这一时期个人仍然可以自行做出选择，即可选择外出，亦可选择留守村中。当务工潮席卷壮乡时，外出务工成为村民是否有出息、是否有能力的重要评价标准。换言之，大多数村民认为不外出务工的年轻人都是好吃懒做、游手好闲、没有出息的。打工是否成功甚至成为衡量一个人成才与否的关键，也是婚姻选择的重要标准。因此，一定程度上打工变成一种年轻人成长过程中必

---

① 伏台作为偏远地区，计划生育政策严格实施的时间较晚，村民第一批因超生被迫去结扎约在 1992 年，这是村民第一次真正体验到对生育的强制干预。

须经受的洗礼,即一定意义上的"通过礼仪"。对于年轻人而言,打工意味着一种成长,代表经济上的独立(即使只是外在表象)。大多数年轻人在外打工并不期望留在城市,而是希望能够在经济上有所收益以实现经济的独立,丰富自己的人生阅历,学到某种技能以便于返乡创业。

旅游人类学者格雷本(Nelson Graburn)受到法国社会人类学家休伯特(Henri Hubert)和莫斯(Marcel Mauss)的影响,结合利奇(Edmund Leach)、范盖内普(Arnold Van Gennep)的仪式理论,提出旅游仪式性进程的分析模式。受这一模式的启发,本章力图通过仪式的过程对人口流动进程及其对个人影响进行分析,并将其称为人口流动仪式性进程分析模式。格雷本在阐述其旅游仪式性进程的分析模式时,描绘了一个形象的结构图①,见图 2-1。下文将借鉴这一模式图分析人口流动的进程及这一过程对流动者的影响,以便更清楚地认识流动人口在不同阶段的行为和意义。

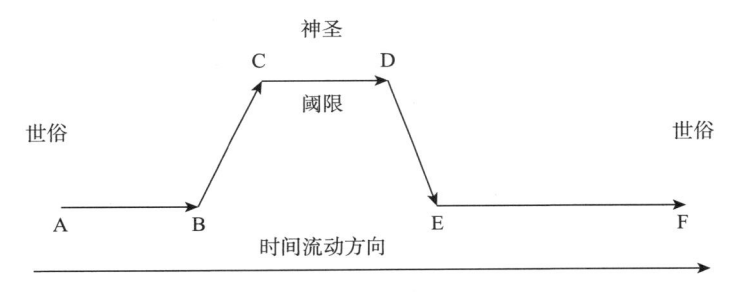

图 2-1 旅游仪式性进程的分析模式

A—B 阶段与状态:流动人口在 A—B 阶段处于"期待"外出的阶段。如果将外出过程视为一个完整的、具有明确"阈限"价值的模式,则相当于"进入阶段"(Entries)。这一过程的流动人口可能包含两种行为和心理上的表现形式。一是在确定要外出务工后,流动者会有一段时间,几周甚至几个月,开展外出的安排和准备工作,包括资金预算及各项筹备工作。在这一段时间里,流动者会表现出一种期待的心理,但也会表现出某种矛盾的心理状态,主要表现为对外出地选择的考虑、外出期间家庭留守成员的安排是否周详以及外出的适应状况等复杂的心理活动。二是在外出务工

---

① 彭兆荣:《旅游人类学》,北京:民族出版社,2004,第 245~246 页。

那一个短暂的、真正"进入"的"阈限关节"。它是流动者从实际准备和心理期待到具体实现的"渐进"过程，这一过程的完成意味着流动的开始。

C—D 阶段与状态：C—D 处于一种"接受洗礼"的阶段和过程，它具有象征意义上"神圣"的"阈限"意义，处于完全脱离农村的日常生活而在城市中接受不同的生活方式和工作状态。这种状态正是流动人口所期待甚至梦寐以求的。事实上，这一阶段同样也充满着矛盾的状态，流动人口会因为工作压力、城市生活中的各种不适甚至受到的各种歧视而有返乡的期望，但种种现实的考量又使他们选择留在城市。

D—F 阶段：D—F 是处于返乡的阶段，同样体现出返乡者的一种矛盾心理，一方面外出务工者即将成功与久别的家人团聚，另一方面打工并没有像期待的那样容易出人头地，成就伟业，一些打工者辛苦一年后，身上所剩无几，甚至没有返乡的路费。

在 A 之前和 F 之后的是一种"世俗"的日常生活，即所谓"出去"（Exits）阶段。后一阶段是打工之后的状态，对于打工者而言外出务工使其获取某种经验，甚至在家庭和村落内获得身份的提升。

对于当地人而言，城市意味着"先进""文明""富裕"，而乡村则包含"落后""蒙昧""贫穷"的隐喻。欲洗脱"蒙昧"，只有依赖到城市中接受洗礼以提高自身素质。外出务工者正是在这一过程中不断重复着世俗—神圣—世俗的过程，接受仪式般的洗礼。与格雷本对旅游的分析不同的是，人类的旅游活动更多的是自愿选择，而外出务工的过程还包含着农村社会的期待，以及社会环境话语的推力。因此，在这一外出务工的过程中，个人的从众心理及村落中的社会舆论发挥着重要作用。

外出务工行为的推进还体现在个人的从众心理。当外出务工成为村落社会评价成员社会化不可或缺的标准，而众多年轻人在求学之路上无法走得更远时，即使再"胸无大志""缺乏远大抱负"，也会受同伴影响汇入外出的洪流中。"大家都去，我当然也要去"——这一从众心理使许多年轻人甚至失去判断能力，不知不觉成为外出务工大军中的一员。

壮族社会中的年龄组——"帮"的社会组织对外出务工的助推力也不容忽视。早期外出务工者回到村落中，多与所属"帮"中的成员进行沟通交流，而关系要好的"帮"成员则是其最早带出的一批人。从前文所述也

第二章　空间拓展与社会分离：村落打工文化的形成

可以发现"帮"成员之间的关系是早期外出的最重要关系网络之一。随着同一个"帮"内成员外出人数的增多，示范效应发挥的作用越发强大，而返乡后的"帮"成员聚会中各自外出的经历成为交流的重要话题，这都促使其他成员纷纷效仿，选择外出。

随着外出务工人员的增多，越来越多个人和家庭直接或间接地卷入打工的浪潮中。村民的政治、经济、文化、社会关系都与打工密切相关，打工已经成为村落社会文化的重要组成部分。村落社会将打工视为当前年轻人必须经历的"通过礼仪"。是否外出打工，外出打工成功与否，都成为年轻人是否有出息、是否"成年"，以及村落社会中择偶的重要标准。虽然很多青少年外出务工收入甚微，甚至没有能力给家庭带来实际的经济贡献，但村民谈到外出打工的子女时，仍表现出很明显的自豪感。有一位50余岁的村民说："我们家老三（其三子）刚出去打工那年，过年回来的路费都没有，但是没有关系，只要出去就好，总比在家里天天伸手向我们要钱强。借了钱（作路费）回来过年，然后我们还要给他垫付下去的路费。"这位村民在谈到这个外出儿子时并没有表现出不满或不悦，仍然觉得年轻人能够出去就是成功。在2012年过年期间的一次家庭聚餐上①，餐桌边除了我还有其他5名村民，其中两名中年人，一名已经有一年外出经验的16岁打工者特弟，一名18岁的高中生特怀，一名外出多年的23岁打工者特连。聊天时，特连掏出一包玉溪牌香烟发给大家，先是发给两位长辈，后欲按座位顺序依次发给特弟、特怀和我。但发到特怀时，其中一位长辈发话说："特怀不能抽烟，他还没有成年。"特怀伸出来的手，又缩了回去。特连接上话，呵呵地笑着说："特弟应该比特怀小。要说未成年特弟才是，特弟都可以抽，特怀已经18岁，更可以抽烟了。"特连说这句话时顺便把一支香烟递过来，我摆摆手说"我不抽烟"，拒绝了。另一位长辈接着回答道："话不能那么说，特怀还在读书，还向家里伸手要钱，那就是未成年；特弟不一样，出去打工，独立了。不过特虎（指我）可以抽啊，虽然在读书自己也已经有收入。"我接着问："那怎么才算成年啊？"这位长者回答道："去

---

① 2012年1月25日在伏台村民黄金世家的晚宴。伏台有一个习惯，过年期间家中的饭桌一般不收，桌上摆上各式酒菜及电磁炉，若有客人进门，主人立即会邀请坐下，打开电磁炉煮火锅，喝酒聊天。

分离、互动与调适

广东了,不用向家里要钱啊。"我惭愧地笑了笑说:"有时候我还向家里伸手(要钱)呢。"另一位长者笑呵呵地说:"你不一样,你可以不算我们这里的人。"从本次对话中,可以总结出当前经济独立是当地人认为一个年轻人成年与否的重要标准,而经济独立与否基本与是否外出务工直接联系在一起,年龄甚至是次要的。因此,有时候当地人会把是否外出打工当作年轻人是否成年的标志。在这一背景下,很多年轻人为了追求经济独立,或是为了得到村落社会的认可而外出。

在这一前提下,村落中年轻人外出打工是一种常态,非过年或家中无重大事情时在家闲待着是一种异态。有些人在外出受挫后,即使暂时返乡休养,但其间来自村落的压力使其很快又选择外出。田野调查期间,有位在家待了一段时间的受访者说:

> 我这次回家是因为觉得在那里上班太累,想回来休息一段时间调整一下,再重新下去换工作。但在家待着一点都不爽。不是过年的时候在村里待,不仅仅是无聊,最受不了的是村里老人们的异样眼神以及各种差不多一样的问题,怎么还在家里?还不出去?在家待着干吗?什么时候出去呢?很烦的,所以我基本不出门,问题都一样,懒得回答。①

很明显,这些问题的言外之意是,年轻人怎么不在外面好好混,不是过年过节跑回来干什么?是不是混不下去了?年轻人在家待着没有出息,还是赶紧出去吧。而这位受访者当然能够听得出这些意思,所以才显得"烦",只好选择不出门来回避。此外,有一位受访者说:"平时在村里,没有一个年轻人,没有人一起玩,一点意思都没有。"另一个年轻人指出:"在村里待着根本娶不到老婆,女孩都出去了,而且你不出去打工,在家待着那些女孩也看不上你。"田野时,一个 24 岁的年轻人说:"本想着过年前早点回来,年后在家待一段时间专门找老婆的,没想到反而找不到。很多工厂过年的假期只有一个星期左右,女孩都是年前放假才回来,年后几天

---

① 2012 年 2 月 23 日访谈资料。受访者:黄福盛;地点:伏台其家中。

第二章 空间拓展与社会分离：村落打工文化的形成

工厂一开工就走。"由于大多数年轻人在外打工，家里没有谈婚论嫁的适龄青年，所以在家待着找对象显然不符合实际。在外打工的青年男女仅过年期间才会回家待数日，很多青年男女只能趁这一段时间找对象，但仍略显匆忙。不少年轻人若无法在外打工时找到合适对象，欲回家找对象则只有看缘分。因此，当地人对这句话的评价是，现在找对象在家待着反而找不到，年轻人都外出打工，留在家里的多是些老弱病残，还不如在打工地找。简言之，随着务工潮的来临，外出打工成为壮族村落社会对其成员的要求，也是社会环境促使个人必须做出的选择。

社会成员在经济因素和社会因素的推动下，纷纷选择外出务工，然而不同阶段，村民做出的选择往往有差异。对于南宁帮而言，早期领袖人物李美山更多基于自己前期工作经验和具备技能的考虑。集体化时期李美山有被派至南宁工作的经验，也有自己偷偷跑到南宁打零工的经验，而且在此过程中学会讲南宁白话。因此，改革开放后，到南宁搞副业自然是首选，而村落中与其同处一"帮"的关系较好者多具备建房技能，加之当时南宁缺乏建筑从业人员的状况，遂使建筑工成为搞副业的选择。随后，一同前往的村人更多是一种从众心理。曾有一位受访者说："当时你伯父（指李美山）已经带着我们村的一帮人在那里打好基础，所以直接跟着去就好了。工程队的人都是布僚，讲的也都是土话。我们这些人有的虽然认识几个字，但都不会讲白话。要自己找工作基本上不可能，更何况我们也不懂做其他的，建房子至少有人带，刚进去的时候不懂的人就做小工，慢慢学。"可见，对于首次外出打工的村民而言，原有熟悉社会网络的"传、帮、带"至关重要。后来随着作为核心成员的李美山及其"帮"友年老返乡，建筑队基本解散，年纪较小者或投靠其他建筑队，或自行寻找其他出路。

广东帮是随着大多数年轻人到广东各大城市进工厂打工而逐渐形成的。早期南宁帮多以中壮年男性为主，使得广东帮以青少年为主的特征更加明显。一方面，当去广东进工厂的打工形态出现时，伏台人已经具备选择到南宁搞建筑的条件，甚至几年后也有机会选择到海南种菜。但对年轻人而言，后两者都是同泥土打交道，无法避免与在家乡一样风餐露宿的生活，因此大多数人认为只有上年纪的人才会选择从事建筑工和种菜，工厂工作虽然辛苦，但至少可以遮风挡雨，不用与泥土接触、面朝黄土背朝天。另

分离、互动与调适

一方面，南宁和海口并不是发达城市，而广东的深圳、东莞等才是开放的前沿，是一个不可多得的"花花世界"，是充满活力和时尚流行元素的地方——港台流行音乐、摇滚、迪斯科、牛仔裤、时尚的发型……这才应该是年轻人生活的世界。因此，大多数青少年外出的选择是去广东成为工厂流水线上的一员。

如前文所述，海南帮早期代耕菜农的选择基于诸多因素。一是种菜可以挣钱。当然首次外出者也因不了解情况而存在误判，即城市中的菜市场并非任何人都可摆摊，菜农的菜是经菜贩再到零售商后出现在市场上，也才卖得那么贵。二是种菜比较自由，可以自行支配时间，不用像在建筑工地或工厂里那样，必须按时上下班，在他人监督下劳作，甚至身体不适如果请不到假也须带病上班。三是自己在老家已经有种菜、卖菜的经验。伏台具有较悠久的种菜历史，伏台人积累了丰富的种菜经验，因此最早去海口种菜的黄年隆到菜市场逛时或许也有一种亲切感，加之菜价比较贵便萌生种菜的念头。受访的菜农曾反问我说："你觉得我们能做什么？做其他的没有本事，但是种菜我们熟悉，在老家就会，虽然到海南有点差别，但有老乡带很快就熟练了。"四是可以夫妻在一起。建筑工多从事重体力活，女性不太适合，且工程队里都是男性，女性显然也不方便；工厂提供的是集体宿舍，即使有年轻夫妻能有幸在同一工厂打工，也不可能被安排在一起居住（早期由于广东治安管得比较严，务工者也没有外出租房居住的条件和习惯）；而到海南种菜，虽然菜地旁搭起的棚屋狭小而简陋，却是夫妻二人暂时的私人空间。这一狭小的私人空间对于夫妻关系的维持至关重要，尤其是在当前媒体曝出流动人口中出现越来越多"临时夫妻"①的背景下。此外，伏台的中壮年女性多不识字、不会讲普通话，无法选择从事其他行业，而代耕菜农家庭中男性多负责卖菜，女性只需负责在菜地中耕种，交流多限于会讲土话的老乡之间。因此，代耕菜农是更多中年夫妻的选择，

---

① 2013年3月10日，在十二届全国人大一次会议新闻中心举行的以"一线工人农民代表谈履职"为主题的记者会上，曾做过洗脚妹的人大代表刘丽，在接受记者提问时说，因为打工的热潮一直还在进行当中，农村结婚又比较早，长久的分居导致在不影响夫妻关系的情况下组建临时小夫妻的情况。随后"临时夫妻"成为网络及各式新闻传媒的热点词，打工者在务工地组成临时夫妻现象的相关新闻报道和讨论层出不穷。

有时即使辛苦甚至菜价大跌，但大多夫妻仍然愿意坚持，因为他们认为自己只能从事这一行，不需要太大本事和太高成本。

三 21世纪初至今外出务工选择趋向多样化的原因

进入21世纪后，伏台壮族人的外出务工选择地仍主要集中于广西、广东及海南各大城市，但也呈现新的特点：部分青壮年开始走向省外，部分务工者倾向于回归区内各县市，同时，就业手段和工作类型也更加多样化。这一阶段伏台人外出务工呈现如此特点的原因，可大致归纳为以下几点。

第一，国家政策导向及广西区内经济迅速发展带来的巨大机遇。随着中国西部大开发政策的进一步扩大和广西区内经济的快速崛起，尤其是在全球化与国家政策的大背景下，广西区内的不少大中城市迎来发展的新契机：2004年以来南宁开始成为中国－东盟合作枢纽城市，2006年南宁提出构建区域性国际城市的目标；2008年1月16日，国家批准实施《广西北部湾经济区发展规划》，力图将由南宁、北海、钦州、防城港四市所辖行政区域和玉林、崇左两市物流中心"4+2"组成的广西北部湾经济区，发展成重要的国际区域经济合作区。这都为广西的城市发展提供了新机会，众多沿海工厂、企业纷纷迁到内地，为当地提供更多就业岗位。这也进一步促进内地城市化进程的加快，城市建设的发展，以及大量人口的涌入，以至于建筑业需要更多劳动力，蔬菜需求也不断扩大。这吸引了不少打工者留在广西区内各城市寻求发展机会，伏台人亦然。

第二，空间距离的缩短，带来诸多便利。永州在过去是一个交通不发达的偏远乡镇。2004年以前，当地到南宁的交通有很长一段是石土路，路面坑洼不平，山路弯曲陡峭，出行极为不便，从永州街到南宁市不足200公里的路程，开车至少需要6个小时。2004年，政府投资兴修从南宁到永州的公路，路面铺上水泥，交通得到改善。加之当年都安—南宁高速公路的开通，其中武鸣县至南宁市一段为永州至南宁的必经路段，这进一步促使从永州至南宁的时间缩短至仅需2~3小时。交通的改善促使两地来往车辆的增多，每天两地对开车辆达九个班次，发车时间（最早）为上午7：30至下午18：10，节假日及春运则视情况增开加班车。时间的缩短使往来更加便利。对于大多数伏台人而言，在南宁打工即使发展空间和工资水平远远不如广东各大城市的工厂,但离家近可以照顾留守家人,甚至周末都可以回家一趟,距离缩短且节省往来路费。对此,有一名2011年后选择回到南宁工厂打工的年轻人说:

> 以前我在广东(佛山市)顺德美的公司上班,每个月加上加班费收入差不多有4000元,而且我还是厂里的一名质检员,工作比较轻松。但是家里只有我一个男孩,爸妈都七十多岁,身体很不好,还有两个小孩在家。每次父母生病住院我都必须请假赶回来,2010年我就请假回家三趟,老妈和老爸各住院一次,还有一次是家族中的老人过世。有时候真的没有办法,家族中人数多,如果亲戚关系比较远的,其实可以不回来,但我们这个家族人比较少,规定必须回来,而且我家只有我一个男孩,每次都得回来。从顺德到家里来回路费好贵,时间又长,所以我才开始考虑在南宁找事情做。2011年我进入南宁的富士康公司,现在一个月加上加班工资才两千元多一点,比美的确实差很多,但是真没有办法。①

另一位在南宁种菜的受访者李仕说:

> 以前在海口种菜收入要比在南宁高很多,但后来我儿子和女儿都要读书,海南的教育水平不高,而且我们不是海南人,小孩在那里不能考试。以前有几户人家的小孩在海口读书成绩很好,但是高考还是得回到老家考,后来考得很不好。所以我们就选择回到南宁种菜,菜价便宜一些没有关系,我们现在挣钱不就是为了小孩读书吗?②

在调研中,我也发现目前在南宁工作或种菜的伏台人,多基于南宁离家近、方便照顾家中小孩或老人的原因。2015年底来马高速的通车,进一步缩短南宁与伏台的交通距离,越来越多村民考虑返回南宁务工。2018年

---

① 2012年1月17日访谈资料。访谈对象:黄平隆;地点:伏台其家中。
② 2012年1月20日访谈资料。访谈对象:李仕;地点:伏台其家中。

第二章 空间拓展与社会分离：村落打工文化的形成

底在海南种菜的伏台家庭仅余6户，其他家庭或选择回南宁等区内城市种菜，或年老返乡。

第三，打工积累的经验、习得的技能及形成的新社会网络，为部分打工者走向省外或在省内从事多样化的工作提供基础。对于伏台早期的打工者而言，广东和海南作为改革开放较早的沿海省份及其与广西毗邻的优势，加之地处南方，气候、饮食等差异不大，这都使二者成为当地人外出务工的首选。但是打工者在外出务工过程中，通常会结识一些新工友并构建新的社会网络，而新工友甚至上司在遇到新发展机会时，常常邀请这些打工者一同前往。据田野调查统计，伏台仅有4名打工者的务工地处于非广东和海南省内，即浙江2人、上海1人、福建1人。前三人都是在广东打工时，受到上司赏识，在上司到另一城市发展时带其一同前往，在福建的打工者则是与打工期间结识的朋友一同前往。调研时发现，伏台还有不少外出务工者有到天津、沈阳、济南等北方城市打工的经历，但所待时间均不长。受访者每次提及北方打工的经历时第一反应即"那里好冷，很不适应。吃的也不习惯，好辣，很多人都是吃面，米饭煮得也不好吃。虽然工资不低，但是受不了那种冷，冬天盖好几床棉被都不暖和"。因此，这些人都因气候、饮食等习惯的不适应而选择放弃北方的工作，重新返回广东打工。

部分年轻人则通过结识新朋友，学会新的生存技能，并选择新的工作方式，如伏台年轻人中有一对夫妻做烧烤，一对夫妻在市场租赁摊位出售快餐用具，两对夫妻在市场租赁摊位卖菜，两对夫妻在菜地附近加工豆腐批发出售，两对夫妻养猪，等等。据做烧烤生意的年轻人称，其也是在广东打工时结识会做烧烤的朋友，然后跟朋友学习半个月才掌握，后来就与妻子回到南宁专门摆摊做烧烤卖。出售快餐用具的夫妻则通过一位亲属的引荐进入这一行。卖菜、制作豆腐及养猪的夫妻则都与种菜直接相关。伏台部分在海口种菜的家庭返回南宁种菜后，村里也有不少人加入南宁种菜的行列。部分人在卖菜过程中结识一些摊贩并建立熟悉的关系，最终这些摊贩在谋到更好就业出路后将摊子转与伏台人；在菜地附近也有不少外地人养猪，种菜需要猪粪便，养猪需要剩菜，因此两者关系密切，很快便相互熟悉，且伏台人感觉到养猪也可以挣钱，于是在一些外地人放弃养猪时，即有伏台人接手他们的养猪场。卖豆腐者所建的房子与豆腐坊也位于菜地附近，市场正好与菜市场重合，其豆腐制作技术则从老家的豆腐坊中习得。由此可见，一些新行业的出现主要是依赖务工者在外打工过程中结识的新网络，但不少新行业仍然与代耕菜农的经验和网络具有重要关系。总体而言，伏台人外出的城市和行业选择呈现多样化的趋向。

第四，打工者对打工生活的理性思考。随着打工文化的兴起，越来越多的打工者开始考虑自己的未来，考虑留守亲人的生活，于是便出现部分打工者选择返乡创业或回到距离家乡更近的城市谋求出路。这无不体现出这些打工者在经历外出打工的洗礼后，开始摒弃盲目的从众观念，而倾向于更理性地思考自己和家人的未来。

总之，伏台人外出务工的选择没有摆脱农村推力和城市拉力的综合作用，但是在不同阶段，不同实践者对于外出城市和工作选择的原因都存在一定的差异。

第三节　空间拓展的策略与分离仪式

随着越来越多村民涌向或意欲加入外出务工的大军中，伏台人的生活空间在不断扩大，外出者新空间中的经验和认知通过各种手段和方式传播给村中的留守者，这进一步加剧留守者摆脱原有村落及其周边封闭空间环境的想法和愿望。对于来自偏远少数民族乡村的伏台人而言，新的城市空间需要的不仅仅是工作技能，还需要具备进入新空间的准入条件以及相应的适应能力，包括国家规定的各式证件和证明，进入城市新环境的必要引导者，以及期望的好运。

一　"纸年龄"

随着务工潮的涌现，诸多社会成员为满足外出务工需求，根据工作条件需要设计自己的年龄，并在办理身份证时使用这一套年龄体系，使实际年龄与身份证年龄有异，但两种年龄体系在不同场合下仍然发挥着重要作用。前者在村落原空间中的年龄组认定、结"老同"、算命、合八字等传统习俗方面是界定的重要标准；后者作为国家法律承认的年龄，则应用于对外的各种需求，包括求职、结婚、升迁、退休及办理各种现代业务等，即所谓的"纸年龄"。纸年龄的概念，主要借鉴于 Estelle T. Lau 在其著作《纸家庭：认同、移民管理和排华主义》（*Paper Families: Identity, Immigration Administration, and Chinese Exclusion*）中提出的"纸家庭"（Paper Families）概念，意指部分中国人为应对美国的移民政策，将没有家庭关系的社会成员构建成家庭成员，以实现移民的目的。①

传统社会下的壮族人对年龄的认知处于一种"笼统""模糊"的状态，普通社会成员并不太关注自己的出生日期，对年龄仅知大概。村民大多情况下用不上自己的出生年月，仅在算命、问神等场合时需要，甚至有的父母也记不住子女的出生年月，通常都是临时提供大概几岁，与村内某人同年等信息，然后由师公、神婆等知晓天干地支者推算。因此在一些现代场合需要填写年龄或出生日期时，很多上年纪的村民所填的年龄和出生日期往往缺乏准确性。传统壮族人界定"时间"的方法是多样的，如夜间通常用睡醒过几回来界定时间（尤其是老人），凌晨时用鸡叫几次来定义时间；白天则用太阳在天上的位置界定时间，包括日出前、太阳升起约多高、日落前、日落不久等。我在田野期间，同村民预约时间常得到的答案是过两天有空、早饭后出门、晚饭后见等。2012年村落"二月二"（详见下文）筹备会通知的见面时间是晚饭后，再问具体时间得到的答案是"大概八九点"。我还是疑惑地问：八九点到底是几点？答案是：这里又不是外面，不用那么确定，吃过晚饭过去，八九点都可以，反正晚上大家没什么事，也不着急，先到的人聊天慢慢等。这说明在传统农村社会中，生活节奏相对较慢，不少人没有手表也看不懂手表的时间，所以多使用较笼统或模糊的时间概念，而我多年来一直在外学习生活，已习惯精确的时间观念，因此才出现上述对话。

当然壮族人也不会因为年龄观念的笼统而造成生活秩序的混乱，他们有一套可以回避年龄的测试时间方式。例如，儿童就读小学一年级通常的年龄要求是7周岁，传统壮族地区缺乏幼儿教育，而家长又忙于生计或家务，无暇照料小孩，因此，家长在子女五六岁时即希望能送到学校中。他

---

① Estelle T. Lau, *Paper Families: Identity, Immigration Administration, and Chinese Exclusion* (Durham and London: Duke University Press, 2006).

们认为，虽然年龄不足 7 周岁，在报名时家长可以虚报，尽可能想办法把小孩送到学校，让其体验学校的生活，即使学不到知识，至少有一帮小孩一起玩耍，以免大人操心。但是如果家长都这样做，学生年龄太小，会导致小学教育出现问题，尤其是管理上的麻烦。因此，学校采取一种相应的对策，即一种具体识别年龄的方式。儿童在入校报名时，接收教师除询问年龄外，还要求儿童当场将右手举起，从头顶最高处绕过后尽可能触及左耳。右手尖若能接触到左耳，说明该孩童已达到入校的"年龄"和标准，否则学校认为其尚未达到入学年龄而拒绝招收，要求明年再来报名。在较封闭状态下生活的伏台人，正是利用自身一套笼统而又不混乱的"时间观念"维持着社会的正常运转和个人的行为实践。

打工潮的冲击，改变了伏台人的生命轨迹。过去，伏台人的生命轨迹大体围绕出生、上学、（小学或初中）毕业后回家种地、结婚、生子……由于家庭经济状况的限制，尤其是教育水平的落后，不少村民小学毕业后，或无法考取初中或无钱就读而回家种地；有机会升初中者，尤其能考取中专或高中者并不多。截至 2012 年，从伏台出来的人中，具备大学本科及以上学历者不超过 5 人，不足村中总人数的 1%，具备中专或高中以上学历者（不包括大学本科及以上学历）不超过 15 人，占村中总人数的 2.04%。需要说明的是，这些数据反映的是目前全国高校普遍扩招背景下的村落受教育状况，而 20 世纪 90 年代伏台村中仅培养出一名大学生，其教育状况和村民受教育水平可见一斑。有机会外出务工后，村中大多数社会成员的生命轨迹开始出现转变，即出生、上学、外出务工、结婚、外出务工、生子、外出务工……与此前相比，外出务工成为生命历程中最主要的组成部分，甚至占据社会成员生命周期的半数时间以上。当然，外出打工潮初期，部分村民甚至小学或初中肄业即选择外出，初中毕业后，只要无机会再往更高一级的教育机构求学者，基本上外出务工。而此时这些刚初中毕业或小学毕业的村民基本未满 18 周岁，前者一般 14~16 周岁，后者则仅有 12~13 周岁。我国劳动法严禁企业招用 16 周岁以下的童工，同时对未成年工（16 周岁至未满 18 周岁的劳动者）从事的劳动和健康体检要求具有明确的限制和规定。《劳动法》第 15 条："禁止用人单位招用未满 16 周岁的未成年人"；"文艺、体育和特种工艺单位招用未满十六周岁的未成年人，必须依照国家有关规定，履行审批手续，并保障其接受义务教育的权利"。用人单位非法招用未满16周岁的未成年人，由劳动行政部门责令改正，处以罚款；情节严重的，由工商行政管理部门吊销营业执照。此外，对未成年工的招用也有明确的限制与规定。因此，大多数工厂不敢违法使用童工和未成年工，而是否为童工和未成年工的标准则以身份证的出生日期为依据。于是村民在外出务工前办理身份证时纷纷更改年龄，将年龄改大再办身份证，这成为未成年村民外出务工前需要首先处理的事情。

当然，全村出现更改年龄的趋势和浪潮除了外出务工的因素，还同当地的其他实际情况有关。首先，在过去当地人没有办理身份证的观念和习惯，对当地人而言，只有外出办事或务工者才需办理身份证，因为身份证对于一辈子留在村中种地的村民毫无用处，反而需要耗费几十块钱的工本费。即使在田野期间，仍有一些从未离开过当地的老人说："我这辈子连永州街都没有离开过，办理身份证有什么用？进入70岁以来，上街次数更少了。还要到派出所照相、填表、交钱，我不识字，说不定哪天就死了，也不想浪费那些钱。"对他们而言，身份证仅外出才有用，在村落社会中，其合法身份不需要身份证证明，而只需村落社会成员的认可。其次，过去很长一段时间内，基层派出所对身份证办理没有严格的程序，只要村委提供相关的年龄证明，即可给予办理。因此，在办身份证前更改年龄蔚然成风。而另外的因素和机会则掀起一次集体更改年龄的高潮。20世纪90年代初，当地民间传言称：年龄达不到16岁且属超生的小孩将按人数进行每人数千元的罚款。此前计划生育政策在当地的实施经历使人们对这一传言深信不疑，这是因为，20世纪80年代末90年代初，当地初次执行计划生育政策时，曾对年龄不超过40岁且生育两个及以上子女的夫妻，采取罚款等措施。大多数村民对这种做法一直难以接受，在村民的观念中，长期以来生育都只是夫妻或家庭内部的私事，但地方政府采取强制措施进行干涉。这一次经历彻底改变村民们的观念，认为国家只要愿意可以随时采取新的计划生育政策，这种观念时刻存在于村民心中。1994年，派出所对全乡所有家庭的户口簿进行更换，这为伏台村民更改年龄提供了一次机会。办理更换户口簿的村干部在村民们的集体授意下纷纷更改家庭成员的年龄，当时在册村民的出生日期基本上都改大3~5岁。村民们一致认为，这次改年龄绝对有利无弊，彻底清扫了以后的众多隐患，也避免很多麻烦。总之，伏台人在面对外出务工及其他方面的实际需求时，纷纷对自己的年龄进行实践和再造，创造出人生中的另外一个出生日期，其生命历程中的"时间"也因此被创造和实践。

对当地人而言，年龄及其相关的出生年月只是一种工具，只要条件允许，伏台人会根据自身需求不断变更身份证的出生年月。村落中每一个"帮"都有其特定的成员，主要是基于年龄标准和童年玩伴的习惯传承。这一年龄要求是实际年龄而非身份证年龄，例如，村落中所有1980~1982年出生者组成一个"帮"，我正隶属该"帮"。在2009年本"帮"成员聚会上，我发现"帮"内的20名成员中身份证上的年龄相差甚远，其中包括我在内的大多数成员身份证出生日期为1978年或1979年，还有的是1975年，唯独一人为1983年（因其读书留级次数较多，特意将年龄改小）。

调研期间，我发现村落中不少年轻人的身份证年龄都与实际年龄相差甚远。一位女性受访者称：

> 我小学五年级都没有毕业就外出打工，当时十三四岁，之所以外出那么早，主要是因为那年我家发生一件大事，我爸在外替别人建房时，不幸摔断双腿，而且头顶和面部受伤也较严重，缝了好多针。加上我看到村里一起玩的小孩，他们有姐姐外出打工挣到钱，并给他们买新衣服穿，很羡慕，尤其是看到打工回来的人穿着打扮都很漂亮，花钱也比家里人大方，便想着早点外出打工挣钱。当时我们在家的同龄人很多觉得读书没有用，外出打工能挣到钱。于是，便去办理身份证，事实上年龄不够，所以便把上面的出生日期由1984年改为1979年。1997年过完年后，便外出到深圳打工，进了一个鞋厂，一个月工资200多块。①

此外，村民李燕则在2002年外出务工时，由于实际年龄超过40周岁，为能够去广东打工，将年龄改小10岁。田野期间，我在村民李朝师家碰见

---

① 2012年2月21日，在南宁与受访者陆艳英交谈获取的资料。陆为伏台村民黄冠盛（我"老同"）之妻，夫妻二人在南宁五里亭市场内摆摊出售餐饮用品。

其妻儿时，他从柳州嫁入的妻子让小孩称我为"叔叔"。我的记忆里李朝师年纪比我小，故赶紧阻止说："好像他爸爸年龄比我小。""那你是哪一年生的？朝师是1982年。""我也是1982年，不过他好像是比我小。"后来经过与朝师母亲核实，才知他实际为1984年出生，数年前为了去当兵将身份证年龄改大两岁，本来我的实际年纪比他大，但改年龄后他的身份证年龄比我的实际年龄大。这次误会的原因是在我潜意识中将李朝师的妻子视为本地人，实际上她由外地嫁进来，且长期在外打工，很少待在伏台，不了解当地两套年龄谱系的情况，只看到丈夫身份证上的出生日期，所以报出的是其身份证年龄，而我此时则依据村落传统使用实际年龄，因此对比后反而是我年龄小。

当然，并非所有的年龄变更都如社会成员所希冀的有利无弊，在国家机构有效运行或村民不具备变更条件时，已变更的年龄就很可能带来不利影响。村民李燕说："我亏大了，身份证年龄小10岁，现在村里要办新农村养老保险，这样算的话，我要多交10年的钱才可以领到养老金。现在去派出所改年龄很麻烦，还不知道能不能改过来。"2006年伏台人李朝臣曾打算志愿当兵，通过一系列的程序，最终全部通过并顺利参加体检。全家人都为此骄傲，觉得家里又有一人参军①，但当他回家打开户口簿时才发现，虽然自己实际出生日期为1990年农历五月初六，但户口本上的出生日期是1983年5月16日，年龄超过23岁，超出当兵的年龄，②而实际上自己仅17岁。欲再行更改已来不及，最终无法成行，当兵愿望因此落空。当然年龄的更改对其外出打工仍非常有利，其在初二尚未念完便外出打工，当时仅15岁，按照国家相关法律规定仍属童工，不会有任何工厂和企业愿意违背国家政策接受他，但是能较顺利找到工作正是因为根据身份证的出生日期，其年龄已达到23岁。另外，村民黄观2016年在南宁贷款购买商品房，由于身份证出生年份为1975年（实际出生年份为1982年），超过40岁，失去贷

---

① 李朝臣的兄长曾当过兵。
② 《中华人民共和国义务兵役法》及其修改稿第十二条第一款规定："每年十二月三十一日以前满十八周岁的男性公民，应当被征集服役。当年未被征集的，在二十二周岁以前仍可以被征集服役，普通高等学校毕业生的征集年龄可以放宽至二十四周岁。"第三款为："根据军队需要和本人自愿，可以征集当年十二月三十一日以前年满十七周岁未满十八周岁的公民服现役。"

款 20 年的资格，只能缩短贷款年限，最终每个月承担近 5000 元的房贷。他说："当时家里老人把年龄改大那么多，导致我现在每个月还贷压力特别大。现在每天都得拼命干活挣钱，生怕房贷还不上、家里两个孩子断了粮。"①

总之，更改年龄的伏台人都具备两种"年龄"：一种是身份证上的年龄，即实践出的合法年龄；另一种是实际年龄。前者对外，是对村落之外的国家要求使用的年龄；后者对内，是在村落小传统中使用的年龄。例如，外出打工、领结婚证等都使用身份证年龄，在民间传统的生产生活中则采用实际年龄，包括算命、测生辰、结"老同"、结"帮"等。伏台人通过对时间的实践和再造，使生命中存在两种"时间"。对伏台人而言，这两种"时间"的出现在不同情况下都具有实际的意义，对村民的生命历程都会产生极大的影响，若基于两种不同的时间，具备两种年龄身份的伏台人则具备两种生命时间、两种社会时间和历史时间。

二　空间拓展的社会网络

大多数社会成员在进入新空间环境时，通常不是个人行动，而是需要依赖原空间社会网络的牵引和帮扶。伏台人到外地打工的过程也多依赖自身的亲属、拟亲属和同乡等先赋性社会关系，尤其是初次外出时，亲属和拟亲属关系发挥着重要作用。

（一）亲属关系

亲属关系是传统社会赖以生存的网络，也是社会成员互助的基础。社会成员在第一次外出务工时，多在其亲属中寻求外出经验丰富且较成功者作为引领者。在引领者的帮助下，在新的空间中找到工作，顺利落脚并安定下来。在很长一段时间里，广东工厂招收新员工时要求必须有老员工的介绍和引荐，而且城市管理部门对证件不齐全（尤其是缺少暂住证、流动人口证等）的外来人员进行严查，一旦查出即进行关押或遣送原籍或要求缴纳罚款才被放出。而刚进入城市的年轻务工者，一方面不知道在何处办理这些证件，另一方面对办理证件程序的麻烦和所需缴纳的费用也极度厌恶。因此，不少年轻人外出时并未按要求办理相关证件，部分人因为没有

---

① 2018 年 2 月 21 日访谈资料。访谈对象：黄观；地点：南宁其新房中。

工作，在大街上闲逛时被查证后带走关押，最后经过熟人或老乡帮忙缴纳300~500元的罚金才被放出。这类事情的发生对20世纪90年代的广东打工者而言已经习以为常。诸多类似的故事在打工者中流传，也在流出地的村落中传播，因此外出时依赖有经验的亲属非常有必要。在对1980~1982年及1983~1985年出生的两个"帮"38名成员的统计中发现，外出务工的36人中，初次外出时与亲属同行的有20人，占55.56%。虽然工作一段时间后，非先赋性的社会关系有所增加，社会经验也更加丰富，但调换工作的途径仍以亲属关系为主。在这36人中，首次调换工作的途径经过亲属介绍的有13人，占36.11%。统计发现，壮族人特有的拟亲属关系在伏台人外出过程中也占有较大比例，尤其是对第一批外出务工者而言拟亲属关系所占比例不容忽视。

（二）拟亲属关系

拟亲属关系是亲属关系的扩展形式，是社会成员通过某种仪式同与自身没有血缘、姻缘关系的其他成员结为亲属关系，并形成的权利和义务关系，如结拜兄弟等。这种现象广泛存在于壮族民间社会中，如结"老同"、年龄组"帮"等。南宁以伏台人为主的建筑队中，最早出去的李美山、黄明生、黄永生三人就是年龄相仿的"帮"成员，自幼一起玩耍，成年后一同学习建房技术，并一同外出务工，后来李美山在南宁与一名有工作单位的当地人结为"老同"并站稳脚跟。李美山返乡后一同前往的几名成员，除他的兄弟外，大多数是其村落中同一年龄组的成员，即后来这一团队的核心成员。可以说，这一群体的形成依赖的正是村落中的年龄组——"帮"，而站稳脚跟的过程则依赖于"老同"关系的支持，因此，拟亲属关系发挥着重要作用。这也是为何访谈时李美山常称建筑队为"bang liao"（"我们这'帮'"）、"bang gou"（"我这个'帮'"），也是他把自己定位为"帮"中普通的一员而不愿脱离出来成为集体外的"工头"的原因。海口的代耕菜农亦然，通过早期的外出关系图可以更加清晰地展示这一群体的关系网络，见图2-2。

图2-2为最早一批到海口种菜的成员关系图，图中一个姓名代表一户，除李敏和李小卫非伏台人，而是李美坡妻方亲戚（李敏为李美坡的妻弟，李小卫为李美坡妻的侄女），其余成员均是伏台村民。第一批随黄年隆外出

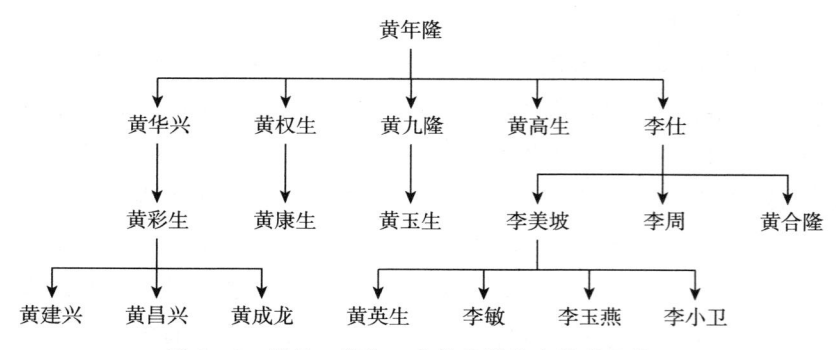

```
                            黄年隆
        ┌─────────┬─────────┼─────────┬─────────┐
      黄华兴     黄权生     黄九隆     黄高生      李仕
        │         │         │         │       ┌───┴───┐
      黄彩生     黄康生     黄玉生    李美坡   李周    黄合隆
    ┌───┼───┐              ┌───┬───┬───┐
  黄建兴 黄昌兴 黄成龙    黄英生 李敏 李玉燕 李小卫
```

图 2-2　最早一批海口布僚代耕菜农的成员关系

的村民当中，除黄九隆是其弟外，其余均为其同一年龄组的成员，即亲属 1 人，占 20%，拟亲属 4 人，占 80%。第二批成员中，李仕带出去的三户家庭中，李周为其弟，李美坡为其叔，黄合隆为李周帮中成员，而黄彩生、黄康生、黄玉生则与对应者为同一年龄组中关系要好者，当然也与前一批属于同一"帮"的成员。换言之，这一批的 6 人中，亲属关系 2 人，占 33%，拟亲属关系 4 人，占 67%。随后亲属关系逐渐增多，第三批成员已不限于伏台人，妻方亲属即其他村落的村民开始加入，并逐渐形成永州地区壮族人在海口的代耕菜农群体。当然，由于伏台村落不大，以黄、李二姓为主，村内通婚逐渐增多，且各种"老同"关系错综复杂，因此，这些外出者之间关系也比较复杂，有时候一户家庭外出时不仅依赖一户人家，而是受到多户已在海口有种菜经验的同村人相助，故图 2-2 仅能体现出外出时依赖性较强、关系较紧密的一户。

此外伏台广东帮第一批外出的成员中，如前文所述，黄秋生正是与其外村的"老同"一同外出，随后才回来招人，其中随同的大多是黄秋生或其妻同一年龄组的成员。随着外出广东务工人员的增多，同一个"帮"的成员已经很难满足成员外出的需求，不少年轻人选择外出较成功的同村"前辈"，而这些前辈除同村关系外，也多为同一"帮"成员中的兄长等。我在对 1980～1982 年及 1983～1985 年出生的两个"帮"38 名成员的统计中发现，外出务工的 36 人中，初次外出时跟随"老同"、"帮"成员等拟亲属一同前往者为 15 人，占总人数的 41.67%，初次调换工作时，依靠拟亲属关系达成的有 18 人，占总人数的 50%。可见，与初次外出依赖亲属关系的

第二章 空间拓展与社会分离：村落打工文化的形成

比例（55.56%）相比，拟亲属关系所占比例（41.67%）略低；但初次调换工作时，拟亲属关系发挥作用的比例（50%）则略高于亲属关系（36.11%）。

据一位受访者说：

> 我初中刚毕业，那一年村里我们这个"帮"的人有特名、特成、特力、特八和我五个人一起，大家学习都不好，高中也考不上，就打算出去打工。我们商量着特力的哥哥在外面混得比较好，就让特力去跟他哥说，带我们出去，他哥（的工厂）那一年刚好招工，后来除了特八，我们四个都一起出去。特八是他家让他跟一个表哥一起去，所以才没有一起。不过大家都在东莞，还是经常一起玩，尤其是特八的工厂里我们的女老乡特别多，我们四个总是喜欢一起往那里跑。我第一次换工作就是到特八所在的工厂去，当时主要是觉得这边工作比那边累（此时旁边的人笑着说：肯定是看上那里的靓妹才去的）。①

村落原有的拟亲属关系在伏台人外出务工过程中发挥着重要作用，其原因较简单。首先，全国劳动力市场还不完善，这些少数民族年轻人没有参与劳动力市场的经验和知识，且对陌生人缺乏信任，以至于大多数人多求助于先赋性的社会关系，包括亲属、朋友、老乡等。其次，壮族人特有的拟亲属关系在人的一生中发挥着重要作用，同一年龄组的成员是村落中与自己一同成长，共同接受社会化，一起学习和实践，具有共同爱好和能力的人，且生活中有义务相互扶持和帮助，关系密切，尤其是"老同"之间关系更是志同道合，犹如亲兄弟。因此，外出务工时多一同前往，或在新空间中相互往来，互相帮助。

总之，在外出务工过程中，伏台人尽管缺少劳动力市场的调节机制和政府的帮助，但通过对以传统社会关系为基础的"社会资本"的使用，在很大程度上成为劳动力市场机制的替代，甚至实际上已经形成一种独特的乡土性劳动力市场。② 也就是说，亲属、朋友和同乡关系是伏台人外出的重

---

① 2012年1月20日，根据我在伏台村口与数名青年的闲聊整理，参与者：黄光、黄文等。
② 孙立平：《转型与断裂：改革以来中国社会结构的变迁》，北京：清华大学出版社，2004，第308页。

要关系网络，这与其他地方外出务工的特点类似，但就细节而言，伏台人仍呈现不同的特点。朋友和同乡关系虽然也是伏台人外出务工所选择的关系，但相对亲属和拟亲属关系而言，二者在外出务工初期所占比重要小得多。伏台的务工人员在外出过程中也会结识新朋友，形成新的社会关系网络，并在后来的务工生涯中发挥一定的作用，但亲属和拟亲属关系发挥的作用更普遍、更具代表性，因为打工者在城市生活中往来关系最密切者仍是亲属、拟亲属以及持共同语言的同乡人。

此外，虽然是否为同一民族没有成为影响永州地区壮族人外出时社会关系网络选择的重要因素，但传统民族观念一定程度上仍影响着其外出关系的寻求，如基于对瑶族的偏见，基本没有壮族人与瑶族人一同外出务工的情况，也很少有壮族人与当地"汉"族人一同外出。

三　社会分离的仪式

社会成员在打算外出务工时往往都存在复杂的心理，外出不仅是对城市生活的期待，也是与家庭关系、村落社会关系的分离，同时也要面对新空间和新环境。即使并非第一次外出，但外出者面对即将进入的城市社会容易产生他乡陌生感和孤独感，仍然需要鼓足勇气寻找慰藉。这种慰藉包括相对于家乡较高的收入和对未来美好生活的期望，家乡留守亲人赞誉外出者的观念，以及家乡祖先与神明的护佑等。因此，打工者在外出前仍有不少仪式需要经历，包括问神、算命与择吉日，宴请并告别留守亲人，祭祀以及携带幸运物品等。

（一）问神、算命与择吉日

在每年年后家中成员外出务工前，伏台各户女主人通常都要带着香、祭品、一定数额的现金，以及家人各一件衣服到当地被认为是最灵验的神婆处问神，主要问家庭成员今后一年的情况，以及外出者是否会遇到麻烦，等等。若遇到麻烦，则需请神婆开坛请神帮忙解决，有时甚至需遇到麻烦的本人亲临现场由神婆施法解除，有时则是神婆施法画符到特定的圣水或糖果中，由问神者带回让遭遇麻烦者食用。待一切处理妥当后，问神者还会请神婆根据外出者的生辰八字及当年的运势推测其最适合的外出日期。问神仪式对于全家外出者尤为重要，因为若在外期间遇到较大麻烦，需举行较大型仪式解决时很难由其他留守亲属代理。

算命是当地人另一种预测当年甚至五年内运势的重要手段。通常由女主人将自家成员的生辰八字告知算命先生，请求对方测算当年的运程，以及可能遇到的麻烦。算命先生通过生辰八字和一定的专业知识进行推算，告知所需测算者命运的大致情况，以及当年各月运势，包括好运及可能的霉运。通常村民为确保万无一失，既要问神，还需算命，若这一过程中神婆和算命先生均预测出大凶，问神者甚至会再找数位神婆和算命先生测算，以确认前者信息之准确性。

传统壮族社会在举行婚丧嫁娶、宗教活动、搭房建屋、外出远行时均注重择吉日。当地人认为，各式重要仪式或活动只有选择在良辰吉日施行，才会更加顺利。外出务工也遵循这一观念。家中有亲人外出时，女主人常将外出者生辰八字交予师公、道公、神婆或算命先生推算出适合外出的日期，并叮嘱外出者按期出行，以保平安。

问神、算命与择吉日都是当地人外出前极为看重的仪式。这是打工者外出过程中面对新空间中诸多不确定风险所采取的应对策略，希冀通过这种方式寻求心灵的慰藉。

（二）设宴

伏台人在外出务工前通常会择一日摆酒席，宴请家族中的长者及关系较亲密的家庭，尤其全家外出者更是如此。全家外出的家庭宴请家族中的长者既有告别之意，更有对家人在未来很长时间内无法参与族内事务而表达的愧疚之情；而宴请关系较亲的留守者主要是嘱托其帮忙处理家人外出期间的一些事情，以示谢意。

2012年春节后，我数次参与全家外出家庭所设的宴席，其中一户为全家到海口种菜家庭，已在外10余年，每年仅过年返乡十余日，因此设宴时比较隆重。宴请对象包括族内所有老人和各户男主人及其三兄弟的全家。由于设宴时间为大年初六，已有部分年轻人外出务工，参与人数有5桌，其中男性3桌，女性2桌。宴席气氛主要在男性这边，男主人需陪伴众人喝酒，并逐一与每位参与者喝"交杯酒"。壮族人有喝"交杯酒"的习俗，至今流传，即双方用小汤勺将碗中酒舀好，送到对方嘴中，象征"我中有你，你中有我"。通常是主人先向客人舀酒，或地位较低者向长者舀酒，主人

（或地位较低者）边说些客套话或感激话，边将装满酒的勺子缓缓送到客人（长者）嘴边，后者则站起躬身用嘴迎上对方的小勺将酒一饮而尽，同时拿起自己的勺子舀好酒送至敬酒者嘴边，并回应一些客气话或祝福语。这是壮族人接待贵客或好友相聚时的一种待客方式，也是友好合作的重要象征。宴席中众人边吃边聊，划拳猜码，热闹非凡，席间客人又纷纷回敬主人"交杯酒"。而女性则单独坐一桌，聊聊家常，女主人趁此机会将一些事情托付给关系最亲的留守者，包括过节或有重大事情时帮忙祭祀家中神龛、在外遇到不祥之兆时帮忙问神婆、留一定现金帮忙支付必要的"人情"和其他开支等。

当然，家中若仅部分成员外出，或有在外较有成就的，也可宴请族内宾客，宴席规模视家庭经济情况而定。若经济状况一般则规模较小或仅限于家庭宴，为即将远离的亲人送别。当然，宴席前的祭祀仪式不可或缺。

（三）祭祀

外出者面对新空间中诸多不确定的风险，除了通过神婆、算命先生等预测未来，还会通过祭祀村庙和家中神龛寻求家乡神明和祖先的庇佑。祭祀通常于宴请当日饭前举行，先到村庙祭祀，后在家中神龛及各处家神前祭祀。若全家人外出，则参与祭祀者为全家人或家中所有男丁。祭祀所需物品常包括煮熟的整鸡一只、熟猪肉一块、米饭两碗、酒杯三个、筷子三双、酒壶一个、鞭炮一挂、红烛一对、香及纸钱若干等。众人在饭前到村庙中，点烛、烧香，再按从神龛前的香炉到室内外其他香炉的顺序逐一插香，通常神龛前香炉为五支（中间三支，两侧各一支），其他香炉各一支，其余可全部插于门外香炉上；摆好酒杯、筷子和祭品（要求鸡头面向神龛），而后众人按辈分高低逐一往酒杯中添酒，每人在添酒过程中都可以默默道出自己需要社神保佑之事。众人添酒毕，需站于一侧等待数分钟，意为让社神享用祭品。然后，众人添第二次酒，燃放鞭炮、烧纸钱；添第三次酒，再按照一定顺序排队鞠躬，并由长者说一些祝福语，如希望阿公保佑我们在外平安、打工挣到大钱等。最后将杯中的酒倒于神龛下方，收拾祭品。在收拾过程中，户主还会说一些由于家人常年在外打工不能常来祭祀，让阿公多谅解，希望阿公多保佑家人挣到钱，以后回来会常来拜祭的话。

回到家中后，须将鸡和猪肉放到热汤中过水或用热汤淋于其上，以示祭品已经加热才祭祀家神和祖先。家庭祭祀前须点香并分插到各处香炉中，后按照主次顺序对家中各处神明进行祭拜，通常包括大厅、花婆娘娘、猪牛圈及灶神等各处神龛。全家外出者在祭祀大厅神龛时通常所有人都到场添酒，并鞠躬拜祭，其余各处可由户主自行祭拜，祭拜过程与社神祭拜相似；对于个人外出者，祭祀仪式由其本人负责进行。祭祀结束后燃放鞭炮，即可摆好饭桌进餐。

有些家庭还会举行墓祭，即到祖先二次葬的坟墓前祭拜。当地人将外出务工前或过年期间的坟墓祭祀与清明节前后的祭祀进行区分，前者称为拜祭，后者称为扫墓。壮族地区的扫墓通常是清明节前后集中举行，清明节扫墓分为族内扫墓及家庭扫墓，须对祖先所有二次葬、三次葬及一次葬的坟墓进行清理和祭拜。① 非清明节期间的拜祭则是随着外出务工潮的兴起而产生，很多年轻人在清明节期间很难返乡扫墓，因此部分返乡者开始在春节过后或外出前到祖先坟前祭拜，所祭对象多为与自己关系至亲的祖先二次葬坟墓，且仪式更为简单，即简单清理坟墓，并祭拜，祭拜过程与前述社神祭祀类似。外出前的墓祭不会拜祭一次葬坟墓，因为当地人认为一次葬时死者还是"鬼"，尚未有护佑在世亲人的能力；死者只有进行拾骨葬及二次葬后才能成为"祖先"，具有护佑子孙的能力。2012年，我与一名当日才进行墓祭的年轻人进行交流。他说：

> 今天去拜我爷爷的墓，我们几兄弟都去了，希望爷爷保佑我们在外面能挣到钱。我们每年才回来几天，清明也不可能回来扫墓，所以就在下去（广东）前去给爷爷添点酒。小时候爷爷对我们很好，那时候家里太穷，我爷爷基本没有享过福，八几年就过世了，我还没有去广东。我奶奶就好很多，她2004年去世，当时我们这些孙子孙女都去广东了，经济条件好很多。我们几个和爷爷奶奶都比较亲，爷爷的坟就在坡瓦，离得近，所以我们就在拜完社神后顺道过去咯。我奶奶还没有二次葬，现在骸骨放在山脚下，没办法跑那么远，现在爷爷的墓

---

① 夭折或非正常死亡者坟墓无须祭祀。

里已经给她留了一个坑，等以后葬到爷爷旁边，我们过年回来就方便祭祀了。①

由此可见，外出前的墓祭既是一种寻求祖先护佑的仪式，也是一种对过世亲人的缅怀。

临出门前，外出者通常会在家中神龛上烧最后一炷香，插上香鞠躬后才离去，以求家中祖先和神明保佑自己一路平安。当然外出的祭祀仪式并没有结束，部分家庭在子女外出过程中，即外出者未安全到达目的地前，留守老人会每日在家中神龛上焚香祭祀，以祈求神明和祖先保佑外出者平安抵达。

外出务工的兴起使得部分村民进入新空间，社会出现诸多分离，不仅是社会成员之间和家庭成员之间，而且包含社会成员与祖先、神明相关的仪式之间的疏离。因此，外出前的祭祀，既是为了满足外出者在他乡应对各种不可预知风险的预防心理，一定程度上也是为了弥补社会成员因整年在外与家乡祖先、神明相关仪式之间疏离的空缺。同时，种种祭祀仪式也是外出者与留守者面对分离时的一种心理缓冲。

（四）出门的特殊携带品

在壮族传统社会中，家庭成员出远门前，老人通常会提前准备一些红鸡蛋，让其携带。当地人认为，红鸡蛋是吉祥红火的象征，外出者带上红鸡蛋，出门在外工作，其口才、文采就像蛋壳一样华丽，年年走红运。当前年纪较大的老人也会比较重视，在儿孙出远门时，即会准备红鸡蛋让其带上，路上既可充饥，又具有特殊的象征意义。

当地人还认为，出门在外赶路时容易遇到孤魂野鬼，因此在路上拔几株当地认为具有辟邪功能的野草随身携带，可以防止这些鬼魂缠身，避免因此带来的厄运。尤其是携带婴儿或儿童出门时，既要预防家中的鬼神随行，又要防止路上的各种恶鬼缠身。这些鬼神都可能让小孩生病或身体不适，使其在路上哭闹。于是出门前需在门外路口处准备一把干草、几株野草和带刺树枝等，在上路时将干草点燃，把野草和树枝放于其上，带好所

---

① 2012年1月27日访谈资料。访谈对象：黄明盛；地点：伏台其家中。

第二章 空间拓展与社会分离：村落打工文化的形成

有物品，抱着婴儿或儿童从火上跨过，不回头地向前走，便可摆脱家中随行的鬼神。路上拔几株具有辟邪功效的野草放于孩童的随身衣兜中，则可让其免受路上鬼魂的缠扰。因此，部分打工者离家前也会施行这一仪式，尤其有小孩随行时更是重视。

本章小结

改革开放前，伏台人外出的历程可追溯到集体化时期的国家需要和个人外出，虽然这一阶段的外出人数少、规模小，但也为改革开放后打工潮的兴起打下基础。

随着打工潮的出现，"打工"逐渐成为社会成员生命历程中必不可少的经历。对于年轻人而言，打工甚至成为人生的"通过礼仪"，因为打工已经成为年轻人是否成年、独立，是否适合嫁娶，是否有追求、有出息的评价标准。因此，无论基于何种原因，无论是否情愿，年轻人若不能通过升学之路外出，必然有意无意地加入外出打工的队伍中，因为打工已经成为壮族村落社会文化对年轻人成长过程的一种基本要求。

随着越来越多人离开村庄，打工随之成为村落文化的重要组成部分。与打工有关的各种话题充斥着整个村庄，城市成为大多数村民向往的空间，甚至七八十岁的老者也常说："留在村里干吗？在村里有什么出息，要是再年轻一点儿我都出去。"当然，对伏台人外出务工原因的解释，推-拉理论以其广泛适用性仍然有效，即农村"劳动力大量剩余造成的普遍贫困化"[①]与诸多不利因素而导致的推力，以及城市诸多有利发展的条件形成的拉力。而具体到各阶段的外出原因以及行业选择方面，伏台人外出务工的原因则呈现某些方面的独特性，尤其是在空间拓展的策略和仪式举行上更是体现壮族文化的特点。如壮族特有的拟亲属关系在外出过程中发挥着"传、帮、带"等重要的互助作用；延续着壮族人对时间认知和对年龄"模糊化"的传统，伏台人为了迎合城市空间规则下国家法规对年龄的要求，通过各种

---

① 孙立平：《转型与断裂：改革以来中国社会结构的变迁》，北京：清华大学出版社，2004，第300页。

手段不断修改自己的身份证年龄,形成"纸年龄";面对新空间新环境下各种未知的风险,尤其是城市"风险社会"中的诸多现代性风险①,外出壮族人常常束手无策,只能寄希望于通过施行问神、算命与择吉日,宴请并告别留守亲人,祭祀以及携带特殊物品等实践活动和传统仪式,不断增加自己的信心和勇气,以及调整自己与家乡社会的亲人、村人、祖先、神明及传统文化分离带来的不适。

总之,面对打工潮的席卷,伏台壮族人采取调整现有文化传统以适应务工需要的迎合策略。村落的社会文化为外出务工营造所需的基本环境,村民个人也为扩展新空间做足准备。在这样的背景下,村民们纷纷走向城市新空间,与新的社会群体和个人不断交往和互动,与新文化进行接触和融合,以适应新的生存环境。

---

① 〔德〕乌尔里希·贝克:《风险社会》,何博闻译,南京:译林出版社,2004。

第三章 新空间的文化适应：他乡生活

当前，学界对"适应"一词有诸多定义，其中较具代表性的包括美国社会学家高斯席德（Goldscheider）及国内各式社会科学词典给出的界定。高斯席德认为："移民的适应可以界定为一个过程，在这个过程中，移民对变化了的政治、经济和社会环境做出反应。从农村到城市常常包含这三方面的变化。"[1] 他将适应界定为一个过程，以及人对环境变化做出的行为调整。《社会科学大词典》将"适应行为"解释为："个人或一群人的行为符合其所归属群体的或社会文化所公认的某种或全部规范或标准的行为，这种行为与社会文化传统、社会化程度以及群体的判断有密切关系。这种行为可以是暂时的现象，也可以是持久性的。在许多社会学家看来，这种适应持久性愈强，就愈伴有主体（个人或群体）自身的各种变化。"[2]《简明文化人类学词典》则认为"适应"（adaptation）指包括人类在内的有机体在一定的生存竞争环境下获得生存条件的过程。如从文化的观点看，适应是指一个文化元素对于另外一些文化元素或文化丛所产生的调适作用。人类的适应方式包括改变自身和改造环境两个方面。拉德克利夫－布朗认为人类社会生活中有一种适应体系，它包括生态适应、制度适应和文化适应三个方面。[3] 该词典还对"调适"进行了解释，认为"调适"（adjustment）是指社会调适，即人与人、群体与群体、文化与文化之间互相配合、互相适应的过程。经过调适，可以产生彼此间的和谐关系。较早使用这一术语

---

[1] Goldscheider G., *Urban Migrants in Developing Nations*（Westview Press，1983）.
[2] 彭克宏主编《社会科学大词典》，北京：中国国际广播出版社，1989，第201页。
[3] 陈国强主编《简明文化人类学词典》，杭州：浙江人民出版社，1990，第363页。

的是英国学者斯宾塞,他说:"生活即是内在关系与外在关系的调适。"① 袁方先生主编的《社会学百科辞典》中,对"调适"一词的解释与前者类似:"即人与人之间,不同的群体之间或不同的文化之间互相配合、互相适应的过程。经过调适,产生彼此和谐的关系。人们可以通过调适,即部分地改变自己的行为方式或生活习惯,更好地适应环境变化。"② 外出务工群体作为一个特殊的社会阶层,从农村进入城市,面对完全不同于农村的生活环境,承担着不同的社会角色。面对生活环境和社会角色的变化,他们自愿或被迫进行调整,改变自小在农村社会习得的经济生活、社会交往、价值观念等方面的文化和习惯,以便更好地顺应、适应新环境。

在农村种种推力和城市诸多拉力的综合作用下,大多数伏台人充分创造和利用各种走向城市打工的条件,纷纷离开农村,踏入他乡新的空间环境中。自踏上离乡客车伊始,这些打工者即开始面对种种家乡所没有的事物和景象,同时不断地在与他民族成员的交往互动中体验着不同文化的差异,以适应新空间的环境。

台湾著名人类学者李亦园先生将可观察的文化分为三个层面,即物质文化或技术文化、社群文化或伦理文化、因应社会生活而产生的精神文化或表达文化。③ 下文且借鉴李先生的分类,从物质文化、制度文化(或社群文化)和精神文化三个层面分析伏台所属地区的壮族人在外务工生活的适应状况。④

第一节 物质层面的适应

物质文化,指"因克服自然并借以获得生存所需而产生,包括衣食住行所需之工具以至于现代科技"。⑤ 流动人口离开家乡到他乡生活在物质层面的适应主要表现为两方面:一是新空间环境下身体和生理的适应,即对

---

① 陈国强主编《简明文化人类学词典》,杭州:浙江人民出版社,1990,第425页。
② 袁方主编《社会学百科辞典》,北京:中国广播电视出版社,1990,第12页。
③ 李亦园:《田野图像——我的人类学研究生涯》,济南:山东画报出版社,1999,第72页。
④ 本章部分内容经重新修改整合后发表于国内期刊上。李虎:《区隔与融合:城市边缘壮族代耕菜农的精神文化适应》,《广西民族研究》2017年第5期;李虎:《海口城市边缘壮族代耕农的经济适应》,《湖北民族学院学报》2018年第5期。
⑤ 李亦园:《田野图像——我的人类学研究生涯》,济南:山东画报出版社,1999,第72页。

流入地的自然环境、气候条件等直接影响人类生存因素的调整和适应；二是对衣食住行等生存所必需的方面及新环境下新工作必要技能的调整。

一 气候环境

气候环境所包含的范围广泛，根据伏台所属地区壮族人在务工地生活的实际，主要涉及南方的炎热、暴雨、台风，以及北方的严寒等方面的内容。

流动人口进入新环境后首先面临身体对各种新情况的适应，包括气候、饮食等，由此感到的不适即常说的"水土不服"。不适症状包括食欲不振、精神疲乏、睡眠不佳，甚至腹泻呕吐，心慌胸闷，消瘦，皮肤痛痒，出现红斑、痘痘等。伏台人第一次外出时多根据老家习俗用瓶子装上家乡的井水，并添上少许泥土，带到目的地。初到前三日，每天喝上一小口，并将少许倒于床脚。伏台人认为这一行为可以克服初到新环境引发的水土不服。水土不服因各人身体状况而异，多数人即使进入新环境初期出现不适，但通常可以很快调整并适应，而少部分人则很难适应。目前为止，伏台的外出务工者尚未出现因水土不服而放弃外出务工者，但很多打工者仍然可以举出不少布僚初次外出时因身体不适而不得不返乡的事例。

当然，外出者身体不适的状况也因流入地不同而出现差异。如前文所述，伏台人外出务工的区域主要是广西壮族自治区内、广东省珠三角各大城市，及以海口、三亚为主的海南省各大城市。这些区域均位于中国南方，气候相似，多属于亚热带或热带季风气候，气候相对温和，春季多潮湿，夏季高温多雨。具体而言，各大城市气候仍各具特点。

南宁位于北回归线南侧，属湿润的亚热带季风气候，阳光充足，雨量充沛，霜少无雪，气候温和，夏长冬短，年平均气温在21.6摄氏度左右。冬季最冷的1月平均为12.8摄氏度，夏季最热的7月、8月平均为28.2摄氏度。年均降雨量达1304.2毫米，平均相对湿度为79%，主要气候特点是炎热潮湿。相对而言，一般是夏季潮湿，而冬季稍显干燥，干湿季节分明。夏天比冬天长得多，炎热时间较长。春秋两季气候温和，雨季主要集中在夏天。[1]

---

[1] http://www.weather.com.cn/cityintro/101300101.shtml，中国天气网——南宁，2012年12月15日。

分离、互动与调适

  以广州为代表的珠江三角洲城市，属边缘热带海洋季风气候，气候特点是气温高、降水多、霜日少、日照多、风速小、雷暴频繁，年平均气温为 22 摄氏度，年平均降雨量为 1982.7 毫米，年平均日照时数在 1800 小时以上，平均相对湿度为 68%，全年水热同期，雨量充沛。4~6 月为雨季，8~9 月天气炎热，多台风，10~12 月气温适中。①

  海口市地处低纬度热带北缘，属于热带海洋性季风气候，春季温暖少雨多旱，夏季高温多雨多台风暴雨，秋季凉爽舒适时有阴雨，冬季干旱时有冷气流侵袭带有阵寒。全年日照时间长，辐射能量大，年平均日照时数在 2000 小时以上，太阳辐射量可达 11 万~12 万卡，年平均气温为 23.8 摄氏度，最高平均气温为 28.6 摄氏度，最低平均气温为 17.7 摄氏度。②

  相对于南宁而言，珠三角城市和海口市夏季气温偏高，同时有台风天气，尤其是海口市夏季气温明显更高，遭受的台风频度、强度也更大。对于伏台壮族人而言，南宁气候与家乡差异不大，因此在南宁的打工者基本没有相关的适应问题；而对于在珠三角的打工者及海口的代耕菜农而言，气候的炎热和超乎想象的台风等问题仍然令他们很苦恼。

  珠三角的打工者对夏天的炎热天气感到不适，春秋两季的潮湿气候也常常被埋怨。一位早期到东莞打工的受访者在气候方面的不适应可以代表大部分人的看法。③

  我：你第一次外出打工时对那个地方的什么方面最不适应？
  达八：最不适应的是那里夏天太热。我们老家虽然也很热，但跟那里比还是差得多，至少我们这里晚上坐在门口乘凉还有点凉风。东莞晚上又没有地方去，宿舍里住着 14 个人，虽然屋顶挂着个风扇整天整夜开，但我的床是下铺，离得又远，晚上很难睡着。我刚去的那年

---

① http://www.weather.com.cn/cityintro/101280101.shtml，中国天气网——广州，2012 年 12 月 15 日。
② http://www.weather.com.cn/cityintro/101310101.shtml，中国天气网——海口，2012 年 12 月 15 日。
③ 2012 年 1 月 19 日访谈资料。此次访谈为与数位村民在伏台村民李燕飞家中的闲聊，参与者包括李燕飞（达八）、达花、达英等。

夏天身上还长痱子，吓我一跳，这之前一直以为只有小孩才长这些。①同宿舍的几个老乡也是每天晚上热得叫唤不停，大家都只能多冲凉。特别怕夏天的热，我们几个人刚去的时候还有过跑回来的想法，还好最后坚持了下来。

另一名2004年第一次外出打工的年轻人达英也对广州的炎热天气说出同样的看法，她说："广州夏天真的好热，估计人太多，房子太多了吧。我住的出租房不透风，风扇吹出来的是热风，吹了热不吹更热。夏天的时候整天头晕晕的，一直觉得睡不够。"可见，对于这些从大山中走出的年轻人而言，虽然珠三角城市同属南方天气，但是其炎热程度也让人难以适应。

壮族代耕菜农对海口气候最感到不适的是夏季炎热的天气和夏秋两季的台风天气。所有受访者提到海南天气觉得最可怕的都是夏天的炎热。一方面，海南地处热带季风气候，夏季长冬季短，且夏季气候炎热；另一方面，代耕菜农的房子多是利用石棉瓦、帆布等在菜地中搭建的屋棚，通常较低矮，面积不大，且周边没有任何遮挡物，日晒时间较长，夏天室内温度很高。一位受访者说：

海南这里早上七点太阳开始晒，一直到晚上七点多才落下去，不像我们老家那么多山，早上九十点太阳才晒到，下午五六点就下山了。所以种菜的人夏天都是黑乎乎的，那是太阳晒的。夏天真的很热，睡觉时身上一直流汗，床上的电风扇吹出热乎乎的风，身子与席子接触的部位都是汗水。刚来时白天我都睡不着，当时想，这样下去身体可扛不住。你想种菜的人，一天才睡四五个小时，本来就很困很累，再睡不好还不倒下啊。后来我想到一个办法，白天睡觉时到远处的树底下在两棵树之间拉一个网，躺在上面睡。②

另一位女性受访菜农说：

---

① 在伏台热天一般只有小孩才长痱子，很少有成年人长。
② 2011年1月28日访谈资料。受访者：徐辉；地点：海口菜地其家中。

分离、互动与调适

　　夏天好热的，白天从来没有停止流汗。刚来时，我比较勤快，像在家乡一样想多干点活，中午一两点还在地里挑水，干了几天就恶心、头晕、想吐。后来就不敢干得那么猛，海南的太阳太毒，尤其是中午一两点钟，晒得火辣辣的，阳光刺得睁不开眼，光脚踩到菜地里都烫得受不了。现在我都很少这个时候干活的。①

　　我刚到海南时，曾经有个年轻人对海南的炎热这样描述："夏天的海南真不是人待的，估计至少40摄氏度，那个风扇从来没有停过，不过吹的都是热风。人热得都不想吃饭，最恐怖的是热到裤子的腰带上都长满虱子。"前部分描述的情景跟大多数人一致，但长满虱子之事因为比较特殊，且我心里惧怕碰到这种情况，因此一直记忆深刻，也使自己对海南的夏天心存恐惧。后来我暑假去海口时亲历过海口夏天的炎热，"满身是汗""风扇吹热风""太阳毒辣""晒得黑乎乎的""阳光刺得睁不开眼""光脚踩到地里烫得受不了""席子上沾满汗水"等，但没有在自己身上发现过虱子。针对这一疑问，我询问了几位年纪较大的菜农，最终弄清事实，基本上每位代耕菜农都经历过夏天裤腰带上爬满虱子的情况，但夏天菜农身上的虱子并非因为天气太热而从身体里滋生的，而是夏天菜地里温度高，且浇洒的大量猪粪便中微生物众多，加上常浇水湿度大，不少地里有很多虱子，所以在地里干活尤其是蹲着播种或拔菜时菜地里的虱子都会顺着手脚爬到人身上。这个年轻人并没有说谎，而是因其种菜的经历短暂和对菜地不了解而产生的误解。这个年轻人自幼在家乡上学，2000年初中毕业后，由于广东的工厂一般都是春节过后招工，便到海口帮种菜的父母干活，打算过完年再去广东进工厂打工。在遇见我时，也只是夏天在海南待过几个月，经历了海口的炎炎夏日，虽然经常帮家里到菜地拔菜，但对菜地有很多虱子的状况不了解，而身上爬满虱子的情况也只有夏季最热时才较多，便误认为是太热从自己身上长出。我虽然也在夏天帮家人拔菜，但父母照顾有加，多让我到较干的地里拔菜，并嘱咐我穿上长筒雨鞋、带好袖套等防护工具，因此我从未有过裤腰上爬满虱子的经历。

---

① 2011年1月28日访谈资料。受访者：农敏甜；地点：海口菜地其家中。

第三章 新空间的文化适应：他乡生活

台风是代耕菜农描述海口气候时最常见的词。海口热带海洋性气候的特点，使其每年都经历数次大小台风，因此大多数村民见识过海口台风的威力。最早到海口种菜的伏台村民黄年隆描述了其刚到海口种菜时的经历：

> 我刚去的时候，也向一些早已经在那里种菜的湖南人请教种菜的事情，但人家不可能什么都教你，或者有时他们说的一些事我也没放在心上。刚到那里时，看到他们家家户户都有一台收音机，我还觉得这些人真是无聊，不好好干活，拿着台破收音机天天听。后来有大台风要来我也不知道，照样播种、种自己的菜。台风一来，风呼呼的能把人吹起来，还接连下几天大暴雨，我家屋顶被掀起半个角，我不得不冒雨加固房顶，真的很狼狈，而且菜地刚种下的种子全部腐烂，大部分菜也被打烂。再看那些湖南人，才知道他们的收音机不仅仅听新闻，还用来听天气预报。如果台风要来，大家就赶紧检查自家的棚子，维修加固；他们会暂停播种，因为种下去大雨一来，肯定全部浪费，天晴了还得重新播种；抓紧时间给大一些的菜加肥，争取台风来前多拔些去卖，减少损失。只有我才傻傻的，像没事一样，在那里照常耕地、播种，当然也有人提醒我说台风要来了，但是只是觉得很好奇，没有见过台风，还想看看是什么样子的。想不到台风那么猛，把房顶都掀起来，搞得我冒雨修房顶，本来还笑话那些湖南人，估计这时候我才应该被他们笑。从那以后我也买了台收音机，平时听听新闻或其他节目，下午六点整必听天气预报。你看看现在海南种菜的有哪家没有收音机的？①

黄年隆的这次经历彻底改变了其对台风的看法，后来他带去海口种菜的人，他都会亲自向他们介绍这次经验。因此，大多数村民在外出前都知道海南的台风很厉害，可以把房顶掀起，在海南必须要很小心。对于夏秋的台风和暴雨天气，菜农们只能不断地调整耕作方式以减少其带来的损失。然而，菜农们还有一个困扰，即收音机里中央气象台播放的天气预报并不

---

① 2012年4月13日访谈资料。受访者：黄年隆；地点：伏台黄团世家。

都是准确的。有一位受访者说：

> 有时天气预报说大雨，如果真的下大雨，是应该停止播种的，不然下一两天雨，播下去的种子就坏在土里，全部浪费了。但天气预报并不都是对的，有时候只是下小雨甚至不下雨，所以很多情况还要根据我们的经验判断，选择播种与否或播种多少。我们一般不会全部停止播种，要知道停播几天，很可能就要断掉几天没有菜卖，这几天就没有收入了。如果连续判断失误几次，损失也不小。同样的道理，如果你每次播种都遇到大雨，每次都要重新播种，意味着不但没有菜卖，还要赔种子本钱，损失更大。你想空心菜种子一斤十几块钱，每播一次都是十几斤，那毁掉一次就是损失一两百块，还不算体力和化肥。所以种菜也要靠经验和运气。①

由此可见，代耕菜农在离开家乡到海口时，不仅生活上需要适应当地的气候，而且在耕作方式上也需要不断调整和适应。

当然，部分伏台年轻人也曾有过到天津、沈阳、济南等北方城市打工的经历，他们通常由打工过程结识的新朋友介绍前往，但所待时间均不长，大多是因为无法适应冬天的严寒天气。例如，曾有一个伏台年轻人特春到浙江宁波打工，因为无法忍受冬天的严寒天气又去了广东深圳；还有一个年轻人特合曾到天津打工，也因冬天太冷而中途返回广东东莞。后者曾说："冬天刚开始就很冷，才11月份就冻得受不了，我盖好几层棉被都睡不好，最受不了的是没有办法冲凉（洗澡），在东莞每天至少冲一次，有时候冬天都用凉水冲，所以在那里两天不洗澡我身上就不舒服，坐也坐不住，睡也睡不好，心想到12月份和1月份我怎么过啊，后来就辞工回东莞重新找工作。"② 田野调查期间，村民一提到浙江和天津，第一反应就是这两个地方冬天很冷，顺带说："特春和特合还曾到那里打工，冬天每次打电话给家里都说，很冷很冷受不了。"有些村民还问我："重庆在北方，也很冷吧？下

---

① 2011年1月30日访谈资料。受访者：李录；地点：海口菜地。
② 2012年1月19日访谈资料。受访者：李合；地点：伏台其家中。

霜下雪不?"我回答道:"不是很冷,比老家冷一些。"有的还会问:"厦门呢?是不是也很冷?"我赶紧解释:"厦门是南方,不冷,跟家里差不多。"对于地处中国南方的伏台人而言,"北方"只是一个泛泛的概念,通常指除了广西、广东、海南以外的省份和城市,同时北方也是严寒的代名词。这主要是因为:一方面,村民的观念中北方肯定是很冷的;另一方面,少数到北方打工村民的经历进一步强化了这一观念。北方某地严寒状况随着打工者电话传递至家乡,迅速在村中传播,因此,村民极少有到北方打工的想法,即使是有工资更高、待遇更好的工作,也都宁愿选择放弃。

曾有一位受访者说:"(2012年)年底的时候,我所在工厂的一名经理调到天津去,当时他叫我一起去,而且保证工资一定比这边高。我那时犹豫了一下,后来知道特合在天津,就找到他的手机号跟他联系,问问那边的情况。他跟我说,太冷了受不了,他马上就要回来。一听他这样说,我就直接放弃了,我最怕冷。到天津又冷离家又远,而且现在这个厂干得还不错,辞工之后,万一去了太冷受不了,回来又要重新找厂,很麻烦。"因此,气候不适应也是伏台人很少选择北方城市务工的重要原因。

二 衣食住行

衣食住行是人类生存和发展最基本的需求,也是社会文化变迁可以直接检视的重要指标,因此通过衣食住行的变化可以印证流动人口的社会适应和文化变迁状况。

(一) 衣

"衣",通常泛指服饰,即装饰人体物品的总称。服饰是一个地区民众人文生活的重要组成部分,它不但能够反映一个地区人民的生活水平,而且可以体现当地人民的生产生活习惯,是区分不同民族的重要标志。伏台所属地区壮族人的传统服饰到20世纪80年代末已与周边汉族地区趋同。男性服饰除部分老年人仍着黑衣黑裤外,大多数人穿着与汉族地区无太大差异,但女性服饰仍保留着不少传统特点。中老年妇女衣服倾向于"以黑为美",一般是黑色,上身着右盖大襟和葫芦状矮脚圆领的紧身短式上衣,下身与宽裤脚、大裤头的裤子相配,腰系黑布做成的大围裙,头戴黑布大头巾。年轻女性最里层为白衬,稍长;中层为蓝衣,次长;外层多为黑衣,较短。发饰也较具特色：老年妇女头发打盘结，插上发簪，常缠黑头巾，头巾用布一丈，围成四层，缠于头上，成八角形；已婚妇女常剪短，并用红线绑于后脑，绑好后头发仅长出红绳一两厘米，且发梢齐平；未婚女性则多用红绳结辫。在赶街、走亲戚和赶歌圩时，每位女性头上都盖一条崭新的白底花边毛巾，未婚姑娘将毛巾叠折三四层使之成为头帕般大小的方块，盖在头上；若已婚，用毛巾包头打结。进入80年代，由于中青年人的服饰已逐渐汉化，其在外出务工的过程中没有太多不适应。然而，到海口耕作的中年妇女则需要经历服饰的演变和适应过程。有一位50余岁的女性种菜者描述第一次外出的经历：

> 当时，你叔（指受访者丈夫）先跟着特六过来的，他把地、房子等基本弄好才通知我过来，我跟一个要过来打工的老乡一起。当时从来没有出过远门。本来想穿自己最漂亮的那套黑衣服，但因为之前那个老乡提醒我到外面不要穿黑衣服，我才买了两件花衣服，但还是斜扣的，样式与我们老式的衣服差不多，只是颜色、布料不一样。当时我还把自己最好看的几套黑衣服和各式头巾都带出来。一路上晕车，吐个不停，基本不省人事。到这边菜地，因为棚子就在村口，所以才发现外面人穿的衣服都是中间扣扣子的，花色也不一样。你叔叔提醒我，在外面穿老家的衣服人家会用奇怪的眼神看你的，所以我没多久就跟老乡一起到永兴街去买了几件新衣服，刚开始穿起来很别扭，干活也不利索。那些带过来的衣服后来过年时我就带回去送给姐姐和婆婆了，我觉得以后估计也不会再穿这样的衣服，放久不穿坏掉反而可惜。我的长头发也是到这里才留下来，以前在老家大家留得都比较短，绑在脑后，用扁担挑东西比较方便，现在每次挑水浇菜我都要用发夹把长头发夹起，不然肩上的扁担容易压到头发，而且换肩不方便。但是外面的人都留这种头发，不方便也没有办法。①

服饰是一个民族的重要文化象征，是民族无声语言的艺术传承。当少

---

① 2011年2月1日访谈资料。受访者：黄恩之妻；地点：海口菜地及其家中。

数民族成员进入异文化中时，若非确有必要强调自身的民族特征，通常为了避免招来他者异样的眼神，都会尽可能放弃一些外显的民族文化符号，而不希望他人看出自己的民族身份，也力图尽可能融入所在社会的文化中。

（二）食

饮食作为人类赖以生存的基本，既是民族社会经济发展的产物，又体现民族的文化内涵。在日常饮食方面，南宁、广东珠三角各城市的饮食都以清淡为主，适合伏台壮族人的饮食喜好，因此外出务工者多没有饮食上的不适应；而海口的菜农一年四季均可根据自己的喜好烧菜做饭，也没有太多不适。早期的菜农仍然喜欢用柴火做饭炒菜，而柴火的来源主要是到附近家具厂倾倒的垃圾中捡拾。曾有几位菜农到附近拆迁的民房中捡柴火，最后被警察抓走，以盗窃的名义拘留数日。一位参与其中的村民说："我是听其他老乡说那里有房子拆迁，有很多废旧木柴，前晚他们还去捡过，后来那天晚上卖完菜我就跟几个人一起去，谁知道就被抓起来，把我们当作小偷，你说，那里能有什么可以偷的吗？我们确实是晚上去的，说也说不清楚，但我们只有晚上卖完菜后才有空，也只有那个时候摩托车才可以出门，而且确实是人家的东西，但都是废品。后来拘留了几天，摩托车也被扣起来，亏大了。"

流动人口对于流入地新环境的饮食起居常常需要一个适应的过程，适应能力较好者很快可以融入新生活中，适应能力较差者则需要不断调整以最终适应。总体而言，从日常饮食来说，外出地点和饮食方式决定了在外伏台人基本没有饮食上的不适状况。而在节日特色饮食上，伏台壮族在外务工者仍然存在一定的不适性，尤其是海口的菜农更是明显。

农历三月三的五色糯米饭和春节的驼背粽是壮族人最具特色的节日饮食。五色糯米饭，因蒸出的糯米呈黑、红、黄、白、蓝五种颜色得名，是壮族地区的传统美食。糯米饭的五种色彩，都是采用乡间野生植物染料浸染而成。其中红色用苏木水浸米，蓝色则捣烂枫叶汁水（稍淡）浸米，黑色也用枫叶汁浸米（汁更浓，浸泡时间要比蓝色的更长），黄色用栀子水或黄姜水浸米，白色则是糯米的本色。蒸煮好的五色糯米饭有一股山野的清香味，被壮族人用来馈赠亲友或供奉祖先。壮家人十分喜爱五色糯米饭，将其视为吉祥如意、五谷丰登的象征。伏台壮族人还认为，枫叶和黄姜水具有重要的药用价值。2012年农历三月三期间，我在田野点每走到一家都会被邀请吃糯米饭，而且村民都会说："枫叶是一种药，这个时候吃可以避免身体生病的，尤其是避免一些邪气侵害。"壮族人多在过年时才包粽子，过年包的粽子叫作年粽，因其形似驼背，故也称为驼背粽。壮族人有"无粽不过年"的说法。粽子既是壮家人过年的食品，也是赠送亲朋的礼品和祭供祖先的祭品。春节祭祀祖先时，一对大粽放在供桌中央，四周簇拥着小粽，象征着家族团结、家业兴旺。一般祭供祖先的粽子须在神台上摆至正月十五过后方可食用。简言之，对壮族人而言，五色糯米饭是三月三必不可少的食物，驼背粽则是不可或缺的春节食品。

然而对于远离家乡外出务工的壮族人而言，节日期间既有对亲人情感上的思念，又有对家乡特有饮食的一种眷赖。这种思念和眷赖对于初次外出的壮族人更是刻骨铭心。当然，原空间的留守者常常在过节期间通过各种方式将家乡的节日食品寄给在外务工的亲人，而委托回家过节且离在外亲人较近的家乡人携带是最常用的方式。因此，过年过节回家探亲者，在返回务工地时常常大包小包，不仅是衣物，更多的是家乡的食品，这些食品既包括自己的也包含帮同乡携带的。三月三前后，常常可以看到伏台各户村民的房顶上晒着色彩斑斓的糯米饭，这是为在外务工亲人准备的。糯米饭晒干后不易腐坏，可长时间保存，且便于携带，外出者拿到后用热水泡开，简单蒸热即可食用。

海口的代耕菜农对节日饮食的适应也是一个逐渐调整的过程。早期到海口的打工者，第一年过年期间只能期盼回家的老乡帮忙带来粽子。有一位来自伏台的菜农称："刚来的时候，过年吃不到粽子，感觉就像是没有过年一样，都说'无粽不过年'。想吃也没有办法，只能等着回家的老乡来了分一两个，路远粽子又太重，很多人回去也没法带那么多。留下的老乡还有人到超市去买那种三角形的粽子，但那个哪是粽子嘛，里面包的就不是绿豆，不好吃。除了人要吃，更重要的是房子内的神龛上没有粽子祭祀，这样是很不好的。"可见，早期的代耕菜农对于节日餐饮具有较大的不适应性，有人曾试图通过购买超市的三角粽替代，但由于形状、口味差异太大而最终放弃。随着种菜人数增多，有人发现海南当地人也种植包粽子的植物，但当地人只有在端午节才包粽子，过年期间并不需要粽叶。于是菜农在过年期间便向与自己关系较好的海南人讨来粽叶包粽子，也开始顺利吃到驼背粽。不少人则要来粽叶植物的根茎直接种到菜地中，然而由于天气以及菜农人数的增多，过年期间的粽叶常常难以获取。2000 年前后，当地人发现菜农过年期间需求粽叶的商机，便有人在集市上出售粽叶。从此，每年过年前，壮族菜农相对集中的海口各菜市开始有粽叶出售。这一市场的主要需求群体正是来自广西的壮族菜农。因此，目前海口的菜农在过节期间常常可以自行包驼背粽来祭祀、赠送和食用。然而，由于缺乏家乡特有的染色植物，五色糯米饭仍然无法制作，菜农们在"三月三"期间只能蒸煮普通的白色糯米替代，或制作较少颜色的糯米。有位菜农说："前几年的'三月三'我们都只能煮白色糯米吃，后来在菜地里专门种植黄姜，今年我们煮了黄色和白色的。在外面没有其他的料，只能将就，毕竟不是在老家。"因此，对于离乡的壮族菜农而言，节日饮食处于不断调适中，他们尽可能在家乡传统节日中制作出家乡的特色食品享用，但若条件不成熟也只能放弃。

对于当前南宁的务工人员而言，家乡的节日食品并不难获取，一方面路途近交通便利，可随时往返；另一方面南宁作为壮族人口聚居的城市，各大超市在节日期间常常供应各种壮族的特色饮食，包括驼背粽、五色糯米饭等。

（三）住

外出务工人员由于工种不同，居住条件也存在差异。建筑工常集体居住在临时搭建的工棚中；工厂的员工常居住于集体宿舍或租住的房屋内；代耕菜农、养猪户等则住在菜地、猪场旁搭建的"家"中。

一位曾在南宁做建筑工的村民讲述："在南宁做建筑工很累，大家都挤在搭建的工棚里，反正都是男的，没有什么不方便的。只是有些人喜欢打牌和赌博，影响其他人休息。其实最难受的是夏天，人多工棚里很热，经常都是汗臭味。不过在外面打工就这样，条件肯定艰苦一些。"与建筑工相比，工厂里的务工者则相对比较自由，一位受访者说："以前管理严格时只能住在工厂宿舍里，晚上 14 个人的宿舍挤得很，夏天更是闷热。现在不一样，可以自己选择。工厂提供宿舍，如果要住宿舍，每个月交 50 块钱，如果不想住就到外面租房。我们很多工友都到外面租房，尤其是夫妻或男女朋友，都两个人租房去了。"① 可见，随着城市管理的放松和制度的不断完善，城市流动人口的居住条件也在改善。部分城市打工者即使没有自己的住房，能租到一间单间，也比过去挤在集体宿舍强，尤其对已婚者而言，出租房至少为二人世界提供了基本条件。

与前二者相比，代耕菜农、养猪户的居住适应情况更复杂，条件也更加艰苦。菜农在租到土地后，即开始购买木料、帆布、石棉瓦等建房材料搭建简单的"家"，部分菜农则买来水泥砖砌墙（见图 3-1）。一旦有布僚要建房，周边老乡均会前来义务帮工，主人则需在最近的老乡家借用锅灶为帮工者提供饮食。这种方式继承了家乡的建房传统。菜农所建房屋一般不大，小者仅 20 余平方米，可容纳一张床和放置简单家具，并隔出较小空间作为厨房；部分菜农考虑家中子女偶尔来住则建得更宽一些，并简单隔为较小的几间。与老家的房屋相比，海口菜地的房子显得低矮、狭小、简陋，甚至破旧。对于菜地的房子，有一位菜农说：

> 房子小那是没有办法的，这又不是我们家，不用建太大，占用土地太多反而减少种菜的地，再说海南人也不允许，现在在菜地里建房，有的东家还要来收钱，说破坏他们的地，但是他们也不想想，不建房子我们去哪里住呢？有的当地人很不讲道理，但是地是人家的，他来要钱就只能给。我家的房子是 2008 年搬来时建的，房东每年都多收 200 元的建房占地费用。以前在村南边，建房子时那户东家就没有收钱，要不是因为征地修路，我们才不会搬到这里。②

可见，受各种条件限制，菜农所居住房屋的条件并不令人满意，但他们通过"这只是暂时的住地"等理由寻求自我的心理安慰。在有限的室内条件中，夫妻不得不改变家乡传统"夫妻分床而眠"的居住模式，即夫妻合床而睡。而这些菜农一旦回到家乡仍然继续遵循"分床而眠"的传统社会习俗。有一位 50 余岁的菜农指出："在老家已经习惯两个人分开睡，我

---

① 2012 年 1 月 19 日访谈资料。受访者：李燕飞；地点：伏台其家中。
② 2011 年 1 月 30 日访谈资料。受访者：李录；地点：海口菜地。

图 3-1　海口菜地的菜农房屋

说明：房屋旁是坟墓，远处为城市商品房及其巨幅热销海报。

们的祖祖辈辈都是这样做的，但是菜地这么窄的地方，晚上睡觉的时间也就两个小时，所以只能将就。再说外面的人都是两公婆一起睡，现在我们村的年轻人还不都是这样。"

海口代耕菜农房屋所处的环境不会因地处菜地而幽静和清雅，相反，常常存在诸多让常人难以忍受的状况，如菜地上随处可见的坟地，夏天密密麻麻、四处乱飞的苍蝇和蚊子等。早期的菜地多位于村边较好的田地中，但随着海口城市化进程的加快，各种田地被征用于城市建设，当地人可以耕作的土地急剧减少。加上不断涌入的种菜人，导致可以租赁种菜的土地大量减少，部分菜农不得不选择到相对偏远的地方租地。位于海口秀英区儒益村的部分代耕菜农所租的土地是当地人的坟场，菜地中以及房屋周边随处可见一座座新旧坟墓。壮族是一个信奉鬼神的民族，壮族人认为，山间野地、坟场常常是鬼魂出没的地方，伏台壮族人亦然。尤其是一次葬的坟场，常被伏台人认为是凶地，若赶路碰到，常需绕行，以免遇到各种麻烦。我在海口待的那段时间，几乎走遍儒益村周边的布僚菜农家，村东面大多数菜农的菜地中分布着好几座坟墓，甚至好几户菜农的房屋前后都有几座坟。对此，有位菜农说：

以前租的地就在村边，后来海南修建现在的椰海大道，拆迁征用掉很大一部分，很难找到地来租了，没有办法，就到这里来。这都已经不错了，再后来有一些人想租地都找不到，只好到更远的地方去找，最后有的回南宁种或者干脆改行。其实坟地就坟地，没有什么可怕的，他们不认识我们，我们不认识他们。而且每天干活又忙又累，晚上躺下就睡着，哪有时间想那么多。慢慢就习惯了，当它是一个土堆。①

这些菜农知道海口当地人没有二次葬习俗，这些坟墓内多是装着尸骨的棺材，因此对于布僚菜农而言，绝对是凶地，但为了能够有地种菜挣钱，也只能适应这样的环境。另一位村民曾经说过："我要是有其他能耐，才不会来这里，跑到人家的坟地上来谋生。房屋前后都是坟墓。"也有一位代耕菜农的儿媳曾经公开说："我害怕去菜地，一点都不想去，那里房子前后都是坟墓，我根本不敢待，每次去都只待一两天就走。"可见，对代耕菜农及其亲属而言，这种适应也是一种无奈的选择。

菜地周边常常也是养猪场选址的重要位置，这些简陋的乡间养猪场是蚊蝇最密集的场所，加上菜农积肥的需要，常常在房屋边建造简易厕所和储粪池，以便于从周边养猪场运来猪粪积肥。这都导致夏季菜地中的房屋内随处可见黑压压的苍蝇，一群一群到处乱飞。我在菜地待的夏季，除难以忍受的炎热天气，还有那些围着人嗡嗡转不停的苍蝇。尤其在吃饭时，需要一边挥赶试图飞到饭菜中的苍蝇，一边夹菜吃饭，同时餐桌上还摆着已经粘满苍蝇的粘蝇纸；看着这些苍蝇尸体，听着那些已被粘住却尚未死去而仍在做垂死挣扎的苍蝇嘤嘤惨叫，同时需挥动双手赶蝇，并将菜夹到嘴里，这样的场景实在不是一般人可以忍受的。菜地的苍蝇相对养猪场而言，更是小巫见大巫。2012年6月中旬，我曾经在南宁一位养猪的村民家待过数日，其间最痛苦的不仅是空气中到处弥漫的猪粪便、猪食和饲料等混合成的刺鼻味，更是吃饭时那些直接冲入你饭菜中的各式苍蝇。此时你可以看到不同品种、规格的苍蝇——大的、小的、绿色的、黑色的、金色的等，而且挥之不去，赶之再来，甚至有的根本就赶不动，直接粘到菜盘边。由于苍蝇太多，主人已经不放在眼里，也不会用粘蝇贴来消灭，因为粘蝇贴根本来不及更换，也永远灭不完。每到吃饭时，主人就会说："苍蝇很多，这地方就是这样，也没有其他办法，谁叫我们是养猪的。刚来的时

---

① 2011年2月1日访谈资料。受访者：黄恩之妻；地点：海口菜地及其家中。

候还真不适应，慢慢就习惯了，只是吃饭的时候尽量不让它们飞到饭菜上，不然就随便它吧。"

（四）行

在交通、行走方面，生活于广西西部山区中的伏台壮族人从出门踏上离乡的客车开始，即存在种种不适应，其中晕车是大多数村民在离开家乡的汽车上都有的经历。很多村民都说："外出最怕的就是坐车晕车，有时候吐得都不想活，心想越快到越好。"有的人则说："自从上车后就开始吐，然后晕得不分东西南北。"20世纪80年代，对于大多数在离家之前从未坐过汽车，甚至很少见到汽车的伏台人而言，当踏上外出客车的那一刻，难闻的汽油味很快就会把仅有的新鲜感冲淡，加上永州镇到武鸣县路段坑坑洼洼的路面和绕山而行的弯曲路况，大多数从未坐过车的人出现晕车的状况，这一过程也会让其终生难忘，甚至需要适应很长时间。2004年以后虽然铺了水泥路面，路况仍不容乐观，大多数村民依然需要经历种种晕车的考验。而到海口种菜的村民路上还需经历近两个小时的海上摇晃，晕船则使得历经近十个小时晕车的人更加难以忍受。很多在海口种菜的村民说："每次来回都像死过一回一样，吐得死去活来，到了后都要躺上一两天才能恢复过来。"

对城市交通状况的适应也是在外务工的伏台人需要面临的问题。一个在深圳打工的伏台女孩谈起第一次外出务工时，说：

> 我不识字，刚去的时候，基本上是在厂里待着，根本不敢出来，后来在老乡带领下才出来逛。第一次出门，眼睛基本没有看其他地方，而是盯着带我出来的人，生怕自己走丢。而且这些老乡还一直开玩笑说，让我看紧，不然被卖都不知道。虽然知道他们不会这样做，但还是一直跟得很紧。出来几次后，我就慢慢记路了。但很长的一段时间里，我都不清楚红灯停还是走，只能看其他人走就跟着走，停就跟着停。①

在珠三角各城市打工的村民基本上是年轻人，具有一定的学历和文化

---

① 2010年12月24日访谈资料。受访者：李玉艳；访谈地点：伏台其家中。

知识，且来之前通过电视等媒介也对城市有了一定的了解，自身接受能力也比较强，因此对城市交通的适应多不存在太大问题。而在海南的大多数代耕菜农出行仅限于卖菜的集市（如秀英炮楼和海玻市场），及附近的永兴集镇与农贸市场。菜农用来运输蔬菜的交通工具从早期的三轮自行车到如今的三轮摩托车，这些车辆均为无牌照车辆改装而来，因而只能在夜间或乡村道路上通行。菜农刚开始使用三轮摩托车时并未意识到不可以随便上路，因为大多数人使用三轮摩托车的时间都是在凌晨，即外出卖菜的时间大约在凌晨3点，众多菜农卖完菜即聚到茶楼喝茶，直至天亮买好中餐和晚餐所需的肉类才返回住地。若没有菜卖，菜农一般在天亮时骑摩托车至集市上买肉。有位菜农即在外出买菜（肉）时遭遇交警，被罚几百元钱，从此所有菜农才知道无牌照三轮摩托车碰到交警要被罚款，甚至被没收。对此，这位村民说：

> 以前用的是三轮自行车运菜，没人管，什么时候出去都可以，后来才用三轮摩托车，方便了很多，但也有些麻烦。我们从菜地到炮楼这么一段路，谁知道三轮摩托车上路还要牌照啊，我们老家是农村不会有人查，这里其实跟农村差不多，以前交警不会来，最近几年才来查。所以碰到只能说倒霉。当时，交警拦我的时候，我还莫名其妙，后来说要罚钱不然就扣我的车，我就着急了，要知道买这辆车可需要几千块，求了半天，交几百块才放我走。后来我白天再也不敢骑摩托车出门了。①

因此，菜农外出主要选择坐公交车，但对大多数菜农而言，海口市中心基本属于另一个世界，部分人甚至从未去过。有个在海口市打工的伏台女孩看到自己母亲在海口种菜数年都没有去过市中心，便决定带她出去走走，见见世面。这个女孩选择了在一个周末带母亲到市中心走走，逛逛大超市和大商场，本以为母亲会很高兴，谁知母亲却说，一点儿都不好玩，每条路都一样，回来头昏眼花，而且还很累，睡了半天才缓过来，以后再

---

① 2011年2月5日访谈资料。受访者：农德光；地点：海口菜地。

也不去了。在海口期间,我特意就此事问过这位女性菜农,她笑着说:"就是这样的,一点儿都不好玩,都不知道走到哪里,每个地方都差不多,走累了还头晕,不如在菜地里干活,后来我再也没有去过海口(市中心)。"

三 谋生技能

外出务工前,伏台村民多从事农业劳动,耕田、插秧、种地、种菜、养家禽、放牛羊等是他们最擅长的谋生本领。外出务工后,虽然建筑业和种菜是原有谋生手段的延续,但空间环境的变化使他们在实践时仍存在一定的差异,而工厂生产线上的劳动更是一种陌生的工作方式。因此,外出者或多或少都存在工作上的适应问题,而行业的差异也导致适应经历的不同。

李美山在介绍自己的打工经历时说:

> 为老板建房和在家建房不一样,老板说什么时候建好,你就必须赶,老板说建成什么样,就必须是什么样。我们队伍里有的人砌房的时候比较马虎,最后老板过来审核时,说不行,然后必须返工。而且同一个队伍里,大家都必须自觉按时上下工,以前有个小伙子加到我们的队伍里,喜欢睡懒觉,说他又不听,还嫌弃不发工钱,后来没干几个月不习惯就走了。他还以为每天或每个月都有工钱发,哪里是这样的呢?干建筑的只有工程验收后,老板给了工钱大家才可以分得到,所以常常几个月,甚至一年才发一次钱。碰到拖欠的老板,过年回家都只能拿到部分工钱甚至拿不到工钱。①

在工厂打工的伏台人对各种机器操作的适应常常需要一个过程。2012年过年期间,我发现不少外出务工的年轻人都曾有过工作期间受伤的经历,有些人甚至受伤致残。有位村民曾经在印刷厂操作切割机器,在下班清洗机器时食指和中指各有一截指头不慎被切断。工厂虽然支付各种医药费及10000余元的补偿,但他也失去了这份工作。有位村民曾在皮革厂打工,在操作按压皮革的机器时,双手的食指、中指、无名指均被压到,所幸不是

---

① 2012 年 1 月 15 日、22 日访谈资料。受访人:李美山;访谈地点:伏台其家中。

很严重,送到医院手术后基本无大碍,工厂只负责承担医药费,最后也是将其辞退。当打工者聚在一起时,大家都能够讲出亲身所见所闻的许多工伤事故,甚至有丧命者。这也是打工者适应工作过程中存在的巨大风险。当然,大多数打工者能在较短的时间内适应这一过程。

海口的代耕菜农延续了家乡传统的种菜习惯,尤其是早期的工作基本没有包含太多科技成分,耕地、播种、施肥、洒农药、浇水、拔菜、洗菜等都是依靠人工。因此,所有人都知道种菜艰辛,而菜农认为其中最辛苦的是两件事:一是肩膀超负荷地挑水浇菜;二是每日不足六小时的睡眠时间。菜农在每片菜地中,都挖有一个水池,用抽水机将水抽至池中,再人工一担担地挑到菜地中浇洒。菜农们认为,挑水最费力的是在水池边蹲下打水,然后用力上提的那一刻,常常让人头晕目眩。通常每亩菜地浇一次至少需要一百担水,尤其在夏日太阳暴晒,菜地很快就被晒干,若不及时浇水菜会蔫掉甚至枯死,故每天至少浇两次水。一般一对菜农夫妻承包3~5亩菜地,因此,平日需要挑水400~700担,夏日则增加一倍。所以,夏天菜农最辛苦,很多人因为过度挑水使肩膀磨破,长期如此更由于腰部过度受力而出现腰椎疼痛的职业病。目前,伏台共有两位50余岁的女性种菜者因患腰椎间盘突出,不得不放弃外出务工在家休养。其中一位受访者说:

> 医生说我的腰痛是因为过度使用才挨的,我想也是,年轻的时候挑多少担子都敢去,后来去南宁种菜更是每天都挑几百担水,从来不知道休息。现在成这样,弯腰都不敢。最痛的时候晚上睡不着觉,在床上翻身都不可以,疼得直流眼泪,要不是因为这样我才不会现在就回来,至少再干几年。①

近两年,菜农的耕种条件有所改善,如购买小农机耕地、在菜地中埋设水管洒水等,一定程度上减少人力劳作的艰辛。虽然其他方面仍需依靠人力,但这两项措施尤其是水管洒水的出现大大减轻菜农的负担,除数日一次的浇粪水仍需人工挑担,平日的浇水均用电力喷洒。

---

① 2012年3月6日访谈资料。受访者:李美轮之妻;访谈地点:伏台其家中。

睡眠时间的不足一直都是菜农面临的最主要考验之一。菜农夫妻每天的工作安排紧凑甚至繁忙，如表3-1所示。

表3-1　海口菜农夫妇一日大致时间安排

工作时间	工作内容	工作地点
19:00~21:00	收工做饭，进晚餐、洗漱	棚户
21:00~23:30	睡眠	棚户
23:30至次日3:00	拔菜并按相应的规格捆绑	菜地
3:00~3:30	清洗并装到三轮摩托车（早期为自行车）上	棚户旁的水池
3:30~7:00	夫将蔬菜运到附近菜市场出售给菜贩。售完后，为安全考虑，到菜市场附近茶馆喝茶吃早餐，待天亮后回家。其间，妻睡觉	前者为菜市场及其附近；后者为棚户
7:00~9:00	下地劳动，清理空地、耕地、整地等	菜地
9:00~9:30	一人准备早餐，后二人进餐	棚户、菜地
9:30~12:30	延续早餐前的劳作，除草、整地、播种、洒水等	菜地
12:30~13:30	准备和食用午饭	棚户
13:30~17:00	夫午休；其间妻偶尔休息，多数情况下操劳家务或在地里干活，如除草、施粪水等	棚户、菜地
17:00~19:00	除草、施肥、打药等	菜地

资料来源：2011年2月田野调查。

从表3-1可看出，菜农一天大部分时间是在地里劳作，睡眠时间非常有限，仅五六个小时，若晚饭时间太晚，或白天有其他事情耽搁，则睡眠时间更短。对于高强度的菜地耕种而言，身体的辛劳常常渴求休息和睡眠，然而，繁重的劳作又导致菜农抽不出时间休息。有些菜农刚来时很难适应这种状况，虽然每户菜农家中至少会设定两个闹铃，但有时闹铃也无法将过度困乏、急需睡眠的菜农在拔菜时间唤醒，以致其不得不承担卖菜不及时或延误送菜时间带来的经济损失；睡眠的严重不足，也常使菜农干活时打瞌睡，甚至在夜间拔菜时一头栽到菜地里。有一位黄姓受访者[①]说：

---

① 2012年6月19日访谈资料。受访者：黄英生夫妇；地点：南宁养猪场。黄英生是较早到海南种菜的伏台人，也是唯一一位在外种菜的师公，后返回南宁种菜，再后来为了方便为南宁的布僚老乡做法事又改为养猪。

分离、互动与调适

种菜这碗饭,不是每个人都可以吃的,这么辛苦,只有我们这帮年纪大点的以前在老家吃过很多苦的人才干得过来。前两年有一两对年轻夫妻听说种菜赚钱,就来了,没干几个月就将地退给别人,去广东进厂了。首先是挑水挑不动,菜地的水不足,菜就长不好;不能熬夜,耐不住瞌睡,你要是卖菜去得太晚菜贩都走了,要么价钱低,要么卖不出去拿回来给别人喂猪。种不好,不但挣不到钱,还会亏本。

其妻在一旁附和道:

在海口种菜,可不比在家里。家里农忙的时候忙,闲的时候还可以休息一下,种菜就是没完没了的活儿,下雨天才可以休息一下。还有家里种菜只是一种副业,种田地才是主要的,但是在海口天天干的活都是菜地里的,收入也来自菜地。如果一天没有菜卖,就没有收入。种得不好,没有菜卖,找饭吃都没有。

菜农的耕作方式虽然是家乡传统的延续,但新环境下菜农仍然面临新的问题,如土地、气候、出售方式等。土地条件的适应是代耕菜农耕种所面临的首要问题。由于各地水热条件、土壤性质以及有机质的年生成量相对大小不同,各地土壤的有机质含量具有明显的地域性。中国土壤的有机质含量通常自北方向南方逐渐递减,因此广西土壤的有机含量一般比海口高。另外,菜园土壤与其他农田土壤相比,由于蔬菜的施肥量大于农作物的施肥量,所以菜园土壤有机质含量较高。菜农刚到海口时承包的土地多是当地人的耕田或旱地,相对于已经种过菜的土地而言,其土壤有机质含量要低得多,同时种菜后常常杂草丛生。因此,菜农为了提高土地的肥力,常常需要到附近养猪场运来大量的粪便,用水稀释后淋到菜地中。菜农李敏说:"承包到的土地好坏很重要,好地可以很快种出好菜,如果是土质差的地,前几个月种出的菜都比较差,种得也比较辛苦。而且还必须根据对土地的了解,调配好各种化学肥料。"[1]

---

[1] 2013年2月15日访谈资料。受访者:李敏;地点:海口菜地。

如前文所述，最早到海口种菜的伏台村民面临对海口气候的适应，尤其是暴雨及台风天气来临时的判断和处理。海口菜农对市场菜价波动趋向进行总结：天气越冷，菜价越好；台风天气及暴雨天气过后，菜价会涨。相反，越热越干旱，菜价越便宜。菜农解释说：

> 天气冷，很多海口人喜欢吃火锅，消耗的菜量会大增，需求自然也会增加；天气冷菜地的蔬菜或被冻死或长势较慢，市场上总的供应量就不会太多；大雨或台风天气常常使菜园遭受巨大破坏，种植的蔬菜也不易成活，因此总体供应量会大大减少。相反，天气越热菜长得越快，种菜周期缩短，蔬菜供应量则会增加，价格自然不高；当天气干旱不下雨时蔬菜价格一般不会上涨，因为菜农是以种植蔬菜为生，即使再辛苦也会想办法给菜园挑水，使蔬菜供应量得以保持。①

2005 年前后，由于海口城市化进程的加快，城市周边能够提供耕种的土地大量减少，加上广西区内的加快发展，越来越多的菜农转到南宁种菜。较早在海南种菜，后来又转回南宁种菜的伏台村民李仕②说：

> 两地种菜最大的差异是气候造成的影响，一方面南宁属于亚热带，海南属于热带，种植的菜有差异，尤其是各个季节具体畅销菜也不一样，比如现在（2012 年 1 月 12 日）在南宁一般种植莴笋叶和上海青，但在海南一般是空心菜和菠菜；另一方面，受气候变化对两地蔬菜销售的影响也不一样，相同点都是下雨或天气冷时相对好卖一些，但是海南的台风影响比较大，一旦刮台风可直接导致海南蔬菜供应匮乏。因为台风过后，大陆进入海南的所有交通基本被封锁，外地蔬菜无法运输进岛，而且岛内种植的蔬菜又遭到台风的袭击，产量短缺。这都直接导致蔬菜价格直线上涨，但是南宁不这样，它是内陆城市，受气候影响不大，即使下大雨导致蔬菜减产，外地蔬菜依然可以输送进来。

---

① 2013 年 2 月 15 日访谈资料。受访者：李敏；地点：海口菜地。
② 2012 年 1 月 12 日访谈资料。受访者：李仕；地点：南宁西乡塘菜地。

因此，不同地方的种菜方式有差异，菜农一旦变更种菜城市和地域，则须尽快适应新的耕种环境和条件。

此外，菜农由于长期的超负荷劳作，除产生前述腰椎间盘突出等病症，还会罹患其他身体疾病，如黑指甲及手脚真菌感染、皮炎、湿疹等各种皮肤病。由于手脚长期浸泡在水中或潮湿的泥土里，大多数代耕菜农的指甲变黑、变粗或变形，而手脚则长期处于真菌感染状态，部分人还引发其他皮肤病。基本上每位菜农都有过因皮炎到医院就诊的经历。我在田野期间就曾陪同数位村民到专门的皮肤病医院就诊，医生指出，菜农的病因一方面是患者的肤质，另一方面是长期处于潮湿环境下，有时还可能与频繁接触农药和化肥有关。针对这些情况，大多数村民采取保护措施，如进菜地穿雨鞋，施肥、洒农药注意戴手套等。但也有不少菜农认为，穿雨鞋和戴手套很不方便，无法从事某些劳动。这在一定程度上也反映了菜农对自身工作环境和工作方式的适应过程。

第二节　制度层面的适应

文化的制度层面包括道德伦理、社会规范、典章制度、律法等方面。[①] 制度层面的文化适应，事实上是流动者从业已习惯的原文化制度向流入地、流入单位（团体）的文化制度转移和调适的过程，主要表现在迁移者对迁入地社会制度和迁入单位规章制度的适应。制度的制定，目的是维持某种秩序，使社会运作正常化。对于迁移到城市的少数民族而言，能否完成这一适应过程，直接关系到其能否在城市中幸福生活；关系到其能否融入所处的城市和工作部门；也关系到其能否在城市中生存和发展。[②] 少数民族本身的制度文化各式各样，因而在制度层面上，其文化适应的过程也各异，除了要适应城市、工作部门的各项规章制度外，还需对原有文化制度中与流入地主流文化制度、单位文化制度相差较大的方面做出某些调整。伏台

---

① 李亦园：《田野图像——我的人类学研究生涯》，济南：山东画报出版社，1999，第72页。
② 陈晓毅、马建钊：《珠江三角洲城市外来少数民族的流动与适应——一个人类学的视角》，载陈晓毅、马建钊主编《中国少数民族的移动与适应——基于广东的研究》，北京：民族出版社，2007，第75～76页。

第三章 新空间的文化适应：他乡生活

壮族人在离开家乡进入新空间环境中谋生的适应过程也是如此。

一 流入地的社会管理制度

社会管理制度通常是国家根据各种社会管理主体在社会生活、社会事务和社会关系中的地位作用、相互关系及运行方式而制定的一系列富有约束力的规则和程序性安排，其目的在于整合社会资源协同解决社会问题，规范社会运行，维护社会秩序。根据对管理主体强调重点的不同，社会管理通常可以分为两类：其一，以政府为主体的社会管理，又称政府社会管理，即政府是社会管理的主导或唯一组织者、参加者与行动者；其二，以社会为主体的社会管理，它强调社会的自治。所谓的流入地社会管理制度，主要指城市的社会管理制度，即政府及相关部门为规范城市社会的运行方式而制定的一系列规则，如城市的公共管理体制、企业的管理制度等。

来自少数民族农村地区的伏台人在原空间习得的文化制度与新空间的城市、企业管理制度存在天壤之别，因此进入新环境中，难免会产生诸多不适。而这群外乡人面对处于强势地位的城市及其企业环境，生存和发展的前提即按照其运作规则、管理制度等行事，即使是面对不合理的制度，要促使管理者做出调整也需要漫长的等待甚至付出较大的代价。

对于伏台在外的流动人口而言，尽快熟悉所进入行业的相关管理制度和规则是其面临的重要问题。伏台人早期的建筑队并没有形成明确且成文的管理制度，成员多遵循既定的统一上下工时间，完成自己的工作，其他成员的舆论迫使自己按照约定俗成的规矩工作。建筑队的核心人物李美山说：

> 队中没有制定任何制度和章程，大家每天一同上下工，如果需要赶工，也一同加班。没有请假的说法，有事不能参加只要说一声，除非是出去帮大伙办事，否则一律记缺工。大家都是同一年纪的人，所以干活都比较认真，很少有耍赖的，当然各人干活的质量和进度还是有差别的。比如以前我二哥建房比较马虎，速度快，但质量有问题，砌的墙看起来是歪的。后来被老板的监工看到，需要返工，我就觉得很没有面子，只能私下稍微提醒他要注意。当然一些后来加入的年轻

人，也有做得不认真的，早上起不来。那就要说一下，但我说的都是比较轻的，主要还是介绍他进来的人负责说。还有就是晚上大家坐在一起吃饭喝酒的时候说，有的年轻人实在受不了，被说的次数多了，感觉不好意思就走掉了。你哥（受访者长子）刚出去打工时就是到我的建筑队里，嫌干活辛苦，只干活不发钱。通常都是一个工程结束老板才结一次账，我们也才有钱发。后来，被我骂过很多次，到最后我就直接说，实在不行你回去吧，你这样的表现大家不但说你，还会说我。后来有一次回来过节，他就没有再去，跟其他人去广东进工厂了。①

可见，早期的建筑队伍仍然延续着传统的管理制度，管理规则是约定俗成的，与集体行动保持一致是最基本的准则。集体舆论是不守规矩者最大的压力，新进者的不良表现还常常受其关系最近的成员和介绍人的督促和施压。因此建筑队的成员必须适应这一套潜在的管理规则，不适者最终也会因为压力而退出。

到广东各城市进厂打工的伏台人需要适应工厂中的规章制度。如前文所述，传统社会中的壮族人对时间的认知处于一种"笼统""模糊"的状态，有关时间的界定也常缺乏精确性，如日出前、太阳升起时、日落前、日落不久、晚饭后、过两天等。年轻人在老家时也就农忙时帮家里做些事情，平时多聚在一起玩游戏（如棋游戏等）、逛街、晚上外出到附近其他村寨找女孩聊天等，养成闲散的生活习惯，且经常晚睡晚起。传统的时间观念和村落中有限的空间也使得这些年轻人没有明确的时间概念，通常做事只遵循大致时间，如午饭后、晚饭后等。所以大多数年轻人在刚进厂时，迟到几乎成为家常便饭，甚至因此被扣掉不少工资。还有人上班累了，随意与布僚闲聊，违背相关的制度。这些人很难理解为什么工厂的监工那么不讲理、不近人情。自己只是迟到几分钟就被扣10块钱工资，干活累了说两句话又要扣10块，一个月才300块工资哪经得起扣。因此，不适者或选择辞工，或认为监工故意跟自己作对，于是不少男性布僚便跟监工发生口角甚至打架斗殴。布僚男工在工厂里懒散、不服从管理、喜欢打架、随意

---

① 2012年1月15日、22日访谈资料。受访人：李美山；访谈地点：伏台其家中。

辞工等不适行为，很快在布僚最集中的东莞市厚街镇的大部分工厂里流传，对此很多工厂便明确拒绝招收"广西马山籍"的男性员工。工厂的这一对策原意并非针对所有的马山男性打工者，但由于工厂很难明确这群难管者的族群性质，只能从身份证上更大的地理区域划定范围。对此，曾在东莞厚街某鞋厂打工的达冰说：

> 东莞厚街的工厂不招我们这边的男青年。那是因为我们这边的 wen rai① 太多，整天不想干活，只想混日子，进厂干不了几天就辞工，或者打架斗殴；还有偷人家的东西跑出来的。到现在，有的工厂还不愿意招我们马山的男青年。所以我们这边的男青年除非是以前进去留下来的，不然后来想在东莞进厂打工基本上不可能。②

可见，由于布僚男性对工厂管理规则的不适应以及引发的各种过激行为，流入地工厂采取拒绝招收这些人的应对措施。

海南的布僚菜农对社会管理层面的不适应主要体现在城市管理以及社会环境方面。伏台人在老家的卖菜方式比较简单，采摘且清洗好后挑到街上集中卖菜的地方，坐着等候顾客光顾；而在海口的布僚菜农则只能在凌晨时将菜运送到相应的菜市场，售予菜贩摆摊零售，或由菜贩转售给摊贩零售者。早期的菜农并不能完全理解这一卖菜行为，还曾有人试图白天到菜市场外摆摊出售，后被城市管理者驱赶甚至处罚。黄年隆说：

> 刚去时看见那些湖南人这样卖菜，我们不太理解，以为是因为他们白天忙着干活没有时间去卖，才卖给小贩。我想自己如果坐在那卖，小贩挣到的钱不就是自己的了，而且还不用那么早起来拔菜。有一天我刚好睡过头，菜没卖完，便打算天亮自己卖，谁知道被几个穿制服的看到，过来警告我说什么乱摆摊影响市容之类的。还要罚我钱，那天我刚好没有卖到菜，就说，我菜都没有卖出去没有钱，最后又说了

---

① 访谈时，我特意向受访者咨询这两个字的含义，其解释为喜欢到处闲逛、不想干活、没工作没收入，或有工作也只想混日子的人。
② 2012 年 1 月 25 日访谈资料。受访者：李翠冰；地点：伏台其家中。

好多好话，他们才把我放走。从此再也没有这个想法。①

城市的管理适应还体现在交通方面，即菜农需适应各种交通管理条例，如无牌照摩托车不许上路等，在前文已介绍，不赘述。

此外，菜农居住地多处于城郊接合处的偏远乡村，是城市治安管理比较混乱的区域，也是治安环境最差的地方之一，因此早期菜农的人身安全常常无法得到保障。2005年以前，在海口种菜的布僚菜农基本有过被抢劫的经历，而菜农的屋棚也成为不法分子觊觎之地。曾有一对伏台菜农夫妻，遭遇三个陌生人持刀入户抢劫，劫持女菜农，要求其丈夫交出钱财，两人用壮语交流说死也不给，但凶残的歹徒用刀在女主人脸上划了几刀。最后，拿到三千多元钱才离去。对于这一事件，菜农们认为，其实当时二人都没有答应给钱，有一名歹徒走路时头部刚好撞到藏于棚顶的钱袋，其中的钱掉落下来，正是这些钱救了两人的命，不然歹徒估计不会甘心。此事发生后，被抢菜农并未报案，因为在观念上菜农倾向于认为，自己不是本地人，报案也没用，不会有人管，更不知道该在哪里报案，于是选择回家休养，并转到其他地方继续种菜。此后，所有菜农的房屋中基本豢养一两条狗看门，每当有陌生人靠近，菜农的狗都会汪汪直叫，甚至直扑来者。

大多数菜农被抢劫的遭遇发生在卖菜返家的路上，因为卖菜前菜农身上不会有太多现金。过去菜农在凌晨装好菜后即用三轮自行车将菜运到集市上出售，卖完菜后骑车返回。菜农来回都要经过一段漆黑且没有任何住户的公路。一些不法分子盯上菜农卖菜所得，在这段路上拦路抢钱。一位菜农描述他成功逃脱抢劫的经历，说：

> 之前都听说过布僚被抢的经历，但我胆子比较大，不信这个邪。有一天晚上，我卖完菜后，照样蹬着三轮车回家准备睡觉，谁知半路上窜出两个年轻人，想拦住我的三轮车。我一看形势不对，加大蹬车力度，朝着拦车人冲去，有个家伙伸手想把我扯下来，被我避过，而拦车的人闪到边上时，又被我踢了一脚，直接倒在地上，我蹬着车直

---

① 2012年4月15日访谈资料。受访者：黄年隆；地点：伏台黄团世家。

接飞奔，幸好没被他们追上。从此我再不敢回来，太不安全，还是跟大家去店里喝茶比较好。其实两个人我还是能打得过的，就是怕这些人跟踪到菜地的房子里，那就比较麻烦了。家里有女人和小孩，强龙不压地头蛇，他们叫上几个人我们肯定打不过。

当然并不是每位菜农都那么幸运地逃脱抢劫者。关于菜农被抢劫之事并不新鲜，甚至有的菜农在路上遭抢劫并被打伤，因此菜农们在凌晨卖完菜后，通常都不敢回家休息，而是在早餐店中喝茶，待天亮后返回。最终布僚菜农逐渐形成具有交流性质的茶聚（下文细述）习惯，以避免被抢劫的风险，即使是在社会治安相对好转的现在，菜农们仍然延续着这一习惯。据布僚菜农描述，2005年之前，海口的治安很乱，主要是因为周边几个村有不少吸毒青年，这些人为了筹集毒资，什么事情都做得出来。当时大家都不敢在户外放置物品，否则只要一疏忽就会失窃，不少菜农家中曾有物品丢失，如自行车、水泵、电线、装菜的铁架等。后来这些人基本被抓去坐牢或强制戒毒，治安才有所好转。可见，菜农的生存也会受到治安管理制度实施状况的影响，他们根据当地的治安状况采取相应的防范行为，以保障自身及家人生命和财产的安全。

总之，遭受抢劫或盗窃的布僚菜农都没有到相关部门报案，因为这些人认为自己是外地人，报案没有用，不会有人管，还不如自己养狗防备，自行采取措施更实在。这从一个侧面体现出某一时期由于国家力量某些方面的薄弱，新空间下的流动人口只能通过自我调整以避免遭受损失，这一定程度上也反映出流动人口对国家力量的信任危机。

二 流入地的社会保障制度

城市管理者和政府的相关机构过去在设计城市社会制度时很少能将流动人口纳入考量，因此生活于其中的流动人口常常被置于制度和规则之外。正是这一尴尬的边缘化处境，使他们必须调整自身以适应固化的城市社会保障制度。

对于流动人口而言，他们无缘享受国家赋予城市居民的医疗、教育及诸多其他方面的社会保障条件。一旦生病住院，每一分钱都是自己的血汗钱，因此，流动人口在患病时通常是凭借自身的身体机能来逐渐恢复，最多是到附近的小诊所乃至黑诊所打针、买药；实在是病情严重，才选择到大医院检查，若医疗费过于昂贵，则只能辞工返回老家的医院治疗。伏台早期的打工者，若在外患上大病，通常选择回乡，在镇上的卫生院简单治疗或利用传统的偏方治疗，有的只能在家休养，甚至等待死神来临。随着新农村合作医疗制度的全面实施，打工者在遇到小病时，其选择方式与过去大同小异；若患有重病，才会选择辞工回乡治疗，户籍归属决定其参与新型农村合作医疗只有在家乡指定的医院治疗才可以享受相应报销政策。伏台在外从事建筑和在工厂工作的村民一般也遵循上述方式。

相对于建筑工和工厂员工而言，海口的代耕菜农生活于城市边缘的农村中，在地缘上可谓边缘的边缘，即双重边缘人。他们不可能享受到城市中良好的社会保障，也无法享受当地农村人可以享受到的各种社会福利。因此，一旦生病或受到伤害，通常都是采取家乡传统的治疗方式或到所在村落的诊所中简单治疗。2005 年暑假，我在海南生活，一位女性菜农不慎踩到自家拴养的看家狗的尾巴，并被狗条件反射式咬到，虽不是很严重但皮肤已被咬破。当然菜农自身也知道，被狗咬伤极易患上狂犬病，需尽快打预防针，但面对 300 多元费用，菜农选择简单用清水冲洗处理而放弃就医。她说："狗是自家养的，不是外面的流浪狗或疯狗，咬着一点不会有事，只要用水洗洗就好。"当时我对狗咬伤的医学知识比较缺乏，也没能找到很好的理由劝说这位菜农在 24 小时内及时就医。从其表述可知，面对被狗咬伤这一极具风险性的危害以及治疗所需的高额费用，菜农多抱有侥幸心理而放弃打预防针，并通过自己传统的非科学方式进行解释，以作为放弃治疗的理由和依据。此外，对于普通发烧或反胃，代耕菜农仍然遵循传统的治疗方式，即喝用辣椒叶浸泡的凉水。永州地区的壮族人认为，身体不适很大程度上是因为被怀有邪恶之心的坏人整蛊或中邪，而辣椒叶泡水具有清火驱邪的功效。海口种菜的伏台人延续这一传统，在感到身体不舒服时，常常首选喝下半碗辣椒叶水，若实在无效才会选择购买较便宜的常用药服用。

儿童教育问题也是流动人口最担忧之事。大多数流动人口只能将子女放在老家，由老人帮忙照顾；子女到上学年龄，则在老家的学校就读；读到初中，若没有考上高中，即让其外出打工。只有少数流动人口能将子女带在身边，让其到务工地附近的学校就读，为此必须缴纳昂贵的"借读费"和"择校费"。虽然如此，不少流动人口为了子女能够接受比家乡更优质的教育，仍然忍痛从微薄的收入中省吃俭用支持子女在异乡读书，然而，由于户籍归属问题，最终子女参加高考时仍需回到家乡。对于早期的海口代耕菜农而言，部分家庭选择让小孩在菜地所属村落附近上学，经历种种麻烦过后，才发现小孩无法在海南参加高考，而回去后小孩也难以跟上家乡同龄人的学习进度。这一方面是小孩自身对新环境的适应问题；另一方面则是两地教育的差距，不仅是教材和参考资料的差异，更是海口整体的教育水平不比广西高，高考录取分数线明显低于广西的事实。

　　子女自身的适应问题也是家长最为担忧的。早期部分代耕菜农从家乡将小孩接到菜地附近的小学就读，后来发现小孩说上课听不懂，这既有孩子自身语言的障碍，也有老师的语言问题。这些小孩在老家时多跟随老人相处，壮话才是最主要的交流语言，即使进入小学就读，教师授课也多用壮话或桂柳话（广西的汉语方言），因而对普通话的学习和适应需要一个过程。而对于海口市郊的农村小学而言，教师上课时虽然使用普通话教学，但大多数语言中仍夹杂着海南话和当地方言。课余时间的师生交流和同学交流仍以海南话为主。一位菜农谈到他小孩在海南读书的经历时，说："前几年，刚把特六从老家接到这里上学时，特六说听不懂，有些老师上课用海南话，而特六以前在老家读一、二年级，老家的老师都是说土话。"这样的环境使伏台壮族儿童很难适应，而部分儿童即使适应下来也需要一个较长的过程，甚至出现其他的不适状况。在海口期间，我到菜地各老乡家串门时，常碰到正在当地读书的小孩，虽然其父母都向他们介绍我，但大多对我不理睬。起初我并不在意，后来常到大姐家玩，发现曾经关系较亲的外甥女也很少碰面，有一次即直接问大姐："达依（壮语对小女孩的称呼）呢，我过来这么多次怎么都没见过她？也没有见到她去我家玩过。"大姐说："躲在房里，怕生得很，也不说话，以前在老家不是这样的，到这里后也不知道怎么回事话那么少。"① 当然，由于没有机会对这些流动儿童在新

---

① 2011年2月10日访谈资料。受访者：李玉花；访谈对象：海口菜地其家中。

环境中的适应过程进行直接观察，也不好以此判断：新的环境导致壮族儿童出现自闭症状等不适。事实上，小孩在新的学校环境中，对比当地同学的优越家庭条件，相对于自己父母居住的棚户及生活状况，加之语言和环境的不适，确实极易引发心理障碍。这种状态恐怕也是代耕菜农的思想观念和思维范畴中最难以理解的。

菜农子弟的案例常成为其他菜农是否选择将子女带到海口上学的参照。有个小孩从小学到高中一直跟随菜农父母在海口就读，成绩在年级总名列前茅，是其父母的骄傲。尤其在就读初中时，因其用功且成绩优异，班主任常到菜地家访并不断赞扬该生学习成绩优异，数次邀请家长到学校传授经验，这都让这对菜农夫妻受宠若惊。因此，很长一段时间里，这个小孩成为所有布僚菜农的骄傲，成为诸多菜农家长教育子女的典范。然而，这个小孩在高考前半年转学回到家乡的县级中学时，发现自己成绩排名竟然仅处于新班级的中等偏下，随后的高考分数也只达到广西的三本分数线。对此，很多菜农无法理解，常常问我："为什么会这样？海南的教育不如老家吗？"由于对这个年轻人的成长经历只知大略，我只能从个人适应性、两地分数线、教育状况等多种可能性角度进行分析和解释。基于异地高考的困难及对此事引发的思考，随后不少代耕菜农为了自己小孩高考的便捷，开始选择回到广西区内的各大城市种菜。曾经有位在防城港种菜的40多岁的男子说："我当初选择回到防城，主要还是因为小孩上学的问题。考虑到两个小孩马上就升初中，在海口读下去会有很多麻烦，不如直接回到广西。而把孩子放在伏台我们也不放心，毕竟我们老家的教育水平要比外面落后很多。虽然防城的菜价不如海口，种菜也没有海口挣得多，但为了孩子读书，什么都是值得的，我们外出打工辛辛苦苦还不就是为了小孩吗？"这并非特例，如前文所述从海口转到南宁种菜的伏台村民李仕也有同样的考虑。可见，方便子女上学和升学常常也是菜农选择到城市种菜的重要因素。菜农为了适应国家高考的相关政策和子女就学的实际情况，宁愿放弃种菜效益较高的海口，而选择返回广西区内的各大城市开始新的种菜生活，这也是一种外出过程中的调适。

三 社会关系网络

社会关系的适应是新空间的打工者面临的一个重要问题。人是社会性的。新的环境中，流动人口基本割离乡土社会中复杂又熟悉的社会关系网络，而必须对新的社会网络进行调整和重组，以满足自身的社会性需要。张继焦在分析城市流动人口的社会网络构建时，提出"城市版"差序格局的概念。他指出，以家庭为中心的亲缘关系是最基础的关系网和社会资本，地缘和业缘关系是常用的关系网络和社会资本，新的业缘和朋友关系是弱关系网。① 换言之，家庭关系网络仍然是迁移者最强的关系网络。伏台打工者真正举家一同聚集在一个地方一种行业上谋生的不多，所以被空间割裂开的家庭关系网络无法满足务工者新环境的适应需要，因此远亲及拟亲属的关系得到进一步强化。换言之，外出伏台人除亲属关系网络之外，拟亲属作为亲属关系的补充形式在外出务工过程中仍然发挥重要作用。如前文所述，李美山等早期打工者正是与村落年龄组中的"帮"友一同外出打拼，并在南宁利用"老同"关系逐渐立足；不少赴广东打工和海南种菜的伏台人也是如此，除利用自身亲属关系之外，村落中"帮"友的"传帮带"至关重要。新的打工环境中，亲属和拟亲属之间的互惠关系不仅没有弱化，反而因地处他乡而得到强化。

菜农李小卫在聊起和姑姑家的关系时说：

> 我们家族人口太多，我夫家和姑父家离得远，要不是因为来海南种菜，我小孩和姑姑的小孩说不定都不认识，更不会那么熟悉。大家都在外地，所以感觉这种关系更亲。在海南我们平日经常来往，关系密切，只要家里有事情就都相互帮忙、相互支持。过年过节我们就是一个大家，一同聚到我叔家过，因为我和我姑都是嫁出去的人，老家过年过节有回娘家的习俗。也就是说，我叔家在这里成了我们娘家的代表，有责任召集我们一起过，因此有时过年过节我们并不孤单。最重要的是，我们家来海南种菜也是姑姑一家带来的，他们到海南种菜比我们早得多。到这里后，他们对我们很照顾，两家的房子不远，所以关系更加密切。②

---

① 张继焦：《差序格局：从"乡村版"到"城市版"——以迁移者的城市就业为例》，《民族研究》2004 年第 6 期。
② 2011 年 1 月 28 日访谈资料。受访者：李小卫（徐辉之妻）；地点：海口菜地及其家中。

分离、互动与调适

地缘关系是外出务工者最常用的关系网络和社会资本之一，如老乡关系。由于地缘毗邻，珠江三角洲及海南的务工人员中来自广西者非常多，有些城市或工厂甚至有不少务工者是来自同一个镇或同一村落，因此老乡是一种被广泛利用的社会资源。同乡关系根据所处社会环境的变化而有所差别，跨县时同县人即为老乡，跨省份时同省人可称为老乡。陈晓毅、马建钊在有关珠江三角洲城市少数民族的适应研究中，总结认为："在珠江三角洲的外来少数民族中，真正起作用的是那些在珠三角城市打工前就认识的、有过一定交往基础的同乡，他们大多是同一个镇或同一个村子里的人。来穗打工的广西壮族员工认为，同乡关系＞同族关系，同乡关系＞朋友关系。"① 这个结论一定程度上对在外务工的伏台壮族人的社会关系也具有效用，但其同乡关系和同族关系仍需进一步细分。

壮族的形成具有一定的特殊性。历史上壮族先民没有统一的族称，其内部支系众多，自称繁杂，包括布僚、布侬、布土、布泰、布雅衣、布沙、布僮等，缺乏文化认同的内在要素，没有形成集中的政治经济共同体。小农经济的分散性使得社会生产力发展滞后，居住环境的封闭性造成各支系差异明显甚至矛盾重重，加上封建王朝"以夷制夷"的统治政策，这都造成壮族社会长期以来缺乏内聚力的局面。新中国成立后，虽然政府帮助壮族人民统一族称，但许多壮族人并不知道自己是"壮族"，缺乏"壮族"的民族认同，大多数人仍维系着支系认同或地域认同。50 余年来，经过国家和地方政府的大力宣传，尤其是壮族精英的奔走呼告，形势有所改观，但普通壮族民众的民族意识仍然很淡薄，其内部凝聚力依然薄弱。② 因此，壮族人的族群认同需要进一步细化。对于在外务工的伏台壮族人而言，族群认同的边界通常会被划分为几种，即布坂僚、布僚、布土、壮族、老乡等。其中布坂僚即我们村的人；布僚指永州镇及其附近讲共同壮话的人；布土即讲土话的人，既包含布僚，也包括与自己音调有异的其他壮族人；壮族有时与布土共享，但还包括语言有异的其他支系壮族人；老乡则是所有广

---

① 陈晓毅、马建钊：《珠江三角洲城市外来少数民族的流动与适应——一个人类学的视角》，载陈晓毅、马建钊主编《中国少数民族的移动与适应——基于广东的研究》，北京：民族出版社，2007，第 86 页。

② 李虎：《拼音壮文推广的困境与反思》，《学术论坛》2011 年第 4 期。

西人。因此，对于在外务工的伏台人而言，同族社会关系的重要性通常是从布坂僚、布僚、布土、壮族，到老乡逐层递减的。换言之，在外务工的伏台人遇到困难时通常先求助于同村人，即布坂僚，再到壮族支系的布僚及较大支系的布土，以及同一民族的壮族人。由于壮族本身认同性的薄弱，以及外出务工者可选择的同乡关系较多，所以同一民族很少在其社会生活中发挥社会关系的实际作用，而布坂僚、布僚、布土则是最常利用的族群关系。

2012 年以前长期在广东务工的伏台年轻人黄团世讲述过自身的一次经历：

> 在广东，见到讲"话哆"（土话）的真的很少，见到就是自己人。我在东莞时，有一次在上班路上，听见几个人坐在那里聊天，说的竟然是家乡话，估计是布僚，所以就凑过去，用老家壮话问："兄弟，你们是哪里的啊？"他们回答说："马山，永州的。"我立即高兴地回答道："我也是永州的。你们是哪个坂（村子）的呢？""谭清，你呢？""很近啊，伏台。"聊起来之后，觉得很亲切，差点忘了上班时间，幸好对方问我这是去哪里，我才意识到要上班，于是交换联系方式才赶着去上班。

讲到这里时，他还特意笑着强调说：

> 那两天特别兴奋，就像捡到宝贝一样。因为厂子近，后来就跟他们混得很熟，在那里碰见"布哆"（讲本地壮话的人）真的不容易，听到家乡话很亲切。[①]

可见，异乡的布僚在衣食住行等外在表象上已经与其他社会群体成员无异，而语言成为识别和区分永州地区布僚与他者之间差异的重要标识。共同的壮语方言已经不仅仅是地缘认同的纽带，更是在异族他乡族群认同的标识。

---

① 2012 年 1 月 6 日访谈资料。受访者：黄团世；访谈地点：伏台我家中。

分离、互动与调适

一个族群若通过特定文化形成具有一定认同基础的共同体，则通常也会在一定程度上在某些方面排斥异于自己的他者。有位受访者曾将一件事情当作"笑话"讲述①：

> 2003年，我在深圳一个手套厂打工，周末经常与我们村的特豪到距离我们厂不远的一个玩具厂玩，因为那里有一帮布僚都是年轻女孩，而且她们还常常集中住在同一个宿舍里。据其中一间宿舍的女孩讲，她们宿舍本来住的八个人都是布僚，每天下班说的都是老家话，但有个女孩后来辞工换厂，于是便搬进来一个陌生的女孩。当时宿舍里的七个人都觉得不太爽，但又不好说什么，这个女孩刚进来时也不说话。这七人还是叽叽喳喳用家乡话大声聊天，突然有一个比较直爽的女孩用布僚话说："这个女的，进到我们宿舍来，也不说话，也不知道是干吗的，她又不是布僚，以后就很不方便了，不然我们把她赶走吧。"其他人有的附和，有的不说话，新来的人还是一句话不说。第二天，这个新来的终于跟其他人开口说话，冒出的竟然是布僚话。其他女孩都大为惊讶，说："你也是布僚啊，怎么一直不说话呢？昨晚我们还那么说你，你没有生气吧？"前晚主张赶她走的女孩更是窘迫，赶紧说："我们还以为你是北妹或其他什么地方的人，原来是布僚，昨晚我说的话有点过了啊。"新来的女孩说："没什么啊，我平时就不爱说话的。"

这说明，语言仍然是布僚识别我族与他族的重要标志，当一定空间中的认同形成，其他族群的社会成员很可能在某种程度上被排斥在外。总之，相对于同民族的关系而言，以一定地缘关系为基础的壮族支系认同才是外出务工者重要的关系网络和认同基础。

对于海口的代耕菜农而言，有限的工作环境和活动空间使其所处的社会关系并不复杂，通常包括前文所述之布坂僚、布僚、布土、壮族、老乡，以及贝侬、布海口、布瑶等。贝侬指具有亲属关系的人，通常也包括拟亲属关系，这是所有社会关系中最重要的社会资本；布海口，即海口本地人，

---

① 2012年1月21日访谈资料。受访者：黄立；访谈地点：伏台其家中。

平时的交往不多，通常仅在租地、交租金、交水电费、卖菜时有所来往；布瑶，在海口的某些场景下并不一定指瑶族人，而是沿用家乡的引申意，指海南农村山里相对比较贫困的人，这群人与菜农基本没有往来，仅仅在赶集时听说海口山里还住着一帮人，故被菜农称为布瑶。针对这几种关系，我曾让几位菜农进行亲疏的比较，结论基本一致：贝侬＞布坂僚＞布僚＞布土＞老乡＞布海口，对于其中的壮族、布瑶而言，菜农们多认为与自己关系不大，无法归类到其中进行比较。

在流入地的村庄及城市环境中，海口的布僚菜农是一个相对弱小的群体，而他们与海口当地人的交流多限于租地所属村庄的村民和集市上的菜贩。以布僚居住最集中地——秀英区海秀镇儒益村而言，由于村庄西面为公路，早期的菜农基本围着村庄其他三面的土地居住和耕作，不少菜农的屋棚直接位于村民房屋旁，甚至靠着院子的围墙而建。此时菜农与村民之间往来关系较频繁。关于布僚菜农与当地人之间的关系，在儒益村耕作10余年的菜农黄合隆说：

> 当地大多数人是很好的，对我们也很客气，但有实际交往的并不多，通常是在收租金时一个季度来一次。不过有些当地人很不守信用，交往时必须小心，尤其是在收地租时，现在东家来收租，我们都要让他在我写好的小本子上签字。我们以前就吃过亏，刚来种菜时，地租一般都是半年交一次，刚开始只需要把钱交给东家就可以，但有一次一家人来收两次地租，先是他儿子来收，过一段时间他父亲又来收。虽然跟他父母说他儿子已经收过一次，但对方不承认，而且他儿子也不承认来收过，最后他们坚持说没有收过。其实就是他儿子耍赖，想要钱，本来以前都是他父亲来收，那次这家伙来收我也没多想，反正一家人谁来收都一样。我在这之前每次交地租都没有让他们留下任何凭证，空口无凭，他父亲要收，只能再交一次租金，吃哑巴亏。有了这次教训，我便准备一支笔和一个笔记本，一旦他们来收地租，我便先拟好一个字据，在上面书写收地租的时间和具体数额，并让对方签字。①

---

① 2011年2月5日访谈资料。受访者：黄合隆；地点：海口菜地及其家中。

在传统熟人社会中,"乡土社会的信用并不是对契约的重视,而是发生于对一种行为的规矩熟悉到不假思索时的可靠性"①,社会成员的各种交际多凭口头承诺和个人信誉维持。进入新的空间环境,这种口头承诺和信誉很可能失效,尤其是在市场经济相对成熟的社会中,契约成为最关键的交往准则。布僚菜农不经意间延续老家的传统,然而面对当地村民的"耍赖",菜农作为外地人在没有足够的凭据自我证明时,只能妥协。吸取这一教训,菜农即自行设计"凭证"以保障自身权益。随着城市化进程的加快,儒益村北面又被规划修建城市道路(椰海大道),不少土地被征收。大多数菜农被迫迁往村南面远离村落的土地中,与当地人的直接交往更少,相互间的信任感也逐渐下降。菜农黄合隆说:

> 以前我们住在村里,和当地人来往还是比较多的。他们常常到菜地买菜,我们也不会收他们钱,而是直接拔菜送给他们,有的人非要给钱,我们也会给他们超出所给的钱更多的菜量;我们还会借他们的牛耕地,帮他们收割稻谷等。而有的当地人也会把不好的地不收租金直接让给我们种,比如有一块地,我就一直不想种,东家说,你种吧,地荒着会长草,那块地我不收你的租金。有的人家也不急着收租金,都是在定好时间之后才来,甚至有时天气不好没有收入的时候还可以跟他们商量晚点交租。但现在可不行,那些当地人都是在预定时间前的一个星期就来收,而且要求在什么时间段必须拿到,不让我们延缓。我们在地里建房子,他们还收房子占地的费用,说什么房子建到地里,以后他们的地不好耕作。他们不想想我们不建房子住到哪里去呢?以前在村边还不是在地里建的,那时可没人收这个钱。②

可见,菜农与当地人的交往比较有限,其社会关系网络主要以布僚菜农关系为核心而形成。菜农进入海口种菜的方式多是以贝侬、布坂僚为主的关系"传帮带",进到新环境后,也随之形成较广泛的布僚关系网络,因

---

① 费孝通:《乡土中国》,上海:上海人民出版社,2006,第8页。
② 2011年2月5日访谈资料。受访者:黄合隆;地点:海口菜地及其家中。

此布僚关系在菜农的日常生活中发挥的作用最大。这主要体现在每日凌晨卖菜后的茶聚、日常人情往来及以李荣天店面为核心的布僚关系中。

茶聚指海口菜农在凌晨卖完菜后都会聚到集市特定的粉店、早餐店，吃早餐，然后众人一同喝茶、聊天。通常是第一位卖完菜的布僚先来到店内吃好早餐，并点上一壶茶，要几个茶杯，其他人在卖完菜后陆续到店中围坐在一起吃早餐、喝茶。当一桌坐满后，后来者自觉坐到邻桌，同样是吃早餐、点一壶茶，后来者陆续围坐在一起，众人聊天，所聊话题主要围绕菜价、种菜经验、海口布僚的情况，如新人加入、菜地转让信息、布僚家中的婚丧嫁娶、返乡搭伴等。来自永州地区的布僚在老家并没有喝茶的习惯，到海南种菜的第一批人起初也不习惯喝茶，因为菜农的工作性质决定其时间和金钱都弥足珍贵，即急需睡眠和挣钱省钱，而不是有闲暇品茶闲聊。事实上，茶聚的形成是布僚基于当地治安情况和自身人身、财产安全考虑而做出的选择。当时海口的治安情况较差，菜农每日凌晨在集市卖完菜后，返家途中常遭到一些地痞流氓的抢劫，因此天亮前多不敢返回菜地。于是菜农便在早餐店中逗留，喝茶则是其暂留店中不离去的借口，卖菜后喝茶的习惯逐渐形成，一直延续至今。茶聚也成为一定区域内菜农交流信息的最主要平台。茶聚没有固定的成员，也没有组织者和领袖人物，参与者可以随意加入和离开，但都是讲同一壮语方言的"布僚"，也是当天有菜卖的菜农。茶聚时，众人用壮语闲聊，使在这一场域中同一区域内的菜农信息能够很快得到传播和交流，并形成相互帮助、相互扶持的关系。若某位布僚菜农打算搭棚建屋，会在茶会上宣告建房时间、地点及大致需要的人数，居住于附近又较方便的布僚即会告知自己能否帮忙；若有布僚菜农有事返乡，即会在茶会上透露，其他有回家打算者可结伴同行，需要帮忙带东西者也可告知；若有人家中有婚丧嫁娶，众人也会通过茶聚平台很快获知，并根据布僚的习惯进行必要的人情往来。

在海口的布僚菜农中，各个地方的群体会围绕卖菜的集市形成一个关系相对紧密的熟人社会。一旦其中的成员家中有红白喜事，即使办事地点不在菜地，社会群体的其他成员仍然会有人情往来。事主在返乡办事前即会收到来自菜地布僚送来的礼金，而事主在回家办好事情返回菜地后，则会延续家乡的习俗给赠礼者回赠特定的礼物，或在菜地的房子简单宴请送礼者。2010 年寒假期间，海口的菜农中有一户的儿媳育有一子，其他布僚菜农获悉后，即纷纷送来 50 元或 100 元礼金，当事人则根据老家习俗到超市购买一批雪饼，给送礼者各回赠一包。针对此事，事主说：

> 这是在海口，大家往来才那么近，如果在老家，跟这些老乡根本不认识，即使认识也没有亲到人情往来的程度。给我们送钱的人，大多是炮楼附近的布僚，还有几户是其他集市关系比较好的同村亲戚，以及居住在隔壁的隆安老乡（临县壮族人，与永州布僚壮语有一定差异，但勉强可以交流）。这些隆安老乡是因为住得比较近，关系比较好。给送钱人的回礼，在老家都是送月饼或粽子（驼背粽），但在这里不好找，只能找雪饼替代。以前有一户布僚家里有孩子，刚好回去办事，还专门带来老家的月饼赠给送钱的人。那当然最好也最有面子，但我们没有回去，所以没办法。

可见，海口的布僚菜农通过延续和调整一些家乡的习俗，相互往来，增强菜地内布僚之间的社会关系网络。

此外，海口的布僚在谋生过程中一些比较成功的人物逐渐脱颖而出，如来自谭清屯（距离伏台约两公里）的李荣天。这些成功人士成为布僚关系网络中的重要节点，成为维系布僚关系，甚至是与海口当地人沟通的重要纽带。李荣天目前共经营两个店面：一个在炮楼菜市附近，另一个在农垦市场附近。前者由自己与妻子管理，后者由次子夫妻二人经营。两个店面均专门出售菜种、农药、化肥及各式种菜用具等，光顾者大多是来自广西的布僚或其他老乡。由于生意较好，他目前已经在海口购买了一套 120 平方米的商品房，且二子均娶海南当地女性为妻。

李荣天是较早到海口谋生的布僚之一，他与伏台黄年隆并非同批前来，而是通过自己特殊的家庭关系到海口打工。李荣天的叔叔早年曾在海口当兵，并留下来成家立业，于是李便通过叔叔及其子女到海南打工，早期先与堂兄在海玻市场合伙开店，但生意一般。后来随着海口种菜老乡逐渐增多，他和堂哥开始从事与种菜相关的生意，而李妻则在菜地附近搭建棚子养猪并酿酒出售。由于采用老家传统的酿酒技术，其所酿米酒不仅受到菜农欢迎，而且受到海南当地人的赞誉，不少当地村民也是其重要的顾客。后来随着炮楼菜市的逐渐兴起，李荣天夫妻二人放弃菜地旁的养猪业和酿酒业，选择到炮楼单独设立店面，专门从事与蔬菜种植相关的生意，并利用以前的关系进货出售给布僚老乡。由于老乡关系，加上李荣天的店面允许布僚菜农赊账，大多数布僚愿意光顾。此外，李荣天较早到海口打工，夫妻二人的普通话较流利，同时前期从事的酿酒业使其与不少村落附近的海口人结识，因此在布僚与海口人遇到纠纷时，大家都愿意请李荣天出面协调。例如，有位菜农13岁的女儿，在放学后骑车返家时不慎蹭到路边一位老人。虽然老人并无大碍，但当地人仍将女孩的自行车扣留，并要求其回去让父母带500元钱前来赔礼道歉，才能把自行车带走。女孩回到家后将事情经过哭诉给家人，其菜农父母知道当地人不能得罪，否则很难再待下去，于是请李荣天出面帮忙协调，最终经过讨价还价只支付了200元，便将事情解决了。李荣天正是通过这种影响力，不断扩大其在布僚中的威信，同时也促进生意的扩大；反过来，生意的成功又进一步扩大其在布僚中的形象。因此，不少布僚均与李荣天熟识，在赶集时常光顾其店面。有一位菜农说："认识人比较方便，即使有的东西贵点也没关系，买了放心。有一次我在他店里买空心菜种子，后来发现是假的，种后长不出来，拿去退货，他二话不说就退了。你说要是在外人的店，人家肯定不认账。很多刚来的老乡因为钱不多，李荣天一听是说布僚话的，二话不说，就允许先赊账，等种菜卖到钱再还都可以。"李荣天正是通过种种行为不断扩大自身的社会关系网络，同时也促进其他布僚之间的交往。据说，李荣天次子结婚时，在酒店摆七十余桌，赴宴者除了新娘的亲属，其他宾客基本是来自广西的布僚菜农，后者占半数以上。可见，成功的布僚通过利用原有的地缘、族源关系使自己逐渐成为族群中的佼佼者，并成为有希望留在城市中的第一批布僚成员。

总之，由于流入地与流出地之间的社会文化制度存在较大差异，流动人口在流入地的生活需要不断做出调整以能够生存并立足。适应者能很快立足，甚至取得成功，成为城里人；不适者只能通过转行、调换城市等途径进一步调整和适应。

分离、互动与调适

第三节　精神层面的适应

李亦园认为,精神文化或表达文化(expressive culture)是人类为了克服自己在感情、心理、认知上的种种困难与挫折,忧虑与不安,而创造的文化,包括艺术、音乐、戏剧、文学等,以及更重要的宗教信仰。[①] 伏台壮族人离开家乡到他乡生活的精神层面适应,主要体现在语言、娱乐、宗教信仰及思想观念等方面。

一　语言

少数民族流动人口从欠发达的农村民族地区进入都市或城郊的汉族村庄生活、工作,其适应过程是一种行为主体的"继续社会化"。汉文化占主流的城市社会有复杂的文字系统和语言体系,早期外出务工的伏台人大多接受的教育水平较低(小学或初中文化),甚至没有读过书,不识汉字,也不会说普通话。即使是接受过初中教育的壮族人,也常常不会说普通话或说得很不标准,以至于被称为"不懂话"。其原因主要是:整个永州地区至今以壮语为主要社交语言,没有形成说普通话的社会环境,即使少数正在学习说普通话的儿童也存在不少音准问题;过去少数民族地区的教育以双语教学为主,即教师上课仍用壮语或桂柳话(汉语方言)讲授汉语课程;不少教育工作者包括小学教师自身汉语拼音不过关,普通话也欠标准;壮语自身的音位系统与普通话存在巨大差异,如壮语无送气音、无卷舌音、无翘舌音,同时还有普通话所没有的其他混音,直接影响普通话的发音音准,即出现常说的广西"夹壮"普通话。因此,本地壮族人普通话的不标准常导致与外省人交流的障碍。

《欢打功》中"一年级不鲁,写着难登记;广东字钱眉,能车不鲁到",汉译为"一年级不懂,写名难登记;广东花钱有,坐车不懂回",即一年级的文化知识没掌握,自己名字都不会写,到广东打工虽有钱花,却不知如何坐车回乡。其中"一年级""广东"均为泛指,前者即基本的文化知识和

---

① 李亦园:《人类的视野》,上海:上海文艺出版社,1996,第101页。

第三章 新空间的文化适应：他乡生活

书写能力，后者指打工地。可见务工者的文化水平不高对其打工生活造成的影响。

当然，伏台人在南宁、珠三角城市、海口等流入地所生活的地区，并非以普通话为主要语言，前二者以粤语为主，后者以海南话为主，这在一定程度上影响当地人的普通话水平，尤其海口农村的普通话也夹着地方方言，因此流动人口与当地人的交流并不顺畅。语言方面的障碍促使不少布僚在居住和外出时都具有群体性特征，尤其要依赖于语言能力较好且敢于开口者。早期伏台外出务工的建筑工程队，即主要围绕具有语言优势的李美山而逐渐形成，后来李美山因年龄及身体原因归乡，这一队伍随之解散。广东进厂的伏台人都比较年轻，但大多数人刚进厂时仍选择与布僚居住在同一间宿舍，在日常生活中也多与布僚交流交往，使用共同的地方壮语。这样的布僚宿舍在形成自身团体的同时，也会排斥其他非同一族群成员的加入，如前文所述之"笑话"。这一共同的"语言保护区"，促使早期的伏台打工者中有不少年轻女孩外出一两年仍不会讲普通话，关系亲密且普通话较好的同乡是其主要的翻译者或代理讲话人。当前伏台新一代的广东打工族随着受教育水平的提高，以及受电视、电影等传媒的影响，普通话能力已经明显提升。不少人表示，嘴巴说并辅以一定的肢体语言基本可以同外地人交流，因此其交往圈也逐步扩大，但多数人的交际并未脱离同一工厂的老乡群体。

海南布僚菜农的主体是40岁以上的中年人，女性的学历水平较低，甚至多目不识丁。女性菜农一年四季的工作场所基本限于菜地中，很少有机会与当地人交流，基本不需要使用汉语，少有的交纳地租等与当地人交流的机会多由其丈夫应对；若丈夫刚好外出则请最近的布僚老乡代言。男性菜农承担的卖菜和采购各种工具等对外工作要求其掌握一定的汉语，但并不需太复杂，因为交流内容仍非常有限，如卖菜时的讨价还价只需简单的语言，购买各种用具常在布僚李荣天的店内完成。然而，一旦面对更复杂的环境，不少布僚男性菜农的语言也难以应对。当前城市中各种相对完善的公共服务机构是布僚菜农不敢轻易踏入的他者空间，如金融、教育、政府等机构。大多数菜农将卖菜收入以现金形式存放家中，直到子女前来时才到市内的银行储存。若没有人帮忙，部分菜农甚至选择回家时携带大量

分离、互动与调适

现金到老家的银行储存。虽然我已为父亲办好邮政储蓄卡，但父母宁愿每次回家时携带现金坐车，到老家的邮局储存。当我为其人身和财产安全表示担忧时，他们总是回答没事，这边的银行自己不懂，也很麻烦。每年我在海口期间，常常被老乡要求陪同到海口市内办理各式业务，如到银行存取钱、到市中心购买手机、到相关教育部门办理子女转学手续等。虽然仅仅是简单的带路、翻译和代笔，但常让这些老乡佩服不已，不断称幸好有你在，不然都不知如何处理。

53岁的菜农李敏说：

> 以前要给在外面读书的小孩转账，不得不到银行去，但是每次去都说半天，人家也听不懂，而且填表特别麻烦，不知道怎么填，有时候银行工作人员的态度还特别差。后来小孩放假过来的时候，我就让他尽量在开学要离开前把一学期的钱自己存够，钱不够我就先去借，免得（去银行）麻烦。①

可见，在布僚看来，与借钱、携带现金坐长途客车回家相比，到银行存取钱的手续要麻烦得多，布僚大都宁愿选择前者。相对男性菜农而言，女性菜农使用汉语的范围则小得多，甚至不少女性菜农到海南种菜十余年仍未能掌握交流所需的简单汉语。一位50余岁的女性菜农说：

> 我以前没读过书，刚来时根本不会说（普通）话，他们说什么我也听不懂。但是那时候地在村子旁，所以还是有一些当地人到地里买菜，我们也会到当地人家中挑粪水。每次遇到当地人，我都只能干笑，要请你叔（指受访者丈夫）出面；如果你叔不在家，只能喊不远处的布僚来帮忙说话。我想不能一直这样麻烦别人，就开始问你叔一些词怎么说，慢慢学，后来就能听懂当地人说的一些话，也会说一些简单的，至少可以跟比较熟悉的当地人打招呼。现在搬到这边后，离村子远，就很少能碰见当地人，也不用说普通话，有时候一个月都不用说

---

① 2013年2月15日访谈资料。受访者：李敏；地点：海口菜地。

一个汉字,这边菜地里基本是布僚。因为之前菜地靠近村里,需要跟当地人说话,我还学会一些,有几位老乡自从到这里种菜以来菜地一直远离村子,很少碰到当地人,那些女人一句(普通)话也不会说。①

另一位年纪相仿的女性菜农说:

> 像我们这样不识字的,很不方便,每次回家都不能一个人去坐车。我们种菜的,菜地也是一个家,有菜、狗、一群鸡,还有其他工具,都是需要有人照料或守着的,有时候老家有事,只能派一人回去。如果不是很必要,一般都是女的回去,主要是菜地里不能没有男人,没人去卖菜种出来的菜还不是坏掉,还有男人不关心老家的人情和习惯,回去也不知道怎么处理。女的回去路上要有识字的人一起才行,不然根本不敢回去。有一次,我要回去办理养老保险,你叔在喝茶时问了好多人,都没有布僚回家,(截止)时间又快到了,我当时打算让他送我上车,然后自己回去。当我把这个想法告诉我小孩时,三个人都不放心,说路上还要下车上船、下船上车,到南宁还要到安吉站买票上车,我不识字又不会说(普通)话而且还晕车晕船。他们都怕我找不到车找不到路,走丢了。后来商量过后,才派在三亚做装修工的二儿子送我回来,正好那段时间他活儿比较少。这样也很亏,多一个人就多花四五百块钱的车费。②

语言是文化的载体,也是对外交流的重要工具,不懂讲普通话的布僚当然意识到掌握普通话的益处,但环境的特殊性使其缺乏学习语言的紧迫性和必要性。布僚菜农生活空间的特殊性,促使其形成自己族群的语言交际圈。在这一圈子内共通的壮语方言畅通无阻,一些布僚即使不用学习普通话,仍然可以很好地在流入地生活,一部分人掌握普通话也足以应付偶尔的外来闯入者,为不识字不会讲普通话的成员提供语言保护。但这种

---

① 2011年2月1日访谈资料。受访者:黄恩之妻;地点:海口菜地及其家中。
② 2011年2月7日访谈资料。受访者:李化之妻;地点:海口菜地。

"语言保护区"的范围毕竟非常有限,当需要与外人交流时,具有语言障碍的布僚只能求助于懂得普通话的布僚;语言上的障碍也限制一些布僚的行动范围,无法在这一"语言保护区"之外的城市公共空间单独行动。

语言是一种重要的族群标志和边界。语言作为一种文化符号,与族群紧密相连,是族群认同的基础。① 在外的伏台人在与布僚说话时,都是使用自身的民族语言;与外人交往时则使用普通话,即使不会讲普通话,当环境需要与外人交往时,也必须克服困难学习普通话。坚持自己的语言,是坚持自我文化的一种姿态,学习他族语言,则是接近他族的一种表示。② 换言之,语言运用成为部分伏台壮族人在新环境适应过程中的一种阻碍,因此,他们在流入地的正常生活也是一个不断根据环境调整自我、学习新语言、克服语言障碍以适应新环境的过程。

二 娱乐方式

娱乐是社会个体或群体追求快乐、缓解生存压力的天性。马山县的壮族人在长期历史发展过程中创造出诸多具有民族特色的娱乐文化形式,如抢花炮、唱山歌、棋游戏等。永州地区的抢花炮活动在当代一系列的政治变革运动中逐渐销声匿迹,改革开放后基本无迹可寻;唱山歌和棋游戏则历经各种政治变革数度受到禁止后,仍然以顽强的生命力保存下来,直至20世纪90年代初依然受到村民的追捧。

壮乡通常被称为"歌的海洋"。山歌是壮人表达思想、抒发感情及交往互动的最主要形式。壮族人民在劳作之余、上山砍柴、婚礼仪式等众多场合,根据不同的情景,见景生情,即编即唱,或独唱,或对唱,或合唱,以表达某种思想或情感。棋游戏则是壮族人闲暇时的另一种娱乐形式。昔日,在伏台村头巷尾、山坳口、凉亭、大榕树下、村中地坪和乘凉休息的石板上,常常刻有或画有各式各样的棋盘,村民利用闲暇时间聚众开展各种棋类游戏。改革开放后,随着壮族地区对外交流的增多,收音机、放音机、扑克牌、麻将等现代娱乐工具开始传入,早期的外出打工者更是将港

---

① 周大鸣主编《中国的族群与族群关系》,南宁:广西民族出版社,2002,第120页。
② 王琛、周大鸣:《城市少数民族的社会交往与族际交流:以深圳为例》,载周大鸣、马建钊主编《城市化进程中的民族问题研究》,北京:民族出版社,2005,第124页。

第三章 新空间的文化适应：他乡生活

台流行音乐、时尚衣饰等带回家乡，使得民众的娱乐形式更加多样化。这些时尚、流行文化也是吸引部分青年外出务工的重要因素。因此当早期的青年人外出务工时，吸收和融入城市时尚文化并不需要太长时间，但多数在城市中打拼的务工者常常由于工作繁忙、生存压力大等而缺乏各种娱乐生活。

伏台早期在南宁的建筑工人，平时多忙于工地上的工作，每天繁忙而劳累，晚饭后大多数人更愿意拖着疲惫的身躯，洗漱后躺到床上睡觉。只有在雨天或工队暂时没有找到活时才可以休息，① 由于收入不高且工钱多在工程结束后才会统一发放，大多数人或在工棚中睡觉，或打扑克牌，或外出随便逛逛，等等。换言之，其闲暇时间主要是群体内部娱乐或自我消磨时光。在广东工厂打工的年轻人每天上班12个小时甚至更长时间，且一个月通常只有一天假期甚至没有假期，因而较少有闲暇时间，偶尔的假日其娱乐生活形式也比较单一，如打扑克牌、听歌、逛街、找老乡、看电视等。海口布僚菜农的闲暇时间更是有限，每天辛苦劳作，睡眠严重不足，仅在下雨天可以稍微休息，而这一时间的生活安排主要包括补觉、看电视、做家务、修补工具、走访附近的布僚菜农等。换言之，菜农的娱乐形式仅限于看电视、听收音机、观看山歌碟片等。总体而言，虽然城市中的娱乐项目五彩斑斓、娱乐场所遍地开花，但基本与城市中的打工者无关。由于收入限制、工作强度大、工作时间长闲暇时间少，大多数打工者闲暇时间的利用及日常娱乐形式仍明显不具备城市生活方式的特征。

此外，外出务工者闲暇时间的利用和单一的娱乐形式仍然延续着某些传统文化的因子。如年轻的打工者不仅接受港台流行音乐和摇滚歌曲，而且乐意接受壮族年轻歌手用壮语翻唱的流行歌曲；而菜农则喜欢听家乡的壮语山歌碟片，返乡时特意购买山歌碟片带到海口，酷爱者甚至时常请返乡老乡帮忙携带。2012年春节期间，我与在佛山市顺德美的公司打工返乡的伏台村民黄平隆聊到打工者在外的娱乐生活时，他说：

你知道吗？现在我们在外面不仅听流行音乐，还常常听土话唱的

---

① 当然这并不是打工者愿意看到的，因为大多数打工者认为自己本来就是出来挣钱的，根本不需要休息和娱乐，而是需要工作挣钱。

歌，有一个叫小阿信①的人用土话翻唱出很多流行歌曲，在我们布僚中非常受欢迎。这个人好像是大化县人，讲的话跟我们的差不多，唱的歌完全听得懂，很多人都喜欢。我觉得比较新奇，以前听的音乐都是普通话或白话的。普通话或白话我都说得不好，这些歌好听但很难学，平时最多跟着调调哼一下，根本不敢唱出口。现在听到土话可以唱流行歌，觉得很熟悉很亲切，只要我有空听歌都会选择土话唱的，然后跟着学，有时候还唱出来。反正其他人听不懂，我也可以骄傲一下。②

可见，语言认同仍然适用于布僚外出务工者的娱乐活动，年轻的打工者在自己的娱乐生活中不知不觉地融入自身的族群情感。

2011年春节期间，我在海口菜地走访时常常可以听到从菜农房子的影碟机内播出的山歌声，布僚则在屋边的菜地里劳作，边听山歌边干活。有一次我路过一位黄姓菜农家，正好听见女主人跟随房里传来的歌声哼唱。

我笑着打招呼说："婶婶，这歌好听吗？"女菜农笑呵呵地说："听着玩呢，反正电视和收音机我都听不懂，只能听这个。不过这个歌你们这代人肯定听不懂，我们年轻的时候就兴唱这个，在地里干活、山上砍柴都能听到歌声。现在时代变了，没有人唱，只能从影碟机里听到。"

我回答道："那你也可以唱，只管大声唱出来就好。"她仍然笑着说："算了吧，我就不要丢人了。现在连老家都没有人唱，在海南菜地里唱人家

---

① 后来我专门在网络上搜索"小阿信"的信息，即壮乡小阿信，真名陆正信，广西大化瑶族自治县共和乡水力村人。因用壮语演唱流行音乐飘红网络。2002年就读广西艺术学院音乐演唱专业，2004年开始在全国各地演艺城做歌手。在踏上这个舞台以后，不断地吸收各种不同风格形式的音乐。因为对自己母语的热爱和对音乐的执着，多次尝试用壮语以填词的方式改编流行歌曲，并一直不懈努力。2006年开始在网上发表专辑《壮乡小阿信壮语音乐1》《壮乡小阿信壮语音乐2》，共三十几首作品。许多优秀作品在壮乡引起强烈反响，所唱歌曲得到广大壮族同胞的认可与喜爱，网络点击率高达几千万次，在壮乡的大街小巷广为传唱。2009年开始创作壮语原创流行音乐，并为多个企业单位谱写形象歌曲。同年首发壮语原创单曲《木棉花开就回来》，赢得壮族同胞的认可，成了壮语网络人气歌王，并被誉为壮语流行音乐创作第一人。代表作有《教你说壮语》《木棉花开就回来》《我的心你不懂》《嫁给我吧》《征婚》等。其中共和乡水力村在20世纪80年代中期以前归属马山县永州乡管辖，后行政机构调整后才划归大化县，均为壮族人，持壮语，两地村民往来密切，文化习俗和语言没有太大差别。

② 2012年1月16日访谈资料。受访者：黄平隆；地点：伏台村口。

还以为我疯了。我刚开始跟着哼的时候你叔还说我了呢。"

2019年春节我在南宁菜地开展田野调查时，仍能看到在菜地旁制作豆腐出售的伏台村民黄彩生（57岁，男）用手机播放山歌欣赏，且毫不隐讳地向我谈他们这代人对山歌的酷爱。①

由此可见，一些老一辈的壮族人仍然酷爱山歌，只是由于时代变迁、环境变化，他们将这种爱好埋藏心底。虽然他们不能再像过去一样，随时聆听原野里、山谷间、河流旁传来优美和嘹亮的歌声，以及来自自己的智慧和情感之歌的回应，但他们至少可以听听来自影碟机或手机播放的山歌，或默默倾听，或随口哼唱，或对山歌内容进行评价。总之，壮族代耕菜农的娱乐形式虽然简单，但在某种程度上仍默默延续着自身的文化传统。

三 宗教信仰

当前学界对流动人口在流入地的宗教信仰适应性研究不多，而少量的研究成果主要集中在城市穆斯林的宗教适应性方面，如周大鸣、马建钊主编的《城市化进程中的民族问题研究》及陈晓毅、马建钊主编的《中国少数民族的移动与适应》所收录的几篇论文或以此为研究主题或从侧面探索。② 城市穆斯林的宗教适应之所以受到重视，是因为穆斯林宗教信仰的外在符号（如清真寺、戴白帽等）与汉族的宗教有明显差异，其禁食猪肉等饮食禁忌与汉文化喜食猪肉的习惯直接相悖，极易引发冲突，故更受关注。相反，非穆斯林少数民族宗教信仰的外在特征与汉族差异不明显，也较少存在宗教禁忌上的强烈冲突，因此研究者倾向于认为其适应不存在问题。宗教信仰作为城市少数民族流动人口重要的精神寄托，其对民族成员的适应、文化传承等方面的重要性毋庸置疑，只是部分少数民族流动人口在面

---

① 2019年2月13日于南宁兴宁区三塘镇菜地田野调查获取的资料。
② 刘朝晖、杨正军：《都市里的"拉面馆"：厦门市外来穆斯林的城市适应研究》；马强：《伊斯兰"乌玛"精神与广州穆斯林哲玛提》；张莹、马京：《迁移者的文化适应与社会调适：一个昆明回族移民"城中村"的研究》，均载周大鸣、马建钊主编《城市化进程中的民族问题研究》，北京：民族出版社，2005。陈晓毅、马建钊：《珠江三角洲城市外来少数民族的流动与适应——一个人类学的视角》；王玉霞、马维拉：《珠江三角洲城市外地穆斯林人口现状调查及对策研究》，均载陈晓毅、马建钊主编《中国少数民族的移动与适应——基于广东的研究》，北京：民族出版社，2007。

对强大的汉文化时，更愿意将自身宗教文化"潜藏"，以尽可能融入以汉文化为主体的城市文化中。然而，这些宗教信仰在特定情况下仍然发挥着作用。

如前文所述，壮族虽然没有形成系统而统一的宗教，但其以自然崇拜、祖先崇拜、鬼神崇拜为主，夹杂着复杂的神祇系统和万物有灵信仰①，而构成的宗教信仰体系仍然较为复杂。这一宗教信仰体系直接影响着壮族人的思想观念与实践活动，包括外出务工的壮族人。对于在外务工的伏台人而言，由于居住较为分散，在流入地的宗教活动多限于家庭形式，只要条件允许壮族人定会在租住的房屋内设神龛，逢年过节进行祭祀。南宁的建筑工因居住地多为临时搭建的棚子，且常随工地而移动，加上距离老家不远，逢年过节均可返乡，所以一般较少开展宗教活动。广东的打工者，若住集体宿舍则基本没有宗教行为；若在外租房住并养育有未成年子女，常在房内设立花神婆神龛，逢年过节必祭祀以求神明保佑子女平安健康；若条件较好，所租住房屋有大厅则在厅内设祭祀祖先和神明的神龛，亦常祀之。与前二者相比，代耕菜农因拥有自己的"房子"，以及相对独立的环境，宗教活动更加丰富。

海口菜农搭建的棚屋面积虽然有限，但常按老家习俗在正对门口的墙面上设置神龛。与老家相比，菜农的神龛往往比较简单，仅摆放香炉 1 个、杯子 3 个、筷子 3 双，并在墙上贴上"福"或"春"字（见图 3 - 2）；若菜农身为道公或师公，则其神龛除了摆上香炉、杯筷，通常会贴上红纸书写的各式神明名称，如"金堂赞教四圣灵应真君之神位、黄②门堂上历代高曾祖妣（考）宗亲位、九天应元雷声普化天尊之神位、上宫南唐六国天娘花王圣母位、本龛道释儒三教圣贤高真之位、本音通天五祀司命定福灶君位、北极镇天真武玄天上帝之神位、十方无上道经师三宝天尊之位、玉堂主教五师大法真君之神位、南无大势普贤象王菩萨之神位、土府九垒真皇

---

① 壮族人认为，山中花草树木无不有灵，尤其是奇花异草，怪藤怪树，长得异乎寻常的，莫不以为神。有的树被奉为神树，禁止砍伐，逢年过节进行祭祀。此外，壮族人对日、月、雷、风、山（洞穴、山脉）、河水、火、蛙、牛、狗、树、草等也有崇拜，认为它们的喜怒哀乐会给人类带来福音或灾祸。

② 户主道公黄英生为黄姓，此处可根据户主姓氏而变。

第三章　新空间的文化适应：他乡生活

大帝之神位位下、南无大慈大悲灵感观世音神位、南无本师释迦牟尼文佛金莲下、南无十方三宝上八位金仙莲下、南无本尊地藏王菩萨之神位、都天致富职掌财帛星君之神位、三元天地水三官大帝之神位、南无大行文殊狮利菩萨金莲下"（见图3-3）。除了设置神龛，若菜农家中有未成年人尤其婴儿在菜地生活，常在其父母的床头设花神婆的神龛，即设一个小香炉，炉内插一朵道公或师公手工制作的纸白花。这两处神龛都是菜农举行家庭宗教仪式的主要场所，菜农在各种传统节日中，仍然会传承家乡习俗，到神龛上香祭祀。如春节期间常将驼背粽放到神龛上，待正月十五过后才取掉；农历三月三制作糯米饭祭祀；农历七月十四常用各式颜色的纸张剪成纸衣服，祭祀时在神龛前烧化，后拿到水边倒掉；等等。此外，若菜农因故返乡，在离家前日晚饭前仍需上香祭祀，出门前也会在神龛前上香。

图3-2　菜农菜地家中的神龛　　图3-3　道公菜农菜地家中神龛

布僚宗教仪式施行者中也有少部分人在外务工，如伏台道公黄英生即长期在外谋生。1995年，黄英生夫妇即随其子老同的父母到海口种菜。2007年，二人迁回南宁种菜，随后又改为养猪。在海口种菜期间，他是海口布僚菜农唯一的宗教仪式施行者，在菜农的宗教生活中发挥着举足轻重的作用。如果布僚菜农遇到各种需要道公解决的事情，常请其到家中念经施法。道公受到邀请后，算好吉日并通知户主，其在出门前常需洗漱收拾干净，在自家神龛前上香请神，到户主家中做法事返回后亦需上香谢神。

分离、互动与调适

由于菜地的道公仅他一人，其法事只能针对仅需要一位道公即可解决之事，若是大型法事，菜农只能返乡处理。道公念经施法一般在菜农菜地房内神龛前，法事施行的方式和过程相对简化，尽可能去除各种让他者看到或听到的公共仪式和表演，即不需进行各式身体展演和敲打法器，只需默默将经文念完，焚烧所需物品。对此，黄英生说："这是在外地，尽量不要弄出各种动静，免得打搅当地人；当然各种程序还是需要走完，该念的经文、上香、添酒、焚烧纸符等都必须完成。"黄英生到南宁种菜后，依然从事各种宗教活动，即为外出务工的布僚做各种法事。2012 年 6 月 19 日，我到其南宁家中拜访时，他说：

> 南宁这边也有很多布僚，基本知道我在这边，家里有事情要做就会打电话给我。现在做的事情比较多和杂，比如驱邪赶鬼、算命、安神位、乔迁新居等。以前种菜时去做这个事会比较麻烦，晚上出去就会耽误卖菜，但是既然做这行，一旦有人请就必须去，再远的路都不可以拒绝。你看今天出去这一家就很远，我看了摩托车里程表来回 70 多公里，不过一般户主都愿意另外加油费。因为做这个事情，种菜很不方便，后来才选择养猪。养猪没有太多时间限制，有时候你婶一人喂猪就可以，我只要有空时做其他事情就好。①

道公黄英生离开海口后，海口的布僚菜农遇到事情时只能让留守亲人帮忙请道公在老家解决，或自行返乡处理。在海口时，当谈到鬼神等宗教现象时，常听到菜农说起黄英生在海口种菜时给布僚带来的便利，其中一位菜农说：

> 以前特英（指黄英生）在这边（海口），遇到这些事情都很方便，只要打电话把他请过来就解决了。现在很麻烦，有什么不好的事情，我还得亲自回老家请道公做。这种事情不信还不行，整出点事来，我们日子就更不好过了。

---

① 2012 年 6 月 19 日访谈资料。受访者：黄英生夫妇；地点：南宁养猪场。

第三章 新空间的文化适应：他乡生活

2015年，随着自身影响力的扩大和业务量的增加，加上养猪效益下滑，黄英生一家放弃养猪业，其妻在一个集市租摊位卖菜，黄英生则专为他人做各种法事。他说："现在一年还会去海口菜地好几趟，那边的布僚有事情需要解决也会支付来回车费请我去。"① 黄英生在海南种菜的十余年间，经常行走于布僚菜农家中做法事，不仅满足了代耕菜农宗教信仰的需求，而且成为传递菜农信息的重要渠道和连接菜农社会关系网络的重要桥梁。他离开海口返回南宁后，再度成为南宁代耕菜农中的重要人物，甚至部分海口菜农遇到事情时，仍愿意支付往来路费请他前来处理。可见，菜农中的宗教仪式施行者通过日常到各家各户开展小型的宗教仪式，既满足他乡布僚最基本的宗教心理需求，也发挥着连接菜农之间关系网络的桥梁作用，还延续了家乡的民间宗教信仰文化。

当然，菜农的宗教文化实践仍然限于布僚社会成员之间，其与海口当地人的宗教信仰仪式处于两个世界，二者没有任何交汇。布僚居住相对集中的海口村落——儒益村目前仍保留着当地的宗教信仰习俗。村落中有祠堂和民间信仰庙宇多处，村民在过年过节或家中有重大事情时也常到这些场所开展各式宗教活动，尤其在过年期间，村落还会组织集体性的神明游村仪式，即将庙内神像抬出游村巡境，以消灾祈福、保境安民。与当地人的外显性宗教活动相比，菜农的宗教仪式则显得更加低调。究其原因：一方面，布僚菜农是分散地来自永州镇及周边地区的各村落，且作为外地人促使其具有游离暂居的心理，因此菜农之间无法形成如家乡同一村落村民般的凝聚力和认同，加之宗教仪式施行者的缺乏，其无法组织集体性的宗教仪式；另一方面，与布僚菜农作为外地人的自卑心理不无关系，菜农认为，自己的宗教活动行为并不是光明正大的，作为外地人被当地人看到很不好，说不定还会给自己的正常生活带来不必要的麻烦。

总之，布僚菜农在流入地的生活，虽然与家乡整体的社会环境、宗教氛围、仪式空间、祖先和神明等形成空间分离的状态，但他们并没有完全割断与家乡的联系，也没有放弃自己的民间信仰和祖先崇拜，而是利用各种有限的条件，通过不断调整和适应，逐渐形成一种既延续家乡传统又产

---

① 2018年2月19日访谈资料。受访者：黄英生；地点：其伏台家中。

生一定变异的信仰习俗，从而避免自身成为没有任何精神文化支撑的经济利益至上的群体。

四 思想观念

思想观念即人们对事物的观点、看法和评价，涉及范围非常广泛。下文拟对流动人口在新环境中某些较突出的思想观念进行描述，如空间观念、民族意识、心理层面等。

（一）空间观念

尚未外出务工前，大多数伏台人的活动空间多局限于以村落及集市为中心的周边范围，少部分人因外出卖菜或开展其他交易活动范围可能扩大到周边集市。外出务工不仅拓展村民的生活空间范围，而且实现文化空间的跨越，外出者通过自身的"体化实践"① 实现了空间认知的更新和扩展。对于从未外出的村民而言，其空间认知仍非常有限，部分老人即使能够接触到外出子孙对外界空间的描述，认知也依然有限。

在谈及二代身份证办理时，就有老人说："我这辈子连永州街都没有离开过，办理身份证有什么用？进入70岁以来，上街次数更少。还要到派出所照相、填表、交钱，我不识字，说不定哪天就死了，不想浪费那些钱。"老人所述"永州街都没有离开过"虽然有点夸大，但对于部分老人来说，其活动空间确实仅限于集市及有亲属关系的一些周边村落，而这些村落常常距离伏台不远，且处于永州镇管辖范围之内。对于老人的空间观念，曾经在深圳一个手套厂打工的特明说：

> 我奶奶90多岁，之前我第一次外出打工回来时跟她说深圳很大。她说有多大，我还真不好介绍，只能说有我们很多个村子那么大，但是都是楼房。她很奇怪地回答说，那村子里的人能相互认识吗？平时村落怎么集会呢？我后来想想奶奶这辈子都没出过永州，说也说不通，只好随便说了一下。

---

① 〔美〕保罗·康纳顿：《社会如何记忆》，纳日碧力戈译，上海：上海人民出版社，2000，第91页。

第三章 新空间的文化适应：他乡生活

伏台最早到海口种菜的村民黄年隆说：

> 外面那么大，村里有的老人还以为广东跟我们老家一样，就一条街。我刚从外地回来，村里的老人见面就问，你从哪里回来啊？我回答说广东。他立刻问：我们家的小孩某某也是在广东，你碰见他没有？我都不知道该怎么回答。这些老人不知道广东那么大，即使同一个城市同一个区，见面的机会都很小，甚至一个工厂，上班时间不一样，忙起来也见不着面。每天晚上加班到十一二点，回去倒头就睡，没有事哪还有心思去见其他人啊。①

由于空间观念的限制，早期的外出者对城市空间规则比较陌生。如前文所述，不少刚进入城市的伏台人不会看城市的红绿灯，只能观察行人是走是停然后跟随；一些伏台人初到城市时不敢一人外出，甚至第一次外出时一直盯着同伴，以防走丢。城市里的许多空间与他们无缘，如银行、邮局、政府部门等。海口菜农的举止亦然：他们宁可将血汗钱藏在屋棚中的某个角落直至发霉，也不愿承受到银行存款带来的麻烦；他们宁愿冒着遗失这些血汗钱的风险，将大量现金随身携带返乡，也不愿到所在城市的银行存款；他们常常尽可能为求学子女备足一学期的学费和生活费，当积蓄不足时宁愿承受向老乡借款的麻烦，也不愿自己到银行为子女转账或寄钱。城市内的一些空间在特定的时间也将他们隔离，例如，他们只能在早上菜市开始前将菜出售给菜贩，菜市开始后必须离开，否则将可能被某些管理部门驱离甚至处罚；他们只能在特定时间和空间才可以使用自己最常用的交通工具——无牌照的三轮摩托车。

此外，菜农的活动空间一般仅限于菜地及其最近的集市，女性菜农的生活空间甚至只限于菜地中，基本与城市空间无缘，仅每年往返时才有机会从车窗外目睹城市的面貌，以至于很多女性菜农到海口耕种近十年都从未去过市中心。因此，外出务工者虽然见识到大都市的繁华，但作为边缘人，很多人并不认同也难以适应大都市的生活空间和生存环境。当然，布

---

① 2012年4月15日访谈资料。访谈对象：黄年隆；地点：伏台黄团世家。

僚菜农由于大多是中年人，其适应能力相对较弱，而在外务工的伏台年轻人往往在经历初次的陌生后，经过调适仍然可以很快适应城市的空间规则，他们大多对城市中的交通规则、公共设施、公共管理机构等并不陌生。

（二）民族意识

伏台所属的永州地区5.6万人中分布着汉、壮、瑶三个民族的成员，其中壮族人数最多，占90%以上；瑶族次之，仅2000多人；汉族较少，多是嫁入或调来工作的外地人。其中定罗村人虽操壮语且被政府认定为壮族，但他们大多自认为是汉族或客家人。因此，全镇以壮族为主，壮语是最基本的通用语言，壮族文化是主体文化，换言之，在永州境内壮族是人口最多的民族，汉族则是"少数民族"。历史上，壮族自身支系众多，且各支系间的经济文化复杂多样，因此，新中国成立后，虽然在政府帮助下统一族称，但许多壮族人并不知道自己是"壮族"，缺乏"壮族"的民族认同，大多数人仍维系着支系认同或地域认同。永州地区的壮族人，通常认同的我族群是"布僚"或"布土"，而对他者族群的称呼中，"布弄""布陇""布瑶"指生活在山中的瑶族人；"bou sei"即讲汉语的人，"bou heg"则指客人，而没有"壮族"的说法与认同。当地人对于"壮族"的认知仅在文字或"身份证"的族籍上，目前为止，大多数老人仍不知道自己是"壮族"，也不知道"壮族"意味着什么。

对于在外务工的伏台壮族人而言，族群认同的边界通常会根据情境划分为几种，即布坂僚、布僚、布土、壮族、老乡等。其中布坂僚即伏台村的人；布僚指永州镇附近讲共同壮话的人，也包括布坂僚；布土即讲土话的人，也包含前二者，以及与自己壮语音调有异的其他壮族人；壮族有时与布土共用，但还包括语言有异的其他壮族人；老乡则是所有广西人。因此，在外务工伏台人的族群认同常根据族群边界的划定而界定自身所属的族群，如在布僚中，有布坂僚和他坂僚之分，即同村的自己人与他村的自己人；在都是讲壮语的布土人中，又分为布僚和非布僚；当以海南当地人为边界时，则称自己为布僚或布土，而海南人为布海南；当与众多省份的人在一起时，则称为广西人，或壮族人。

2011年1月，从三亚回海口的车上有我、小江、妹妹、表弟老二、老乡蓝宇。这几人中小江系江西人，不会说壮语，其余四人都会讲壮语，但

第三章　新空间的文化适应：他乡生活

蓝宇是广西大化县壮族，所讲壮语与我们有较大差别，但基本可以沟通。然而，在平时与其交流中我们很少用壮语，而用普通话，在当日车上亦然。聊天过程中，当谈到壮语和壮文时，表弟老二说："你们知道吗？我们壮族是有自己文字的，每张纸钞上都印有壮文。"作为一位民族学专业研究者，我当然早知此事，但仍想听他继续说下去，故并未打断他的话，而是问："你怎么知道的？"他回答道，"我以前也不知道，有一次一个东北人跟我说的，我说我是壮族，然后他就跟我说人民币上有壮文，于是我拿出来看果然如此"。于是，表弟拿出一张 100 元面值的人民币，指着其中标出的拼音壮文 "Cunghgoz Yinzminz Yinzhangz itbakmaenz"，念道："中国人民银行一百元。"随后补充道，"其实以前我爸还学过壮语，小时候我还见过他的壮文书"。我用专业的好奇心问道："那这些书现在还在吗？"他回答说，早都不知道扔到哪里去了。随后，他继续讲述自己对壮族的看法，说："以前在家谁管他是壮族还是什么，反正大家说的都是同一种话，出来打工看到外面的人讲话跟我们不一样，才知道壮族是这样的，而且有一些讲话跟我们不一样的老乡也是壮族。我们跟他们讲的话差别还是很大，平时也不会用壮语跟他们说话，都是用普通话。不过和他们聊起老家的节日还是有很多相似的地方，比如说春节的驼背粽、三月三的五色糯米饭等。"

可见，永州地区布僚的壮族认同主要是在外出打工后，与外省人相比较之下才体现出来，大多数人对本民族与他民族的差异并不了解。有些本民族文化甚至是在他族成员的提醒下才变得清晰，如正是一个东北人的提醒，表弟才意识到人民币上有壮文，也正是这一提醒使他能够回忆起更多壮族相关的文化和知识，如小时候父亲的壮语教材等。

布僚通过自身的社会网络到他乡谋生，原本就是人数不多的族群，且分散于他乡都市或都市边缘的他者空间环境中，族群成员之间在衣食住行等外在表象上基本同化于汉文化的世界中，因此从外表上几乎无法区别于其他族群成员。对于他乡的布僚而言，区分我族与他族之间的重要手段是语言差异。共同的壮语方言已经不仅仅是地缘认同的纽带，更是在异族他乡族群认同的标识。伏台村民黄团世在东莞打工时，正是在上班路上听到坐在路边的陌生人用布僚话聊天，才判断是自己人，并上前打招呼，最后相互结识。我在海口的数次经历也得以印证。有一次，我在海口同弟弟、弟妹约一位同龄老乡到市区玩，弟妹初次在海口菜地出现，大多数人并不知道她是布僚。在刚见面时，我和弟弟同这位老乡因熟识见面聊得比较开心，同时也下意识地认为弟妹老家的村子与这位老乡的老家距离很近应该都认识，所以并没有进行介绍。而这一过程中弟妹也一直没有机会开口说话。突然，这位老乡用家乡话问："这位是吃玉米糊糊的，还是吃稀饭的？"我们才意识到这位老乡不认识弟妹，都哈哈大笑，说："是布僚。"弟弟补充说："我以为你们认识的，她们村是谭清的，离你们家很近。"这位老乡的问话中"吃玉米糊糊"指讲壮语的布僚，而"吃稀饭"则指讲普通话的外地人。由于自见面后作为布僚的弟妹一直未开口说话，故这位老乡无法判断其是否属于布僚。可见语言仍是异乡布僚进行族群区分的最主要标志。

此外，海口的布僚还通过对菜农看门狗的反应区分户主是不是布僚。父母常提醒我说："菜地里每家都养狗，你去串门在靠近老乡房子时要小心，这些狗一般都能听懂布僚话。比如我们家的狗就可以听懂布僚话，因为我们在菜地都说老家话，跟狗也讲老家话。布僚来我们家的时候，狗也会叫，但只要来人用布僚话喊几句，狗的叫声就会减弱甚至停止。而如果来人不说布僚话，狗会一直叫不停，反应也会很激烈，尤其是海南人路过时吼得特别大声，还拉着绳子往外扑。所以你去其他人家里时，靠近房屋如果听见狗叫，要用布僚话吼一声，他们家的狗一般就不会叫得特别厉害，也不会扑上来咬你。"这些叮嘱我一直牢记于心，因此每次靠近其他菜农房子听见狗叫，我就会照办，此时狗叫声即会减弱，主人也会寻声出门迎接。当然，不管布僚的看门狗是否真有这样的语言识别能力，但这也可以看出，布僚已经通过语言和行动赋予其看门狗具有通过语言识别我族与他族的能力。这或许只是一种布僚的意识建构，但足以体现语言对于布僚实现自我认同的重要性。

总之，外出布僚在交往互动的过程中，语言仍然是区分我族与他族最重要的标志，语言相同的支系仍然是认同的关键和核心，而以"壮族"为认同标准的情况并不多见，即使是面对文化比较类似的其他壮族人，对于布僚来说更多情况下仍将其置于他者的认同位置上。

（三）心理层面

当社会个体或群体背景发生变化时，他们在原有文化背景下形成的心理状态就成为一种心理背景，而在新环境中出现的心理反应首先落在这个心理背景上。这时候，如果新环境中的心理反应同心理背景协调，就说明这个社会个体或群体对新文化背景适应。否则，心理活动不协调，就无法适应新的环境。①

朱力在有关中国民工潮的研究中指出，心理适应是进城农民工适应的最高等级。农民工只有完成心理的适应，才能算完成真正意义上的适应过程。② 因此，心理适应对于研究流动人口的城市适应至关重要。流动人口第一次离开熟悉的家乡，进入完全陌生的新环境，在思想和心理上容易产生较大的波动。对此，美国学者理查德·谢弗（Richard T. Schaefer）曾指出：部分处于异地异文化中的流动者可能感到焦虑、不知所措、不适应，甚至害怕，产生人类学所谓的文化震撼（culture shock）现象。文化震撼③最早由美国人类学家奥博格（Kalvero Oberg）于1960年（一说是1958年）提出。他把这一概念界定为"由于失去自己所熟悉的社会交往信号或符号，又不熟悉对方的社会符号，而在心理上产生的深度焦虑症"，这种"深度焦虑症"主要表现为面临完全陌生的环境时所产生的一种迷失、疑惑、排斥甚至恐惧的感觉。④ 文化震撼不仅发生在民族之间，在不同的社会群体之间、地区之间也会发生。农村人到了城市，会对喧闹、快节奏的城市文化不适应。⑤ 对于进入城市或城市边缘地区谋生的伏台布僚而言，一方面是作为少数民族进入以汉文化为主体的异文化中，另一方面是作为农村人进入城市社会环境中，这种双重身份使其适应面临着更多的问题，文化震撼更是值得关注。

如前文所述，初次到城市的打工者面临着诸多不适应，如物质方面的气候环境、衣食住行、谋生技能，制度方面的社会管理制度、社会保障制度及社会关系网络，精神层面的语言、宗教文化等。这些方面的不适极易

---

① 郑杭生主编《社会学概论新编》，北京：中国人民大学出版社，1987，第411页。
② 朱力：《中国民工潮》，福州：福建人民出版社，2002，第275页。
③ 文化震撼是人类学描述不同文化交流时发生的不适现象，又译为文化震惊、文化冲击，或形象化地译为"文化休克"。
④ 马旭：《少数民族流动人口城市适应研究——以武汉市为例》，博士学位论文，中央民族大学，2007，第44页。
⑤ 郑杭生主编《社会学概论新修》，北京：中国人民大学出版社，2003，第74页。

影响流动者的心理状况,甚至出现心理障碍,而缺乏排解手段和克服能力较弱者则出现心理疾病。我每次回乡,都能听到有关伏台或周边外出打工者出现精神分裂的故事,在伏台目前至少有 6 名年轻人曾患有被害妄想症或自闭症等精神疾病,与外出务工潮出现前只有 1 名精神病患者的伏台相比,这一数字已经比较惊人。这些人在外务工时常处于恐惧状态,总感觉被人议论、被诬陷、遭人暗算、财产被劫等,这一症状在医学界被称为被害妄想症。当这些年轻人出现这种症状时,常常会选择回到家乡吃药治疗、休养,同时按照民族习俗请师公施法禳灾解祸,一旦症状好转又会继续外出务工。在田野调查过程中,这 6 名年轻人在出现精神分裂前的工作具有如下共同特点:都是在珠三角工厂中打工;所在的工厂每天至少工作 12 小时,且常年加班。在这里,我不能判定这些人患病的原因肯定与外出务工直接相关,但外出务工过程中,长期的工作压力带来的痛楚也一定是致病的重要因素。潘毅在所著的《中国女工——新兴打工者主体的形成》一书中对女性打工者的外出背景、工作环境、工作过程等进行详细描述,尤其是女打工者阿英夜间无法控制的持续性噩梦和尖叫让人震惊。对此,作者指出:

> 阿英的梦魇可以被解读为她实现自己现世存在的轨迹以及自由与抗争的终极可能性。国家、全球资本主义以及父权制的三重张力让她深陷囹圄:追求工厂生活换来的却是一副一副孱弱的身体,性欲和道德压力的矛盾令她紧张焦虑,婚嫁文化与国家对其流动性的管制则将她困在中间,使她进退两难。阿英身体的痛楚,烙着社会和文化创伤的印记,在她的生命中一再重现。①

虽然伏台出现精神疾病的务工者不都是女工,但并不妨碍工厂生活给打工者带来创伤的解释。不仅仅工厂中的打工者,海口的菜农也曾经出现两例被害妄想症者,二人也具有某些共同点:均为男性;患病时到海口种菜不足一年;由于经验不足,种菜效益不高,甚至欠其他老乡一些债务;有子女在

---

① 潘毅:《中国女工——新兴打工者主体的形成》,任焰译,北京:九州出版社,2011,第 189 页。

海口上学；等等。患病后二人都返乡到医院治疗，同时请师公到家中作法，症状好转后再次返回海口种菜。总之，外出过程中的不适使部分外出者出现精神障碍，而一些人甚至由于身体不适和精神压力而自杀。

2012 年 2 月 1 日，农历大年初十，一名 20 岁的青年女子在伏台村口服农药（甲胺磷）自杀，最终抢救无效死亡。女孩虽不是伏台人，但其母亲娘家在伏台，自小在伏台跟随外公外婆一起生活，一直到长大外出务工才离开伏台。女子在务工过程中已患有疾病，但一直咬牙坚持而没有到医院检查，直到这次返乡过年才去医院检查并接受治疗，但症状并未好转。主要症状是背部经常疼痛难忍，四处求医均未能治愈。对此，这名女子曾多次提到：我活着这么难受，如果治不好，以后不能出去打工也没有意义了，死了算了，哪天买瓶药，吃死一了百了，等等。家里人看到她这样也多次相劝，同时将她的钱全部收起，以防她真的想不开买药自杀。但她谎称自己要买鞋，从家人处拿到两百元钱购买甲胺磷，服毒身亡。针对女子自杀的原因，当地村民有两种说法：一种说法是无法承受的病痛，看不到治好的前景而自杀；另一种说法是某位亲戚把她打工赚来的血汗钱私吞，导致其想不开自杀。据称，该女子长期在外打工攒下不少钱，数额在数万元，寄存在一位姨妈手里，但后来这位姨妈不认账，认为她没有那么多钱，最多只有几千元，因此该女子想不开才自寻短见。由于对女子外出务工期间工作状况所掌握的资料非常有限，所以很难判断其患病原因是否与其工作情况有关，但从女子所说的"以后不能出去打工也没有意义了"等语言可以看出打工在当地人观念中的重要性。同时，女子自杀的时间"农历大年初十"，正是当地众多年轻人纷纷离开家乡再次踏上务工征途之时，这或许也从另一个角度印证女子的说法。

继这名女性在伏台村口自杀后，2013 年春节前夕伏台又一名女性在家中挥刀割颈自杀，这再次轰动永州及其周边乃至南宁、海口、广东各大城市等有永州壮族人务工的地域。2013 年腊月二十六日下午①，伏台一名 30 余岁女性在卧室中用菜刀在喉咙上连割数刀自杀身亡。当其丈夫晚上七点多发现时，其已经在家中死亡，后经镇卫生院和派出所认定确属自杀。村

---

① 2013 年春节我在海口开展流入地的田野，所以整个事情都依赖于同多位村民通电话了解，并不断补充整理。

民多将这名女性自杀的原因归结为精神抑郁，想不开。她不喜欢同他人交流，夫妻吵架、丈夫嗜赌彻夜不归、工作压力大等不如意的事情全都憋在心里，每天除了上班加班就是上班加班，后来彻底爆发。前年她曾打算到邻村感益屯河段跳河自杀被人制止，后来在家治疗过几个月。可能并未完全治愈又开始外出务工，去年在广东打工期间曾数次拿剪刀割腕自杀，被人发现后阻止。事件发生在临近春节时，大部分外出务工者已经返乡，因此村内的热闹一定程度上消除了事件带来的恐怖气氛，同时众多年轻人的帮助也使事情处理得更加顺利。① 对此，有个年轻人感叹说："幸好是过年，回来的人多，平时的话村里都没有年轻人，这事就不好办了。"这话被旁边一位老人听到，老人立即回道："瞎扯，你说平时会有这样的事情发生吗？你们都不在哪有这些事。"老人这句话的一个潜在的意思是，只有外出务工的人才会想不开自杀，即自杀事件与外出务工年轻人接受的事情、思想观念等有关，若不是外出务工村落中或许不会有自杀现象。当这一事件通过电话传到海口菜地时，菜农们纷纷表示不可思议。一位伏台菜农听闻后，说："用刀割喉咙自杀，而且还割好几刀，这是要多恨多想死才可以做得到，多么残忍的事情。我活 50 多年了，从来就没有听说我们那里以前发生过这样的事情，现在也不知道怎么了。"这位村民觉得自杀已经是少有，用刀割喉咙的方式更是令其难以接受。当然，这名女性自杀的原因或许是复杂的，但同精神抑郁相关，这种精神问题依然与外出务工存在某些方面的联系。连续两年的自杀事件都是如此，这不能不令人担忧。

有关自杀的研究早在一百多年前的欧洲已受到学者、哲学家和医生的关注。而 1894 年迪尔凯姆《自杀论》的出版，则被认为是自杀的科学研究进入体系化阶段的标志。② 迪尔凯姆在其《自杀论》中谈到，自杀的发生就是人性中社会性和个体性的失衡导致的。利己型自杀是因为个体性部分压倒社会性部分，利他型自杀是因为社会性部分压倒个体性部分，而失范型

---

① 按照当地规定村落在举办斋会后四个月零四天内若有人去世不允许举办葬礼，只能直接将棺材抬出掩埋，过后择日补办葬礼。伏台年前一个月才举办过斋会，仍在禁止举办的时间内，所以自杀者不能举办葬礼。因为是自杀，必须将尸体抬到医院和派出所等地检查诊断后才可以掩埋，所以程序更加复杂。而自杀为凶死，死者冤魂将会变为恶鬼，加上不举办葬礼恶鬼很可能常常作祟，危害一方，因此变得更加恐怖。

② 〔加〕布施丰正：《自杀与文化》，马利联译，北京：文化艺术出版社，1992，第 7 页。

自杀，则是社会的剧烈动荡导致二者都无法适应。① 无论是迪尔凯姆还是现代精神医学，一个基本的假定就是，自杀总是发生在非正常状态下，要么是一个社会偏离了正常状态，要么是一个人的精神状况偏离了正常状态。② 当然，自杀的原因是复杂的，每一个自杀事件背后都有一个复杂得说不清的故事。③ 而伏台连续两年来发生在女性外出务工者身上的自杀，也不能单单以个例或偶然现象来解释。尤其是从两名自杀者生前的经历、言行，及村民的评价都可以发现，其自杀原因与外出务工都有直接或间接的关系，这可以体现在个体外出务工过程中的工作压力、接受的新观念方面，也可以体现在外出务工对村落社会和个人的重要性方面。

本章小结

按照文化适应三个层面的观点，文化适应可以表述为：人类个体或群体在面对特定自然环境、人文环境的压力时，为了谋取自身的生存和发展而在物质层面、制度层面和精神层面所采取的调整行为。因此，从本质上说，文化适应是人类的一种生存、发展策略。④

三个层面的文化适应分析模式可以更加清晰地理解纷繁复杂的文化适应问题，但需要强调的是，文化适应的三个层面并非孤立存在、截然分开，而是在很多方面相互交叉、相辅相成，甚至在某种程度上是一体的。物质文化体现人与自然等外部环境的关系，制度层面体现人与人之间的关系，而精神文化则反映人与自我的关系，但物质文化、制度文化也表达一定的精神观念，精神文化则依靠物质文化和制度文化得以展现。⑤

伏台壮族人离开家乡熟悉的原空间环境，进入流入地新的空间环境中

---

① 〔法〕埃米尔·迪尔凯姆：《自杀论》，冯韵文译，北京：商务印书馆，1996，第346页。
② 吴飞：《自杀作为中国问题》，北京：生活·读书·新知三联书店，2007，第14页。
③ 吴飞：《自杀作为中国问题》，北京：生活·读书·新知三联书店，2007，第86页。
④ 马建钊、陈晓毅：《城市外来少数民族的文化适应：以深圳"中国民俗文化村"员工为例》，载周大鸣、马建钊主编《城市化进程中的民族问题研究》，北京：民族出版社，2005，第113页。
⑤ 马建钊、陈晓毅：《城市外来少数民族的文化适应：以深圳"中国民俗文化村"员工为例》，载周大鸣、马建钊主编《城市化进程中的民族问题研究》，北京：民族出版社，2005，第113页。

谋求更好的生存出路，过着一种与家乡土地、亲人、社会关系网络、祖先、神明等众多原有资源和文化空间分离的生活状态。虽然在适应过程中，社会个体可能因为自身特殊的情况而有差异，但对伏台外出务工者的分析仍然可以体现这一群体在流入地大致的适应情况。在新环境中，伏台人在物质层面、制度层面、精神层面都体现出调整和适应的过程。伏台壮族人一方面要摆脱原有的文化"惯习"① 以适应新"场域"，另一方面又自觉或不自觉地延续着原场域的文化"惯习"和社会文化资本，以实现更好的适应。

需要说明的是，相对于广东的青年打工群体而言，南宁的建筑工和海口的代耕菜农由于大多是中年人，受本民族传统文化的影响更深，适应过程更加艰难和复杂，尤其是在异乡海口谋生的菜农更是如此。

当然伏台外出务工者与家乡空间上的分离，并不能完全割断其与家乡的关系，他们的外出及外出过程中对新文化的接受，使他们成为信息传递的直接载体，成为接受新文化和新观念的典范，这反过来直接影响着家乡留守者的观念，促使原空间社会文化不断发生变迁。

---

① 布迪厄认为"惯习"（habitus）是一种明确地建构和理解具有其特定"逻辑"（包括暂时性的）和"立场"的实践活动的方法，既预含着某种建构的观念，又是集体对应于特定位置的行为者性情倾向（dispositions）；既是个人的、主观性的，也是社会的、集体的。要之，"惯习就是一种社会化的主观性"，即在把一系列历史关系"积淀"在个人身上，形成一种结构形塑机制（structuring mechanism）的同时，个人也在"场域"（social field）中投入和展现其"意义"。详见〔法〕皮埃尔·布迪厄、〔美〕华康德《实践与反思——反思社会学导引》，李猛、李康译，北京：中央编译出版社，1998，第157~185页。

第四章　原空间的调适与变迁：分离背景下的留守社会与文化

当打工潮席卷伏台时，外出打工成为一种受到认可和期待的实现经济目标和锻炼自我的途径，甚至成为社会成员生命中的通过礼仪。这意味着社会成员要获致独立或成人身份，须在城市中度过生命中的一段时间；不外出的村民会被视为懒惰甚至无能，以至于古稀之年者亦时常称："不出去干吗？在村里待着有什么出息？我年纪大了，如果再年轻几岁我也出去。"而《欢打功》所唱的："口**留**①不眉用，悲广东打功"，其汉语意思为"种田没有用，去广东打工（才是出路）"。正是道出当前壮乡不少民众尤其是年轻人的务工心态。

可见，整个村落社会的舆论倾向和文化实践都成就着打工文化的建构。打工文化在村落中逐渐形成，并占据重要地位。大多数村民准备外出或已经外出打工，整个村落都在为外出打工做准备。当然，大量人口尤其是年轻人的外出势必会影响原空间社会文化的结构，外出人口作为科技、文化、思想的重要载体，也将城市中的新事物带到原空间中，这都导致和促进原空间的不断调整和适应，促成原有村落社会文化的变迁。本章拟从打工文化对原空间社会文化影响最典型和最具代表性的方面进行介绍和阐述，即生计方式、婚姻家庭、公共参与和闲暇生活、村落关系与语言认同。

第一节　生计方式

壮族是一个具有悠久历史且富有创造性的民族。在漫长的历史长河中，

---

① 此处为古壮字，本书余同。

壮族人民创造了诸多文化成就,如壮族先民开创的稻作文化和本民族特有的"那"(田)文化,成为稻作农业文化的最早缔造者之一。永州壮族聚居区在中华人民共和国成立前辖于那马县。"那马"为古地名,承载着悠远的古代稻作文明信息。壮族先民把野生稻培育为栽培稻,并称水田为"那"。"那"的先民是以生产稻米维系生存的民族,是创造"稻作文化"的民族,也就是众多学者提出的创造"那文化"的群体。而"那马"冠有"马"字,意为交通要道,是古代商人会聚之地。可见,永州地区的壮族先民也是"那文化"的主要创造者,且稻田耕作至今仍是当地壮族人最主要的生计方式之一。

伏台传统的生计方式以农业耕作为主,水稻、玉米、大豆等是最主要的种植作物,蔬菜则是最主要的经济作物。随着村落外出务工人数的增多,村中青壮年劳动力均常年在外,留守者多为童叟妇孺,这一局面直接影响传统农业耕作的诸多方面,如劳动分工的变化、现代劳动工具的推广、从互惠互助到雇佣耕作的转变、化学肥料和农药的大量使用及耕作歌舞与祭祀仪式的没落与消逝等。①

一 家庭劳动分工的变化

分工是社会发展到一定阶段的产物。分工几乎存在于一切生产性的单位中,因为合理的分工可以促使工作更有效地开展。家庭作为社会最基本的单位,由不同社会角色的成员组成,家庭内部的事务常会根据其内部成员的性别、年龄等进行安排。在伏台传统的壮族社会中,成年夫妻是家中各类事务的主要承担者,老人和儿童则是协助者。表4-1是伏台外出务工潮形成前后家庭劳动分工变化的比较表格,表中的传统时期主要以20世纪80年代中期的劳动分工情况为代表,现代时期以外出务工潮形成后2012年田野调查时期的劳动分工状况为代表。若根据性别标准划分,从表中可以发现壮族传统社会家庭分工在很多方面是模糊的,即男性女性均可以承担,但在某些方面则相对比较明确,如洗碗、洗衣、挑水、砍柴等主要由女性

---

① 本节部分内容经整合修改后发表,见李虎《论壮族乡村人口外流与传统农业耕作文化变迁——以壮乡伏台为例》,《广西民族研究》2015年第1期。

承担，而耕田/耙田、喷农药、灌溉、建房及其他对外公共事务等主要由男性承担。一定程度上仍然体现"男主外、女主内"的特点，但壮族女性在很多劳动工作中跨越家庭内范畴，在田地耕种中发挥重要作用，即壮族女性不仅负责家庭内的各式家务，同时还需承担田地间耕作的主要劳动。此外，这一阶段的劳动多以人力完成，如耕田、收割、运送等，同时由于传统精耕细作对劳动力的需求，小孩需承担一定的劳动工作。

表 4-1 务工潮形成前后劳动分工变化比较

工种			传统时期的担任者	现代时期的担任者
家庭内	家禽、家畜养殖		老人、成年女性喂养或儿童放养	老人圈养或放弃养殖
	拔菜、洗菜		老人或儿童	老人或儿童
	做饭		老人或成年女性	老人
	洗碗		成年女性	老人或儿童
	洗衣		成年女性	老人、儿童或洗衣机
	其他家务		老人及成年女性	老人
	织布、缝衣		成年女性	市场购买
	照顾小孩		老人及成年女性	老人
	挑水		成年女性	自来水
家庭外	放牛		老人	老人或放弃养牛
	砍柴		成年女性	煤气、电器、购买柴火
	菜园护理		老人、成年女性	老人
	旱地活	玉米种植	成年女性及成年男性	老人（减少种植或不种）
		黄豆种植	成年女性及成年男性	老人（减少种植或不种）
		花生种植	成年女性及成年男性	老人（减少种植或不种）
	水田活	耕田、耙田	成年男性	拖拉机
		播种	成年女性及成年男性	老人
		插秧	成年女性及成年男性	雇请他人
		喷农药	成年男性	老人
		灌溉	成年男性	雇请他人
		除草	成年女性及成年男性	老人
		施肥	成年女性及成年男性	雇请他人
		收割	成年女性及成年男性	收割机
		运送	成年女性及成年男性	老人或拖拉机

续表

	工种	传统时期的担任者	现代时期的担任者
家庭外	脱谷粒	老人、成年女性及成年男性	电力脱谷机
	稻谷晾晒	成年男性、老人	老人
	稻谷去壳	成年女性	碾米机
	建房	成年男性	雇请他人
	祭祀（包括家庭内）	成年男性	老人
	公共参与	成年男性	老人

资料来源：2012 年 1~6 月田野调查。

随着外出务工潮的兴起，村落中的青壮年劳动力纷纷外出谋求发展，村落中多剩老人、小孩留守，因此过去由青壮年承担的劳动基本转嫁到老人和小孩身上，其中老人承担的工作尤其繁重，包括各式家务劳动、照顾小孩、旱地活、祭祀及村落公共事务的参与等。由于受老人和小孩劳动能力的限制，部分农业耕作程序和家务劳动被有选择地放弃，部分工作则寻求新科技手段解决，还有些工作只能通过支付报酬雇请他人完成。新科技手段的使用当然不能完全归结为缺乏劳动力之故，但这在一定程度上也起到推动作用，下文将详细阐述。

二 农业"内卷化"的解缚与简单机械化耕作的推广

农业内卷化是由著名人类学家格尔茨基于"内卷化"①概念首次提出。格尔茨在《农业内卷化》（Agricultural Involution）一书中借用"内卷化"作为"一个分析概念，即一个既有的形态，由于内部细节过分的精细而使得形态本身获得了刚性"，以刻画印度尼西亚爪哇地区"由于农业无法向外延扩展，劳动力不断填充到有限的水稻生产"的过程。② 具体而言，格尔茨通过运用"内卷化"的概念，以描述印度尼西亚爪哇地区农业生产过程出现的一种生态稳定性、内向性、人口快速增长、高密度的耕作过程，在这一

---

① "内卷化"一词英文为 involution，它源于拉丁语 involutum，原意是"转或卷起来"。它滥觞于康德、戈登威泽（Alexander Goldenweiser），由格尔茨（Clifford Geertz，或译为格尔兹、吉尔茨、盖尔茨）成型，经黄宗智加以改造后更加引发争论。康德区分了"内卷化"与"演化"。戈登威泽曾用"内卷化"描绘一种内部不断精细化的文化现象。
② Geertz, Clifford, *Agricultural Involution: The Process of Ecological Change in Indonesia* (Berkeley, CA: University of California Press, 1963), pp. 82-85.

第四章 原空间的调适与变迁：分离背景下的留守社会与文化

过程中，由于缺乏外来技术与资本，农业劳动力增加只会投入有限的水稻生产中去。爪哇社会具有高度的弹性和松软的不确定性，这种社会允许调整、吸收、采纳，但不支持真正的变迁。由于内部的不断精致化，每一个人和每一个细节被安排得十分精细和复杂。结果，爪哇人难以通过现代化来达到经济的持久变革，而是内卷于原来的农业生产方式，社会文化进步缓慢。①

壮村伏台在务工潮形成前也呈现"农业内卷化"的态势，过去村落中人口众多，劳动力剩余，人均土地相对较少，同时由于当时政治经济条件的限制，缺乏外部发展机会，为了不让剩余劳动力闲置，村落中大多数农户在耕种时均采取传统的精耕细作，即"向内使耕作趋向精细化和复杂化，以此在农业内部自我消化增长的劳动力，同时又不至于造成人均收入下降"。②"农业内卷化"是家庭耕作面对诸多剩余劳动力，又无法消化多余的劳动力，在生计压力下，只能在单位土地面积上增加劳动力投入，进行劳动力集约化耕作。这一状态使传统农业对新的生产工具无动于衷，甚至拒绝使用拖拉机、收割机等机械和抛秧技术等现代技术。因为对村民而言，与其使用新技术而扩大成本，不如将这些闲置劳动力充分使用。换言之，在过去很长一段时间内，伏台不是没有现代化农具，也不是因为土地所属地理环境不宜采用现代农具，关键还是在于过多剩余劳动力导致村民不愿意消耗更多成本采用新的科技成果。然而，随着村落内青壮年人口的不断流出，劳动力急剧减少，甚至缺乏正常的劳动力及可依赖的畜力，村落中的农业耕种只能尽可能采取现有的机械手段和现代技术。

集体化时代的伏台拥有2台手扶拖拉机，在实行家庭联产承包责任制后，这2台拖拉机被村民黄连隆和黄庆生分别以750元和800元的价格购买。手扶拖拉机可用于拉货、搬运重物及耕作时的耙田、收割时的脱谷等。较早拥有拖拉机的村民黄连隆说：

> 我的手扶（拖拉机）刚购买时，更多的是拉货和搬运东西，大多

---

① 刘世定、邱泽奇：《内卷化概念辨析》，《社会学研究》2004年第5期。
② 郭继强：《"内卷化"概念新理解》，《社会学研究》2007年第3期。

数农户不需要用来耙田和脱谷,当时耕一亩田价格20~40元,但大家都觉得花这个钱不值,反正家里人多,忙几天就好了。现在不一样,村里新增不少手扶拖拉机,不仅用于拉货,更多的时候是在田里耕作,很多人需要拖拉机耙田、犁田,因为人手少,忙不过来,体力也有限,加上很多人家不再养牛,没有牛耕田犁地。①

在谈到现在为何耕作多借助拖拉机、收割多使用收割机时,村落中一位60多岁的老人说:"过去是不舍得花钱,家里人手又多,大家相互分工,一起干几天就可以把活儿忙过去。但是现在不同,家里除了老人,就是小孩,有的老人既要照顾小孩,又要耕种田地,所以很多家庭没有余力养牛。"因此,没有耕牛耕地,加上耙田犁地都是重体力劳动,需年轻力壮者方能对付,很多家庭不得不选择借助机械。当然,村中留守者也有一些50余岁、体力很好者,但这些家庭除了耕种自家土地,往往还会耕种部分外出家庭的土地,繁重的耕作任务,导致这些家庭也不得不借助机械帮忙。

可见,简单机械化耕种的推广与外出务工人数激增导致的村落缺乏劳动力直接相关。首先,留守者多为老幼病残孕等劳动能力较弱的村民,部分村民面对收割、脱谷、犁地、耙田等高强度劳动时,不得不选择机械农具操作。壮乡伏台昔日的田间劳作多依赖人力和传统农具,村民使用的传统农具多种多样,按照不同的功能可分为:用于耕作的犁、木耙、六角耙②、丁字犁③、丁锄、十字镐、锹、铲、月刮、三角刮、五齿耙等;用于灌溉的戽、小水车、龙骨车;用于收割的柴刀、山刀、草镰、禾镰;用于打、晒、藏的打谷桶、谷耙、风柜、竹垫、大竹箩、小竹箩、簸箕、谷桶等;运输用具则包括木车、独轮车、牛(马)车等;加工农具则包含石磨、竹(泥)磨、土榨、碓臼(手舂、脚踏)、蒸笼、纺纱机、织布机、草席机等。这些农具结构简单,材料易取,制作简单,成本不高,使用方便,适用于山区劳作,大部分至今适用,但其不足是费力且工效低。对于劳动力

---

① 2012年4月19日访谈资料。访谈对象:黄连隆;地点:伏台其家中。
② 六角耙是用较大的原木凿成六面棱角,做成辘轴形,耙田时人踏在耙上,用于水田收割早稻后滚压稻草(桩)。
③ 丁字犁是用脚踏犁耕地,用于石山上的陡坡、小块地。

第四章 原空间的调适与变迁：分离背景下的留守社会与文化

充足时期的壮乡，即使是各种型号拖拉机、双轮双铧犁、联合收割机等现代新式农具纷纷出现并传播至各乡村，村民们仍基于节约成本等多种因素的考虑，倾向于选择传统的旧式农具，因此大多数新式农具不受欢迎，难以推广。随着青壮年外出务工的增多，村内人数锐减与劳动力缺乏使"农业内卷化"的局面迅速消失，作为劳动主力的老人和小孩难以操作费力而工效低的旧式农具，新式工具的需求更加迫切，这一局面促使新式农具迅速得以使用和推广。据大致统计，伏台2012年农历三月的春耕共有160多亩水田使用手扶拖拉机耙田，占全村水田总面积的64%以上；2012年农历七月夏收共有120多亩水稻使用联合收割机，约占全村水田总面积的一半；有170多亩稻田使用机械耙田，占全村水稻总面积的68%。由此可见，伏台农业耕作中现代农具的使用比例越来越高，使用范围也越来越广。

其次，外出务工寄回的资金使留守者拥有更多可以支配的费用。外出务工者将年迈双亲及年幼子女留在家中常常是不得已的选择，而非置之不顾，大多数人在外挣到钱后，常将部分工资寄回家中，以改善留守者的生活条件，同时寄希望于用金钱弥补自己对家庭照顾的缺失。因此，外出务工人员的增多，以及随之而来的资金流动一定程度上改善了流出地的经济生活状况并提升了家庭支付能力。外出务工者也常叮嘱留守父母不要过度辛劳，能雇人或用机械的劳动尽量不要再消耗年迈的身体，同时在农忙时节特意寄回一些资金，用实际行动来支持留守者尽可能减轻劳动强度。由于金钱涉及隐私，且大多数伏台村民不愿公开子女汇款数额，很难获取全村汇款的具体数据，但在田野中依然可以从村民的闲聊中，听出不少在外务工子女在农忙时节寄回300~500元的资金，作为留守者机械耕作和雇用劳动力的开支，以减轻农忙季节留守老人和儿童的工作负担。

最后，缺乏劳动力，使得留守村民放弃某些原有的工作，如养牛、养猪、种植某些作物等。耕牛对于以农业耕种为主要生计方式的壮族人而言至关重要，耕牛在耙田犁地时不可或缺，也是拉车运输的主力，更是田地肥料的主要来源。集体化时期由于经济水平限制，伏台耕牛数量不多，全村在20世纪70年代初统计共有耕牛38头（幼牛4头），其中水牛32头（幼牛3头），黄牛6头（幼牛1头）；实行家庭联产承包责任制后，集体的耕牛先被分到各小组，后各小组再分到各户中，由于耕牛数量有限，通常是关系较亲密的农户共享一头耕牛。但共享耕牛难以满足农户的耕种需求和积肥需要，尤其是在农忙季节抢收抢种时间紧迫，各户都希望能够先使用耕牛。从耕牛角度来说，毕竟每头牛体力有限，农忙时节过于集中且超强度的劳作常导致耕牛过度劳累，甚至到最后在劳作时"撂挑子"。进入20世纪80年代末，随着经济的发展及剩余劳动力的增多，通过现有母牛的繁殖生育及共享耕牛农户间的补差价购买，越来越多农户拥有自家的耕牛，基本达到户均耕牛一头，全村共有耕牛110余头（幼牛约20头），其中水牛80余头（幼牛约15头），黄牛30余头（幼牛5头），耕牛数量前所未有。耕牛私有益处颇多，但耕牛食量大，养殖一头需要耗费较高成本。由于伏台缺乏空旷的草场，村民通常将水牛牵到河边放养或在田埂上牵着吃草，黄牛则被放养于山坡上，任何一种方式都至少需要一人跟随，因此，各户每日放牛均需耗费一个人力。此外，每天还需提供牛食一桶，以及草料一捆，草料通常是晒干的稻秆。为了储备牛饲料，村民在收割稻谷和脱谷粒时更倾向于人力，因为使用收割机和其他机械脱谷易导致稻草杂乱和受损，不易整理晒干保存作为牛饲料。由此可见，耕牛可谓壮乡伏台传统农业耕作中的重要一环。

随着外出务工人员的剧增，村落现有劳动力应对以糊口为基本目的的耕作尚存压力，无法再抽出人力放养耕牛，大多数农户纷纷将自家耕牛出售，仅有少量农户坚持养殖，全村耕牛数量急剧下降。当然由于村落中少数田地的地势坡度或面积太小等问题，不宜采用机械耕种，耕牛在某些区域的农业耕种中发挥的作用仍无可替代，因此村落中依然保留着一定数量的耕牛。据2012年6月田野调查期间统计，伏台现存耕牛42头（幼牛6头），其中水牛32头（幼牛4头），黄牛10头（幼牛2头）。坚持养殖耕牛的农户多为留守人口多、老人身体较健壮的家庭，部分农户重新采取数户共同养殖一头耕牛的策略，且耕牛的养殖仅在农闲时牵出户外食草，忙时多采取圈养方式。放弃养殖耕牛对村落原有耕作环节造成较大影响，包括牛粪积肥的减少，稻草秆作为牛饲料的作用丧失，耕作田地难以依赖畜力，等等。这促使大部分村民在农业耕种时求助于拖拉机、收割机等现代机械农具。

65岁的村民李告家中共有4人留守，包括他、64岁的妻子、8岁的孙女和 3 岁的孙子，二老共耕种 4 亩田地，除自家 3 亩外，还包括全家外出务工的兄弟的部分田地。谈到耕牛养殖时，他说：

> 我家的水牛 6 年前卖掉了，没时间照料，出去放一天就要有一人跟着。孙子孙女小，在读书，不但帮不上忙，而且需要照顾。牛不能一直圈养，否则体力会不好，别说拉犁，步子都迈不出去，所以卖掉了。现在耕种大部分是依靠拖拉机或收割机，一些不能用机械的田地，就去向亲戚借牛，比如说今年春耕就分别去借我老婆的姐姐家和小孩外婆家的牛。我老婆的姐姐家在巴伏屯，距离不远，他们家和我们家耕种的时间刚好错开几天，所以借牛比较方便，时间可以长一些，他们家的牛放在我们家近一个月。小孩的外婆家就在村里，借牛也方便，但他们家也急着耕田，只能偶尔借用。以后会越来越麻烦，小孩的外婆打算到镇上去跟她大舅生活，不用种田地，估计他们以后也把牛卖掉，这样要借牛就不方便了。我听说现在有一种小型手扶拖拉机，几千块钱，等我攒到钱，也去买一个，这样才方便。①

2013 年 3 月，李告花费 6000 余元购买一台小型拖拉机。在电话中，他说："用这台拖拉机耕田犁地方便很多，只需要把挡位调好，把好方向跟着走就行，方便省力，不像牛来拉，一会走快了，一会不走了，有时候还乱跑，年轻时还可以对付，现在上年纪牛走快跟不上，牛不走吼得嗓子都哑了，牛乱走扯来扯去的也费力。"②

可见，当前壮乡伏台机械农具的使用和推广归根结底是由青壮年劳动力的大量外出务工所致，即留守村落中缺乏劳动力、放弃养殖耕牛、务工收入使留守者消费水平提高等因素，为机械农具在农业耕作中的使用提供机会。所以，过去将偏远农村的机械农具无法推广使用仅归结为当地人科技观念不高、农业科技落后和土地状况不适等观点，值得商榷。对于壮村伏台而言，改革开放初期虽然现代机械农具不多，至少有两台手扶拖拉机，

---

① 2012 年 4 月 21 日访谈资料。访谈对象：李告；地点：伏台其家中。
② 2013 年 3 月 14 日电话访谈资料。

乡上也有少量中型拖拉机和收割机，但使用率都很低，这在一定程度上是由"农业内卷化"的局面导致的，即农村存在大量剩余劳动力，农业生产边际效应低，这些劳动力作用的发挥足以避免机械农具使用带来的其他成本投入。因此，一旦传统的"农业内卷化"局面得以解缚，机械农具自然会得到村民的接受，其使用和推广即水到渠成。

三 劳动力商品化的出现

人类学通常将互惠分为三种形式：概化互惠、平衡互惠和负性互惠。大多数狩猎-采集社会和初农社会的食物和劳动分配是依靠某种形式的互惠。美国人类学家萨林斯（Sahlins）指出，互惠是概化的、平等的还是负性的，主要取决于人与人之间亲属关系的亲疏距离：概化互惠可能是家庭成员和近亲之间的通则，平衡互惠一般可能在非近亲但地位平等的同一群体的人们之间实施，而负性互惠可能只会在陌生人或敌人之间进行。互惠的伦理就是接受馈赠的人，要在一定时间内把同等数量或更多的物品回赠给对方。根据这条原则，有人认为人们之所以愿意把物品馈赠给别人，是因为期待对方将来同等数量或更多的回报。[①]

传统壮族社会成员间的交往仍遵循互利互惠原则，亲朋好友间的互助是一种较平常的社会现象。在日常生活中，社会成员家中有建房、农业耕种、婚丧嫁娶等大事时，亲朋好友多自愿义务帮忙。受助者不需为前来帮忙者支付报酬，只需提供当日伙食即可。当然，待这些亲朋好友家中有事时，受助者也有义务前往帮忙。然而，随着现代化浪潮的冲击及越来越多村民的外出务工，这种互惠式的帮工在一定程度上也处于不断变迁中，劳动力金钱化和商品化的趋势越来越明显，其中最具代表性的是在建房及农业耕种中的收割、插秧、水利管理等方面。鉴于本部分主题，下文将主要讨论耕种相关的内容。

在壮乡伏台传统的农业耕作中，最热闹而繁忙的当属农历七八月份的夏收和夏种，即收割上季水稻同时移栽下季水稻秧苗。虽然仅有两件事，却足够全村人忙一两个月。二者程序都比较繁杂，收稻谷包括收割、脱粒、

---

① 陈国强主编《简明文化人类学词典》，杭州：浙江人民出版社，1990，第44页。

第四章　原空间的调适与变迁：分离背景下的留守社会与文化

晒干等；插秧包括播种、照看秧苗、数次耙田、施肥、插秧等。一方面事情多，另一方面七八月份的南方正是多雨季节，田中的稻谷若不能及时收割、已收割的若没能及时晒干，都有可能发霉发芽造成损失。这个季节伏台村民最常说的一句话是"老天驱赶我们，忙得吃饭睡觉都不安宁"。过去这一时期各家各户常相互帮忙，人手较多、劳动力较富余者在忙完自家活儿后，都会直接加入尚未完成的亲朋好友家中，尤其是鳏寡孤独者，更是经常得到其他村民的帮助。他村的亲戚也是帮工的主要力量，因为永州镇各村落间土地分配不均，尤其是水利灌溉能力和覆盖面积有限。土地较少或人均水田面积较小的村落，完成速度自然会快，时间也早；靠近水利灌溉源头的村落，能够较早获取水资源，有利于先期完成水田耕种，因此各村农忙时间常有先后数日之差。如前文所述，伏台的水利系统历史较悠久且水渠灌溉面积较广，但水田面积较多，且位于水渠下游，获取水资源时间相对较迟，故其农忙耕种时间相对于上游的同康、伏王、巴伏、坡力等村屯常推迟数日。伏台村民也因此常常得到来自上游村落亲属的义务帮工。

20 世纪 90 年代的外出务工潮几乎卷走伏台所有的青壮年劳动力，致使现有的耕种劳作转嫁于留守老人和小孩。人口大量外流导致农业劳动力的老龄化、儿童化，有的学者形象地把当前中国农村的这一现象称为劳动力的"九九"（老人）、"六一"（儿童）部队。[①] 劳动力的缺乏使一些家庭不得不放弃距离村落较远的田地，而全家外出的家庭更是将所有土地转给愿意耕种的留守者。这种状况使一部分土地集中到某些留守农户家中耕种，田野期间可以发现这一现象非常普遍，其中村民李猛家是伏台村落中耕种土地最多的家庭，家中仅有夫妻二人，均为 55 岁，共耕种 10 余亩田地。对此，李猛说：

> 特群（受访者长子）和达依（受访者小女儿）打电话问我们种多少田，我们都不敢说实话，一般都回答种得不多，也就两三亩，实际上我们种 10 多亩。他们要是知道那就不得了，肯定不允许。达依一直

---

① 何丙波：《民族地区人口流出与社会文化角色缺失问题研究——以奕车人求偶文化为例》，硕士学位论文，云南大学，2008，第 46 页。

叮嘱我们少种一些，甚至她可以给我们每月寄1000块生活费，但毕竟我们还不是很老，体力也可以，待着干什么？农民不种田怎么可以？现在他们几个还需要经济扶持，我们能帮多少算多少。而且我自己买了一台手扶拖拉机，耕田犁地拉货都很方便，也不是那么累，只是农忙时辛苦一些。①

这一情况并非特例，一位64岁的女性受访者说：

特三（受访者长子）打电话回来问我们种多少田，我们都是回答不到两亩，其实加起来接近四亩了。他们不会答应我们种那么多田的，但是家里没有经济来源，我们也不可能三毛五毛都向"广东"（指在广东打工的孩子）伸手要。现在大米比较贵，一斤两块多钱，卖米才有钱支付家里开支，也算是减轻他们负担。农村人什么都不种，怎么可能呢？只有懒人才不种田，天天在家看电视、空坐着等"广东"寄钱回来养自己，这样的人一粒米都得掏钱去买，有多少钱能花得过来呢？②

对这些耕种外出家庭闲置土地的留守者而言，大多数由于体力有限，在农忙时节也常愿意使用机械代劳，无法用机械的工作则雇请劳动力完成，即劳动力出现金钱化和商品化。当然，雇佣耕作取代互惠式帮工也是一个逐步的过程。

外出务工现象出现初期，一些家庭因劳动力外出而在农忙时节忙不过来，而其他亲朋好友在完成自家劳动后仍愿意前来帮工，随着外出务工人数的增多，劳动力缺乏成为普遍现象，大多数人忙完自家活儿后即无余力再帮他人。即使有少量劳动力较充足的家庭在完成自家劳作后，愿意到其他亲戚家中帮忙，但耕作上单方面的帮助使互惠更倾向于"负性"，即一方单方面地付出，另一方只有接受而无力回报。这种不平衡的互惠常常让接

---

① 2012年2月24日，与村民李猛（55岁）在伏台其家中闲谈时获取的资料。
② 2012年2月27日访谈资料。受访者：陆杏方；地点：伏台其家中。

第四章 原空间的调适与变迁：分离背景下的留守社会与文化

受者感到不自在，而少量劳动力充足的家庭面对众多普遍缺乏劳动力的亲朋好友家庭，也出现帮得了这家帮不了那家的尴尬状况，因此，雇佣劳动力应运而生。部分身强力壮的留守妇女组成耕作队，到需要劳动力的农户家中打短工，主要包括收稻谷和插秧等，每人每日收取一定的劳动报酬。雇佣劳动力的出现暂时解决互惠帮工带来的尴尬局面，受到大多数村民的青睐。2012年春耕时每个劳动力每天的工钱为60~80元。村民们选择雇用人选的标准除身强力壮和工作勤快外，亲疏关系也是考虑的因素。

2012年农历三月春耕插秧时，村民李美山一家即雇请6位妇女帮忙插秧，其中5位是来自坡力屯50岁左右的留守妇女，另一位则是村落中55岁的亲属。需支付每人每天70元工钱，且负责一日四餐，即早餐、午餐、下午餐及晚餐。早餐和下午餐主要为肉粥或面条，午餐提供米饭和炒菜（肉菜和素菜各两个），晚餐更加丰盛，除了肉菜还有鱼片和鸡肉等。李妻说：

> 现在我们年龄都大了，身体也不好，只能请人插秧，其实我们村也有两个"吃雇"队，但她们都已经被请到其他人家里，所以只好到坡力请，这些打算出来"吃雇"的，都是先尽快把自己家里田地种好，然后组织出来一起做，坡力这队人口碑很好，很能干，价格也不算高。我们村里有一队价格已经涨到每人80元/天。瑶人也有一两队，但评价都不好，干活比较懒散，喜欢不停地说话和上岸喝水、上厕所等，耽误活儿，所以现在我们一般是不会去请瑶人队的。你婶婶是自己人，她之前问过我是否需要人，反正请谁都需要花钱，不如花在亲戚身上，所以请人的时候也叫上她，结束后给她一份工钱就好。（那她会不会不收啊？）不会的，现在都已经成为规矩，有些人还推辞一下，有些人就直接收下。现在已经不是过去了，以前请人帮忙，只需要准备饭菜就好。时代变了，你自己小孩出去打工挣钱，有事情请人家来白帮忙，说不过去，而且现在村里都没有年轻人，要花钱请都难。请来之后还要对人家好些，饭菜上不能亏待，准备的（饭菜）相对丰盛些，否则下次请人家都很难请得到。①

---

① 2012年4月14日访谈资料。受访者：农美参；地点：伏台其家中。

可见，雇佣劳动力的出现已经普遍受到壮族社会的认可，村民在选择受雇者时仍需考虑诸多因素：亲疏关系、健康状况、报酬标准、劳动态度、他人评价等。外出务工现象促使亲属间劳动力商品的交易及亲属雇佣者的出现。亲属雇佣者的身份尤其特殊，受雇者常因与雇主是亲属关系被优先选用，但又不因之而影响交易价格。按照萨林斯的观点"概化互惠是近亲之间的通则"，这一通则适用于传统的壮族社会，但务工潮出现后的劳动力商品化使这一通则受到挑战。

农田耕作的劳动力商品化还体现在水渠管理者的雇佣上。在20世纪90年代前，管水员由村落中的各小组推出，每组两人，村民可自行推荐，在其他成员认可后即负责将水从水渠引入各家各户的水田中，同时检查上游水渠是否完好，水资源是否被其他村落盗用等。年末，每户村民根据水田面积提供一定量的稻谷作为管水员一年工作的酬劳。务工潮出现后，大多数村民更看重外出挣钱的机会，村中的管水员工作出现无人愿意担任的状况。为了保证正常的耕作秩序，村领导小组经过讨论后不得不调整措施，即各组农户轮流负责管水工作，通过抽签方式进行排序，即使是全家外出者也必须担任，实在无人担任的家庭可自行雇佣替代者。这一决定的推行促发雇佣管水员的出现，即村中一些留守村民受雇担任管水员。雇佣管水员负责帮助外出家庭或无劳动力家庭完成管水工作，除了收获来自各户年末的谷物报酬，还有雇主提供的雇佣金，通常为300~500元/年。

可见，壮乡伏台劳动力的金钱化和商品化是社会经济发展的必然结果，更是现代化背景下青壮年纷纷外出务工使农村缺乏劳动力引发的直接结果。

四　化肥农药使用量的变化

化肥和农药是当前农作物种植中重要的农用物资，二者在壮乡的推广和普及历史不长，至今不足50年，但其在各个时期的使用量存在较大的变动和差异。

（一）化肥使用量的变化

农谚云：有收无收在于水，收多收少在于肥。肥料的积制和合理使用是农业生产发展到一定阶段的产物，也是提高农作物特别是粮食作物产量的一项重要措施。早在汉代，壮族先民瓯骆人已懂得修建厕所和圈栏，以

第四章　原空间的调适与变迁：分离背景下的留守社会与文化

积蓄人畜的粪便，并将之储存沤制，以提高其肥效，而后给农作物施肥。①伏台壮人很早就有积累牛粪晒干作为农田肥料的习惯，同时用粪坑储存人畜粪便，浇淋于田间和菜地中增肥。除了人畜粪便，灶灰、草皮灰以及稻秆、塘泥、墙泥和土杂肥等也是常用的传统农田用肥。

20 世纪 60 年代中期，伏台所属的马山县开始推广使用化学肥料，即氮素肥料和磷素肥料，前者包括硫酸铵、氯化铵、硝酸铵、尿素等，后者则有过磷酸钙、钙镁磷等。70 年代以后，马山县辖区内的商品肥供应品种增加了碳铵、铵水、氯化钾、硫酸钾和复合肥等，供应量亦大大增加。由于商品肥使用方便而且省工，增产显著，农家肥使用量逐渐减少。1965 年化肥使用量为 1018 吨，按当年耕地面积计算，平均每亩只有 2.4 公斤，1982 年最高，使用量达 20456 吨，平均每亩使用 49.5 公斤。② 进入 1983 年以后全县的化肥使用量迅速下降：1983 年使用量为 13928 吨，1984 年为 10336 吨，1985 年为 6955 吨。③ 之所以如此，主要是因为随着化肥使用数量的增多，土壤结构改变，土地肥力下降，化肥效果明显下降，水田增产效果降低。"1966 年，全县在总施肥量中，有机氮和无机氮的比例为 7∶3，1979 年为 4∶3，1980 年为 1∶2，无机氮比例越来越大。在肥料使用上，不只是有机肥量比例剧减，而且在配量上重施氮素忽视磷、钾，于是土壤肥力普遍下降，土壤理化性状变劣，使用化肥效果大不如前，增产效益差。据县土肥站调查，1976 年以前，水田使用每公斤尿素可增产稻谷 5～6 公斤，1980 年只增产 2 公斤左右，增产效果降低 60%。"④

事实上，集体化转为家庭联产承包责任制也导致农民对化肥使用观念的改变。这一因素对于全县化肥使用总量下降的影响不容忽视。1981 年和 1982 年是全县实行家庭联产承包责任制的关键时期。据县志记载，"至 1981 年 4 月底统计，全县实行专业承包联产计酬的有 45 个生产队，实行小段包工、按件计酬和分组作业联产计酬的有 1081 个生产队，包产到户的有 2496

---

① 张声震主编《壮族通史》（上），北京：民族出版社，1997，第 350 页。
② 马山县志编纂委员会编《马山县志》，北京：民族出版社，1997，第 308 页。
③ 参见马山县"历年化肥销售量表"，载马山县志编纂委员会编《马山县志》，北京：民族出版社，1997，第 309 页。
④ 马山县志编纂委员会编《马山县志》，北京：民族出版社，1997，第 308 页。

个队，包干到户的有1291个队。到1982年，执行包产包干到户生产责任制的生产队，占全县总数的99.93%"。① 集体化时期，各生产队的化肥使用量均由集体支配，生产队领导基于增产的需求，通常不计化肥成本，而是期望通过使用更多化肥促使本生产队粮食的丰收。对于普通队员而言，传统的农家肥从积累、晒干、运输到施肥，都需要经历烦琐的程序，且耗费大量的体力劳动。化肥替代农家肥，大大减少劳动过程，减轻工作负担，况且购买化肥的资金是集体或国家的，故也乐于使用。家庭联产承包责任制实行后，各生产队开始分田到户，恢复以户为生产单位的农业制度，投资由己，负责上交国家任务，上交集体积累，完成统筹，余下产品归承包户。此时，农村剩余劳动力大量存在，农业呈现内卷化趋势，即"单位土地上劳动投入的高度密集和单位劳动的边际报酬减少"。② 而"投资由己"的家庭联产承包责任制度也促使户主开始考虑化肥的支出成本，即利用闲置劳动力保障农家肥而降低化肥的使用量。加上"施肥增产效果降低"的历史经验，促使大多数农户选择化肥和有机肥同时使用，即减少化肥使用量，增加有机肥的使用量，使二者尽可能平衡，以达到降低化肥购买成本，又可持续增产的目的。

虽然无法精确获取伏台这一时期具体的化肥使用量，但各种历史记忆仍然足以证实：与集体化时期相比，分田到户后农户每亩使用的化肥量明显下降。20世纪90年代，有村民曾说：

> 生产队的时候，大家都是出工不出汗，反正只要到场就记工分，没有人管是否认真干活。分田到户后，大家都认真干活，不认真你家里的田地就可能减产，饿肚子的还是你自己。生产队时期，在路上见到牛粪还嫌脏，没有人愿意把牛粪捡到田地里，反正田地不是自己家的。种地的时候就使劲放化肥，牛粪还很麻烦又重。现在路上见到牛粪就是宝贝，那可是肥料，先见到的人就用一根小木棍插到牛粪上，表示这坨牛粪已经有人占有，以免他人捡走，而占牛粪的人需尽快赶

---

① 马山县志编纂委员会编《马山县志》，北京：民族出版社，1997，第289页。
② 黄宗智：《发展还是内卷？十八世纪英国与中国——评彭慕兰〈大分岔：欧洲、中国及现代世界经济的发展〉》，《历史研究》2002年第4期。

第四章　原空间的调适与变迁：分离背景下的留守社会与文化

回家用工具把所占牛粪捡回去。有牛粪作肥料，田里庄稼的长势就会更好，也可以省些买化肥的钱。

这一时期，伏台虽然一定程度上仍使用现代化学肥料，但在农业生产中人畜粪便制成的农家肥仍不可或缺，各家各户依然有积蓄人畜粪便作肥料的习惯。换言之，村民耕种过程中既使用现代工业化肥，也使用农家肥，后者比重甚至大于前者。对于各个阶段农用肥料的使用状况，一位曾在生产队时期担任过队干的村民回忆说：

> 生产队时期，农业使用的肥料以化肥为主，配合少量的农家肥，一季水稻每亩水田使用化肥70~80斤。后来分田到户后，各户农用肥料既包括化肥，也包含农家肥，农家肥使用数量越来越多，而一季水稻平均每亩使用化肥数量也在减少，一般在50斤左右，比较能干、积攒农家肥比较多的人家甚至每亩化肥使用不到40斤。现在村里没有人（指大多数人外出务工，村里人少），大家口袋里也有钱，嫌农家肥脏处理麻烦又辛苦，反正减产一些也没有关系，只要够吃就好。所以农家肥的使用也少，化肥的使用量每年都在增加。今年早稻我家水稻每亩使用各种化肥110多斤，共分两次施肥，第一次施20多斤尿素/亩，第二次的化肥种类比较多，每亩包括20多斤尿素、10斤磷肥、30斤复合肥和30斤钾肥。基本没有用任何动物的粪便，只是稻秆撒在田里。估计大多数人家差不多是这样，现在不养牛和猪，烧柴火也少，哪里来的粪便肥料呢，而且也麻烦，我们体力不像年轻的时候，现在很多活干不了，所以能省力就省力一些。①

可见，当代化肥亩均使用量的增多与人口大量外流带来的影响有重要关系。农药使用情况的变化也在一定程度上受到外出务工现象的影响。

（二）农药使用的变化

壮族人的农业耕种除普遍使用畜粪施肥外，还有一个发明，即煅烧石

---

① 2012年1月28日访谈资料。访谈对象：黄细兴；访谈地点：伏台其家中。

灰作肥料，一来可中和酸性土壤为中性土壤，以适于作物生长；二是用石灰可除虫杀菌，防治病虫害。此法从唐宋沿用至近现代。①

对于马山地区的壮族人而言，昔时农民对农作物病虫害防治缺乏科学知识，遇到虫害，稍有智者，人工捕杀，或用石灰粉、烟骨水等撒（泼）施，水稻有椿象（农民称"臭屁虫"）为害，则以柚子皮插挂于田边驱避。愚者则听天由命，有求神拜鬼，祈祷神灵来帮助灭灾者，亦有坐待天降西风雨者（因西风雨时温度较低，确能抑制一些害虫发展）。中华人民共和国成立后，人民政府开展宣传教育，破除迷信，学科学，用科学，充分发动群众人工捕杀、开展农业防治、药物防治、生物防治和综合性防治，多管齐下。所使用的农药品种包括：50年代中期开始使用六六六、滴滴涕、西力生、赛力散、波尔多液、石硫合剂等；60年代使用甲基六六六、敌百虫、乐果、"1605"、"1059"、敌敌畏等；70年代使用杀虫脒、杀虫双、马拉硫磷、杀螟松、稻瘟净、退菌特、托布津、退菌灵、井岗霉素、稻脚青等；80年代初期使用的有甲胺磷、代森铵、富民隆、毒杀芬、巴丹等。此外，中华人民共和国成立后推广使用的灭鼠药有安妥、磷化锌、敌鼠、氟乙酸钠等。②

在实行家庭联产承包责任制后至外出务工前，伏台村落大量剩余劳动力的存在及"农业内卷化"的趋向，使得农业投入成本仍然是农户考虑的重要因素，加上施放大量农药给谷物带来的不良影响，很多村民在农药使用上仍然比较有限，而人工捕杀及传统的石灰粉、烟骨水等撒（泼）施仍然发挥重要作用。随着外出务工人数的增多，村庄劳动力的大量缺乏，务工者寄回的资金也促使留守者可支配的支出增多，因此农药的使用更加广泛，费时费劳力的传统驱虫灭虫手段基本消失。农药的过度使用及作物病体及虫害免疫力的增强，也导致不断增加剂量和喷洒次数的恶性循环。一位女性受访者指出："现在每一季水稻喷洒农药的次数达5次，各种农药品种近10种。你不喷或少喷都不行，水稻长不好甚至要减产，虫子和各种病害很多，以前哪有那么多虫子和水稻病。"此外，在农药使用方面，与外出

---

① 张声震主编《壮族通史》（中），北京：民族出版社，1997，第719页。
② 马山县志编纂委员会编《马山县志》，北京：民族出版社，1997，第316~317页。

第四章 原空间的调适与变迁：分离背景下的留守社会与文化

务工直接相关的主要体现在灭福寿螺药物——灭蜗灵颗粒剂和密达颗粒剂等的使用上。

福寿螺，又名大瓶螺、苹果螺，原产于南美洲亚马孙河流域。1981年作为食用螺引入中国，因其适应性强，繁殖迅速，成为危害巨大的外来入侵物种。福寿螺个体大、食性广、适应性强、生长繁殖快、产量高，中国各地均有养殖。福寿螺食量大，咬食水稻等农作植物，可造成严重减产，是名副其实的水稻杀手。另外福寿螺的螺壳锋利，容易划伤人的手脚，大量粪便会污染水体。因每只雌螺可年产卵万粒左右，繁殖量惊人，可造成其他水生物种灭绝，极易破坏当地的湿地生态系统和农业生态系统。此外，食用未充分加热的福寿螺，可能引起广州管圆线虫等寄生虫在人体内感染。[1]

永州地区的福寿螺，又称广东螺，属外来物种，其传播、发展和泛滥的过程是外来物种入侵的重要例子。20世纪90年代以前，永州地区的壮族人并没有见过福寿螺，甚至没有听闻有比田螺大十余倍的螺种存在，但目前这一地区的福寿螺泛滥成灾。这一物种在永州地区的出现和传播与广东的务工者直接相关。

据说，早期板端屯几名去广东打工的年轻人，看到当地的福寿螺个头大、生命力强、繁殖速度快，以为可以作为餐桌上的美食来源，在返乡时便用瓶子带回十余个放到自家鱼塘中放养，谁知一年后这些福寿螺以惊人的繁殖速度迅速使鱼塘螺满为患。同时新螺种也招致很多村民尤其是孩童的好奇心，纷纷携带一两颗回去养着玩。此外，因大雨导致鱼塘水满溢到水田中或引鱼塘水灌溉水田，这些螺顺势爬到水田中，并通过水渠、河流传播到永州各村屯。据一位居住在板端屯附近的朋友介绍，在读小学时（1992年前后），这种螺刚刚开始出现，当时被称为"广东螺"，大家都觉得很稀奇，便去向有较多这种螺的玩伴买来养，一颗几分钱，当时还拿菜喂它们，谁知道后来那么泛滥，还危害到庄稼。当然我自己也有同样的经历，1993年前后，在读小学四年级时，曾同村内的"帮"友到永固街上一个养殖福寿螺的荷塘中"偷"几颗福寿螺回来，在家中闲置的井中放养，小颗的则放到小水缸内养殖。每天不定时拿菜叶放到井和缸中，观察这些

---

[1] 张鸿燕：《水稻"杀手"——福寿螺》，《农村百事通》2011年第9期。

分离、互动与调适

稀奇的广东螺吃菜、成长、排卵的过程。

1994年过后，伏台水田中的福寿螺迅速增多并祸及秧苗，村民们发现水田刚插好的秧苗，次日便神奇消失，后来才意识到是被福寿螺吃掉了。本来种植杂交水稻后，一窝秧苗只放一株，一颗福寿螺用不了几分钟即可将秧苗泡于水中的根部咬断，这意味着这窝秧苗绝收。因此，村民们不得不在插秧前到水田中拾出福寿螺，使稻田种植过程多出一套工序。然而，福寿螺捡出后如何处置又成为一大问题。起初有人认为可食用，但后来证实福寿螺携带寄生虫，有人食用后发病住院，因此便无人敢食用；有人将福寿螺扔到河中，随后发现这些福寿螺迅速在河中繁衍，并沿着水渠、河岸再次爬回田中；有人把福寿螺拿到路边用石头砸烂，但砸的人多了，路边一堆堆死螺，一方面臭气熏天，群蝇聚集，在路边呼呼乱飞，让路过者直犯恶心，另一方面锋利的螺壳划伤不少光脚下地的村民。有的人将捡来的福寿螺砸烂后喂鱼和鸭子，但福寿螺数量越来越多，根本捡不完，也没有那么多鱼、鸭可喂。这些方法一一失效，直到后来引进专门杀灭福寿螺的农药——灭蜗灵颗粒剂和密达颗粒剂等，在插秧前将药按一定剂量碾碎后拌细土撒入水田中，田中的福寿螺便都浮出水面死掉。然而，由于福寿螺已遍布各地的水沟、河渠，即使田中的螺被消灭干净，也不能避免灌溉时再次有福寿螺进入田中，当然此时水稻一般已经长得茂盛，少量福寿螺并不能造成太大危害，但随着这些螺的迅速繁衍，下次插秧前又不得不再次使用灭螺药。

年复一年，施放灭螺药就成为当前永州地区壮族人插秧前必行的一套工序。当然有关灭螺药对人身体的危害目前尚未有具体说明，但作为农药的一种，仍然是现代社会人们承担的一种风险。这种风险是外来的，而引进的载体正是外出打工的年轻人。所以常常可以听到村民在捡螺、灭螺过程中埋怨甚至诅咒这些将福寿螺从广东带回来的不知姓名的打工者。

总之，"广东螺"作为福寿螺在永州地区的地方称呼，说明这一物种非本地产，而是来自广东，也体现福寿螺在永州地区的出现与外出打工直接相关。这一外来物种由外出务工的壮族人从广东携带回乡，并通过河流、水渠以及人类（通常为儿童）等渠道迅速传播乃至泛滥成灾，直接危害当地的水稻种植，也影响了农民的耕种程序，即村民不得不在原有耕种基础上增加撒灭螺药的劳动工序。

五 传统耕作文化的变迁

壮族先民在耕作过程中运用自己的智慧创造出诸多丰富多彩的文化，如歌谣、舞蹈、祭祀等。然而随着壮乡外出务工人数的增多，这些传统文化的传承和发展如被釜底抽薪般失去基本的继承者和传承人，不少文化已经在以打工文化为代表的现代化浪潮冲击下消失殆尽。

（一）耕作歌的消逝

壮族人耕作时唱山歌历史悠久。据《岭南录异》称："汉代时期，土民劳作之余，逢年过节，三五成群欢唱为乐。"至20世纪80年代中期，壮族人在稻田耕种时仍有唱山歌之习俗。春耕时，村中男女老少均在田中劳作，互有分工，男性耙田、女性插秧、老人与儿童则除草或整理田埂等，众人有说有笑，同时一起唱歌，尤其是描述生产劳动的歌谣，如讲述天气干旱带来灾难的《十年天旱歌》，描述风调雨顺、生活太平的《丰收歌》，以及涉及气候状况和农事活动安排的《二十四季歌》等。由于不少农事歌多为前人总结记录，内容比较固定，耕作时凭记忆传唱，常常是你一句、我一句互相接唱。若兴致较高，则开展对歌，根据耕作场景即兴编唱，对歌手极具考验性。秋收时节，壮族人收获间隙在田野中跳起"扁担舞"（打扁担），众人在田野中，利用手中扁担模拟劳动动作，上下左右、站立下蹲、转身跳跃、原地行进等互相敲击，有时旁边有长竹筒和锣鼓伴奏，有时配合叫喊"咳咳"呼声，场面紧凑，热闹非凡。

如今，这些场景都已成为过去。在田间劳作的是轰鸣的拖拉机，以及三三两两无精打采的花甲老人，女性忙于插秧，男性赶着耙田，儿童则很少出现在耕作现场。据村民描述，打工潮出现初期，不少在南宁打工的人农忙季节还能赶回来帮忙，但随着越来越多的人到更远的广东和海南打工，农忙时节回来已经不可能，甚至过年过节的返乡都是一种奢望。对于大多数打工者而言，在外的收入比在家种田划算，农忙时节请假返乡，来回路费及旷工造成的收入损失，还不如将钱寄回家用机器耕种或雇请别人帮忙。后来，即使是在南宁打工的村民也很少愿意在农忙时回乡耕种。一些年轻人甚至觉得农田劳作脏累，放言今生绝不下田地，即存在《欢打功》中的

"口雷不眉用，悲广东打功"（种田没有用，去广东打工才是出路）的心态。

随着计划生育政策的实施，壮族人虽然允许在一定条件下生育二胎，但与过去每户生育三胎以上子女相比，儿童人数急剧下降，加上隔代教育中祖父母对儿童的溺爱，使得大多数壮族儿童基本摆脱了农田耕种的劳作。不少年轻人刚从学校毕业即加入务工行列中，长期在外，很少返乡劳动，自家有多少亩田地、分布于何处都不得而知，更不知晓耕作方式、技术及相关的歌舞文化。农业耕种多依赖留守老人、农业机器和雇用他人，随之而来的便是传统耕作技术流失、文化缺乏传承人，各种耕作歌谣、舞蹈也缺少参与主体，即耕作歌舞逐渐被现代化的浪潮吞没。与之相关的还有稻田耕作中祭祀文化习俗的消逝。

（二）农业祭祀仪式的消失

过去，壮族民众耕种时遇到病虫灾害，除开展人工捕杀、使用石灰粉等传统防治技术，还伴随着放置辟邪物、求神拜鬼、祈祷神灵相助的民间宗教信仰仪式。随着现代农药的出现，以及农民知识观念的改变，这类宗教文化正逐渐消失，但当问题无法解决时，这些宗教文化仍然有恢复的可能。

2012年2月至5月，永州壮族聚居区大旱，其间基本没下一场雨，不少村落的春耕被迫推迟，有些村落由于缺水不得不暂时放弃种植水稻，伏台利用靠近河流的优势，通过水泵抽水一定程度上缓解春耕用水。5月6日晚，我在"老同"家与同爸①一起喝酒聊天，同爸说：

> 死人了（一种丧气话）！今年的干旱真是少有，我活了50多年，从来没有碰到过。很多村饮水都困难，更不要说农用水。现在五弄、大旺、德育、造加、胜利的部分村都还没有种早稻。往年我从开春到现在卖种子和农药，至少进货三次，一般日销售金额几千元，今年开春进货一次到现在都没有卖完，近段时间街天的时候每天才卖出三四百元。没有办法，很多村子没法种水田，种子播下去后，长出的秧苗也因干旱枯死。很多人已经来跟我说，让我准备一些中季稻的种子，

---

① 同爸，即我"老同"的父亲，57岁，与同妈二人留守伏台。二人既要照顾3岁的孙子，还需耕种4亩多田地，且街天到集市上摆摊出售农药、种子及各式农用品等。

第四章　原空间的调适与变迁：分离背景下的留守社会与文化

等雨水来了种中季。这两天德育村的一些村民还到镇政府闹，据说是因为有人把德育水库承包出去让他人养鱼，今年雨水少承包人把水库放干收鱼，导致周边很多依赖库水灌溉农田的村庄无法种庄稼。不过现在都是些老人在家，闹了估计也不会有人管，如果像以前年轻人都在家，估计政府就不会这样了。

聊到干旱过后，同爸突然说："昨晚的雨，很多人说是大旺村弄兰屯'gu wuog'的结果。"对于这个话题我颇感兴趣，因为作为伏台人我从未听过这一说法。后来通过同爸介绍及其他村人的补充，我才大致掌握这是永州地区壮族人一种向神物祭祀祈雨的传统仪式。村人认为，山洞中存在一种像乌龟一样的神物，称为"du wuog"，掌管着天上打雷闪电和下雨，因此在长期干旱无雨时，只要施行"gu wuog"仪式，向这一神物祈雨，即会有所应验。这一仪式除了需要准备一些常见祭品，还需宰杀狗和猫各一只，将二者血液倒入一个装有数只鲤鱼的桶中，并将桶内物品及相关祭品吊入传说有"du wuog"生存的深山洞内。可见，面对干旱天气和水库管理不当导致的灾害加重，永州地区缺水的村落中，部分村民求助于政府，而部分村民则寻求传统的祈雨方式。尤其是在地方政府对干旱天气不作为或水利措施管理缺位的情况下，传统的祈雨仪式更受到重视和认可。5月5日晚天降大雨，村民们纷纷认为，仪式有效用，"老天帮忙了"。

我在向村人打听这一仪式的过程时，大多数村民的反应是，问这个干什么，你懂这个没用，你又不种田，而且你们这些年轻人肯定没人听过，只有我们老一辈的才听说过。当然导致这些传统仪式消失的原因非常复杂，如科学技术的传播、村民思想观念的变化等，而年轻人外出务工也加快这些仪式走向消亡的步伐。

（三）传统敬牛节及相关祭祀仪式的没落

如前文所述，外出务工引发的村落留守劳动力的缺乏，促使家庭耕牛、猪养殖的减少，在一定程度上也导致相关传统节庆和祭祀文化的没落。壮乡将每年农历四月初八称为脱轭节，又叫敬牛节、牛魂节。壮族人认为，牛不是凡间的普通牲口，而是来自天上的神物。传说，牛因犯错而被牛魔王罚到人间吃草，替人类出力耕种田地。牛魔王仅每年农历四月初八下到凡间保佑牛，使它不瘟死。敬牛节当日，壮族人即开展祭牛、敬牛活动，如修整牛舍，清栏垫草，洗刷牛身，梳篦牛虱，给牛喂五色糯米饭或鸡蛋、黄豆粥、甜酒和其他精料精草。① 《马山县志》记载，耕牛从年初开始为壮家人犁田耙地，到"四月八"各种田地已耕种插完，应该给牛脱轭休息。当日，壮家人有的蒸糯米饭，有的包粽粑。在牛栏边烧香祭牛神，吃饭前先喂牛一团糯米饭，以示敬意。② 同时，永州地区的壮族人还认为，家中不仅有祖先神明、花神婆神、灶神，而且有保佑六畜兴旺的神明，因此过年过节期间，除祭祀前述神明外，还专门祭祀牛栏、猪圈、鸡鸭圈所处位置的神明。然而，由于不少家庭放弃养殖耕牛和家猪，四月八敬牛节和传统的牲畜圈祭祀的意义不再，仪式也逐渐淡化。不少壮族人在"四月八"敬牛节时由于没有耕牛，饭前仅祭祀其他家神，而不再祭祀牛神和牛圈、猪圈神。

总之，大量人口的外出导致壮族地区传统耕作方式和文化的急剧变迁。从图4-1可以看出，外出务工的产生及村落劳动力缺乏，直接导致家庭劳

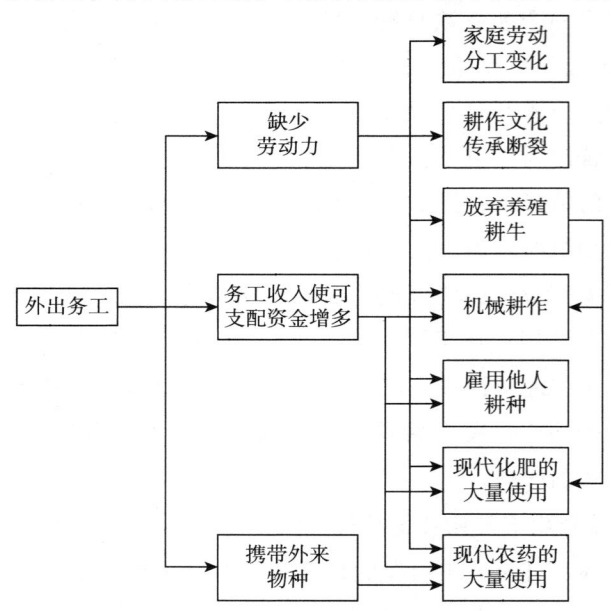

图4-1 外出务工对农业耕作及其文化带来的影响

---

① 黄伟晶、黄桂秋编著《壮族民俗风情》，南宁：广西民族出版社，2011，第97页。
② 马山县志编纂委员会编《马山县志》，北京：民族出版社，1997，第131页。

动分工变化、耕作文化传承断裂、放弃养殖耕牛、现代化肥和农药的大量使用、雇用他人耕种的出现，而放弃养殖耕牛又促使壮族传统敬牛节及相关祭祀仪式的没落，以及机械耕作的使用；外出务工寄回的务工收入，使留守者可支配的资金增多，也在一定程度上推动机械耕作、现代化肥和农药的大量使用以及雇用他人耕种的出现；外出务工者作为外来物种的携带者直接促使消灭外来物种药物的产生和使用。从图中也可看出，这些外出务工直接或间接地导致壮乡生计方式的变迁，而这些变迁结果并不是孤立存在的，而是相互影响、相互作用，如放弃养殖耕牛对机械耕作和现代化肥的大量使用也具有直接影响。

第二节 婚姻家庭

婚姻与家庭是社会人类学最基本的主题，是人类社会基本的制度形式和构成人类社会结构的基础。家庭是人类社会最基本的单位，而婚姻则是组建家庭的重要前提。

一 婚姻

人类学家对婚姻下过许多定义，但至今仍难以找到可以放之四海而皆准者，因为总能找到特例。虽然如此，人类学家为了研究需要，仍然需要给婚姻下一个较为狭窄的定义，即婚姻是一个男人（男人们）与女人（女人们）之间持久的联结，赋予配偶互相专有的生活权利和经济权利，赋予由婚姻而生的孩子以社会身份和权利。这一定义直接点出婚姻的社会性质，而非自然性质。婚姻的真正内核不只是两性的结合，而是对这种结合的公开认可和批准。婚姻的社会性才是其本质所在，即婚姻是在各自文化中依风俗习惯和法律规定所建立的夫妻关系。[①] 婚姻研究的范围非常广泛，人类学的社区研究通常围绕择偶观念、通婚圈、婚礼仪式等方面展开。

（一）择偶观念

壮族社会存在一套独有的择偶观念和择偶方式，并通过依歌择偶、族

---

① 朱炳祥：《社会人类学》，武汉：武汉大学出版社，2004，第89页。

群通婚、审美观念等诸多方面得以体现。当然，这些观念和方式在当代背景下也受到外出务工现象的影响。

1. 依歌择偶的消逝

传统壮族社会崇尚恋爱自由，大多数青年男女通过自由恋爱相互熟悉，并经父母同意而结缡。在过去，山歌是壮族青年恋爱中重要的媒介。就伏台而言，20世纪80年代前，山歌是择偶的重要桥梁，也是择偶的重要标准，年轻人通过唱山歌结识、恋爱并结婚，以是否会唱山歌作为择偶的重要标准之一。当然，并不是每名男子都能通过自身能力找到对象，少数人由于胆子小、"脸皮薄"等，如过去不会唱山歌、交际能力太差者，都很难找到对象。他们大多通过父母和媒人介绍的方式解决婚姻问题，但这样的男子常常显得没有面子。相反，村落中的歌师（对歌能手）和通过对歌结缡的夫妻常成为众人夸耀和赞誉的对象。

80年代后，受现代化浪潮冲击，马山壮族地区民间山歌逐渐消失，而自由恋爱仍然盛行。圩日赶集是青年男女见面约会的大好机会。由于很多年轻人外出打工，目前已经很少见到青年男女在圩日上逛街，但过年过节很多青年返乡时，圩日依然繁盛，然而山歌传唱的消失使得陌生男女之间的沟通失去桥梁。男女在街上相识大多只能通过已有的社会关系，如伏台的男性"帮"成员在街上逛时，其中一位成员与来自其他村落的女性"帮"的某位成员打工时结识，两个"帮"的成员可以迅速通过这一桥梁搭上线。山歌的缺失使陌生青年男女的结识缺少试探的桥梁，以至于极易导致矛盾的发生，不同村落男青年因抢女友而产生口角甚至斗殴。

2. 族群偏见的影响

受民族观念影响，永州地区的壮族很少与瑶族通婚。伏台壮族人与瑶族人关系非常密切，瑶族村落位于伏台东部和东北部的深山中，最近的瑶族村落（定台）与其相距不足2公里。伏台是这些瑶族人到镇上赶圩的必由之路。当地瑶族人持瑶语，兼通壮语，因此壮瑶之间语言交流无碍。瑶族在当地人口数量虽在壮族与汉族之间，但在三个群体中其地位曾经是最低的。在这样的背景下，当地壮族和汉族基本不与瑶族通婚，虽有少量壮族男子因家境问题或身体缺陷不得不娶瑶族女子为妻，但没有壮族和汉族女子愿意嫁到瑶族村落。

第四章　原空间的调适与变迁：分离背景下的留守社会与文化

伏台与汉族之间通婚虽然存在，但并不多。这里所说的汉族，主要是指定罗已经壮化的汉族，当然也有部分村民外出打工后娶回外地汉族女子。就定罗的汉族而言，伏台仅有2例娶定罗女子为妻者，伏台女子嫁到定罗者有5例。过去定罗人具有集市中心的优越心理，因此很少有人愿意嫁到村外。而外村人出于对定罗人的一些看法（认为他们很"凶"、习惯和观念不一样等），多惧怕嫁到定罗。因此伏台和定罗村民间通婚基本上始于中华人民共和国成立后，不过为数不多。可见面对这群自己人中的"他者"，壮族人仍然对他们存在一定的排斥心理。

随着外出务工人员的增多，永州地区变得更加开放，各族群成员与外界的接触日益频繁，新观念新思想的引入并没有促使原有族群偏见弱化或消除。最直接的体现是务工潮出现至今依然没有发现伏台与定台、定罗之间出现新增的通婚案例，当然这不仅仅是受原有族群偏见影响的结果，也是外出务工增大各族群青年男女选择对象的范围所致。换言之，实际上外出务工现象对当地人在婚姻方面的族群偏见和矛盾的改善没有造成太大影响。

3. 审美观念的变化

传统的壮族社会以黑为美，直至20世纪90年代中期，壮族女性服饰仍保留不少传统特点。中老年妇女衣服倾向于"以黑为美"，即服饰一般为黑色，上身着右盖大襟和葫芦状矮脚圆领的紧身短式上衣，下身与宽裤脚、大裤头的裤子相配，腰系黑布做成的大围裙，头戴黑布大头巾。除了服饰上的标准，皮肤黝黑也比皮肤白皙更受到推崇，皮肤黝黑成为身体健康和强壮的标志。由于壮族社会对耕作体格的需求，女性身材美的标准通常要求身高适中，且体型偏胖和偏壮，即当地人认为可以挑担子和爬山过岭的标准。

受外出务工人员传递回来的信息及现代化媒介的影响，当前壮村伏台传统的审美观已逐渐被城市新型的审美标准取代。港裤（牛仔裤）、紧身衣等五花八门的现代服饰成为年轻人追逐的对象，保持皮肤白皙、身材苗条悄然成为年轻女性追求美丽的标准，也是年轻男性认为女性漂亮的重要准则。

一名年轻人谈到女性美的标准时发表自己的看法说：

> 以前我们的老一辈觉得，找老婆应该要找一个粗壮的，可以干活又能挑东西，上山爬坡畅通无阻，长得白净反而被说成没有血色，身材苗条可能被怀疑体质不好。现在不一样，我们年轻人追女孩都是想找皮肤白、身材苗条的。比如说，我老婆从我们年轻人的角度来说，她还真是五大三粗，完全符合父母的标准，当时我妈听说我跟她谈之后，去她们家打听，两位老人很满意。其实我不太满意，要不是我们家只有我一个男孩，我也不急着结婚。当然现在看来，老人说的也有道理，我经常在外面打工，她在家里可以一个人干很多重活都从不喊累，在我们这生活女人身体壮还是很有优势的。①

可见，外出的年轻人对女性美的评价越来越受到城市审美文化标准的影响，即认为皮肤白净和身材苗条是美丽的标志，但回到现实乡村社会时，他们也承认老人的传统看法依然实用，很有道理。

此外，随着打工成为社会成员成长过程中的通过礼仪，越来越多年轻人抛弃过去对方家中是否有足够土地、是否为耕种好手、是否会唱山歌等传统的择偶标准，而将是否外出打工、在外打工的成就视为择偶的重要依据。从这方面可以体现出现代择偶标准更注重现实，如打工行业、打工收入、未来发展潜力、家中经济状况等。

（二）通婚圈

通婚圈是指在特定时段内，某一研究对象（一个家族、村落等），在其通婚的地理半径内，与其他各宗姓通婚的集合。通婚圈是伴随着两性婚姻关系的缔结而形成的一个社会圈子，其形成的社会基础源于婚姻是超个人和超家庭的事情。人类学在研究亲属制度、宗族和村落时，通婚圈研究在其中扮演重要的角色。

通婚圈主要用来解释婚姻的空间关系，通俗地说，就是指婚配双方家庭居住地的距离。一般而言，在耕作为主、交通落后、社会交往少、缺少迁移流动的中国传统农业社会，通婚圈是比较小的。这种状态受制于以下几种因素，一是婚姻方式和信息构成渠道限制通婚圈的拓展。传统时代，

---

① 2012年2月10日访谈资料。访谈对象：黄品；访谈地点：伏台其家中。

第四章 原空间的调适与变迁：分离背景下的留守社会与文化

婚姻被作为一种结两姓之好的行为，而不是男女之间的情爱举动（至少在婚姻缔结的初期是如此），它由家长包办并建立在家长对彼此家庭基本了解和信任的基础上。传统农村民众世代居住一村一地，职业流动较小，信息相对闭塞。而从习俗和法律规定上，婚姻又需要媒介从中沟通和做出保证（所谓父母之命、媒妁之言）。人们长期以来的社会关系主要是本代或上代所积累，能够充当媒介的熟人和亲戚限于较近的三乡五里之中。二是正常情况下，嫁出的女子要同娘家保持密切的来往关系。无论女性家长还是女性本人，都希望婚嫁之后，仍能保持经常互相来往。在交通工具落后的条件下只有嫁在近庄，才不致造成来往不便和沟通障碍。杜赞奇[①]认为，出嫁闺女的村庄坐落于婚娶媳妇村庄的"联姻范围"之内，这一范围可能独立于集市圈之外，其辐射半径可能以一定时间内步行可到达的距离为准，亦可以原有联姻范围为准。[②] 随着外出务工潮的出现，全国农村人口集聚城市空间，各地青年男女相互交流、交往机会增大，通婚概率也随之增大，传统村落的通婚范围随之扩大。这一观点目前已在诸多有关人口流动的实证研究中被多次证实，然而壮村伏台通婚圈的变迁呈现新特点，即通婚圈扩大和内卷并行。

2012 年田野期间，根据家谱资料和访谈内容，统计伏台李氏家族"美"字辈和"朝"字辈近 60 年来的通婚范围，如表 4-2 和图 4-2 所示。

从图 4-2 中可以看出，1951~1980 年伏台李氏家族基本没有与外县及外省的通婚例子，但 1981~2012 年伏台李氏家族与外县及外省的通婚比例达到 16.05%。同时，1951~1980 年伏台李氏家族的屯内婚只有 10.81%，村内婚为 13.51%，距离村落三公里内的婚姻为 13.51%，本地区较远的其他村落通婚所占比例最大为 62.16%；但 1981~2012 年，伏台李氏家族的屯内婚、村内婚、距离三公里内的婚姻数据所占比例均有所上升，分别为 13.58%、17.28%、18.52%，而与距离较远其他村落的通婚所占比例急剧下降，为 34.57%。简言之，伏台的通婚圈一方面在逐渐扩大，另一方面呈

[①] 〔美〕杜赞奇：《文化、权利与国家——1900—1942 年的华北农村》，王福明译，南京：江苏人民出版社，1996，第 18 页。
[②] 王跃生：《1930-1990：华北农村婚姻家庭变动研究——立足于社会变革背景下冀南地区的考察》，博士学位论文，中国社会科学院，2002，第 46 页。

表4-2 1951~2012年伏合李氏"美""朝"字辈通婚范围统计情况

单位：人，%

结婚年度	伏合屯内				台山村内（不包括伏合）				直径距离三公里内村落（不包括台山）				本地其他村落				外县及外省				总人数
	娶	嫁	小计	比例	娶	嫁	小计	比例	娶	嫁	小计	比例	娶	嫁	小计	比例	娶	嫁	小计	比例	
1951~1980	3	1	4	10.81	2	3	5	13.51	3	2	5	13.51	7	16	23	62.16	0	0	0	0	37
1981~1990	1	2	3	12.5	2	1	3	12.5	2	3	5	20.83	4	6	10	41.67	1	2	3	12.5	24
1991~2000	2	2	4	16	3	2	5	20	2	4	6	24	5	3	8	32	0	2	2	8	25
2001~2012	2	2	4	12.5	3	3	6	18.75	3	1	4	12.5	4	6	10	31.25	6	2	8	25	32
																					118

注：台山村内（不包括伏合）：感益、坡丰、良实；直径距离三公里内其他较远的村落，也包括县内其他乡镇的村落。本地其他村落（不包括台山）：谭诺、永周、谭堂、谭清、伏王、定罗、伯务、里邑县、巴伏；本地其他村落，既包括镇内其他较远的村落，也包括县内其他乡镇的村落。

资料来源：2012年1~6月田野调查。

第四章 原空间的调适与变迁：分离背景下的留守社会与文化

1951~1980年
- 屯内婚 10.81%
- 村内婚 13.51%
- 距离三公里内婚 13.51%
- 本地其他村落 62.16%
- 外县及外省 0%

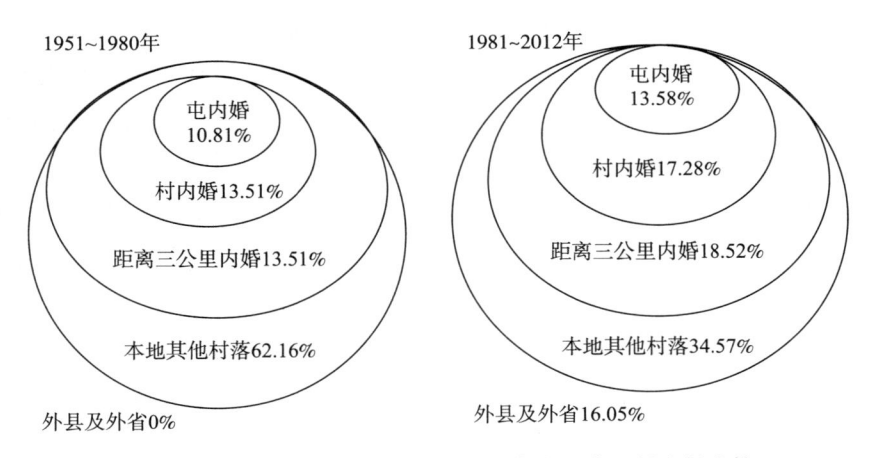

1981~2012年
- 屯内婚 13.58%
- 村内婚 17.28%
- 距离三公里内婚 18.52%
- 本地其他村落 34.57%
- 外县及外省 16.05%

图 4-2 1951~2012 年李氏"美""朝"字辈通婚比例比较
资料来源：2012 年 1~6 月田野调查。

现"内卷"的趋势，即屯内婚、村内婚或距离三公里内的婚姻所占比例越来越大，村民近距离结婚的倾向越来越明显。

马山县是典型的大石山区，石山区面积为 1330 平方公里，占总面积的 56.3%，全县境内多山，大体分东西两大部，东部多大石山，西部多丘陵，是广西有名的山区县。这样的自然地理环境使得交通极其不便，村民对外交往非常有限，因此壮族通婚圈相对较小，伏台亦然。马山有"好女不嫁西部（永州）男"之说，因为以永州为代表的马山西部地区的壮族，相对东部来说，受汉族继嗣观念影响更严重，大男子主义比较风行，重男轻女现象较严重，女性地位较低，男性名声受到影响，东部女子很少愿意嫁到西部。当然，这种观念是一个因素，而最主要的仍然是路途遥远、交通不便。

20 世纪 80 年代至今，伏台通婚圈呈不断变化的趋势，其特点和原因可以归结为以下几方面。

一是 80 年代前，伏台所属永州地区交通不便、交际范围受限制等原因，导致通婚范围较狭小；80 年代尤其是 90 年代后，自行车、摩托车等现代交通工具开始在当地出现并普及，交通得到改善，尤其是越来越多村民走出村落到外地打工或求学，使得其婚姻的选择范围不断扩大。

二是过去村内互不通婚。其原因与前文所述历史故事有关，即李氏祖先将女儿嫁给作为自家长工的黄氏祖先，后来黄氏家族子孙繁衍迅猛，枝

分离、互动与调适

繁叶茂,而李氏家族则相对滞后。李氏后人将家族发展缓慢的原因归咎为祖先将女儿嫁给黄氏,财路和好运因此转向黄氏,于是便立下规矩后代女子不许再嫁给本村黄氏子孙。由于李氏和黄氏是姻亲,子孙有血缘关系,加上这一规矩的出现使得黄氏和李氏很长一段时间内互不通婚。中华人民共和国成立后,各种政治运动此起彼伏,新社会的新思想冲击着这个小山村,部分子孙不顾各种闲言碎语,打破这一规矩。本村村民黄爱珍由于父母无子,身体欠佳,为了便于照顾父母,便嫁与同村李美荣。李家的解释是祖先有规定不能嫁女子给黄氏,又没有说不能娶过来。这一婚事打破李氏和黄氏长期以来不通婚的局面。随着黄家女子嫁到李家,部分李氏子孙也认为祖先观念不足为信,而将女儿嫁至黄家,随后黄氏和李氏通婚的现象越来越多。事实上,父母也希望女儿不要嫁得太远,嫁在本村或近村,平时可相互往来,彼此照应。因此,越来越多女子选择嫁在本村或距离较近的村落。

另外,由于外出打工的人越来越多,这些青年选择对象的范围越来越广,即使父母不乐意或反对,仍有越来越多男子娶外地女子为妻,女子嫁到外地者也不少。这促使伏台通婚圈范围的扩大。与此同时,村内婚和近距离婚姻数量也不断增多,近距离婚姻成为村落社会成员提倡的主要形式,即通婚圈内卷的趋势非常明显,为何出现这种状况呢?对此,一位已有女儿嫁往外地的中年女性直接说:

> 嫁得远有什么好,你没看到"达依"(壮族人对女性晚辈的一种称呼,这里指其嫁于广西灵山县的女儿)吗?我几年都见不了一面,而且每次回来匆匆忙忙,还有我的小外孙长到几岁我才见一面。我养你们几十年,不求你们给我做什么事,现在几年都见不到面,你们真不懂(指其思念的艰辛)啊,"达神"(指其次女)我是坚决不同意嫁得远的。①

一位长子娶外地媳妇的中年女性称:

---

① 2012 年 5 月 6 日访谈资料。受访者:同妈;地点:伏台"老同"家。

第四章　原空间的调适与变迁：分离背景下的留守社会与文化

> 你不知道娶外面的媳妇有什么不好，我最能体会，人家的孙子外婆外公或多或少都能帮忙看一下，我两个孙子有谁帮忙照顾过呢？也没有亲家人递过一分钱给他们，多少精力还不都是我们自己的。想依靠一下亲家那边，想都别想，我们沟通不来，话都没说过一句。我们说的他们听不懂，他们说的我们听不懂，有事都是两个小孩自己传话。①

另一位中年男子称：

> 现在跟过去不一样，以前家里有五六个，甚至更多小孩，嫁得稍微远一些，也多是我们周边几个乡镇。大家都没有出去打工，在老家待着，只要家里有事，都还是会回来。即使有一两个回不来也没关系，还有其他孩子在。现在家里一般都只有一两个小孩，而且都出去打工。哪位父母不疼爱自己孩子呢？女儿嫁得远，一方面没有依靠，另一方面几年甚至更长时间见不到面。儿子娶得太远，过年过节要去外公外婆家，肯定就回不来，也见不到面。或者好不容易回来一趟，我们老人和儿媳说话相互都听不懂，就像是家里来了一个陌生人，很奇怪。②

就年轻人嫁娶外地的情况，我专门与较熟悉村落现状及务工者在外生活情况的"帮"友黄平隆③进行长聊。他说：

> 从年轻人的角度来说，不是所有人都反对嫁娶外地，估计有三分之一的人无所谓外地本地，三分之二的人更倾向于嫁娶本地。当然也偶尔有些另类的女子说非外地不嫁，这都是图新鲜和刺激，不懂事。为什么大多数人更喜欢本地呢？我觉得有三点。一是与本地人结婚大

---

① 2012年5月7日访谈资料。受访者：黄团世妈；地点：伏台村口。
② 2012年5月7日访谈资料。受访者：黄先隆；地点：伏台村口。
③ 2012年4月6日访谈资料。受访者：黄平隆；地点：他家楼顶。由于黄平隆早期在广东深圳、东莞、佛山等地打工，后又返回南宁，且经常因故返乡，对外出务工生活和家乡现状都比较熟悉，且与我无话不谈，成为我田野调查的主要报道人。此次访谈正是利用其清明返乡时开展的。

家都知根知底，你家什么情况所有人都清楚，不会轻易被骗。像嫁到外地的人，有的女孩被带到对方家里，才知道男方家比我们这还差，甚至才知道男方其实离过婚，小孩都很大了。二是本地人靠得住，不会轻易离婚。你如果离婚几乎我们这个地方的人都知道，随便离婚也会被说三道四，离过婚大家都知道你是什么样的人，家里人也会觉得丢脸。我认识好几个娶外地女人的，老婆到我们这生过小孩后就跑了，再没回来，有的小孩都生了两个，要是本地女子谁敢这样做？三是相互之间有个依靠。现在都是老人和小孩在家，亲戚的帮助很重要。老人生病，小孩不舒服，农活太忙，借个重要的农具（如拖拉机、耕牛等）都需要亲戚的帮助。

  这几年同村青年男女结婚的越来越多，除了跟上面说的有些关系，还与我们村条件比较好有关。一方面是离集市近，交通便利。五弄、大旺、德育、造加这些村都离得很远，交通没有那么方便。这两年修水泥路还好一些，前几年从镇上到他们那边的路都是坑坑洼洼的，而且坐的是手扶拖拉机，甚至走路。据说，几年前有个造加的小伙在广东打工，把外地的女朋友带回来，把人家折腾得半死。先是乘十几个小时大巴车到南宁，再从南宁坐五六个小时车到镇上，然后坐手扶拖拉机一路颠簸，最后还要走很长一段路。折腾得那个女孩直嚷嚷，以后再也不来了。另一方面我们村田地都比较好，尤其是水田比较多，基本有水利灌溉，已经很少人工拉水来浇灌。有这些优越条件，我们村的青年一般娶老婆都不用太担心，除非有其他方面的问题。虽然与城市相比我们差一些，但与永州好些地方相比我们村算是很好的，很多父母也不希望子女嫁到比我们这里还偏僻、条件又不好的村子，所以有的宁可选本村。

我接着问：

  不是说现在都出去打工，大家基本在外地，对家里状况已经很无所谓了吗？

第四章　原空间的调适与变迁：分离背景下的留守社会与文化

他立即回答道：

话虽然那么说，过年过节总要回家，女性怀孕生小孩也一般都回家，老人生病需要照料时也要回家，还有自己上年纪没法在外地打工之后更要回家。对打工的人来说，在外地也不好混，有几个人能留在城市？又有几人能在城里买房呢？甚至最基本的女性怀孕和生小孩的时候，因为城里条件有限，没有人照顾，更没有其他收入，不得不选择返回老家待产。所以说，很多女孩结婚时还是会考虑男方家的条件。

综合上述受访者的观点，可总结如下。首先，随着外出打工人数的增多，村落中的留守人员越来越少，且多为老弱病残，对以亲戚关系为主要依赖的社会网络需求越发增强。具体而言，社会成员都期望与亲戚之间的居住距离较近，以在生产生活等诸多方面互助互惠。其次，距离近方便外出务工者在一年短暂的返乡时间中与更多留守亲属会面和相聚。外出务工者，长期在外打拼，每年忙于工作，仅在过年过节的短暂假期能回乡，通常仅过年时在老家待一周左右，而这段时间的行程通常排得很满：节日庆典、祭祀活动、"帮"及村落青年会的聚会、走亲访友、各式婚事和宴会等。一对夫妻通常仅在大年初三这一特定日子能返回妻家短暂相聚，而妻家老人对子女的一年相思何尝不是煎熬？长期在外打工的儿女对父母的思念又何曾中断过呢？然而相聚时间如此短暂。若两家距离较远，可能大年初三也无法回娘家，甚至夫妻每年因回哪家过年与哪边老人团聚而犯愁，以致闹矛盾。因此，老年人考虑到这些，往往在嫁女时试图尽可能左右其选择，虽然不一定有成效，但长期的劝说、唠叨以及亲情的左右，难免对青年女性的婚姻选择造成一定影响。

2012年5月10日上午，伯父母需一早到地里干活，故托我在早上指定时间将4岁侄子送到村口接送的校车上。在等校车时，几位五六十岁的老人也在送孙子女，在闲聊时，看到一个5岁男孩和一个4岁女孩玩。

突然一位老太太对小男孩说："你年纪大，要好好照顾她，以后娶她做媳妇。"小女孩的奶奶立即回应道："嫁给他？我怎么可能让我孙女嫁到弄怀去？当时他妈打算嫁过去时还不知他外婆怎么骂她和打她。"其他人接着话题继续说，"是啊，村里没有一个人不说这个女人傻的，长得那么漂亮的女孩，嫁那么远一个地方，跑到'弄'里面去，地方不好，那个男的也不咋得"，"听说那个男的态度很好，对她妈妈很不错"，"谁知道呢？有的男人在这边表现是很好，回去还不知道怎么对老婆"。

　　需要说明的是，小男孩父亲家在德育村弄怀屯，地理位置较偏远，条件较差，附近没有幼儿园，故小孩出生不久即被带到伏台由外公外婆帮忙照顾，长大后在镇上上幼儿园。这些人讨论时，男孩的外公也在场，但对此不做任何回应。据说，当时这对夫妻反对女儿与弄怀青年交往的事情，闹得沸沸扬扬，几乎家喻户晓。两个年轻人在谈恋爱时，遭到女方家几乎所有人的反对，尤其是女孩的母亲反应最为强烈，当着村民的面多次大骂："你脑子坏了吗？嫁到那个破地方去。我永远都不会答应，你不听我的话，以后会后悔一辈子。"而且准女婿上门拜访时，二老不理不睬，依然我行我素，骂骂咧咧地出门到田里干活。当然，后来女子执意嫁去并生育上文提及的小男孩，家人也只好默认这一事实。这是一对父母基于地域考虑，反对女儿嫁的地方不对的事例，虽未能成功，但仍具有一定的影响，至今村里不少人仍觉得这女孩太傻。这个女孩执意嫁过去并最终得到父母的默认，但并不是所有女孩都能够说服家人或不顾家人反对坚持嫁到远方或偏远村落。伏台还有一名女子就因家人反对最终不得不放弃自己的选择。这一女子也是与一名家距离伏台较远且条件较差的男子谈恋爱，同样遭到父母及家人的强烈反对。虽然女子坚持嫁给意中人，并擅自跑到男方家住下，但在她父母授意下，女孩的姑姑、婶婶等数人亲自跑到男方家，将已居住数日的女孩强行押回。最后，女孩不得不放弃这一选择，嫁到邻村良实屯。当然，我没有机会对事件中的两名女子进行访谈，所幸她们的感受不是此处谈论的中心，因为这里主要关注村民对子女婚嫁地选择的态度和看法。至此，村内已形成一种环境和氛围，即子女婚嫁尽量选择距离较近，且条件较好的村落。这一观念在日常生活的交谈和行动中不断得以呈现，并影响着自小在村内成长的村落成员。

　　在访谈中，我曾数次反问，不是说现在年轻人嫁哪里都一样吗？只要婚姻幸福就好。然而这样理性、合理的表述，常遭到老年人的否定：怎么会一样呢？嫁得远，好几年都不见一面，养一个女儿多不容易，日思夜想，却总是见不到,这多么痛苦啊!仅育有一女的父母或育二女却已有一人嫁外地者反应尤为强烈,后者因有对子女别离相思之苦的亲身体验,所以往往千方百计劝告尚未出嫁的女儿选择男友时尽量考虑地域近些。最后,文化差异及留守村民选择性的记忆,使外地女孩在当地人的婚姻选择上失去优势。村落中无数次地流传着从外地嫁来的儿媳妇不好的方面:不会说壮语,与村里不会说普通话的老人很难沟通;没有礼貌,不尊敬老人、不孝敬父母;不做家务;等等。例如,有个外地媳妇过年回家时,不称呼也不理睬公婆,不做家务,吃饭时不上桌或不正视公婆等。事实上,现有与外地通婚的例子中,不乏出现优秀的外地媳妇,如黄团世之妻,一名来自湖北的女子,其在伏台待产及哺乳期间即学会说壮语,且勤劳肯干,非常懂事,受到老人和亲朋的称赞;李春之妻,来自广西柳州,虽不会说伏台壮语(持柳州壮语,二者差异较大),但主动帮助老人做家务,干农活,受到村人好评。当地人对外地媳妇的偏见,可以归纳为以下原因。第一,文化差异,这使得外地媳妇某些不符合当地人标准的行为被当成"不懂事""没有礼貌"。例如,伏台在家中来客时,通常仅成年男子陪同客人就餐,女性则另坐一桌,外地女子因不知当地规矩,遵循城市习惯坐在丈夫旁边就餐,老人即认为这一女子不懂事。第二,外地女子因延续在自己家或城市里的一些生活习惯,而被视为懒惰。例如,睡懒觉、不做家务等。事实上,现在伏台年轻女孩在打工返乡时也常有睡懒觉和不做家务的情况,但这些都被村人视而不见,村民们将眼光盯向外来媳妇,其要求显得苛刻。在此基础上,一两个外地媳妇的不良表现,被无限放大,成为村民们交流的主要话题。当然也不排除当地人存在先入为主的观念,即外地人没有本地人好,外地人成为儿媳妇交流都不方便,并希望通过这些被夸大的例子,告诫尚未婚育的儿子尽可能娶本地女孩。本地女子若打算嫁到外地,也会被家人以某些女孩嫁往外地受骗的例子苦苦相劝,而且和已嫁到外地者一同被贴上"不体谅父母恩情""不懂事"的标签。虽然不是所有年轻人都将本地人作为择偶的首要标准或唯一标准,但这一砝码也随着周边环境的影响和现实的压力在不断加重。

(三)婚礼仪式与习俗

壮族婚礼仪式在历史发展的各个阶段呈现不同的特点。打工潮出现后,

分离、互动与调适

外出务工的青年男女直接接受来自城市现代婚姻观念的影响，使得家乡的传统婚礼仪式发生较大变化。主要体现在：不少年轻人放弃举行婚礼，仅到民政部门领取结婚证；一些年轻人仅在小孩出生满月后办理较大型的满月酒，宴请四方宾客，以示对不举办婚礼的弥补；部分年轻人延续传统婚礼，但仪式进行一定程度的简化。当然，壮族较具特色的婚姻习俗——婚后不落夫家及夫妻分床而眠等，受外出务工带来的思想影响也颇大。

1. 不落夫家习俗渐行渐远

20世纪90年代以前，壮乡伏台仍循"不落夫家"之俗，即新娘在婚后当日返回娘家居住，仅在农忙或节日受到夫家人邀请后才到夫家居住一两日。其间，夫家人以客人相待，直到怀孕分娩时才到夫家长期居住，夫妻二人共同生活。对于女性而言，婚礼仪式不是其完全成为夫家人的标志，怀孕生子才使其最终被当作夫家人。

20世纪80年代末90年代初，随着外出务工潮的兴起，越来越多伏台年轻人外出谋生。早期的打工者，结婚对象仍以老家人为主，而婚后女性也遵循回到娘家居住之俗，返回城市打工地后，若条件允许受城市文化的影响夫妻会一同居住。在过年过节返乡时，若女方尚未怀孕或生育，则须先回到娘家居住，即使夫妻二人同时乘车返乡，也必须分开各回各家。例如，从下感屯嫁到伏台的村民陆惠1989年结婚，婚后与丈夫到广东打工，未生育前，从广东回家都是直接回下感屯娘家，虽然伏台比下感距离镇上更近，更加方便，但按照不落夫家的习俗，此时陆惠仍属娘家人。女性先回到娘家居住，直到夫家派人去接时，才会到夫家居住。部分女性此时仍不敢在夫家居住太长时间，而返乡时正好是过年期间，所以大多数女性也有了一直住在夫家的理由。这一阶段，不落夫家的习俗的影响依然存在，即使年轻人在城市中已经习得新习惯，但一回到家乡，他们就会自觉或不自觉地遵循原有习俗，而双方父母和家中老者则是这一习俗的监督者。当女性生育后，即意味着其已经属于夫家人，此时外出务工返乡须先回到夫家中，而不允许先踏入娘家门。2012年过年期间，有位在广州打工的女性带着1岁半的女儿返乡，由于夫家人尚未返乡且夫家路程较远，而娘家则在公路边，加上晕车及携带小孩不便，所以本打算先回到娘家休息，次日再返回夫家。但与其同行的母亲并不同意，说现在你已是夫家人，必须先回

第四章 原空间的调适与变迁：分离背景下的留守社会与文化

夫家，即使只是踏进夫家门再回娘家住也是允许的，否则你夫家的祖宗（祖先神明）可能会怪罪，对你和小孩都不好。

据悉，当地曾有名长期在外务工的女子因为不遵循这一习俗，其子女受到夫家祖先神明的惩罚。这一女子携孩子从广东返乡，下车后没有回到夫家，而是先回娘家居住。之后她的小孩经常无缘无故哭个不停，到医院检查也未能明确病情，且久治不愈。后来有人去问神婆，神婆指出，那是因为夫家的祖先神明怪罪，孙媳妇从外地回来，不先回自己家，而是回娘家。夫家的祖先说："你现在已经是我们家的人，回家也不进我们家的门，直接回你娘家，我要做点事情给你看，让你记住教训。"神婆还解释说，这样做确实不对，你（指女子）即使很想回自己家，也该先回到夫家，甚至可以不休息，脚踏进门再离开都可以。后来，经过神婆的帮助，女子通过祭祀祖先并请求原谅后，其子状况才好转。这一故事在伏台村落的留守老人中广为流传，成为约束外出女性返乡时打算先回娘家而不是夫家的警示。大多数村民认为，对于这些事情宁可信其有不可信其无，免得到时候小孩受罪，父母也不好过，谁知道祖先还会怎么惩罚。因此，一旦有已生育女性外出返乡，留守村中老者都会提醒其必须先回到夫家。

总之，由于大量村民外出接受了外来城市文化，不落夫家的习俗在打工者城市生活中并没有得到延续，而在原空间社会中随着传统婚姻仪式的消失，不落夫家也出现变异，即对已婚女性返乡时先回娘家还是夫家做出约束，这种约束不仅仅是来自长者的权威（由于长者失去经济上的决策权，此时也不再有太大的权威），更重要的是来自不可知力量的约束，即祖先神明。

当然，并不是所有年轻人都愿意遵循旧俗。越来越多外来新娘的出现，使壮村伏台不得不放弃传统习俗的约束。外出务工者在外谈恋爱后同居，并在过年时将女友带回家中居住。对此，当地老人只能感叹说："她们是外地人，那也是没有办法的事情，总不能不让人家住。时代变了，祖先也会理解。"一些年轻人在外打工时恋爱并同居，即使双方都是当地人，但返乡时也常常直接到夫家居住，因此不落夫家的习俗已经开始逐渐淡出伏台人的生活。对于这些现象，留守伏台的老人常悲叹："时代变了！"这四个字包含着太多老人无奈、不得不接受事实的矛盾而又复杂的心理。

2. 年轻夫妻逐渐合床而眠

如前文所述，直至20世纪90年代初，壮乡伏台在举行婚礼时嫁妆中仍包含新娘的新床，即婚后夫妻各一张床，因为当地人有夫妻分床而眠之习俗。90年代初，曾有位嫁到伏台的瑶族女性不小心说漏嘴其夫妻二人晚上同床而眠，消息传出后遭到村民的不齿。后来各种指责接踵而至，不久这对夫妻即选择外出务工。有村民认为，那是因为他们不堪流言蜚语才出去的。可见，过去夫妻合床在村落中是一种见不得人的事情，传统约束着村民夫妻必须分床而眠，即使有的只是表面铺两张床，睡觉时保持同床。

随着外出务工潮的兴起，外出者多受新空间文化影响合床而眠，当然条件限制也是外出夫妻合床的重要理由。尤其对于中年代耕菜农夫妇而言，这一理由非常必要。海口菜农所搭建的棚子即位于菜地中，为了能最大限度利用所租赁的土地，只能尽可能压缩居住地，故其房屋面积很小，很多菜农的棚子仅够安放一张床并保留少许空间。早期的菜农在老家均是分床而眠，到了菜地即合床，虽然合床已经成为事实，但在心理上仍然存在一定的忌讳。在海口时常常可以听见菜农在谈到住宿条件时，说："地方那么小，只能两个人合床睡，不过太多床也没有用。两个人睡觉的时间只有晚上9点到11点那两个小时，之后拔菜、洗菜，男的负责卖菜，只有女的可以睡觉，中午男的睡午觉，女的则在地里干活。"对于这些方面的强调，也足以说明菜农从分床到合床过程中某些心理上的不适，即担心他人说闲话。因此，一旦菜农返乡，一般还是会遵循老家分床习俗，即使是合床，也会铺两张床做样子。因此，当前伏台50岁以上夫妇仍然保留分床而眠习俗，即使是少数夫妻实际上已合床，形式上仍摆出两张床。

外出年轻人直接吸收城市夫妻合床而眠的习惯。20世纪90年代中期，大多年轻人结婚时只需购买一张大床，夫妻合床悄然成为事实。从夫妻"分床"到"合床"的变迁，不仅是居住习俗的演变，更体现不同年代的壮族人对于"性"观念的不同态度，即老一辈人更加隐讳，年轻人则更加开放。对于这个变化，老年人常常说："时代变了，外面的人都是这样，电视上也是这样演。"可见，对于留守老人而言，年轻夫妇的合床现象仍然可以接受，这也受到现代传媒的影响。

二 家庭

家庭是社会结构的最小单位,也是社会结构的基本形式。家庭与婚姻有着难解难分的联系,二者都是研究社会关系和结构的基础,因而颇受人类学与社会学研究者的关注。与婚姻一样,家庭概念的界定多种多样,却难以形成公认的定义。李亦园指出,在传统社会里一个家庭的存在是一个血缘、婚姻、共同生活以及祭祀等因素同时并重的,但是目前在台湾所看到的家庭组织其存在的因素固然不可能放弃前举诸因素,却有特别着重于财产的倾向。① 这一定义强调家庭内的财产关系。美国人类学家默多克(G. P. Murdock)把家庭定义为共同生产、共同消费、共同居住,其成员为由血缘、婚姻或收养等关系而组成的一群人。② 王崧兴则用"一口灶"来定义家庭,即属于吃同一"锅饭"的群体。③ 朱炳祥的定义很简单:家庭是一种具有共同居住、经济合作及生育等特征的社会群体。④ 这三人的定义主要关注家庭中成员的共同居住、共同生产生活、经济合作及家庭具备的生育功能等。"家庭"的定义应该置于其所属的社会中认识才更加贴切和易于理解。在中国乡村社会中,社会成员多以"家"来代替家庭,而中国人对"家"的认识则比较模糊。

(一)家的观念与认同

中国汉族社会的"家"更加复杂,不少研究者曾对此提出自己的看法。麻国庆就曾对费孝通先生《乡土中国》一书中的观点进行归纳整理:在中国传统农村社会里,"家"的概念是伸缩自如的,没有一个很清晰的界定。它可以是一个核心家庭,也可以包括近亲甚至远亲。一个"家"的规模和构成与政治、宗教和经济需求等因素分不开。如果人们发现其核心家庭完成不了既定的各种任务,那么他就会扩大、加强与亲属的联系,并把他们

---

① 李亦园:《近代中国家庭的变迁——一个人类学的探讨》,载《李亦园自选集》,上海:上海教育出版社,2002,第158页。
② G. P. Murdock, *Social Structure* (New York: The Free Press, 1949/1965).
③ 王崧兴:《中国的"家"(Jia)制度与现代化》,载乔建主编《中国的家庭及其变迁》,香港中文大学,1991,第9~14页。
④ 朱炳祥:《社会人类学》,武汉:武汉大学出版社,2004,第93页。

纳入"家",甚至非亲属,也可以成为"自家人"。① 在这里,"家"和"家庭"是两个不同的概念。②

在中国作为具体家的两个基本单位,一是家庭,二是家户。家庭是以婚姻为基础的一个生活单位,父母子三角形的出现就是一种血缘结合的单位形成。而家户本身是一个超血缘的单位,非血缘者被包含在其中。家的这两个基本单位,又构成中国社会中两种基本关系的基础,即血亲关系和地缘关系的基础。③

日本学者滋贺秀三则指出,中国的"家"是基于同一祖先的生命扩大和同类意识,是把有形无形的资产"凑在一起"的组合。中国的"家"非常明确是自我目的性的,即男性血缘的扩大是其自身的基本价值,纯经济的价值是财产,可以说人和财产是中国家的基本要素。④ 可见,中国汉族社会"家"是一个可以伸缩的概念,社会成员根据自身所处的环境,依照一定的参照对象确定自己所属"家"的范畴,但血缘关系常常是最常用的联系工具。

壮语中"家"被称为"ranz",与"房子"同音同字,学界常用"栏"字称之。在传统壮族社会中,通常只是将具有较亲近的姻缘和血缘关系者称为同一"栏"内的成员,这种亲近程度一般在分家的两代以内,即我称自己的小家庭为我们家,也可以称以父亲为中心的家庭为我们家,祖父母一旦过世,常难以再称父母兄弟的家庭为我们家。可见,在传统壮族社会中,一方面,家与房子密切相关,即家庭成员没有房子就很难称为一个"家";另一方面,以婚姻为基础的血缘关系也是壮族家庭构成的基础,但仍以一定的亲疏关系来界定。

壮族人离开家乡走向城市生活后,对"家"的定义也随之变化。传统生活中,通常只有一个"栏",而随着家庭成员走向各大城市打工,也纷纷形成自己的家。如54岁的伏台村民李博育有二子一女,其与妻子二人在海

---

① 费孝通:《乡土中国 生育制度》,北京:北京大学出版社,1998,第39~41页。
② 麻国庆:《永远的家:传统惯性与社会结合》,北京:北京大学出版社,2009,第182~183页。
③ 麻国庆:《永远的家:传统惯性与社会结合》,北京:北京大学出版社,2009,第31页。
④ 滋贺秀三:《中国家族法的原理》,创文社,1967,第58~68页;麻国庆:《永远的家:传统惯性与社会结合》,北京:北京大学出版社,2009,第182页。

第四章　原空间的调适与变迁：分离背景下的留守社会与文化

口种菜，长子婚后与妻子在南宁打工，次子婚后与妻子在广州打工，女儿与女婿则在三亚打工，家乡则只留下一栋空房由兄长照料。他曾感叹说："现在我们家有好几个家，老家一个，海口一个，南宁一个，广州一个，甚至三亚也可以算一个。这几个家也只有老家才是真正的家，而这个家反而更不像家，除了房子建得比较好一点，没有一个人在那里生活。有时候过年才回去几天，有时候过年都回不去，大家都聚到海口来。但海口的家也只是暂时的，虽然我们居住十几年，天天在这个田地上耕种劳作，但这里永远都不可能是我们的家。"由此可见，家庭成员外出打工，造成亲情的分离以及社会成员与家乡的"祖房"、土地、亲缘乃至祖先神明的分离。虽然家乡的"家"才是打工者认同的"家"，但这个"家"长期无人居住和照料；而他乡的临时居住地，虽然不是家也难有家的认同，但只能当作"临时的家"。这也体现出务工者在城市生活中的"游离"和"漂泊"心态，他们难以真正融入都市生活中。他们对城市只是一种缥缈的心绪，而对家乡则是一种根脉的血肉相连。他们犹如从家乡放飞的风筝，飘在城市边缘，而无论飘多久都有一根线牵引着过去，牵连着故土。他们的身体和心灵在现实和向往中来回穿梭，他们的认同也呈现不稳定的浮动。长期的漂泊所形成的"惯习"与对城市的心理期待，让他们对家乡产生一种游离。身在漂泊，心在漂浮，在对故园的想望与对城市的渴望、对过去的承载与对未来的思量以及在传统与现代之间，他们承受着建构与解构的复杂的认同过程。[①]

对"家"的认同和渴盼是漂泊他乡的打工者内心永远的愁绪。曾有位邻村的高中女同学，家中原有6口人，包括祖母、父母、自己及两个弟弟。在2010年以前，祖母与母亲留守老家，父亲到成都打工，自己在深圳上班，两个弟弟在外读书。2010年，留守家中的祖母和母亲相继因病去世，不久后其父在成都再婚安了新家，自己依然在深圳上班，而两个弟弟也纷纷大学毕业并分别在重庆和陕西工作。由于祖母与母亲先后离世带来的痛苦，感情上经受挫折，加上工作上的种种不如意，她受到极大的打击，精神状

[①] 王琛：《深圳市外来少数民族的移动与适应——以苗族小生意人为例》，载陈晓毅、马建钊主编《中国少数民族的移动与适应——基于广东的研究》，北京：民族出版社，2007，第146页。

态极差。由于那段时间联系比较频繁，加上她的种种描述，我意识到她精神上已经出现某些障碍，甚至有被害妄想症的倾向，于是便在电话中劝她回家休养。而她答出的一句话让我陷入沉思："何处是我家？"是的，对她而言，老家已经没有任何亲人，父亲有了新家，两个弟弟在不同城市上班或许以后将各有自己的家，自己则漂泊在没有"人情味"的深圳，看不到任何"家"的希望。虽然这只是一个特殊的例子，但也足以说明，在外的打工者在与家乡、亲人分离的生活状态下，对于"家"的认同及其与现实之间差距带来的痛苦。

总之，外出务工的出现造成家庭成员四分五裂，直接打破了传统社会中家庭成员共同居住、共同生产、吃同一锅饭的整体性关系。换言之，传统家庭定义已不适用于分离状态下的务工家庭。

（二）分家

一般而言，分家指的是已婚兄弟间通过分生计和财产，从原有的大家庭中分离出去的状态和过程。"分家"用作名词时有广狭二义。广义的分家泛指分家后形成的新家庭，包括父母之家和子辈的家庭；狭义的分家则特指子辈形成的新家，它与指称父母之家的本家相对应。门户的另立是一个独立新家庭的产生，也就是家庭再生产的表现。[①]

芮逸夫指出，传统中国的社会组织是一个大家庭套着无数小家庭而形成一个"家庭层系"，个人融入此一层系内而不单独存在，所以家庭之外不知个人为何物。[②] 这说明个人的能力在家内是难以体现出来的，而分家在某种程度上给了每个人一个重新认识自己、发挥自我能力的机会。能力的高与低，经营的好与坏，各分家之间的差距在分家后逐渐体现出来。[③]

许多民族都有"树大分叉，儿大分家"之说，壮族亦然。分配家产涉及家庭遗产继承权和家产如何分配的问题，对此，壮族家庭有自己的一套规则。一般壮族家庭财产继承权有两种情况。一种是亲生子女为财产继承人，子女因此也有对父母承担生养死葬的责任。独生女招婿入赘，女婿当成儿子，家产由女婿继承，女婿相应承担赡养父母的责任。若夫妇终身未

---

① 麻国庆：《永远的家：传统惯性与社会结合》，北京：北京大学出版社，2009，第99页。
② 芮逸夫：《中国家制的演变》，《中国民族及其论稿》，台北：台湾艺文印书馆，1969。
③ 麻国庆：《家与中国社会结构》，北京：文物出版社，1999，第61页。

育,则从同胞或堂兄弟中过继一个侄子或侄女继承家产,过继侄子或侄女也需负责赡养老人。另一种情况是只有儿子具有财产继承权,女儿无继承权。独生子一人继承父母家产,多生子则各自具有同等继承权。有女无子,则按"有亲归亲,无亲归房,无房归外"的原则继承财产,继承者均对老人负有生养死葬的责任。分家一般由父母主持,本着平等的原则,把房屋、田地、牲畜等财产均分。分家前,有能力的父母会为儿子各建一栋房屋;条件不允许者,或将老房拆分,或大家一起住老房,但分灶开火,同时各设立神龛,待儿子有能力后各自建房。分田地时,父母会给自己留一份,其余等量分予诸子,或划归父母跟随的儿子名下。父母过世后,把这份田地均分或由兄弟协商继承。分家时一般不分钱,父母大多留下以备自己过世后办丧事。如果分家时存在争议,可请族中或村内老者出面协调解决。分家时,所有兄弟到场,父亲公布家产及债务情况,并提出分家意见,经公证人裁定,按兄弟人数把田地、粮食、财物、债务搭配为相等份,标上号码,抽签取份。分家事宜全部办妥后,全家同吃一餐饭。分家后的父母赡养方式一般有三种:一是轮流奉养;二是各人提供一定数量谷物,不与父母同吃住,或由老人跟某个儿子同吃;三是留一定数量的养老田,由老人自炊或与某个儿子同吃。父母过世后,养老田或作为丧葬费用,或作为清明扫墓之用。兄弟分家后,若父母不与子孙同住,作为儿、媳、孙辈者应常到父母家帮工、关心老人,逢年过节请老人到家中吃团圆饭,平时有好酒好肉也需请老人一同分享。① 伏台传统的分家与上述相差无几。

随着越来越多年轻人外出务工,壮乡伏台的分家方式出现新变化。外出打工是年轻人将各自收入自行支配的一种生活方式。就经济独立而言,其实延续分家的某种形式。当整个社会将外出打工当作经济收入的主要来源和最主要的谋生手段时,老家的土地、房屋等财产暂时变得无足轻重,即老家的共同财产未真正分割,而仅外出务工收入自行支配。在这一情境下,伏台传统的分家也变得没有意义。2012年6月3日晚,我在一位伯母家同几位伯母和婶婶闲聊时,将话题不经意间引到目前村里的分家情况。当我提起"最近有没有哪家分家"时,一位伯母立即大声说:"分什么分?

---

① 黄伟晶、黄桂秋编著《壮族民俗风情》,南宁:广西民族出版社,2011,第8~10页。

分离、互动与调适

现在家里人都是东一个西一个的，一年都见不到几次面，你看看你们家现在在家的凑在一起都不能成为一个家。"我哑然，确实如此，这位伯母说的我家，其实是指祖父的四个儿子：三位伯父和父亲的家庭及后代子孙。目前祖父的后人及配偶（嫁出女性及其子嗣除外）共有39人，其中留守者仅5人，包括四伯父母及其孙子、孙女和因田野在家的我。这个大家庭在中华人民共和国成立后，分过四次家，大伯父结婚并生育第一个小孩时第一次分家，二伯父结婚并生育小孩时第二次分家，父亲作为最小的孩子婚后才与四伯父一家分家，两人各赡养一位老人。最后一次分家是20世纪80年代末，打工潮来临前，大伯父的长子结婚后不久从他们的大家庭中分出，当时还请诸位叔叔到场参与。之后，这个大家庭再也没有举行过分家仪式，虽然各对年轻夫妇都各自掌管其小家庭中的经济账目，但通常也会寄一部分钱回家赡养老人，且过年过节回家时都一同吃饭。最重要的是，这些人不认为他们已经分家，其他村民也一致认为，他们还是属于一个家庭中的，并没有分家。因此，在某些传统仪式中，没有分家者只能以一家的名义参与，例如婚礼、葬礼等。有意思的是，这些家庭在政府部门的户籍登记本上却分为好几个家，而且结婚生子后的兄弟二人也各持一本户口簿。例如，祖父后人中，村人通常认定为5家，但是户口登记已分为9户，即这么多人中共有9本户口簿。因此，政府部门的户数统计远远超出村民认同的实际户数。

就伏台村民而言，分家需举行一个特定的分家仪式，即分家的兄弟二人及父母请同族中较有威望的长者作为证明人，将家中的田地、房子、财物按照人数分成等份，然后由兄弟二人抓阄。分家结束后，分家者宴请参与者，并视为这是兄弟两家作为一家人一同吃的最后一顿饭。除了分田地和家产，分家另一个重要的标识是神龛的设定，即从大家庭中分出去的小家庭须在分到房屋的正厅中设立一个神龛，供奉历代祖先及各式家神，以示新家庭的成立。但并不是每多出一个神龛就表示多出一个家庭，如在外打工者若条件允许有独立的房子或住处时通常也会设相应的神龛。打工者在外的神龛具有复制家乡神龛的含义，也是满足务工者在外信仰需求的符号。

就伏台的分家现状而言，用受访者的话说："分和不分有什么差别呢？反正大家都在外面，家里就两位老人和一两个小孩，真分了，生活反而变得更加困难。""你看到那家（下文案例）没有，分了之后，现在两位老人

第四章 原空间的调适与变迁：分离背景下的留守社会与文化

还不是合在一起干活，一同吃饭。"传统的农业耕种需要一定的劳动力，需要家中成员的分工合作。在伏台所属的壮族社会，"男耕女种"是主要体现之一，即男子负责犁田耕地，女子负责插秧种地。虽然进入 20 世纪 90 年代，随着外出务工人员的增多，这一分工形式已经具有一定程度的改变，即女子学会并亲自下田地耕种者越来越多，男子下田地插秧者亦不在少数，但整体而言，若家中有男女劳动力者，仍遵循传统的"男耕女种"的分工形式。在这一背景下，当一个家庭中缺少某一社会性别角色使基本的耕作变得困难时，多采取以下弥补方式：一是现存的社会性别角色，担当起另一社会性别角色的作用，村落中不乏有此能力者，但毕竟数量有限；二是通过与关系最为密切的亲属交换劳动，如某家若只有女性，则到另一亲属家中帮忙插秧种地，以换取另一亲属家中男性到其家中耕田犁地的劳动；三是请人帮忙或雇人帮忙，所请者多是关系密切的亲属，仅提供三餐无须支付报酬，而雇人则需按照时价支付一定的报酬，前者多在 20 世纪 90 年代前，且所请者须关系足够亲密。这足以体现一个家庭中男女性别角色在传统农业耕作中的重要性。

外出务工人员的增多，导致家中留守者劳动力人数的迅速减少，此时要开展正常耕作需要合作而非分开。即使是已经分开者，其在劳动中也需要进行合作，甚至出现几家老人共同劳动的情况。伏台村落中曾有两兄弟在 20 世纪 90 年代初分家，父母各随一人生活，不久后两兄弟及其妻子纷纷外出务工，留下二老留守家中。两位老人由于都上了年纪，一人难以应对田地耕作，尤其是已经习惯分工协作的夫妇更是不习惯于一人干活，于是二老又重新合在一起干活，相互协作，而已分开的田地照样分开，收入各归各家。有些老人不仅合作劳动，而且合灶，即将田地收获全部合并，共同开销。还有两户村民原本没有任何亲属关系，但两家距离较近，且其子互相结为"老同"，即形成拟亲属，关系变得密切。随着两家年轻人纷纷外出务工，仅四位老人留守，耕种家中田地，此后两家父母即合起来共同劳动，共养一头牛，每天一同到田地中劳作，但各家田地中的收获仍归各家所有。这种"合作劳动、收获分开"的家庭合作模式，不仅是家庭中年轻人外出务工导致的劳动力缺乏所需，而且合作双方需具备一定的信任关系，同时相互谦让，不计较细节。

伏台现有的"分家"现状与学界某些传统的"分家"观点相悖。弗里德曼描述大家族内的兄弟关系时指出,兄弟们"对家产的继承权利是平等的,他们对于自己的独立权利加以非常细心的注意,时时估算着自己能从大家族中得到多少财产"。① 因为分家的均等原则,他们不需要睁眼去看外面的精彩世界,只要不离开土地就能维持一种基本的生活。② 对于伏台而言,虽然也是一个传统农业社会,且奉行与汉族社会类似的均等制分家原则,但这原则并未完全束缚当地人,这一观点只适用于解释 20 世纪 80 年代前的壮族社会。随着打工潮的出现,外出人员直接将精力放到外面,传统的"家"观念受到冲击,昔日的"分家"机制也随之受到影响。麻国庆曾分析,这种"被土地束缚"的小农经济得以维持延续,正是小农家庭这一分家机制使然,而分家机制也正是中国传统社会结构得以不断循环再生产的重要来源。③ 然而,在某种特定情况下,"分家"往往会出现一定程度的停滞,甚至出现重新"合家"的现象。

总之,外出务工获取的外来经验促使传统"家"的格局以及村民家观念的变化。外出务工导致的村落留守劳动力缺乏,使家所具有的共同土地和经济财产的重要性逐渐降低,以及家庭人口分居各地避免了长期共同生活带来的摩擦和矛盾,也因此形成一个类似分家的"事实",所以传统的分家仪式和概念变得无足轻重。相反,留守者由于人数少,急需家庭劳动的分工和协作者,因此出现几户人家一同协作劳动,甚至已分家的家庭重新"合家"的状况。

三 亲属关系与亲属称谓

亲属关系是一种在文化上定义的,建立在血缘纽带或婚姻基础上的关系。④ 亲属关系以及由此建构而成的亲属制度是人类学最传统、最基本的研究领域。"亲属制度是人类史上最古老的文化遗产,而亲属制度的研究是人

---

① 〔英〕弗里德曼:《中国的宗族和社会》,田村克己、濑川昌久译,东京:弘文堂,1988,第 65 页。
② 麻国庆:《家与中国社会结构》,北京:文物出版社,1999,第 70 页。
③ 麻国庆:《家与中国社会结构》,北京:文物出版社,1999,第 71 页。
④ Nanda, Serena & Warms, Richard L., *Cultural Anthropology* (Belmont:Wadssworth/Thomson Learning, 2004), p. 214.

类学对人际关系的核心观察。"① 亲属制度（Kinship）与经济人类学（Economic Anthropology）、政治人类学（Political Anthropology）、宗教人类学（Religious Anthropology）被称为人类学研究的四个主要领域，这四大领域是人类学家到一个社区中研究时关注的主要方面，对于它们的把握，被称为人类学研究的基础。可见亲属制度在人类学研究中具有重要的地位。②

（一）嬗变的亲属关系

严格来说，亲属关系是一个民族或群体在具有血亲与姻亲关系的人群中依各自不同的需要选择了一小部分，并辅之以为了某种特殊需要的非血缘与姻缘关系的部分所进行的文化建构。就血缘与姻缘关系范围而言，只是一种"有限的选择"。亲属关系是不同民族或群体利用血缘性的生物关系所进行的一项独特的文化创造，文化性质（而不是生物性质）是亲属关系的本质特征。③ 每一个社会都会依据文化需要建构其自身的亲属关系网络。而社会文化环境的变化也会导致原有的亲属关系网络出现新问题，同时社会系统也会对亲属关系网络不断进行调适。

1. 陌生亲属的出现

人类学的研究表明，两性之间的婚姻及其父母与子女的关系很早以来就是人在解决其所面临的问题时相互合作的起点。很多种类的社会群体是靠亲属关系来结合的，即使社会中的一些经济或政治性质的群体并不是按照纯亲属关系来结合的，也在很大程度上靠亲属关系来加强他们的效力。特别是在一些所谓的"简单社会"，其组织的基本元素是一群有血缘关系的人。④ 地缘关系对于传统社会的建构同样重要。社会成员共同居住和生活于特定的区域中，保持着紧密而持久的关系，具有较强的地域特点。传统的壮族社会亦然，村民们在特定的空间范围内通婚，形成特定的通婚圈和一定的社会关系网络。传统的伏台壮人交往关系圈主要围绕所在村落及其周边社区，建构的亲属网络和拟亲属网络具有一定的地域性。这一地域范围不会太广，须保证这一网络在特定时间（如婚丧嫁娶时）保持往来，相互

---

① 王铭铭：《人类学是什么》，北京：北京大学出版社，2002，第69页。
② 王铭铭：《人类学是什么》，北京：北京大学出版社，2002，第62页。
③ 朱炳祥：《社会人类学》，武汉：武汉大学出版社，2004，第86页。
④ 朱炳祥：《社会人类学》，武汉：武汉大学出版社，2004，第87页。

协作。

然而，随着伏台村落中外出务工人员的增多，传统的社会网络受到冲击，社会成员之间因为长期的空间分离，其原有特定时间的往来和相互协作功能逐渐丧失。两地分隔的长期性、联系成本的代价、原有网络对现实生活功能的减弱以及个人对外交往能力的有限性等，促使在外务工者与家乡的联系在范围和频度上都受到限制，往往囿于核心家庭或主干家庭内部，全家在外务工者，与家乡的联系也多是关系最密切的几户或几人。部分家庭长期分开，仅春节期间才有机会碰面，若有人春节因故无法返乡，则常常数年才实现全家团聚。2010年12月大伯母因病去世，我从厦门赶回老家参加葬礼。当我赶到家里时，众多堂兄弟姐妹已基本到齐，此时正是一个葬礼仪式举行的庄严时刻，而我的出现让众多兄弟姐妹露出久别重逢的笑容，包括死者的子女，这着实让我感到尴尬和无所适从，是该回复一个微笑还是保持悲伤的表情呢？令人惊奇的是，葬礼过程中，兄弟姐妹们更像是叙旧，纷纷讲述自己在外打工的经历，以及阔别多年的思念，甚至时而引起阵阵笑声。当然，葬礼上的笑容和笑声确实不妥，但这并不是来自对逝者的不敬，而是作为兄弟姐妹的生者之间久别重逢时那一种难以掩饰的兴奋。外出打工使得夫妻、父母子女、兄弟姐妹之间出现长期的分离，一年甚至数载难以谋面。在葬礼上就有人说：我们（爷爷的孙辈）一共有9兄弟8姐妹，自从大家外出打工后，再没有哪一次是全部团聚的，每年不是这个人有事就是那个人回不来，这次伯母的葬礼反而让我们有机会团聚。现在大家基本已经结婚生子，各个兄弟姐妹的妻子或丈夫还有不少未曾相识，子女之间更是如此。事实正是这样，我在葬礼仪式上看到的几个陌生人，均是一些从未谋面或很少谋面的堂姐夫和堂嫂，至今很难分清他们谁是谁的丈夫，谁是谁的妻子。可见，亲属关系也因成员长期分离各地而变得"陌生"。

伏台村民李汉现年67岁，育有二子二女：长子特和娶村内黄姓女子为妻，育有一子一女，其中9岁的孙女冰冰与李汉夫妻留守伏台，5岁的孙子小运与父母在深圳打工地一同生活；次子特春娶柳州女子为妻，二人均在广东东莞打工，育有一女（达心5岁）一子（特营3岁），均在柳州的外公外婆家生活；长女达连嫁到距离伏台约3公里的伏王，夫妻均在广东佛山打

第四章　原空间的调适与变迁：分离背景下的留守社会与文化

工，育有一女一子，均随爷爷奶奶留守伏王；次女嫁到与伏台同属台山行政村的良实，夫妻均在广州打工，育有一子，随爷爷奶奶生活。2012年春节期间，外出务工者纷纷返乡，特春把在柳州的子女带回老家与爷爷奶奶见面。刚返乡那几天，可以发现一个有趣的现象，这些原本血缘关系极其亲密的孩童显得非常陌生，甚至难以交流。特和的女儿与儿子虽是亲兄妹，但女儿长期在伏台同爷爷奶奶生活主要讲壮语，儿子小运讲普通话；特春的子女则讲柳州地区的方言。四个小孩之间有三种不同的语言，且他们之间长期分离甚至有的从未谋面，使彼此关系更加陌生，特春的子女常待在一起，特和的女儿宁愿与自己的表弟妹玩耍，也较少与亲弟弟一起玩。经过数日相处或许这些兄弟姐妹开始熟识，但很快又因父母各自返回打工地而再次骨肉分离，陌生化再次出现。当外出务工成为整个村落最主要的生活模式时，这样的家庭并非特例，外出务工者经济能力有限，常常将子女和父母留在家中，部分年轻人则只能带幼子在身边，家庭间的分离成为常态，亲属间的陌生关系随之产生。家庭中的亲属成员尚且如此，其他更远亲属的陌生程度可想而知，这种陌生关系同时也会波及全村，出现同一村落内诸多村民互不相识的局面。

2012年农历大年初十，一名青年女子在伏台村口服农药（甲胺磷）自杀，最终抢救无效死亡。女孩虽不是伏台人，但母亲娘家在伏台，其自小在伏台跟随外公外婆生活，直至长大外出务工才离开伏台。据悉，当时曾有数位伏台村民看到这名女孩服毒后倒在路边。这些人没有将其扶起送往医院，而是打电话报警，然而派出所的人回答这不是他们职责范围内的事，他们管不了，因此一直等到女孩的亲属赶到才将其送往医院救治，但为时已晚。最初见到服毒女孩的村民称，因为不认识服毒者，也不知道是哪个村子的，所以不敢送去医院，也不敢施救，只能向四周叫喊和打电话求助。另一位较早的目击者后来颇有悔意地说："我跟她还是亲戚，要是知道是她，我肯定直接送去医院。以前见到她的时候还是小孩，那么多年没见，我们碰到也不认识对方。因为不认识，又是倒在三岔路口，所以我根本不敢送去。"当然，事故发生后，对于发现时及时送医是否可以挽救一条生命已是未知数，但若能及时送医或许还存在一线希望。这线希望的破灭正是来自最早的目击者与死者关系的陌生。死者母亲为伏台人，死者从小在外婆家长大，与伏台数位目击者都具有一定的亲属关系。若没有外出务工，即在一个熟人社会中这些亲属之间都是相识的，他们遇到认识的人服毒，肯定会第一时间送医。然而这只是一个不现实的假设，由于包括死者在内的大多数村民长期在外打工，过年期间才回家数日，谋面机会几乎没有，最终这种亲属关系变得陌生，亲属之间形同路人。这一案例让人想起近年来网络上疯狂讨论的有关在街上碰到老人倒下该扶还是不扶的话题。城市社会人与人之间关系的冷漠是否已经影响到乡村的熟人社会呢？这一问题值得深思，而至少外出务工导致熟人社会乃至亲属关系陌生化的现实已经非常明显。

壮族的民间社会依然遵循费孝通先生所提炼的"差序格局"原则来组织和维系。社会关系仍然是"像投掷石子于水面一样，以己为中心向外划出远近亲疏的圈子"①。血亲关系是靠近圆心的最内层，是圆得以推广的中介。然而，外出务工人数的增多促使这种关系网络残缺，至少是在村落中出现实际功能发挥上的破损。因此，留守者亦通过不断调整以适应这种残缺的网络格局。如前文所述之村内通婚及近距离通婚比例的增多，即通婚圈的内卷化，以及拟亲属关系的加强，以尽可能弥补现有亲属关系的缺失和不足，增强生产、生活所需的互惠关系。

2. 拟亲属关系的增多

如前文所述，拟亲属关系广泛存在于壮族民间社会，如结"帮"、结"老同"等，且在日常社会生产生活及外出务工过程中发挥着重要作用。下文拟结合 2007 年田野调查的数据②及 2012 年田野期间补充的资料，对伏台李氏男丁及结"老同"的情况进行统计（见表 4-3），并加以分析。

表 4-3 伏台李氏男丁及结"老同"相关数据

单位：人

	七世	八世	九世	十世	十一世	十二世	总人数
所传男丁	4	6	15	25	41	24	115

---

① 费孝通：《乡土中国》，北京：北京出版社，2005，第 32 页。
② 李虎：《壮族拟亲属关系的研究——以广西马山县伏台屯为例》，硕士学位论文，厦门大学，2008，第 29 页。

续表

	七世	八世	九世	十世	十一世	十二世	总人数
在世男丁			2	18	41	24	85
在世男丁结"老同"数			1	12	35	22	70
与本村黄姓结"老同"人数			1	8	32	20	61

资料来源：2012年5月田野调查。

由表4-3可知，截至2012年5月，李氏在世的85名男丁中，有70人结交"老同"，占在世男丁人数的82.35%，比2007年的72.5%的比例有所上升；70名结"老同"的在世男丁中，有61人与本村黄姓结为"老同"，占87.3%，比2007年的87.3%有所提高。可见，李氏男丁结交"老同"人数占在世男丁人数的大部分，而本村黄姓更是李姓结交"老同"的首选。2012年5月，伏台李氏在世男丁结交"老同"数占在世男丁的比例分别为：50%、66.6%、85.37%、91.67%。需要说明的是，李氏第十二世尚未结交"老同"的2人才出生不久，分别为2011年10月与2012年3月出生。由此可见，伏台李氏结交"老同"的比例逐年增长，即使大多数十二世男丁尚处儿童期，也基本结交了"老同"。结交"老同"的原因既是因为儿童命中注定的需要，又是弥补现实社会关系网络缺乏的需求。

在当代社会，拟亲属关系的必要性显得更为突出。尤其是政府实施计划生育政策以来，壮族社会开始出现独生子女现象。当然伏台由于民族地区生育政策的关系，如今每户生育两胎或一胎的现象更为普遍，这与过去三胎以上的生育现象相比，还是存在很大差距。出生率的下降及人口外流的加剧，如很多年轻人携妻带子纷纷外出务工甚至定居，导致壮族村落中儿童的同龄玩伴急剧减少，亲属成员也变少，亲属关系网络范围更小。因此拟亲属关系越发受到民间社会的重视，成为社会成员寻求弥补日渐式微的亲属关系的方式。血缘关系的重要性是乡土中国留给后人难以磨灭的经验记忆。拟亲属关系与亲属关系的相近性使其能够补充亲属关系之不足，使水波可以扩展开来，在民众生活中承载起部分亲属间的责任与义务。[①] 当代壮族社会外出务工不断加剧的趋向，不但没有使结"老同"、结"帮"等

[①] 李丽媛：《民间社会中的拟亲属关系研究》，《西北第二民族学院学报》（哲学社会科学版）2007年第1期。

拟亲属现象消失，反而使其不断得到加强。

(二) 亲属称谓的变迁

人类的亲属关系表现在语言表述中即是人类学所说的亲属称谓制度（Kinship Terminology），这是社会人类学用来表明亲属关系的一套称呼系统。亲属称谓即亲属世界的地图，它勾勒的是社会关系而不是生物学的联系。把有亲属关系的人组成不同种类群体的任何制度，都必定会对人们称呼亲属的方式产生影响。因而，亲属称谓反映着个人在亲属群中所占的地位。[①]语言是族群相互区分的重要标志，亲属称谓则是最常见又比较稳定的语言体系，因此常被认为是区分我族与他族的重要标识。永州地区的壮族人正是通过语言区别出瑶族与壮族，同时通过亲属称谓区分出壮族中的他者——定罗人，即客家人的后裔。这种区别来自各群体之间独特的亲属称谓系统。

20世纪90年代前后，我曾听过这样一段对话：一个年轻人问一位70多岁的妇人：你孙子孙女怎么称呼他的父母？这位妇人答道：就叫"lungz"（壮语对父亲的称呼之一）和"baj"（与lungz相对，壮语对母亲的称呼）。年轻人接着问：不叫"阿爸阿妈"？这位老人直截了当地回答说：我们又不是干部，也不是城里人，干吗称为"阿爸阿妈"，我是农民，是"布土"，所以还是叫"lungz"和"baj"。老人的答案说明，过去当地人认为只有知识分子、国家干部、讲普通话的人才有资格称父母为"阿爸阿妈"，土人（壮族人）就应该遵循自己的称谓习惯，以免逾越这道看不见的鸿沟，而遭到笑话。伏台壮族人正是通过这种传统观念的支配，在很长一段时间内维持着壮族人传统亲属称谓的稳定性和独特性。

表4-4是对永州地区壮族人20世纪90年代初亲属称谓和2012年田野时亲属称谓的比较，以更明了地显示外出务工潮形成后壮族亲属称谓的变迁。

美国人类学家默多克1949年利用人类关系区域档案对250个群体进行跨文化研究，归纳出亲属关系的六种基本类型，为目前大多数人类学家所采用。这六种类型的亲属称谓制度分别为：爱斯基摩型（Eskimo）、苏丹型

---

① 朱炳祥：《社会人类学》，武汉：武汉大学出版社，2004，第106页。

第四章　原空间的调适与变迁：分离背景下的留守社会与文化

表 4-4　壮汉亲属称谓比较

		汉语称谓	传统壮族称谓	当前壮族称谓	备注
祖父辈	男性	伯祖父及岁数比祖父大的同辈男性长者	太爷爷	goengq hung 或 goengq geq	goengq hung 或 goengq geq	hung 大的、年长的；geq 年长的、老的
		祖父	爷爷	goengq	agoengq	
		叔祖父及岁数比祖父小的同辈男性长者	少爷爷	goengq iq 或 goengq oiq	goengq iq 或 goengq oiq	iq 小的、年纪小的；oiq 年少的、小的
	女性	伯祖母及其夫岁数比祖父大的同辈女性长者	太奶奶	yah hung 或 yah geq	yah hung 或 yah geq	
		祖母	奶奶	yah	ayah	
		叔祖母及其夫岁数比祖父小的同辈女性长者	少奶奶	yah iq 或 yah oiq	yah iq 或 yah oiq	
父辈	男性	伯父及岁数比父亲大的同辈男性长者	伯父	boh geq、boh hung 或 lungz	boh geq、boh hung 或 lungz	父亲的三个称谓中，有的与叔叔、伯伯一样，但一般情况下都将父亲、叔叔和伯父区分，不会在一个家庭中将三者使用同样的称呼。母亲的称谓亦然
		父亲	爸爸	boh、lungz 或 au	阿爸	
		叔叔及岁数比父亲小的同辈男性长者	叔叔	boh iq、boh oiq 或 au	阿叔	
		姑丈	姑丈	au	阿叔	
	女性	伯母及其夫岁数比父亲大的同辈女性长者	伯母	meh geq、meh hung 或 baj	meh geq、meh hung 或 baj	
		母亲	妈妈	meh、baj 或 liuz	阿妈	
		婶婶及其夫岁数比父亲小的同辈女性长者	婶婶	meh iq、meh oiq 或 liuz	阿婶	
		姑	姑姑	gux	阿姑	
外祖父辈	男性	堂外祖父及岁数比外祖父大的同辈男性长者	堂外公	Goengq da hung 或 goengq da geq	Goengq da hung 或 goengq da geq	
		外祖父	外公	Goengq da	Goengq da	

分离、互动与调适

续表

		汉语称谓	传统壮族称谓	当前壮族称谓	备注
外祖父辈	男性	堂外祖父及岁数比外祖父小的同辈男性长者	堂外公	Goengq da iq 或 goengq da oiq	Goengq da iq 或 goengq da oiq	
	女性	堂外祖母及其夫岁数比外祖父大的同辈女性长者	堂外婆	yah daiq hung 或 yah daiq geq	yah daiq hung 或 yah daiq geq	
		外祖母	外婆	yah daiq	yah daiq	
		堂外祖母及其夫岁数比外祖父小的同辈女性长者	堂外婆	yah daiq iq 或 yah gaiq oiq	yah daiq iq 或 yah gaiq oiq	
父辈	男性	舅舅 岁数比母亲大	舅舅	lungz	lungz	
		舅舅 岁数比母亲小	舅舅	goengq nax	goengq nax	
		姨父 其妻年龄比母亲大	姨父	lungz	lungz	
		姨父 其妻年龄比母亲小	姨父	goengq nax	goengq nax	
	女性	舅母 其夫岁数比母亲大	舅母	baj	baj	
		舅母 其夫岁数比母亲小	舅母	yah nax	yah nax	
		姨妈 年龄比母亲大	姨妈	baj	baj	
		姨妈 年龄比母亲小	姨妈	yah nax	yah nax	
平辈	男性	兄、堂兄、表兄、姊夫及岁数比己大的同辈男性	哥、堂哥、表哥、姐夫	go 或 bei	阿 go	daeg 和 dah 分别是男性和女性的指代词,如兄称 daeg go,姊称 dah cej。当然在不用区分的情况下,弟、妹的称呼也可简称 nuengx;哥、姐可简称 bei
		弟、堂弟、表弟、妹夫及岁数比己小的同辈男性	弟、堂弟、表弟、妹夫	daeg nuengx	阿弟	
	女性	姊、堂姊、表姊及岁数比己大的同辈女性	姐、堂姐、表姐	cej 或 bei	阿姐	
		妹、堂妹、表妹及岁数比己小的同辈女性	妹、堂妹、表妹	dah nuengx	阿妹	
子辈	男性	儿子	儿子	lwg 或 lwg sai	lwg 或 lwg sai	子辈和孙辈如需区分性别,则在男性前加 daeg,女性前加 dah
		侄子、外甥、表侄	侄子、外甥、表侄	lan	lan	
	女性	女儿	女儿	lwg 或 lwg mbwk	lwg 或 lwg mbwk	
		侄女、外甥女、表侄女	侄女、外甥女、表侄女	lan	lan	

第四章　原空间的调适与变迁：分离背景下的留守社会与文化

续表

		汉语称谓	传统壮族称谓	当前壮族称谓	备注
孙辈	男	孙子、外孙	孙子、外孙	lan	lan
	女	孙女、外孙女	孙女、外孙女	lan	lan

资料来源：2012年1~6月田野调查。

(Sudanese)、易洛魁型（Iroquois）、夏威夷型（Hawaiian）、克劳型（Crow）、奥马哈型（Omaha）。现有研究认为，中国汉族的亲属称谓属于默多克亲属分类的苏丹型，当然由于汉族亲属称谓非常复杂，故苏丹型也无法概括其全部内容。[①]

亲属称谓是受外来文化影响而不断处于变迁中的文化体系。从表4-4中可以看出，传统的壮族亲属称谓虽然更偏向于爱斯基摩型，但一定程度上也体现易洛魁型的特征。例如，爱斯基摩型强调核心家庭，即为核心家庭的每位成员提供不同的称谓，对于核心家庭之外的成员则仅以性别区分而使用不同称谓。传统壮族称谓将父亲称为 boh 或 lungz 或 au，母亲相对应地称为 meh 或 baj 或 liuz，但父亲和母亲的兄长都用 lungz、boh geq 或 boh hung 称呼，父亲弟弟则用 boh iq、boh oiq 或 au，母亲的弟弟用 goengq nax，父亲和母亲的姐姐都用 meh geq、meh hung 或 baj，父亲的妹妹用 gux，母亲的妹妹用 yah nax。实际上，虽然不同地区壮族人都尽量将父亲和伯父、叔叔的称呼区分开来，但基本以 boh、lungz 或 au 为中心，有时候仅添加"大""小"等词区分长幼，由此可见，其仍然具有父亲同一辈分者使用同一称谓的遗风，即易洛魁型亲属称谓的特征。

20世纪90年代前，永州地区的壮族人（除定罗人外）较少使用"汉化"的亲属称谓，少量城镇居民或有公职人员的子女开始在父母称谓上使用"阿爸阿妈"的汉化称呼，但在其他称谓上仍然遵循旧制。随着外出务工者的增多，一些打工者在条件较成熟时开始在外生育子女，并在城市中抚养。受汉文化（普通话）的影响，在外长大的孩童开始使用汉化称谓，但仅集中在城市生活环境中最常接触的亲属称呼中，如表中的"阿爸阿妈、阿叔阿婶、阿哥阿姐、阿弟阿妹"等。部分小孩在三四岁后返乡同祖父母

---

① 林耀华主编《民族学通论》，北京：中央民族大学出版社，1997，第371~373页。

生活，因此这些亲属称谓在壮乡得以沿用，但仍限于城市延续而来的称谓。从上面的比较也可以看出，壮族亲属称谓的变化从核心家庭最常用的称谓开始，即与称呼者关系最亲密者的称谓。其原因主要是在外出生并成长的壮族儿童，受打工父母交际圈及自身生活圈的影响，仅使用一些最常接触对象的汉语称谓，如"父母"最常使用，而"爷爷奶奶"等一般都不在身边，所以仍沿用旧称呼或使用变化较小的称呼。曾有位村民对本地称呼父母的传统称谓进行评价："我们那个地方的人以前叫爸妈为'boh meh'或'lungz baj'，够老土的，现在哪里还有小孩这样叫，基本叫'阿爸阿妈'或'爸爸妈妈'了。"

第三节 公共参与和闲暇生活

少数民族地区大量青壮年人口的外流对流出地社会文化产生难以估量的影响。一方面村落中缺少青壮年人，在农业耕种方面体现为劳动力明显不足，在公共事务中体现为参与者的老化、幼化，以及文化继承的断层化；另一方面外出者将城市汉文化和外来观念引入少数民族农村地区，直接影响当地的社会文化生活。本节拟从村落的公共参与和村民的闲暇生活两方面，探讨外出务工潮形成后留守者社会文化生活的变迁。

一 公共参与

公共参与，即社会群众、社会组织、单位或个人作为主体，在其权利义务范围内有目的的社会行动。公共参与强调民众对公共事务的参与，不仅指民众对涉及自身利益活动的被动参与，更多的是对涉及公共利益活动的主动介入。①

早期的公共参与以政治领域的参与为主，主要表现为选举等方式。19世纪80年代以来，随着公共政策主体范围的扩大和公共管理客体的多样化，公民参与的范围和程度所有增加。公民在民主实践中突破传统参与的范围，积极参与到社会公共事务的决策和管理中。本节的公共参与主要指涉村民

---

① 戴烽：《公共参与——场域视野下的观察》，北京：商务印书馆，2010，第8~10页。

对村落公共事务的参与，既包含村落选举等政治事务，也包括传统的村落公共仪式。

（一）基层政治参与

政治参与主要指普通公民通过各种方式影响党和政府及基层组织的决策和执行的活动。政治参与是普通公民的政治行为，这种行为受到政治文化的影响和左右。[①] 生活于西部偏远地区的伏台壮族人的政治参与，主要体现在以民主选举、民主决策、民主管理和民主监督等为主要内容的村民自治参与上。其目的在于落实村民自治制度，构建自我管理、自我服务、自我教育的村民社区。然而，壮族村落大量青壮年的外出给村民的政治参与带来极大影响。外出务工者多为文化程度较高的年轻人，留守者则多是文化水平较低乃至文盲的中老年人。后者由于缺乏政治认知技能，政治兴趣不高，维护自身利益的意识和政治责任感不强，这直接影响其政治参与的态度和积极性。同时，面对外出与留守之间巨大的经济、地位差距，尤其是外出务工丰厚的经济收益和不少务工者衣锦返乡时原空间社会成员的各种赞誉，不少壮乡村落中的屯长、队长纷纷辞职外出务工，部分坚守岗位的中年村干部也面临着后继乏人之窘状。

据悉，在 2011 年伏台的村民选举中，候选人均为 55 岁左右的村民，全村应当参加投票的村民超过 500 人，而参与投票者仅有 30 余人，获取选票最多者为 9 票，排名第二的有 7 票，第三为 6 票，甚至有人只拿到 1 票。这一反常现象在随后很长一段时间内成为留守村民闲聊时的笑谈。自 20 世纪 90 年代中期以来，由于村落青壮年人的缺乏，各小组组长出现无人担任的尴尬局面，这再次证实《中国在梁庄》中老支书梁清道提到的"选举给钱都找不来人"[②] 的说法。为此，村内不能不采取措施，要求农户根据每年轮值制度担任组长，轮值先后顺序通过抓阄决定；若轮值农户全家外出，则由户主自行委托他人代理。2012 年，我家所属的第一小组组长由一位 65 岁的留守妇女替其全家外出的侄子担任，由于不识字在收缴各种费用或需记录时不得不找识字者帮忙，我就是其常常求助的对象之一。这足以说明务

[①] 张文政：《西北少数民族地区乡村社会流动的后果研究——以甘青宁为例》，博士学位论文，兰州大学，2009，第 107 页。

[②] 梁鸿：《中国在梁庄》，南京：江苏人民出版社，2011，第 145~152 页。

工潮导致农村政治参与主体的缺失，及留守老人对村民选举的漠视和政治参与的消极。

村民对选举和政治参与的冷漠态度又进一步刺激基层组织干部工作的积极性。事实上，基层组织干部并没有因为辖区内留守人员的减少而降低工作量。大量的政府工作和党内事务依然以户籍作为基准开展，如新农村合作医疗保险、新农村社会养老保险等。留守者文化程度的问题再次给基层工作者带来新的工作负担。田野期间，我曾数次欲前往离伏台一公里外的台山村委会办公地点拜访，但现任村支书黄孟生告知：通常村干部都不在那里，各自在家中办公，仅在有事开会或上级下来检查时大家才会聚集在村委会。数日后，他打电话通知我说有事去村委会可一同前往，我才可以成行。在村委会内，村干部们纷纷埋头苦干，整理各种会议材料和学习资料以应对上级检查。

新农村社会养老保险是为保障农村居民年老时的基本生活，不以营利为目的的带有社会福利性质的国家社会保障制度。马山县政府根据国务院及自治区相关规定及地方实际制定了《马山县新型农村社会养老保险实施试行办法》，于2012年1月1日起施行。① 田野期间正是新农村社会养老保险宣传和办理时，村干部将相关资料贴在村口，同时利用各种机会告知各小组组长通知农户。起初，大多数村民处于观望的状态，部分识字者既阅读资料，又借鉴新农村合作医疗获益的经验，游说家人及亲朋参与；部分人根据当前缴纳和收支的获利情况考虑是否参与；一些人则直接参考村干部的意见；等等。其间，我既成为政策的咨询者，也成为众多亲朋填表和签字的代理者。负责办理的村支书黄孟生感叹："要不是有你在，我还要多填几十份（表格）。"可见，由于壮族地区的特殊性，地方干部不得不承担诸多理应由村民个人完成的事务。基层组织的弱化和基层力量的缺位为诸多非正规力量的潜生和发挥作用提供机会。

总之，当前伏台所属的壮族地区以村民自治为代表的村民政治参与积极性较低，表现在民主选举参选率不高，民主决策质量不高，民主管理主

---

① 2012年3月田野期间村干部提供的两份材料：《城乡居民社会养老保险知识问答》《马山县新型农村社会养老保险实施试行办法》。

体萎缩等诸多方面。这最终也影响壮乡基层组织的建设和发展,不利于基层组织作用的发挥。这一局面的原因是复杂的,可归纳为以下几方面。其一,随着改革开放和家庭联产承包责任制的实施,基层组织权力被削弱,使其职位吸引力减弱。其二,随着国家公务员制度的完善和高学历人群的增多,低学历的底层干部通过努力逐层升级的机会减少。其三,外出务工潮的兴起使大多数村民纷纷外出,打工文化影响下的村落环境使务工者的收入和地位大大超过基层干部。其四,村落青壮年和文化精英的大量流失,留守者的弱势化,也直接影响农村政治参与和基层组织建设的基础环境。其五,国家力量的撤离与村庄青壮年人被抽空的局面,使壮族社区的传统"平权"思想再次发挥作用,即众人轮流担任组长,组长是村民中的普通一员,没有太大的权力。

(二) 公共仪式

壮族村落目前依然传承的传统公共仪式以二月二和斋会最具代表性,前者每年均会如期举行,后者则数年举办一次,二者不仅是全村性的聚会,而且包含浓厚的宗教祭祀成分。田野期间,我有幸直接参与伏台举办的二月二和斋会仪式,下文将详细描述。

1. 二月二

每年二月初二是永州各壮族村落举行村落聚会之日。当日由当年轮值甲首负责组织聚会,聚会地点为各村村庙,参加人员以各户成年男性为主,每户一人。二月二聚会既有祭祀村落神明的含义,也作为公共性的集会和聚餐平台,如总结前一年的村落公共事宜,布置当年的集体事务,包括春耕引水、各组管水员名单确定等。伏台在其《轮流甲首名单簿》有"为本屯所有利,修订轮流甲首名单,以达到安定团结的目的,每年开春以后,以农历二月初二日为群众性的家长集会,有利于村规民约的宣布和健全治安的各种实施。以礼答大王为例发弘誓愿,各家个人需安份守纪[①],遵守条规,任何人不得违背和倒[②]乱,为此安排甲首人员,每逢轮到之年就作[③]好准备规划"。

---

① 原文如此,应为"安分守己"。
② 原文如此,应为"捣"。
③ 原文如此,应为"做"。

分离、互动与调适

伏台每年二月二的村落活动主要分为筹备阶段和举办过程。筹备阶段，即由当年轮值的甲首组长提前数日召集本组成员集中讨论筹备事宜，涉及各户须缴纳的费用数额、上山砍柴时间、下次集中时间等。散会后各甲首即按会议讨论结果到各户传达，并筹集所需费用。在二月初二前两日，再次集中开会，将所筹集的资金汇总，并根据总金额讨论节庆所需购买的物品及其数量，同时将工作落实分工，包括资金管理者、购买物品人员、当日到达村庙时间、各甲首需携带的工具等。一切准备妥当后，二月初二当日，各甲首按照之前分工，各司其职，相互协作，为全村参加节庆者准备食物，并协助道公完成相应的仪式。

2012 年的二月初二，按照轮流制度，甲首由第三组承担，该组组长为黄仁隆、李朝墟，组员包括李美英、李美华、黄昌生、黄安隆、黄照生、黄华生、黄捌生、黄孟生、李猛、黄选隆、李朝利、黄建隆、黄世兴、黄铋生、黄锦隆、黄木盛。这些成员来自伏台村中的 6 个小组，每小组 3 人，共 18 人。由于两位组长本人均在外打工，所以黄仁隆由其母代理，李朝墟由其妻代理，此外因伯父李美英到南宁跟随打工子女生活由本人代理，李朝利则由其母代理，黄锦隆由其失聪的父亲代理，在南宁种菜的黄捌生特意赶回来参加。农历正月二十四（2012 年 2 月 15 日），组长黄仁隆的母亲同李朝墟之妻即到各甲首家通知当晚到黄仁隆家开会商议二月二筹备事宜，若名单上甲首本人不在家则通知其家人，若全家均外出则通知其最近亲属。有趣的是，当黄母通知我晚饭后到他家开二月二的准备会时，我随即问道：晚饭后几点？她回答道："我们这里又不是外面，不用那么确定，吃过晚饭过去，八九点都可以，反正晚上大家也没什么事，不着急，先到的人聊天慢慢等。"这说明由于我多年来一直在外学习生活，已经适应在外的精确时间观念，而村民则依然沿用传统的时间观。

当晚，各甲首并未全部参会，但村落 6 个小组均有代表参与，参会人员共 7 人，包括两位代理组长、黄安隆、黄孟生、李猛、李朝利及我。据往年经验，大家认为前一年所收费用为 15 元，当年物价上涨，尤其是猪肉价格飙升，数额应有所提升，依据猪肉价格 15～16 元/斤为参照，最终认为收费金额应在猪肉价格标准之上再加几元，即 20 元，并商议上山砍柴和下次集中的时间和地点，即正月三十日晚饭后在黄仁隆家。

第四章 原空间的调适与变迁：分离背景下的留守社会与文化

正月三十日晚（2012年2月21日），正逢周二晚六合彩写码和开奖时间，因此大多数人也并未按时参加，且人数仍未到齐。这再次印证当地壮族人时间观念的模糊化和笼统性。参会者共14人，包括两位代理组长、黄木盛、黄世兴、黄建隆、黄昌生、黄选隆、黄照生、黄铋生、黄安隆、黄华生、黄孟生、李猛及我。会议主要是将各队收集资金汇总，共有136户缴纳，每户20元，总额为2720元。根据参与人数，众人列出节日当天需购买的物品清单及其他开销，主要涉及：香烟、香、烛、爆竹、生姜、食盐、酱油、味精以及祭祀所需鱼和鸡、黄豆、荞头菜、旱藕粉、米酒、猪肉、道师费用等。需要说明的是，计划当天提供菜肴种类并不多，主要有黄豆炒荞头菜、旱藕粉炒荞头菜、瘦肉及肥肉。有的甲首认为菜类偏少，并提出应买点鸭肉，有的提出买鱼，有的还提出至少应有一道青菜等，但均被一一否决，理由有二：一是目前甲首人员中，实际来干活者基本是老人或妇女，人手明显不足，增加一道菜会多出更多麻烦；二是现在参加人员多为老幼妇孺，多无心吃饭，大多随便吃点就打包回家祭祀，即二月二聚餐的功能减弱，吃的已经不那么重要，几道菜足够，关键功能还是为祭祀村落社神及为村民提供商议事务的机会。据观察，甲首中除本人年龄在30岁以内，一人40余岁（因身材矮小，身高约1米，一直未外出打工），三名顶替的妇女，其余年龄均超过55岁，有数位已达古稀乃至耄耋之年。随后对工作进行分工，我负责资金保管及记账，黄木盛负责联系预定猪肉，黄安隆和黄孟生负责购买相关物品，黄建隆负责米酒（他家酿酒出售），黄选龙负责打扫卫生，两位女性代理组长负责洗菜和挑水，黄铋生和黄世兴负责联系道公和协助祭祀（二人均为道公），黄华生负责切肉，等等。会议还安排各甲首负责带去的做饭工具：每小组带一个锅和菜盆，每位甲首带一斤米，距离近者带菜刀和案板，妇女带水桶负责挑水。最后，确定当天八点半至九点在村庙碰头。

当天，负责采购的黄木盛、黄安隆和黄孟生一早便到集市购物，其他人在九点多也纷纷携带相应炊具，按照先前分工各自做事。我负责为采购者报账，查看物品是否购齐，统计遗忘物品，并用红纸将当天经费开支进行公示（见表4-5）。

分离、互动与调适

表 4-5　2012 年二月二聚餐规划物品购买清单及实际开支

物品名目	规划数量及价格	实际购买及开支	备注
香烟	2 条,80 元	3 条,98 元	
蜡烛	1 包,3 元	1 包,4 元	
香	1 捆,2 元	1 捆,3.5 元	
爆竹	3 封,9 元 1 封,9 元	3 封,9 元 1 封,9 元	
生姜	1 斤		黄仁隆家无偿提供
食盐	2 包,3 元	1 包,1.5 元	
酱油	2 瓶（厨邦牌）,12 元	2 瓶,10 元	
鱼	10 元	13 元	
公鸡	30 元	38 元	
黄豆	10 斤,20 元	16.2 斤,32.4 元	黄安隆、黄世兴提供
九菜（荞头菜的当地称呼）	30 斤,60 元	28 斤,56 元	黄仁隆家提供
旱藕粉	8 斤,50 元	9 斤,54 元	
米酒	50 斤,100 元	50 斤,100 元	
道师费	5 人,150 元	5 人,200 元	主负责道公须来自外村
猪肉	2000 元	2000 元	
味精	据说,过年时村落年轻人聚餐剩余数袋味精,计划不买	1 包,3.5 元	没有找到所余味精
包装袋		2 打,8 元	非规划内
草鱼		4.5 斤,40.5 元	非规划内
糯糊		1 瓶,1 元	非规划内
红纸		3 张,3 元	非规划内
道公安龙所需零钱		4.6 元	非规划内
	总收入:2720 元（136 户）	总支出:2689 元	
	余额:2720-2689=31（元）		转到明年下组

资料来源:田野调查,2012 年。

下午两点半,各位甲首和道公吃午餐,午餐的菜肴包括鱼片、猪肉、炒荞头菜和煮黄豆。饭后,大家继续为全村人准备晚餐,黄锦隆父亲负责煮饭和料理灶台柴火,黄建隆、黄捌生负责炒菜,黄安隆负责切瘦肉,黄华生负责切肥肉,黄昌生负责切荞头菜,李美华、黄照生和黄孟生负责称肉及分肉,黄世兴和黄铋生作为道公成员负责道场,李猛、黄选隆和黄木

第四章　原空间的调适与变迁：分离背景下的留守社会与文化

盛负责将吃饭用的水泥板桌摆稳摆齐，黄仁隆母亲、李朝利母亲及李朝墟之妻负责挑水、洗菜。需要说明的是，甲首黄捌生全家本来在南宁种菜，获悉二月二为轮值甲首后于当日一早从南宁赶回。他说：几年才轮到一次甲首，南宁不远，不回来怎么行呢？所以就赶回来咯。

下午五点，各项工作基本完成，大家委派黄选隆进村吹哨，呼唤村人前来赴宴。全村共有136户参与，每户1人，加上5位道公，最后规划为14桌，其中13桌10人，其余1桌11人。五点一刻，村民陆续前来赴宴，每张桌子坐满10人即可就餐（见图4-3）。当然，136户并不表示全村精确仅有136户，这涉及分家状况，由于各户均有不少青壮年在外务工，不少兄弟结婚生子后并不急于分家，是否分家更多是村民的主观认定。在参加二月二集会时，若有年轻人在家的家庭可以认为已分家，那么原本同一户口本，同一所房子内的一家人，可以根据兄弟多少作为参与户数；只有老人和小孩在家的家庭，即使其儿子再多，户口也可能已分开，但通常只以一户名义参与。同时，全家在外打工的家庭则委托亲戚缴费，并让亲戚代替参加赴宴或打包一份肉到家中神龛上祭祀，仅年迈老人留守者也委托其他赴宴亲戚帮忙打包一份肉带回。当地人认为，二月二晚宴的肉具有一定的神圣性，通常参加晚宴者都不会吃完，而是留一部分打包带回家中祭祀，再供其他家庭成员品尝。在村人观念中，吃过这些肉可保全家人这一年身体健康，万事如意。全家在外打工的人家即使不能品尝到这些肉，也会寄

图4-3　二月二聚餐现场

钱给留守亲戚代理缴纳，并让亲戚打包带回家中祭祀。实际上当天宴席的每一桌并不都坐满 10 人，有的桌子只坐 5 人，这说明余下 5 户或在外务工或委托他人打包。据统计，当日实际参加晚宴的人数仅有 98 人，其中还有部分赴宴者替代全家在外打工的亲戚参与。

在与村民聊天时，一位 60 余岁的妇女说，过去"二月二"都是男人参加，女人不能来，现在有的家庭你想让女人来都没有人在家，比如我大哥全家 6 口没有一人在家，二哥家 10 口人只有两个 70 多岁的老人在家，且一病一瞎，只能打包。另一位 50 多岁的男性说，20 多年前年轻人都在家时，二月二可不是这样，参加的人不一样，以前大都是男青年或男户主，大家热热闹闹做饭、吃饭、聊天、喝酒、猜码，未婚青年喝得差不多即先行一步，一起去邻村"jiaeg leg sao"（指与女孩约会），其他人天黑后点灯继续，有时兴致来了 10 点多才散。现在来吃饭的都是老人、小孩或妇女，大家都不喝酒，对村里的事情也没多大兴趣，很多人甚至没怎么吃，夹完肉就走。

晚宴进行到一半时，因现任村支书黄孟生临时到镇上开会，由前任村支书黄安隆代表讲话，讲话内容主要涉及以下几方面：本次宴会基本情况，去年修公路大致情况，篮球场修建状况，2012 年各小队负责保障农耕水利灌溉人员的确认，各农户抓紧春耕及播种的提醒，等等。

这一天，各甲首除负责为众人准备晚餐外，还需准备道公道场所需祭品：一方面是购买红纸、爆竹、香烛等道场所需物品；另一方面将买来的公鸡和鱼宰杀，并将公鸡整只煮熟放在一个盘上，鱼则清理内脏后整只煎熟再放入另一个盘中，两者一同带到村庙中祭祀。当日道场共请道公 5 名，其中黄世兴、黄廷盛、黄铋生 3 位为伏台人，其余 2 位为感益屯人，其中年龄在 50～60 岁者 2 人，60～70 岁者 1 人，70 岁以上者 2 人。道公整日的工作及饮食基本在村庙内，道公抵达后摆好祭台，准备法事事宜，并开始念经、施法。因仪式过程非本章主题涉及内容，不细述。

总之，务工潮的兴起使二月二参与者的年龄结构和性别结构都发生变迁，然而不变的是宗教祭祀仪式的持续。务工地较近的村民若作为甲首仍会尽量赶回尽职，若不能返回者则需请家人或亲属代替行使职责。二月二不仅是村人聚餐、讨论公共事务的重要平台，更是村人一年一度中集体祭祀社神的重要仪式。因此，全家在外者即使不能返乡，也需委托留守亲属

第四章 原空间的调适与变迁：分离背景下的留守社会与文化

缴纳份子钱，以代表其家庭的参与，同时受委托亲属则需打包一份肉到其家中神龛上祭祀，以达到安定家中祖先和神明的目的。

2. 斋会

斋会是壮乡较大型的村落宗教祭仪，通常三到五年举行一次，若遇天灾人祸，或村中有时疫或牲畜遇到瘟疫，即选定吉日请师公和道公来村庙诵经作法，全村集体祭祀，祈求村庄清洁平安，人丁兴旺，来年风调雨顺，五谷丰登。同时各户恭请师公道公轮流到家中念经施法，烧油锅驱邪，各户均贴上师公施法念咒过的驱鬼镇邪符篆，以保平安，村民则在仪式结束前全部到村外分叉路口过油锅，以示将身上不洁净之物祛除，以保健康。

由于越来越多年轻人外出，村落留守者忙于各种农事，伏台斋会已有近10年未举办，2012年举行有一定的原因。据悉，2012年上半年，村落中非常不安宁，常有猫头鹰、布谷鸟等被认为不祥的鸟类在村边叫唤。对于有怪鸟在村落附近叫唤的说法，在我的田野经历中得到证实。其间，确实白天黑夜均有不知名的鸟类叫唤，且多次听到老人谈论此事，认为这是不祥之兆，并有人数次爬到楼顶四处察看鸟叫声的来源。后来便有村民问神婆，得到的答复是，你们村已经很多年没有举办斋会，村落中有很多肮脏污秽之物，尤其还有些是在外打工者带回的不好的东西，这些鸟类是祖先和社神派来通知你们的，须在年内举办斋会，请师公和道公作法驱邪。于是，村人便根据师公选定的良辰吉日，将斋会时间定在农历十一月二十六至二十八日（2013年1月7日至9日）。各户通知在外务工者，村中将举行斋会，若有空最好返乡参与。

2013年1月7日我从南宁坐车回到永州时，所乘大巴的40余个座位中仅伏台人就占23个，都是返乡参加斋会的在外务工人员。

伏台斋会共持续三日，因主题和篇幅所限，对于师公和道公的仪式过程不做太过详细的描述，下文仅将仪式过程进行大致介绍。

首日晚，全村每户派一人到村庙聚餐。同时宣布当晚八点半封斋。封斋时，在村庙燃放大量烟花和鞭炮，宣布封斋。伏台的烟花和鞭炮由青年会和各"帮"成员共同出资购买，耗费8000余元。同时各户村民也在家中燃放烟花和鞭炮，以示封斋。

次日，所有村民全天吃斋，并准备祭品到村庙祭祀。各户主要食用汤圆、豆腐和青菜等素食。下午,全村每户村民都准备一张桌子摆到村庙前,桌上摆满丰盛的祭品,等待师公道公施法祭祀(见图4-4和图4-5)。当晚,武道师公在操场上表演"山伯英台"师公戏。凌晨12点开斋,各户燃放烟花和鞭炮庆祝。

图4-4 斋会现场全景

图4-5 斋会现场一角

第三日凌晨五点,各甲首到村庙集合为师公(武道)和道公(文道)准备早餐。六时许,师公和道公各分出两拨人马(每拨为六至八人),分别从村首和村尾逐一入户作法。村民纷纷早起将门窗打开,等待两路道师队伍的光临。通常是第一拨六位师公先入户作法,其中四人负责敲打法器,两人头戴面具手持法剑,进入各户每一间房内敲击房内物品将不吉之物驱逐,其他拿法器者在神龛前念经作法。同时还有位村民负责扛一盆燃烧着的油锅,跟随两位师公到各户的每间房中摇晃,以示驱走各路牛鬼蛇神。

第四章　原空间的调适与变迁：分离背景下的留守社会与文化

当师公的法事结束时，户主随即将门窗关紧，燃放鞭炮。待师公驱走所有不祥之物后，文道队伍才会登门作法，文道队伍一般只在大厅神龛前敲打法器和念经，目的是将家中神明、祖先聚拢，有安神之意。文道师公念经作法后，户主亦燃放鞭炮。

待两路道师队伍将全村每户都走过一遍后，师公才着手准备过油锅仪式。在村落的交叉路口设置一个燃烧的油锅，两位法师各持一把剑高高举起，架成门状，包括走亲戚的他村村民在内所有人都纷纷走出，浩浩荡荡地赶到预定地点，即村尾的桥头路口，象征性地跨过油锅、通过这一道法门，以示将身上所有不洁净之物区隔。若有在外打工不能赶回参与或因故不能返乡者，则由留守家人将其一件旧衣物带出跨油锅、过法门，象征着衣服所属者身上的邪气已被隔离。晚上，各户均派一人到村庙聚餐，斋会宣告结束。

对于斋会的举办，留守老人说，已经很多年没有办过，确实该办一下，把村中不干净的东西都赶走。在没有打算办斋会前，村中非常不安宁，常常有鸟在叫唤，后来请师公选好日子后，便平静很多，再也没有出现怪鸟乱叫。听到这些说法后，我在仪式结束后还特意感受，感觉与此前田野期间相比确实平静不少。当然，村落鸟叫声的存在和消失或许有诸多可解释的科学观点，但村民遵循传统倾向于接受斋会功效的说法。这足以体现出传统的力量，当然，这一力量既影响留守者，也影响在外务工人员。有村民表示，今年斋会最热闹，很多在外打工的人都赶回参加，尤其是年轻人，参加者超过30人，这是以前从未有过的。

斋会结束前，村民发现传统的斋会禁忌与务工者的外出现实之间出现新的问题。按照斋会传统习俗，村民在斋会结束后三日内不允许将新肉和新菜等带入家中，不允许村民送物品给他人，禁止往自己家外带东西，也不可以随意花钱。对于留守村民而言这些问题不难解决，村民只需在斋会结束前提前贮存好三日内所需的食品即可。而对于外出务工者，禁止往户外带东西及不允许花钱的规定着实让人为难，包括我在内大多数急于在仪式结束后乘车离开的村民纷纷叫苦。很多村民表示，斋会结束第二天即须回去上班，不让带东西出去，除非脱光了走。不让花钱怎么坐车？走路去吗？能请假回来已经很不容易，总不能因为这个规矩再拖几天吧？那工作还要不要了?后来村民就这一问题再次咨询师公,师公表示,时代变了,只是不能随意而已,你们这是出去打工为自己投资挣钱,是可以理解的。其中一位道公也表示,可以的,斋会结束的第二天我也要走,又不是随便把钱送给别人。部分村民则表示,没事,到时候去取款机上取钱来用就好,那又不是身上的,是银行的钱肯定可以用。还有不放心的村民干脆在仪式规定时间前将所需携带物品和预计开销现金暂寄于镇上亲戚处,在出发当天坐车前再从亲戚家取出物品和钱。可见,面对外出务工这一新的现象,传统禁忌和规矩受到挑战,村民为了适应外出务工的需要,将这些禁忌和规矩通过各种新解释不断加以调整和适应。

事实上,因外出务工需要对传统文化进行再解释的实践越来越多,如葬礼过后的守孝及祭祀期限正因外出务工需要而缩短。昔日父母过世,在办完葬礼后女子需留守家中守孝和祭祀七七四十九日,其间需遵循各种复杂的生活禁忌,直到期满请师公举行脱孝仪式为止。如今为了方便外出打工,子女常常在三日过后即将三日仪式和脱孝仪式合并,理由是"现在都急着出去(打工),只能这样做"。这都是村落务工文化形成对传统观念和禁忌影响的直接体现。

二 闲暇生活

集体化时期国家力量的干预导致乡村公共娱乐生活出现萎缩,改革开放后随着国家力量的抽离,民众的公共娱乐虽有所恢复,但面对科技进步等因素给村民带来的更富余的闲暇时间,现有娱乐活动明显无法满足需求。于是外出务工者从外地带入的信息、观念和娱乐形式逐渐被原空间转化并接纳,使得壮乡留守者的闲暇生活发生巨大变化,其中最具代表性的是山歌碟片与壮语流行音乐的出现。

在20世纪90年代前,山歌一直是壮族人重要的休闲娱乐文化内容。山歌对唱曾经是壮族人社会交往、恋爱、婚葬礼仪、新房乔迁等重要仪式生活中不可或缺的文化活动,也曾经是表达思想、传递情感的重要媒介。山歌的重要性不仅对于整个社会而言,对于个人的成长历程也必不可少。擅长山歌者不仅成为"帮"年龄组中的核心人物,也是整个社会中备受敬仰的"英雄",因为在各种对歌比赛中可以为其所属群体带来荣耀;而不会唱

第四章 原空间的调适与变迁：分离背景下的留守社会与文化

山歌者，常常被认为"笨""傻""脑子不灵活""没出息"等，也因此缺少玩伴，甚至无法追到女孩，难以找到人生伴侣。简言之，在传统壮族社会，是否擅长唱歌成为衡量个人能力的重要标志。著名的山歌歌手常受到众人的追捧，得到其他社会成员的认可和认同；反之，缺乏山歌能力者则失去认可和认同。

随着壮族社会对外交往的增多，"山歌"与人们的日常生活越来越遥远。首先，外出务工潮的兴起，使得壮乡青壮年的缺乏以及由务工人员带入的城市思想观念，都直接影响年轻人对山歌的认知，山歌的传承和发展链条出现断裂。其次，电视、电影、放音机等现代传媒技术和港台流行音乐的传入，使山歌被认为是过时的娱乐形式。对于永州地区的壮族人而言，放音机的传播和推广大致始于20世纪80年代末期，电力的引入和使用则是在90年代初期，这都直接带来新的传播工具，加之打工经济促进当地消费能力的提高，各种电视、影碟机迅速在壮乡传播开来。因此，这一时期成长的年轻人逐渐丧失唱山歌的能力。最后，中华人民共和国成立初期的一系列政治运动中，山歌对唱曾被视为陋俗和错误思想而遭受禁止。村民李美轮说：

> 70年代初，上级规定不允许唱山歌，因为山歌被当作"毒草和错误思想"，也不允许谈恋爱。晚上都不敢随便出门，如果出去约会被政府派下来监督的"民兵营长"抓到，就会被送到政府关起来喂蚊子，然后写检讨。如果态度不端正，甚至在街天（赶集日）被拉到街上示众。你说谁不怕啊？所以那时候很多书（古壮字写的歌书）都被销毁，人们外出不敢明目张胆地唱山歌，只有上山砍柴或夜间出门时偷偷吼几句。到80年代之后，这些活动没有再被禁止，晚上年轻人上街看电影、约会路上又开始有人唱山歌。但没几年，大家便外出打工，就没有人再唱山歌。①

可见，受历史因素、现代外来文化的影响，山歌传唱已经失去其作为壮族人娱乐文化形式的重要地位。随着科技进步和外出务工潮的形成，部

---

① 2012年3月6日访谈资料。受访者：李美轮；访谈地点：伏台其家中。

分壮族精英结合本民族的语言、山歌等传统元素，通过利用现代音乐元素、科技设备等创造出新的娱乐文化，即山歌碟片和壮语流行音乐。前者受到壮族中老年人的喜爱，后者受到年轻人的追捧。

虽然山歌传唱在壮族人的社会生活中逐渐远去，但对于中壮年人而言，山歌的美好仍然深深地印在每个人的脑海中。基于传统认同带来的市场需求，部分具有商业头脑的当地人开始运用各种现代技术录制山歌磁带和光碟，并到市场上出售。早期山歌磁带出现时，由于磁带录制技术限制其数量有限且磁带本身缺乏视觉效果，加上壮乡各户的放音机并不多见，因此其并未能够广泛传播，仅在少量家庭中存在。进入20世纪初，随着科技水平的提高，影碟机价格骤降，现代摄影和录制技术具有便于掌握而且易于复制的优势，山歌光碟迅速在壮乡传播和推广。部分山歌爱好者或光碟销售商将壮族民间歌手召集后，提供一定的酬劳请其参与录制山歌，并剪辑整理后出售，如大旺村大外屯的著名歌师陆仕章即曾多次受邀录制山歌。田野期间，我曾与55岁婶婶徐秀干（娘家为大外屯，年轻时山歌水平颇具影响力）数次赴大外屯拜访陆仕章，当谈及打工现象时，二人即兴编唱本书附录的《欢打功》(《壮族打工歌》)，反映了当地人对外出务工现象的态度和看法。各式山歌碟片正是由少量上年纪的当地歌师基于生活经验的传唱而录制。山歌光碟播放的内容不仅使用本民族语言传唱，而且配上美不胜收的图像，使得不识汉字听不懂汉语的中壮年壮族人乐于接纳，尤其是对听不懂电视电影中的汉语表达，而只能通过图像猜测剧情内容的大多数中老年壮族人而言，更是备受欢迎。壮语山歌碟片的出现，不仅让他们看到布僚（甚至有的表演者即是现实生活中认识的人）自身的形象，听到本民族熟悉的语言，表现的内容更是自己年轻时的美好记忆。许多壮族人发现其实电视里的人可以不讲汉语，而是讲土话，也可以不演打打杀杀、搂搂抱抱或自己看不懂的剧情，而是展示自己看得懂的内容。这不仅促使他们对山歌的认同，也促进其对新技术的接纳和认可。因此，山歌光碟备受中老年人的喜爱，众人纷纷购买碟片和影碟机。

2012年田野期间，我常常看到很多老年人的卧室中放着一个小电视、一个影碟机和数张山歌碟片。而在村落中闲逛，随时都可以听到从远近各家传来山歌碟片正在播放的歌声，以及围坐着的老人们的笑声和评价声。

第四章 原空间的调适与变迁：分离背景下的留守社会与文化

我曾在一位村民家中看到桌上摆着两个电视机，问其缘由，户主笑着回答："我们老人喜欢观看山歌碟片，而孙子孙女喜欢看电视，所以只好把在外务工子女的电视机搬过来用，有时候可以同时开，各看各的，相互不冲突。"山歌碟片不仅在留守老人中流行，也备受外出务工的中壮年人的欢迎，如在海口种菜的伏台人在返乡时除了带家乡的特有食物，最新的山歌碟片常常必不可少，而且既带自己所需，也应其他老乡的要求帮忙携带。如前文所述，海口菜农在休息时常反复欣赏从家乡带来的山歌光碟，甚至在房子周边耕种时，也在家中播放山歌碟片，边劳作边倾听。还有些在外帮子女照顾小孩的老人，也常要求子女备有电视机和影碟机播放壮语山歌。有一位曾在深圳帮儿子照顾小孩的 60 多岁的妇人说："在深圳时，整天窝在那个黑暗的出租房里，不会讲话也不认识路根本不敢出门。在房里除了带孙子，什么事都不能做，电视又看不懂，很闷啊。后来有个老乡回家，问我要不要带点好吃的过来，我的回答是其他的我都不要，但一定要帮我买一些'欢'碟过来。后来他给我买了十几张，我就是靠这个碟解闷的，以后每次有人回家我都让他们带新的过来。"可见，欣赏山歌碟片不仅是留守壮族老人闲暇时的重要娱乐形式，也是在外中老年壮族人不可或缺的精神文化生活。

对于当代壮族年轻人而言，传统山歌已经被港台流行音乐取代，但港台流行音乐并非他们唯一的爱好和选择。越来越多的年轻人不仅可以数出时下流行的港台巨星的名字，如周杰伦、陈奕迅、蔡依林等，而且还可以报出较著名的壮语歌手的姓名，如小阿信、陆益、双海、阿华等。这些壮语歌手多用壮语翻唱流行音乐，或自创壮语流行音乐甚至壮语摇滚乐等，颇受壮族年轻人喜爱。在许多年轻人的电脑、手机里都存有大量壮语歌曲，而且他们可以唱出某些流行歌曲。部分年轻人则通过网络等与壮语歌曲爱好者进行交流，如僚人家园网站、壮族在线网站、壮族音乐网站、壮语流行音乐联盟 QQ 群等。壮语流行音乐联盟 QQ 群由一位壮语音乐爱好者唐毓鹏（常被称为特鹏）创立，群公告为"壮族是人口最多的少数民族，壮语是壮族文化传承的载体，壮语音乐是贝侬[①]们的共同信仰，欢迎贝侬们加入……"，群成员包括来自当时武鸣县、平果县、马山县、大化县、田东

---

① 贝侬为壮语直译，有"亲属"或"兄弟姐妹"之意。

县、武宣县等各县市的壮语音乐爱好者。为能更好地了解这些爱好壮语音乐的壮族年轻人的思想动态，我也申请加入这一QQ群中，与他们讨论有关当前的壮语歌手信息，以及流行的壮语音乐和壮族人对壮语音乐的认同和认可等。通过交流以及网络查询，我对群主唐毓鹏有了更深刻的了解。唐毓鹏是大化县壮族人，目前在广东中山打工，常用"特鹏"的名字录制壮语歌，最有名的包括翻唱（套用流行音乐的曲调，自创壮语词）的《流浪广东》，以及演唱的《打工之路》《乡村码民》《今年过年我不能回家》等。其中的《打工之路》为全壮语歌唱，歌词内容（左为歌词原文，右为汉译大意）[①] 如下：

Doxbiek bohmeh ok bakmbanj，相别父母出村口，
Aemq hwnj doxgaiq byaij baihgyae。背起行李走远方。
Nditndat ciuq ar fwndoek dumz，烈日晒啊大雨淋啊，
Diuz roen dajhong sinhoj lai。条路打工辛苦多。
Bouxlawz hawj raeuz dwg bouxsai，谁叫咱是男子汉，
Guhvaiz guhmax gaej ienqmingh。做牛做马别怨命。
Mbouj lumz bohmeh ciengx gou hung har，不忘父母养我们大，
Vunz hung cix yaek buek guhhong。人长大就将拼做工。
Dajhong diuz buh mbaeq daengz din，打工衣袖湿到脚，
Or…Roeb daengz haemzhoj gaej doeknaiq。哦，遇到苦难别失落。
Ndaw rumz ndaw fwn gaej danqheiq har，风里雨里别叹气，
Haemz hoj diemz manh swhgeij rap。苦穷甜辣自己挑。
Or…Bouxlawz youq lajmbwn mbouj dwgrengz，哦，谁在天下不辛苦，
Or…Bohmeh daengq raeuz geiq ndaw sim。哦，父母叮嘱咱记心里。
Daengz ngoenzde raeuz hongsaeh guh baenz hung，等到我们事业做大的那天，
Caiq ciep bohmeh daeuj gvaq ngoenzndei。再接父母来过好日子。

[①] 歌词内容主要由"壮语流行音乐联盟"QQ群网友"壯國団囻ʒ神马"提供，并结合"中国原创音乐基地网站"（http://yc.5sing.com/763450.html）中"壮歌特鵰"演唱的音乐整理。

这首歌唱出壮族打工者的艰辛和不易,以及希望通过打工最终成家立业并接父母一起过美好日子的愿望。而另一首歌《今年过年我不能回家》则反映在外打工的年轻人春节时因种种原因无法返乡,但难以摆脱对家乡和父母的思念之情。此外,还有其他音乐爱好者唱的《打工郎》(都安壮语版)、《无奈的打工》(云南丘北壮语)、《广东打工》(都安壮话洛柯版)等,无不是在外务工的壮族音乐爱好者对自己打工生活的描述和展示。这些音乐深受壮族年轻人,尤其是具有同样经历的壮族在外务工者的喜爱。这些年轻人通过网络交流、微博互动、手机下载和传唱促进壮语音乐的传播和发展。

可见,壮语流行音乐已经逐渐成为越来越多壮族年轻人实现族群认同的重要载体。这些音乐爱好者试图通过壮语流行音乐展示自己的民族语言和民族文化,一定程度上也起到保护和传承民族语言的作用。在这些外出务工的年轻人返乡时,通过手机下载等形式将壮语流行音乐带回家乡播放,同时也将对壮语音乐的爱好带回家乡,甚至成为年轻人交流的重要话题。这都在一定程度上促进壮语流行音乐在壮乡的传播。

总之,山歌传唱的消失与外出务工潮密切相关,而山歌碟片的出现则是山歌在现代化语境下的一种保存形式,也成为外出务工者重要的娱乐形式。壮语流行音乐的产生主要基于壮族外出务工者从丰富多彩的外界流行文化中吸收音乐元素并融合自己民族的语言和文化。其产生和传播也体现壮族年轻人对民族语言和文化的认同,以及对现代观念和思想的适应。

第四节　村落关系与语言认同

少数民族地区的人口外流现象对于原有村落关系、民族关系和族群认同势必造成影响。对于永州地区壮族人而言,族群认同最主要的体现仍然在民族语言的使用和认同上。

一　村落关系

外出务工潮导致永州地区壮、瑶、"汉"(定罗人)各村落大量青壮年劳动力外出,促使各族群留守人数急剧减少。在这一背景下,外出者带回的新观念和新思想以及大量外地媳妇的嫁入，促使当地村落关系出现某些新变化。由于当地壮族、瑶族、汉族居住的村落相对集中，村落关系有时又体现为民族关系。

（一）与定台的关系

如前文所述，壮瑶关系是永州地区民族关系的最主要形式，与瑶乡毗邻的壮乡伏台更是如此。2013年1月7～9日，伏台举行村落仪式——斋会，在外务工的村民纷纷返乡参加，村民特春也将在柳州外公外婆家生活的子女——达心和特营接回。8日，数位村民在特春家烤火闲聊，众人见到两个小孩私下讲着与伏台不一样的语言，便开始讨论他们外婆家的语言情况。

村民A：这两个小孩讲的话跟我们不一样，他们外婆家讲的是什么话呢？

特春母亲：好像也是讲土话，只是跟我们不太一样。不过有点"瑶"，带着"瑶"音。

特春笑呵呵地回应：怎么"瑶"啊，人家听我们的话还不是也说我们是"瑶"。他们说的也是土话，不过跟我们不太一样，讲了听不太懂。两个小孩中弟弟因为跟他外婆（生活）多一些所以主要讲那边的土话，姐姐跟他外公多一些所以既能讲土话还会说普通话。

特春的母亲63岁，年纪较大，很少离开伏台，受传统观念的影响，认为与当地语言有差别的土话都带有"瑶"，而特春由于长期在外打工，见多识广，才反驳母亲"那边的话有点'瑶'"的说法。可见，村民外出务工对其民族观念仍然产生一定的影响。而外出务工导致的各村落青壮年人数的减少，一定程度上也缓解资源竞争带来的民族矛盾。

1. 定台儿童烧毁神山

2006年秋天，有几个定台儿童在山上玩火，不慎引燃山火，火势受风力影响，从山里直接沿着山头向外蔓延，顺着伏台一座神山的山头向外燃烧。有伏台村民发现后，赶紧向全村呼救，留守村中的中壮年人纷纷拿着柴刀往山上冲。大家看到火势已将一座神山山头点燃，同时正向主神山

第四章　原空间的调适与变迁：分离背景下的留守社会与文化

（村庙位于该山山脚）蔓延，而救火者仅有二三十人，且多是50~60岁年纪的中老年人，加之没有任何灭火工具，所以无法采取扑灭的方式，只能采用砍出隔离带的保守手段，以免火势蔓延到其他山头尤其是主神山上。所幸最后火势逐渐熄灭，最终伏台另一座神山山头被烧掉很大一部分。

这一事件发生后，伏台留守村民非常气愤，但并未采取任何极端措施，甚至也没有向定台火灾肇事者及其负责人索赔，或过多追究责任。对此，村民们多反应强烈："找这些人没用，他们什么也没有，拿什么赔。都是那些小孩（指瑶族儿童）没有人教没人管，玩火烧的，也是现在村里都没有年轻人在，没人管这个事情。如果是以前，我们村的那帮小伙都在家，还不集中到他们村讨说法，至少吓唬一下啊。"

从定台儿童不慎烧毁神山事件可以看出，外出务工导致村落没有年轻人的状况对事件的起因和处理都带来一定的影响。定台村中的留守儿童缺少父母管教，才会不慎玩火烧山，伏台人在灭火时由于缺少年轻人不得不采取隔离式的保守控制方式。而留守者多为老人和小孩，缺少年轻人的冲动和对村落事务的关注，因此并没有过多地追究瑶人肇事者的责任。

与前文所述定台鱼塘之争相比，神山的神圣性和山林资源的重要性使这一事件的严重性不亚于定台鱼塘问题，而村民的处理方式有天壤之别。究其缘由，除了缺少年轻人的因素，更重要的还是土地、山林、水等集体资源在不同阶段对于伏台壮族人的重要程度。在外出务工出现前，由于伏台人口众多，人均土地面积少，所有村民均依赖现有的土地、山林和水资源谋生，定台的形势也是如此，因此对于公共资源争夺引发的口水战最终酝酿为伏台人倾村而出到定台鱼塘宣布所有权。外出务工潮出现后，壮乡伏台和瑶村定台的年轻人纷纷外出谋生，外出者将注意力集中在流入地的工作、工资、待遇、技能学习等方面，无暇顾及家乡的各种土地、山林、水等资源，其重要性暂居次要地位；村落的留守者人口数量少、劳动力有限，加之经济条件的改善和煤气、电力等新能源的使用，使得其对各种传统资源使用率减小，依赖性明显降低。因此，对于伏台山林甚至半个神山被烧毁之事，留守村民仅在口头上表达愤怒的心情，而没有付诸行动，村落矛盾乃至民族矛盾也没有被激化。

2. 土地交易

随着外出务工人员的增多，五弄村的瑶族人经济状况明显好转。在该

分离、互动与调适

村所辖的11个自然屯中除了定台地理环境偏靠山外，其他的弄灵、弄石、弄达、弄吉、弄麻、弄峨、排达、弄劳、弄二、龙练均位于大山深处，交通极其不便，环境也相对较恶劣，于是这些村落的不少瑶族人纷纷利用与定台人之间的亲属关系迁到定台建房定居。如前文所述，定台所属的地界原本为伏台所有，由于历史原因，定台村落在集体化时期政治力量左右下逐渐建成，但其所分配到的土地资源非常有限，定台村落周边的大多数土地仍归伏台人所有。然而，伏台年轻人外出导致劳动力的缺乏，不少山里土地便无偿让与村中留守者或定台瑶族人代耕，部分偏远且贫瘠的土地甚至抛荒。村民们说："反正我们没有力气跑那么远种地，荒着也是浪费，长期不种，地里反而杂草丛生，以后想再种更难，所以如果有人愿意耕种反而是好事。"不少瑶族人看出山中土地对伏台人重要性的降低，就地理位置而言，这些土地距离定台村落较近甚至不少土地位于村落周边，因此不少定台人纷纷寻找被抛荒土地的主人，提出耕种要求。村落外公路边较平坦的土地则被外迁建房的瑶族人看中，便有瑶族人向这些土地所有者提出购买建房的意向。当价格可以接受时，伏台人也乐于出售。一位村民表示：

> 现在大家都外出打工，估计以后再没有回来种地的可能。我们年纪大了，再到山里种地的可能性也不大，那些土地放在那里不种，而且我们家那块地距离瑶族人家特别近。现在旁边的土地上都建起房子，以后即使在那种地也很难有好收成，一是瑶人的房子挡住阳光，二是瑶人家禽的危害。所以有一家瑶人出几千块钱，我也就转给他们了。现在我们村卖土地给瑶人建房的已经有好多家，那些地已经没有多大用处。①

田野期间，我特意到定台村察看，定台村落确实新建不少住房，由以前的十来户变成现在的三十多户，而且钢筋水泥建筑替代过去的茅草屋和干栏式建筑，不少新房建到村外的公路边，而路边的土地原来大多属伏台所有。可见，外出务工人员增多使得壮族留守者对土地资源的依赖迅速降

---

① 2012年5月6日访谈资料。受访者：同爸；地点：伏台"老同"家。

第四章　原空间的调适与变迁：分离背景下的留守社会与文化

低，土地的重要性锐减，加之留守者劳力的限制，不得不放弃偏远地区的土地耕种。这在一定程度上对缓解昔时因人口众多导致壮瑶资源竞争引发的矛盾具有重要作用。

此外，由于各式公共资源在这一阶段对伏台村民重要性的降低，伏台村民与定台瑶人的交往逐渐减少，两个村落间不愉快的事情也渐渐被遗忘。对于伏台壮人与定台瑶人之间的关系，部分村民甚至指出："我们和他们之间没有什么矛盾，都是平平安安的，现在我们村的人甚至都很少到山里去。"对于定台鱼塘归属，村民们仍表示，现在那个鱼塘还是我们村的，只是离得远也用不上就先让他们用而已。而过去发生的"定台鱼塘事件"，若不是我再次提起大多数人已经逐渐遗忘。村民们正是基于当下定台鱼塘在实际生活中重要性的下降，而将这一资源的历史记忆逐渐遗忘。换言之，社会群体的集体记忆是有选择性的，甚至是工具性的，社会成员会根据当下的或现实的需求，有意识或无意识地选择记忆某些事情，而忽视另一些事情，即出现集体记忆中的结构性失忆。① 王明珂指出，"如果细心观察，我们可以发现过去的经验常常在我们的意识掌握之外，而回忆是将部分的'过去'择回，用来为现实的需要服务"。② 因此，要充分地了解一个地方社会的集体记忆，须对他者的表述，做具体时空中的、情境化的文化和历史的"深描"（thick description）。③ 正是外出谋生人数的增多，当地的资源紧张明显缓和，壮族人与瑶族人之间的资源竞争也不再激烈，使得伏台壮族人对于与瑶族人过去出现矛盾和冲突的历史逐渐淡忘，这在一定程度上也体现了永州地区壮瑶民族关系的缓和。

虽然壮瑶之间的民族矛盾有所缓和，但偏见依然存在。此外，外出务工出现后，伏台的通婚圈出现一定程度的内卷化，然而距离伏台不足2公里的定台人从未被视为伏台年轻人的通婚对象选择，也从未被纳入共同外出务工的关系网络中。

---

① 李虎：《仪式展演·集体记忆·他者表述——基于一个客家村落"会期"仪式之思考》，《民俗研究》2011年第4期。
② 王明珂：《华夏边缘：历史记忆与族群认同》，台北：台北允晨文化实业股份有限公司，1997，第4页。
③ 〔美〕克利福德·格尔兹：《文化的解释》，纳日碧力戈等译，上海：上海人民出版社，1999，第6页。

(二) 与定罗、外来媳妇的关系

如前文所述,永州地区是壮族聚居区,全镇包括壮、瑶、汉三个民族,其中以壮族人口为主,瑶族人其次,汉族人最少,主要是外来工作者及部分被认定为壮族却自认是汉族的定罗人。这一地区传统的民族关系主要体现在壮族与瑶族、定罗人之间。随着外出务工潮的兴起及当地通婚圈的扩大,越来越多的外来女子嫁到永州地区,形成新的群体,即外来媳妇。这些外来媳妇中也有少部分广西区内其他地方的壮族人,而其他省份的汉族人居多。外来汉族媳妇与当地壮族人之间的关系成为外出务工潮出现后新型民族关系的体现。

1. 与定罗人的关系

如前文所述,定罗人虽持壮语且民族识别至今一直被认定为壮族,但由于其文化的差异及语言语调上的差别,一直被周边壮族人视为"他者"。而定罗人也以"客人""街上人"自居,视周边的壮族人为"布 mban"。2012 年田野期间,我到定罗开展田野调查时,一位 90 余岁的女性受访人指出:"我们街上人是不唱山歌的,只有你们'布 mban'才会唱,尤其是婚礼和重要的集会上'布 mban'的'欢'都唱得很好听。"此外,我发现在定罗很少看到老人观看山歌碟片,这与壮族村落中老人都喜欢观看山歌碟片的现象存在巨大反差。正是文化的差异及历史的原因,使得定罗人与周边壮族人存在较大的分歧。有人曾说,定罗人与周边村落基本闹过矛盾,每年定罗青年都与其他某一村的青年至少打一次群架。定罗与周边的里川、谭清、良实、岜是等都有过青年打群架的历史。2011 年农历腊月二十九,定罗与坡力青年发生斗殴,定罗很多青年甚至到坡力村口集结挑衅。对此,在一次春节期间的家庭晚宴上①,众人展开讨论。一位较了解内情者分析说:

> 斗殴事件并不是大多数年轻人愿意的,只是某些不外出打工的青年为了自身利益而多方怂恿甚至故意制造出来的事端。每个村都有那么几个人怕吃苦不愿出门打工。这些人长期在家乡闲晃,无所事事,

---

① 这次讨论是 2012 年 1 月 24 日黄卫隆家的待客晚宴上,参与者有来自坡力屯的青年农某,伏台青年黄经、黄姚、李川等。

第四章 原空间的调适与变迁：分离背景下的留守社会与文化

没有任何远见，希望在春节村中外出打工的青年回来时，帮助他们提高自己的威望和影响力。在与其他村落的矛盾冲突中，这些人利用村落青年会的互惠原则，要求全村青年一致与矛盾方为敌。若在斗殴事件或冲突中处于胜方，则整个村落的名望得到提高，而村落中大多数青年往往在春节后外出打工，最终获益者则是这些留下来的无所事事者，他们可以在往后的生活中继续耀武扬威，坐享"胜利"果实。在以后的日子中，处于下方村落的村民若在各方面与胜方村落中的人有利益矛盾，自然对之有所畏惧，不敢与其对抗。

有人指出：

> 挑事者都是很少外出或没有远见的人，这些人不知道外面的世界有多大，只想在永州地界称王称霸。这样的人如果出去，在外面怎么死的都不知道。

还有人说：

> 定罗人以前做生意比较有钱，本来就很厉害，过去就总是跟周边各村闹矛盾，小村的人都害怕他们。现在各村年轻人都出去打工，周边的村子也变得有钱，一些年轻人出去见世面也觉得定罗人没什么了不起。估计定罗人更看不惯，所以每年过年他们村的年轻人经常要跟周边某个村的人产生摩擦。

2017年1月31日（正月初四），定罗街青年与永固街青年发生械斗，有8人受到不同程度伤害，一旅馆门口及三辆汽车受损。双方手持汽油燃烧瓶、钢管、砍刀、木棍等器械，参与人数达150余人。最终，马山县公安局组织200多名警力进行隔离和劝解，并经过不懈努力才促成双方握手言和。①

---

① 黄天学：《马山警方成功处置一起械斗事件》，南宁法制网，http://www.nnfzw.com.cn/news_show.asp?id=75069，2017年2月3日。

总之，永州地区的壮族人与定罗人之间矛盾大多是由各种小事造成的，但根本原因是文化和观念的差异及历史因素等。二者的矛盾和差异在外出务工潮出现后，虽然在年轻人在外的时期得到缓和，但在大量外出青年返乡的春节期间仍再次凸显。

2. 与外地媳妇的关系

随着外出务工人数的增多及外出务工范围的不断扩大，永州地区壮族人交往的范围日益扩大，通婚圈也随之扩展，越来越多的外地汉族女性嫁到永州地区。据统计，目前伏台共有外地媳妇27人，其中外县的为12人，外省的为15人。这些外来媳妇基本是当地人通过打工认识，并结婚。这些外地媳妇与伏台青年从认识到结婚常常一直在外务工，但怀孕后由于条件限制多选择回到夫家与留守公婆一起生活，直至生产并把孩子抚育至1~2岁，才会选择继续外出。其间，伏台青年男子继续在外务工，仅在妻子生产或过年过节才返乡，因此不少外地媳妇在与公婆生活期间，逐渐学会当地壮语，也适应了当地的风俗习惯。例如，黄团世之妻是一名来自湖北的女子，其在伏台待产及哺乳期间学会了说壮语，且勤劳肯干，非常懂事，受到老人和亲朋的称赞。但也有些外地媳妇因为延续在自己家中或城市里的一些生活习惯，而被视为懒惰，如睡懒觉、不做家务等。而部分外地媳妇某些不符合当地标准的行为则被当成"不懂事""没有礼貌"，如外地女子因不知规矩同丈夫坐在待客饭桌上。因此，语言及文化差异常导致外地媳妇与留守老人之间产生误会，这也是当地老人倾向于子孙娶本地女子的重要原因。

此外，一些外地媳妇虽然习得伏台的民族语言，但对伏台壮族文化的适应仍然有限。曾有一位来自四川的外地媳妇说："我觉得这边的老人讲究的事情太多，动不动就上香祭祀，一有事情就去找神婆。那就是迷信，有什么好信的。还有过年时非要我学包粽子，我怎么学都不会包。"当地老人对外地媳妇的评价更多是负面的："话讲不通，不知道规矩，娶了外地儿媳妇以后只能受苦，甚至过年连粽子都吃不到。"

总之，由于外地媳妇自身所处社会的文化传统与永州地区壮文化的差异，以及观念的不同，其与当地留守老人相处时仍存在诸多不适，因此两个社会、两个民族之间的调适仍然需要一个过程。当然，对于外来媳妇而言,虽然其成长于汉族社会文化中,但进入永州地区这一以壮族为主体、壮语为通用语言的民族地区,即成为弱势的个体,因此其调整自身文化适应当地民族文化显得更为必要。但即便如此,"外地人"的标签仍然一直跟随着,被认同为当地人的可能性仍然不大。

二 语言认同

语言常常是少数民族与汉族之间交流的直接障碍,也是区分两个民族重要和直接的体现。壮族人在外出务工过程中,由于语言差异及因民族语言导致的汉语语音偏差带来的交流障碍是其适应过程中的主要问题之一。因此,民族语言认同的变化也是外出务工对壮族人产生的重要影响。这可以从当地家庭教育和学校教育对壮语和汉语认同的变化情况进行分析。

(一)家庭教育:壮族儿童普通话能力的培养

语言是对外交流的重要工具。如前文所述,外出务工壮族人由于受民族语言影响,其在普通话的掌握上存在一定的困难,而语言问题又成为其在流入地新环境适应和发展中的阻碍因素。对于壮语,大多数人认为,讲了没有什么用,外面都是说普通话,会讲土话没有什么好处。小时候曾被拍相片作为学习壮文典范宣传的伏台村民黄勇盛也认为,"教的那些壮文没有什么用,考试也不用壮文,还不是要写汉字。现在出去打工赚钱,都是说普通话,就是因为我们习惯讲壮话才搞得普通话说不好,还不如当时能好好教汉语拼音,让我们把普通话学好更实在"。外出务工者对于壮语的认同越来越低,加上不少永州地区的壮族人在外出过程中多吃过语言亏,即语言及文化程度给其打工发展带来不利影响的经历常常令其刻骨铭心。大多数人希望后代不再重蹈覆辙,希望子女自小开始学普通话,即使成绩不好考不上大学,至少也可以在外面的世界中毫无障碍地交流。当然,由于务工者条件限制,致使其不得不将年幼子女留在留守父母的身边,而父母文化水平不高基本不会说普通话。因此,这些外出务工者有意与子女自小用普通话交流,无论是返乡时的当面对话还是分离时的电话沟通,普通话常是务工者与子女交流的最主要语言。而现有的幼儿园教育也以普通话为主要的教学手段,这在一定程度上促进壮族儿童汉语的习得,壮乡开始出现大量壮汉语兼通的双语儿童。

这些儿童常常是外来媳妇与当地老人交流的重要翻译者。曾有一位不会讲当地壮语的外地媳妇称:"我刚来的时候几乎都是让小华(其侄女)做翻译,当时她才8岁,但既会说本地话,也会说普通话,所以到哪里都是带着她,尤其是外出或上街都靠她。后来我学会的一些本地话也是她教的。"这样的事实和经验更促进当地人对普通话的认同,不论是掌握普通话儿童对自身成为翻译的骄傲,还是来自单一语言掌握者的求助和赞誉,都增强壮乡儿童对普通话的认同。

(二) 学校教育:从双语教学到汉语教学

1987年,随着伏台壮文小学学前班教育(壮文教育)的停办,一、二年级也取消壮文教学,永州地区的壮文教育基本消失。汉文教育开始恢复,但由于师资力量以及壮族儿童领悟能力的限制,虽然使用汉语课本,授课仍然采用壮语的形式,即用壮语解释汉语课本的内容。我所接受的教育正是经历从学前班的壮文教育,转到小学至初中的壮语教学或双语教学,虽然学习汉语,但汉语拼音直至上大学前仍没能念对标准音,自己的普通话也直到上大学前仍处于难以与他人交流的状态。

随着壮族地区教育改革的深入以及家长的强烈呼吁,20世纪末永州地区的教育机构才开始要求教师授课时使用汉语,普通话被地方教育部门定为校园的"文明用语"。壮族地区的教育强化了普通话教学的重要性,这一举措得到大多数壮族家长的欢迎。这些家长基于自身外出务工的经验,认为普通话才是在外生存适用的语言。有些村民认为,现在考试不用壮语,在外交流也不用壮语,还是学说普通话好,比较实用。因此,基于现实的需求,家长、教师以及教育部门进一步强化普通话的教育教学。

总之,永州壮族地区从壮文教育到双语教学,再到汉语教学的转变历程,也可以体现出其对民族语言认同的降低,以及对汉语认同的增强。这与当地人同外界交流的增多带来的切身体验直接相关,而外出务工则是当地最广泛、最普遍也是最直接的对外交流方式。

本章小结

文化变迁是人类学的传统研究主题。变迁是一切文化的永恒现象,文

第四章　原空间的调适与变迁：分离背景下的留守社会与文化

化的均衡、稳定是相对的。文化变迁应该是文化的任何方面所发生的一切变迁，它既包括物质文化的变迁和非物质文化的变迁，也包括文化特质、文化特质丛等文化内容和文化结构的变化。有关文化变迁的原因，曾有诸多人类学家提出自己的见解。佛特（E. Z. Vogt）认为：一个社会所处生态环境的改变，两个不同文化模式的社会相互接触交往，一个社会所发生的任何演化等，都会导致文化发生变迁。哈维兰认为：变化的原因是多种多样的。其中第一个是环境发生变化，文化也须随之变化；第二个是文化内部的人观察文化的方式发生个别改变，也会导致社会解释其文化规范和文化价值观的方式发生个别改变；第三个是与其他群体的接触，引进新的观念或方式，这也会造成传统价值观和传统行为方式的改变。伍兹则指出：变迁一般是由社会文化或自然环境的改变引起的。这两方面的变迁经常是同时或先后发生的。这里的社会文化环境指人、文化和社会。而自然环境指的是生态环境，包括天然的（如山、平原等）和人造的（如建筑物、道路等）两种。总之，导致变迁的原因可能很多，这需要具体问题具体分析。[①]

当前，现代化浪潮几乎席卷全球的每一个角落，在这样的背景下，每一个社会都不可能是孤立的群体，壮族社会亦然。因此，壮族村落的文化变迁是难免的，持续的，甚至是永恒的，而导致其变迁的因素也是多样的。但这并不意味着，不能探寻变迁的具体原因或主要原因。壮族村落大量人口向外流动，带来的留守村落劳动力缺乏和社会文化角色缺失，及以流动人口为载体引入的各种新的资金、物资、信息、观念等都给传统村落带来巨大的冲击，也引发其社会文化的变迁，其中最主要的体现涉及生计方式、婚姻家庭、公共参与和闲暇生活、村落关系与语言认同等。

首先，就生计方式而言，外出务工潮的出现使村落中传统耕作赖以存在的基础——劳动力缺乏，这直接导致家庭劳动分工的变化、耕作文化传承的断裂、耕牛等家畜养殖的放弃、现代化肥和农药的大量使用、雇佣劳动力的出现，而放弃养殖耕牛又促使壮族传统敬牛节及相关祭祀仪式的没落，以及机械耕作的使用；外出务工寄回的务工收入，使留守者可支配的

[①] 石奕龙：《应用人类学》，厦门：厦门大学出版社，1996，第92、115页。

资金增多，这也一定程度上推动机械耕作、现代化肥和农药的大量使用及雇用他人耕种的出现；外出务工者作为外来物种的携带者直接促使消灭外来物种药物的产生和使用。

其次，从婚姻方面来说，外出务工引发择偶观念的变化、通婚圈扩大和内卷的结合、不落夫家和夫妻居住模式的变化。同时，外出务工对家庭的影响不容忽视。外来经验导致传统"家"的格局以及村民家观念的变化，而外出务工导致的村落留守劳动力缺乏，使家所具有的共同土地和经济财产的地位逐渐降低，以及家庭人口分居各地避免了长期共同生活带来的摩擦和矛盾，也因此形成一个类似"分家"的事实，所以传统的分家仪式和概念变得无足轻重。相反，留守者由于人数少，急需家庭劳动的分工和协作者，出现几户一同协作劳动，甚至已分家的家庭重新"合家"的状况。外出务工带来的村落、亲属、家庭成员之间的长期分离格局，导致熟人社会乃至亲属关系陌生化趋势出现。留守社会中具有实际互惠效应的亲属关系日益减少，促使村内婚和近距离婚姻的增多，以及拟亲属关系需求的增强。此外，壮族传统的亲属称谓也发生变迁，其所呈现的特点是：从核心家庭最常用的称谓开始改变，即与称呼者关系最亲密亲属的称谓。这也体现外出务工的影响，因为在外生育、成长的壮族儿童，受打工父母所在地亲属交际圈及自身生活圈的影响，多使用一些最常接触的人的汉语称谓。

再次，外出务工潮产生的村落务工文化，导致以村民自治为代表的政治参与积极性减弱，而传统聚落公共仪式（二月二、斋会）在组织者、参与者及相应的文化习俗方面也做出新调整。山歌传唱的消失同务工潮导致的文化传承者缺失直接相关，而山歌碟片的出现不仅作为新形式的保存手段，也是外出务工者重要的娱乐形式。壮语流行音乐的产生，主要基于壮族外出务工者从城市丰富多彩的外界流行文化中吸收流行元素，并融合自身民族的语言和文化。其产生和传播也体现壮族年轻人对民族语言和文化的认同和对现代化观念和思想的适应。

最后，外出务工虽然一定程度上缓解当地各村落、各民族之间的资源竞争程度，但民族偏见依然存在，在青年人返乡最集中的春节以族群为特征的村落矛盾依然凸显。汉族新娘的出现给从未外出的老年人直接感触外来文化的机会和压力，语言交流的障碍促进留守者对汉语认同的提高，加上外出者在外的亲身经历,都促进其对民族语言认同的降低和汉语认同的增强。

总之,外出务工潮导致壮族社会文化的巨大变迁。这种变迁既是务工文化带来的影响,也是当地社会文化对务工现象及其文化的自觉调整和适应,即当地生产生活围绕外出打工现象及其文化做出调整,以适应外出打工带来的改变。

第五章　两种空间下的互动与维系：
传统与现代的交融

外出务工潮的形成打破传统壮乡相对封闭的空间环境，青壮年劳动力倾村而出，无力外出者只能留守村落，促使传统社会、村落、家庭成员之间形成两地分离的局面。传统社会中安土重迁、聚多离少的稳定亲缘、族源、村缘关系被打破，打工潮导致村落及家庭成员之间出现聚少离多的局面，即长时间的分离和短时间的聚首成为村落和家庭面临的常态。下文拟在务工潮出现后村落出现分离和聚首两种时间背景下，分析长时间分离状态下留守者与外出务工者的沟通和联系方式，及春节期间短暂聚首时的沟通和交流情况。

第一节　传统与现代的交汇：不同空间下的沟通方式

面对分离之痛，伏台所属地区的壮族人充分利用各式条件实现留守者与外出者之间的联系和沟通。其中，求助超自然力量是一种沟通外出亲人的地方策略，书信和电报是过去最常用的沟通方式，电话、手机和互联网则是最现代的通信工具。这三者是一年大部分分离时间中留守者和外出者最常用的沟通手段。

一　民间信仰力量：沟通外出者的地方策略

如前文所述，壮族地区的民间信仰是道教、佛教、祖先崇拜与巫术信仰的交织，其中祖先崇拜尤其重要。这些民间信仰的力量对于外出务工的村民同样发挥重要作用，甚至成为外出者与留守者之间重要的联系纽带。

第五章　两种空间下的互动与维系：传统与现代的交融

（一）祖先和神明

壮族人对于祖先和家乡神明的信仰促使其无论漂泊于何处，依然不忘故乡，在特定时期返乡祭祀，即使因故无从返乡也常叮嘱家乡的留守亲人帮助其在节庆或特殊日子中按时祭祀。这种祭祀既包括村庙的祭祀，也涉及家中神龛的祭祀。当然，委托留守者祭祀并不能完全替代自己亲自返乡祭祀，长期不回乡祭祀者，常被认为会受到家乡神明的惩罚。留守村民正是通过将各式已发生的故事不断讲述给外出务工的村落成员，以警示他们不能忘记故乡，而应不定期返乡祭祀。

此外，对死者灵魂存在的笃信则是驱使务工者返乡参加葬礼的重要力量。村内有人去世时，其外出亲属须按照一定的亲疏远近准则确定是否返乡参与，若属理应参与者须设法回乡。这主要是基于两方面的考虑。一是务工者对死者的缅怀及其对灵魂的畏惧。当地人认为，外出者在亲属过世时若不能返乡，既对不起死者及其亲人，也会受到超自然力量的影响使自己未来出现各种不顺。二是社区力量的约束。面对大量年轻人外出的局面，永州地区部分人口较少的村落甚至做出规定，凡是村内有人去世举办葬礼，举家在外者须至少有一名成人返乡参加，关系亲密者则须全家返乡。在村民大举外出务工而村内缺乏青壮年劳力的背景下，这是一种为了避免村落内举办葬礼时无劳力参与的新规。这种新规的潜在惩罚是，若村民在他人举办葬礼时不返乡，则在其家中举行葬礼时其他外出者也可能不返乡。曾有村民指出："你们不回来，怎么对得起死者？到你家了怎么办？"这句话的潜在意思是，葬礼是一个需要社会成员相互帮扶完成的重要仪式，这种帮扶是互惠性的，在很长的时间段中每个个体和家庭都无法避免。因此，你若不参加他户举行的葬礼，则到你家需要举办时又怎好意思请他人帮忙，他人又怎会愿意来帮忙。这是一种传统社会关系维系的互惠性体现。

总之，村人通过对这些故事的口耳相传，时刻提醒外出打工者不能脱离家乡，而应保持与家乡的联系。这种联系不仅是一种现代通信方式的沟通或经济方面的支持，而且是对祖先的崇敬和对家乡神明的崇祀，以及社会关系网络的保持。这种外出者与家乡的联系，表面上是对家乡祖先和神明的祭拜，祈求祖先、神明的保佑，但实际上是对外出者不忘本精神的地方性塑造。外出者与留守人的联系从来没有中断，在村落的各式集体祭祀仪式中，外出人员与村落留守者一样缴纳用于祭祀的费用，虽然外出人员没有办法享用食物，但他们得到的是参与村落祭祀及得到神明护佑的心灵慰藉。外出人员不定期返回家中祭祀，不仅是与家乡神明的沟通，更重要的是加强与村中亲朋好友的面对面交流，使自己不被置于村落文化和社会关系圈之外。

（二）宗教仪式施行者

壮族民间宗教包括巫、麽、师、道、僧等信仰形态，其中巫和麽是壮族土生土长的原生宗教形态，而师公、道公、僧公信仰则是壮族次生或再生型的宗教信仰形态。从宗教信仰的观念体系、礼仪活动、组织传承等方面来说，两者之间都存在较大的区别。尤其是壮族巫信仰具有鲜明的民族特征，其信仰的宇宙观和神灵观除了被壮族麽教、师公、道公、僧公等民间教派融合吸收以外，还在壮族社会生活中尤其是民众信仰心理层面上产生广泛的影响。①

对于永州所属的壮族社区而言，除了巫、师公和道公外，算命先生也吸收壮族信仰的神灵观念，而且当地算命先生多由具有丰富经验的师公或道公兼任。这些宗教仪式施行者在永州地区壮族社会的信仰体系中都发挥着重要作用，面对外出打工给原空间传统社会带来的冲击，他们依然承担联系和沟通的桥梁和纽带作用。

1. 巫师

独特的宇宙观是壮族巫信仰的基础。壮族先民宇宙观的形成是在长期的历史发展过程中对宇宙起源和构造的观察、感知和解释。壮族通灵巫师认为，宇宙天地自然分为三大界，即天界、地界和水界。天界是神灵所在地，地界是人类居住的地方，水界则是鬼妖生活之所。三大界中又分为若干层和处。如天界有十二层，每一层都按级别栖居着相应的神灵，最高层是创造众生灵（人类和动物生灵）的祖神娅王和卜王，圣母花婆及其掌管的花山也在天界。水界也有十二层，每一层居住着相应的鬼妖，尤其是因难产而死的女性变成血塘鬼，大都沉浸在水界。地界有十二处，是人类居住之所。壮族麽经中唱有以十二种动物为图腾名称的氏族部落，或者叫方

---

① 黄桂秋：《壮族社会民间信仰研究》，北京：中国社会科学出版社，2010，第41页。

第五章 两种空间下的互动与维系:传统与现代的交融

国。布麽为死者做超度亡灵仪式时,要喃诵为亡魂引路的经词,经词中必有"十二座山""十二道河""十二条街""十二座铜桥"等固定格式的经文内容。壮族巫信仰观念还认为,宇宙天地水三界是互相联系、可以沟通的,充当天地水三界沟通联系的使者的就是被人称为"禁""末",自称为"贯"的巫师。

巫师被认为是沟通三界的使者,并非任何人都可担任,而是属于被认为是"命带"(命中注定)者必需的职责,即"命带"者没有任何选择的余地,须成为巫师,否则必将遭受惩罚(如久病不愈、变傻变疯等),命不带者即使想成为巫师也很难。每位巫师在成巫前,都会有一段不同寻常的经历,如无缘无故大病一场,神志不清,不吃不喝,情绪无法自控,身体极度衰弱,精神极度疲惫,等等。一旦有人出现这类症状,家人即会带着患者衣服去问其他巫师,巫师随即判断出现症状的原因,若确为巫神附身,则须为其设坛做巫。被巫神附身者,随即请来师公或道公施行设坛盖帽仪式,并拜某位德高望重的师公或道公为师父,同时供奉该巫神作为自己的祖师。巫师的仪式方法和整个程序均由祖师祖神附身阴受,祖神附身时巫师的思想和言语均代表祖神的意思,而非巫师本人,当巫师退神后常常不知自己在仪式中所作所为、所言所语。巫师成巫后即在自己的卧室内设一个祖师坛,常年焚香祭祀,供奉果品大米。巫者在家中行巫问卜或应邀外出行巫前,均须通报请示祖师,并借助祖师的兵马帮助自己做事。祖师兵马通常指巫师继承者接管的历代已故巫师祖先使用的兵马,专门为巫师行巫时保驾护航或提供帮助。通灵巫师在行巫做事时要按照既定的程序走完一定的空间,这一过程离不开祖师引路、兵马护驾来共同完成。①

在壮族社会中,通灵巫师以女性居多,男性较少,通常将巫师称为"娅"(壮语念 Yah)、"禁"(壮语念 Gyimq)、"末"(壮语念 Mot)、"仙"(壮语念 Sian)等。巫师行巫地点多在其供奉祖神的神龛前,有时也应邀到求巫问卜者家中施行,通常从事问卜、赎魂、上花园、还债、解邦("邦"壮语指某种厄运)、除邪驱鬼、求花(求生育)、画护身符、看祖坟、看宅、治病等。随着壮乡越来越多人外出务工,外出者与留守者不得不过着长期

---

① 黄桂秋:《壮族社会民间信仰研究》,北京:中国社会科学出版社,2010,第23~25页。

分处两地的生活，尤其在早期通信条件非常落后，部分外出者的务工地没有明确地址或时常处于流动状态下而无法通信，即使有些地方可以通邮，也因两地分离者文化水平有限而难以书信往来。对于留守者而言，外出亲人背井离乡，在陌生的他乡世界经受着各种难以预测的风险，一些外出者遭受外地人歧视、欺负或遭受抢劫、出车祸、工伤乃至客死他乡。因此留守者常在很长时间内对外出亲人在外的生存状况和基本的安全状况无从知晓，尤其是留守者遇到各种不祥之兆时，如噩梦、鸟大便到身上、被认为不祥的鸟类在房屋周边乱叫、公鸡打鸣不正常等，即会加剧对外出亲人情况的担忧而按捺不住求助于巫师。

20世纪90年代初期打工潮兴起时，面对不发达的对外通信条件，伏台村民常将巫师请到家中设坛施法，并让巫师率领兵马奔赴外出者务工地了解他们的生活情况。这一时期我就曾多次目睹巫师在村民家中设坛奔赴海口代耕菜农菜地了解情况的仪式。一般是巫师先焚香，在其仪式中，巫师被认为通过唱山歌的形式与祖师神"沟通"，并请出祖师神，祖师神附身后即会请出兵马。巫师此时即代表着祖师神，问神者即可以提出相应的问题请求祖师神帮忙解决，如希望他去了解在外务工亲人的情况等。巫师手握外出者的衣服判断其在外的打工地和大致工作，然后率领自己的兵马前往察看，这一过程巫师的两脚常根据需要做出马蹄前行或奔跑的动作，如需奔跑时即会两脚模拟马蹄奔跑状不停地踩着地板。巫师还会根据路途上某些特有的空间告知问神者祖师神所经过的地点，如车很多的地方、山路陡坡、水很多的地方、上船、下船、过桥等。祖师神到达目的地见到在外的务工者后（这里指外出者的魂魄，外出者自身不会察觉），问神者即会将所需要问的话通过巫师之口与外出务工者的魂魄进行沟通交流，问询其在外的生活、工作等情况。这一过程中的所有对话，巫师基本是通过山歌形式表述。若一切安好、问题解决则巫师即"拍马赶回"，同时"退兵退神"。若巫师发现外出者有不好状况，如魂魄被恶鬼缠上，则需施行仪式"解决"。

随着电话和手机在壮族社区的普及，留守者与外出者的联系和沟通越来越方便，然而壮族巫师的沟通作用并未消失。通常外出者在离家前，村落留守者都会让其将自己曾穿过的一件衣服留在家中，以便有事情时去问神婆。同时，留守者还会叮嘱外出者在外遇到各种不祥之兆（如被鸟大便

第五章　两种空间下的互动与维系：传统与现代的交融

到身上、吃饭时筷子无故断掉、房中飞入不祥鸟类等）时，尽快电话告知家里，以免有灾祸降临，因为这些不祥之兆一般都被认为是祖先神灵告知外出者将遇到麻烦的征兆，而通过巫师的祖神常常可以"解决"问题、避免灾祸。此时，留守者为了防止外出者大意或存在侥幸心理或不信邪，即会通过举出各种曾发生过的悲剧来说明，并强调宁可信其有，不可信其无。因此，外出者一旦遇到事情，常通过电话等方式告知家中留守亲人，而留守者会将在外亲人留下的衣服带到神婆处问神。去问神婆一般是晚上，且需备带相应的祭祀物品，包括一块半斤左右煮熟的猪肉，大米数碗（1碗、3碗或5碗，依仪式要求），人民币十余元，某些仪式还需带煎好的鱼一条。到神婆处，将肉、鱼等摆在神案上，按要求用碗将大米装好，钱卷好后插在米上，神婆即主持仪式，说出解决对策后，求神者才离开。2007年我在伏台田野调查期间遇到一件事，一位妇人接到在外务工儿子打回来的电话，说当日走在路上被鸟大便砸到头上。妇人听到后异常担心，因为凭借当地人的经验，这绝对是"凶兆"，她立即告诫儿子近日尽量避免外出，远离各种争端、陌生人和危险的地方，她会尽快去问神，希望通过这种方式查找原因，及时"解决"。当晚，妇人即带上儿子的衣服和相应的祭品到神婆家问神。神婆在"进入状态"并"问过神灵"后告知，这小孩被一个厉鬼盯上。妇人随即问如何解决。神婆说，她会让祖师的兵马将鬼赶走的。随后神婆便施行驱鬼仪式。

2012年田野期间，我也参与观察过数次问神仪式。这些问神仪式多是外出务工者遇到"麻烦"时告知留守者后，留守者通过携带外出者衣物前往神婆处问神。

2. 算命先生

永州地区的壮族人通常认为，算命非普通人可以做得到，算命者除了掌握基本的易学、命理知识、天干地支算法等，还须有一定的"神兵"相助。因此，当地的算命先生通常由文化水平较高，且具有丰富经验的师公或道公担任。一般人若企图通过算命赚钱，极可能遭受神明惩罚。因此，算命也带有壮族社会"巫文化"色彩。永州地区的壮族人每年都至少需找一次算命先生测算家庭成员当年的运势，尤其是在过年前后外出务工者返乡的时间，常是算命先生最繁忙的时刻，这一时期可以发现集市上算命先生摊位上从早到晚围满光顾者,被传算得准者甚至很多人都排不上队。

日常生活中,村落留守者在间隔一段时间后,也常将家人的生辰八字带到算命先生处测算。算命先生通常每算一条"命"收费5元,其通过生辰八字的推算,结合掌握的命理知识,测算出八字所属者当年的运势,如当年的财运,哪个月运气好,哪个月运气较差,哪个月应该防盗防水,以及未来五年的大致运程,甚至健康状况、寿命、婚姻幸福程度及生育儿女情况等。

算命时的记录单常常只是简要记录,算命先生还需进行详细讲解,同时回答算命者提出的各种问题和疑虑。大多数村民不识字,且即使少数识字者也难以识别和理解算命先生记录的单子,因此算命时村民需用心记下算命先生所言所行,尤其是家中成员未来一年中可能面临的"霉运",如防火防盗等。然后,回到家中转述与家人,并通过电话告知在外的务工者,按照算命先生的话语叮嘱外出务工者各种注意事项。

3. 师公与道公

师公和道公在壮族社会中分属师公教和道教(又称为壮化道教),但二者密切相关,常常在同一道场中密切协作。壮学研究者梁庭望先生指出,四教合一是壮族地区的宗教奇观,也就是任何宗教都不纯粹,师公受道教、儒教、佛教影响很大,其神灵系统、仪式、经典、法器等都有道教、儒教、佛教的元素,四教混合。道教中也同样有师公教、儒教、佛教的元素,四教合一。有的仪式甚至分不清是师是道,是道是佛。同一道场,一般都是道公、师公同在,各占半边,各挂各的神像,各做各的法事,互不干扰,互不排斥,仪式进程还互相关照。① 可见师公和道公在壮族社会中都发挥着重要作用。

在永州所属的壮族地区,师公和道公同时存在,但后者比前者出现的频率更高。师公又称"武道",主要出现在各种较大型的宗教仪式现场如斋会、凶丧等,施行祛鬼禳灾、驱邪、禳关煞等仪式;道公,又称"文道",在开通冥路道场、大斋道场、除灵道场、安龙谢土道场、拜师道场中均发挥着作用。因此,在家中有重大事情发生,尤其是经过神婆或算命先生测

---

① 梁庭望主编《壮族原生型民间宗教调查研究》(上),北京:宗教文化出版社,2009,第3页。

算家庭成员遇到恶鬼纠缠或命中煞星等时,常需请道公、师公施法解除。外出务工人员在外遇到麻烦时,若可请家中留守人员代劳则不用返乡,若当事人须亲自返乡协作道公、师公施法,也必须遵从。

图 5-1 "an miao"仪式现场

可见,宗教仪式施行者在壮族人的社会生活中发挥重要作用,即使是在电话、手机普及的现代社会,宗教仪式施行者仍然在沟通留守者和外出者的关系中充当不可或缺的角色。之所以如此,可归纳为以下几方面。首先,外出者虽远离家乡传统的空间社会,生活在新空间中,但依然传承着自小习得的传统文化和惯习,当在外遇到家乡文化认为不祥之事时,即会寻求家乡神媒的帮助。其次,新空间中文化和环境的差异性常让外出务工者感到不适,而新环境中各种潜在的现代风险,容易导致在外谋生的壮族人各种意外伤亡的增多,外出者需要寻求家乡神媒和祖先神明的帮助,以求得心灵的慰藉。最后,相对封闭的传统社会在受到外出务工潮冲击后形成的分离格局,让留守者和外出者都感到不安。留守者对外出亲人在外情况的担忧常因缺乏沟通条件而无从排解,尤其是各种他乡生存环境的恶劣和风险给外出者带来威胁的信息的传播,促使留守者寄希望于神媒的帮助,获知在外亲人的生活状况,至少是"平安与否"的信息,以抚慰自己对亲人的忧虑和思念。

二 书信与电报:识字村民的优势

书信和电报在过去很长一段时间里曾是中国社会分居两地者交流的重

分离、互动与调适

要纽带。在外出打工现象出现后至20世纪末家庭电话普及前，书信和电报曾成为永州地区壮族人与外出务工亲属交流的重要渠道。书信和电报能够发挥作用的条件是，通信双方须具备一定的文化知识，以及固定的邮件收发地址和明确的收件人。

对于早期外出务工的壮族人而言，大多数文化水平不高，即使有少部分具有通信能力者，也常因打工地的收件地址不固定或地点太偏难以收到信件而放弃通信。如早期以李美山为首的在南宁从事建筑工的伏台人，因为建筑队常随着工地的改变而变更居住地，所以务工人员常常无从与家人联系，但为了便于家中有紧急事情时能及时传达，建筑队将一位在南宁某单位做保安的伏台人黄奋生作为固定联络人。具体而言，当建筑队变更地址时均会及时告知工作单位比较固定的黄奋生，而伏台留守者则知晓黄奋生的工作地址，若家中有急事，会先根据地址找到黄，然后在黄的带领下找寻伏台建筑队的亲人。据李美山介绍，在父亲去世时，家中即派堂弟李猛到南宁找到黄奋生，然后才找到建筑队通知他们几位在工地上的亲属。

当然若家中有事也常将电报寄到黄奋生处转交，但由于电报昂贵的收费，若非有紧要的事情否则一般不会使用，而其根据字数收费的特点又使得寄件人为了省钱而尽可能压缩字数。在压缩字数过程中，若拟稿水平有限，表述不清，也极易产生误会。据说，曾有位留守女性因健康状况不佳，面对即将到来的农忙感觉无从应对，便通过老乡传话让在南宁务工的丈夫回乡帮忙，但由于沟通不畅，且工地上工作繁忙，男方迟迟未归，这名女性打算给丈夫发一封电报催他回来。拟报人是其正在读初中的侄子，当侄子问婶婶打算表达何意时，这名女性随口答道：上次让人带话不回来，这次就说她妈病了，让他赶紧回来，看他着急不。随后，侄子拟出一封电报，内容为"母病速回归"。就当地话语而言女性随口的回答本属一句玩笑话，事实上，这名女性希望拟出的电报内容是让丈夫尽快回来，但她侄子听过后拟成的电报语寄到南宁工地后引发轩然大波。女子丈夫看到电报后非常震惊，找来一同打工的两位兄弟商量，一致猜测年迈的母亲估计病重甚至可能已经不行了，否则家里绝不会通过电报形式通知，而且内容如此紧急。于是，兄弟三人立即收拾行囊并向老板紧急借支几千元钱（以防母亲过世办葬礼需要）返乡，到家后才发现母亲安然无恙，电报内容纯属误会。此事在南宁的工地及伏台村落中被当成趣闻流传很长时间，主要是为了提醒留守者轻易不要发电报，若因紧急事情也需请文化水平较高的人拟稿，并表述清楚。

海口代耕菜农与留守者的通信也存在菜地地址不详的问题。由于大多数菜农居住于菜地的屋棚中，虽临近当地村庄，但信件寄到村中后也无人送达，一方面所属村落的干部无义务为菜农送信，另一方面菜农人口众多收件人难以找到。因此，对于与村落中某人交往较好者，也常告知留守者将信件寄到关系较好的当地人手中，再由其转交。而在广东务工的年轻人一般工厂地址都较为详细，常常可以通过书信与家中留守者进行沟通。然而对于壮族地区的留守者和外出者而言，使用电报和信件常常是具有一定文化程度者的专利。电报的使用频率较低，由于其按字数收费，费用较高，且如前所述受字数限制难以表达清楚。书信的使用者一般是在读的初中生。对于普通留守者而言，劳动的繁忙、文化水平的限制以及不习惯于书信表达的方式等，使他们较少使用书信，即使确实有事需要写信也常委托具有一定文化水平或正在读书的亲属帮忙。在外务工者亦然，文化水平的限制，加上每天忙于工作，如建筑工和工厂员工忙起来常常没有休息日，菜农更是如此，每天睡眠时间都非常有限，较少有心思写信。这导致书信的使用比较有限。因此在固定电话普及以后，电报和书信逐渐被淘汰，至今在村落中已经难以找到仍使用书信作为联系手段者。

三 电话、手机和网络：多样化的现代联络工具

家庭电话、手机和计算机网络是当前城市社会中最常用的联系方式，在壮乡伏台家庭电话和手机的使用也越来越普遍，计算机网络的使用则开始出现。随着现代通信工具使用的普遍化，村民对外交往的手段愈加多样化。

家庭电话的出现和普及经历了一个较长的时间过程，从个别用户到大多数用户使用，再到基本平均每户一部历经数年时间。现代家庭电话传入永州地区的时间大致为20世纪90年代中期，但线路设置布局比较有限，加之入户安装费和通信费用昂贵，因此电话用户仅限于镇上少部分居民家中。此时，家庭电话仍未成为留守者与外出务工者沟通的主要载体。对于离镇

上仅有1公里远的伏台而言,外出务工者仅偶尔有急事时才会打电话到镇上的亲朋好友家请其转达。1999年伏台村民黄全生开始在家中架设第一部家庭电话,从镇上到伏台家中的电话线费用和安装均需自行付费,仅安装费即耗资数千元,而这部电话机也成为村落中收费性的"公用电话"。通常的收费标准是,向外拨打长途电话2元/分钟,接听电话1元/次,即外出务工者先拨通电话请黄全生家人通知其留守亲属在特定时间段来接听,当其亲属接听电话时即准备1元钱作为酬劳。在很长一段时间内,外出务工者几乎都是通过这部电话与家中留守者联系。然而昂贵的话费使得留守者拨打这一电话的频率并不高,即使接听频率过高也觉得是一种经济负担。加上当地人无事就不应通电话的传统观念,该电话机的使用非常有限,因此,一部电话也基本能够满足全村留守者与外出者沟通的需求。

2006年,地方电信部门将电话线直接接到各村村口,大大便利村民家庭电话的安装,尤其是极大地节省村民安装电话的费用,加上科技发展和市场竞争带来的话费标准降低,越来越多农户在家中安装电话机。家庭电话机遂成为留守村民与外出者沟通的最主要载体,但由于对话费支付的担忧,大多数农户仍旧习惯于使用电话机的接听功能,即主要用于接听电话,而较少用来拨打。为了节省话费,不少农户与在外务工的亲属约好,有事情时即用家中座机拨通对方手机后再挂掉,而对方看到后再通过来电显示回拨。田野期间,我常因毕业论文资料的需要在村落内各家串门,但伯母或其他亲属在有事找我时仍然习惯于挨家挨户查找和满村呼唤。对此我很不习惯,多次提醒他们说:"现在有手机很方便,直接拨我手机就好。如果担心话费贵,拨通后我知道家里有事,就会直接回家。"但是所有人的回答基本一致:"我不识字,不会用电话拨"或"把号码翻出来再拨电话很麻烦,不如这样找得快"。可见,部分留守老人对新通信方式的陌生促使其在条件允许的情况下,宁可选择传统的寻人和沟通方式。此外,是否具备共同的话题也是影响双方电话沟通频率和通话时间长短的主要因素。外出务工者工作繁忙,加之不少年轻人对老家的耕作方式和生活习惯已然失去兴趣,与留守老人的共同话题越来越少,因此在一段时间里家庭电话的使用频率和沟通时间非常有限。

随着壮乡对外交流的增多以及无线通信科技的传入,手机也开始在壮

第五章 两种空间下的互动与维系：传统与现代的交融

乡使用，而通信费用的降低则促使这一通信工具迅速得到推广。早期的手机使用者多为外出务工返乡的村民，直至今日不少上年纪的留守者所拥有的手机也多为外出年轻子女更新换代的旧手机。手机的使用使留守者与外出者的沟通和联系更加便利，但对于大多数老人而言，手机的使用仍限于接听电话上。不少老人只知道使用电话接听键，所以有事需要拨电话时需找他人帮忙。2012 年田野期间，我常被留守老人请求帮忙拨打电话、查询话费、增删手机号码或设置某些功能等。

永州壮乡的电脑使用者屈指可数，网络的使用率不高。2012 年田野期间，镇上仅有一家网吧，网吧老板正是一名伏台年轻人，网吧内设有电脑 30 台，平时在中午 12 点前一般仅有 3~4 人在上网，但到小学生下课后，网吧内人满为患，小的五六岁，大的十余岁，或玩电脑游戏或围观。而伏台村落中拥有个人电脑者主要是镇上有公职或返乡创业的年轻人，田野时全村共有电脑 6 台，其中 5 台联网。电脑的拥有者常在闲暇时间上网和使用 QQ 聊天，如其中一名电脑拥有者李利常使用电脑联网打游戏、与在外的妻子、亲朋好友视频聊天，由于其正是我所属的"帮"中成员，他也常通过"帮"的 QQ 群与在外"帮"友沟通，传播村中发生的各类事情和"帮"内的共同信息。电脑和网络的使用需要具备一定的经济、文化和学习能力，故使用者多为年轻人，而年轻人正是当前壮乡外出务工的主体，故以留守老人、小孩为主的壮乡对电脑和网络的接受度不会太高。由此可以判断，在很长一段时间内电脑和网络在壮乡的推广速度和规模应该比较有限。

2011 年微信社交软件刚推出时用户人数仍比较有限，但随着该软件功能的不断完善、智能手机的大众化及 2014 年后 4G 网络的逐渐全覆盖，微信用户数量迅速增多，甚至有超越和取代 QQ 软件的趋势。微信软件在伏台年轻人中大量使用的时间是 2015 年前后。这一软件具备的语音聊天和视频通话功能，使交际不再囿于文字的传输。这意味着汉语拼音差、文化程度不高的伏台壮族人使用微信没有障碍，因此诸多没有文化的村民纷纷通过手机拥有自己的微信号。微信成为不同空间下村民进行沟通的重要渠道。村落的外出者和留守者之间可以通过微信的视频通话功能表达相互的思念。同时，村民们纷纷结合自身的需求组建微信群，如"中国伏台青年会""伏台八〇后""伏台李氏家族""伏台李家男丁"等。微信群成为不同时空下伏台各群体成员的重要交流平台。群体成员可以通过微信表达个人观点、寻求帮助或发送最新动态；村落公共事务也可以通过微信群平台进行商讨、集资和募捐等。总之，微信的出现不仅便利村民间的沟通，而且有利于村落公共事务的协商和实施，增强了村落的内聚力。

总之，电话、手机和计算机网络目前已成为留守者与外出务工者交流的新工具。如果说以老人、小孩为主的留守者对这些新工具的使用仍存在一定的困难和限制，那么微信软件和智能手机的推广则提供极大的便利。虽然这些现代化通信工具和新媒体缩短了留守者与外出务工者的距离，但并没有影响到宗教力量作为沟通外出者重要桥梁的地位。对当地外出者而言，祖先和神明的护佑仍然非常重要，而宗教仪式施行者在未知领域中发挥的作用依然难以替代。现代联络工具的使用同时也方便各种宗教仪式的举行，如前文所述我亲自参与的巫师仪式举行的过程，现代通信工具作为外出者与留守者的沟通工具发挥着不容忽视的作用。

第二节　春节：同一时空下的短暂聚首

在壮族传统节日中，春节、三月三、七月十四最受重视也过得最隆重。由于20世纪一系列政治运动中壮族山歌屡遭禁止和革除，三月三歌圩节逐渐低迷，节日盛况大减。虽然当前在重视地方文化遗产的影响下，各级政府开始力图恢复歌圩，但现代化浪潮的冲击以及由此带来的外出务工潮，促使不少壮乡年轻人纷纷外出务工，传统歌圩难以复苏。即使少有的复苏歌圩也出现了变异，或是被搬上舞台作为演出，或是参与者均为中老年人。直至今日，永州地区壮乡的三月三仅保留五色糯米饭和祭祖等习俗。

七月十四是壮家人最受重视和最隆重的节日之一，盛况仅次于春节。这一节日一般从农历七月十三日持续至十六日结束，其中十四日最为隆重和热闹。这一节日主要是为召唤故人的亡灵回家吃团圆饭，即祭祀逝去的祖先鬼魂，故又称"鬼节"。其间，壮家人杀鸡杀鸭、杀猪宰羊、打鱼、炸油饼、做糍粑、蒸粉饺、走亲戚，热闹非凡。节日期间的具体安排通常为：七月十三日打鱼、吃生鱼片和炒鱼片、炸油饼；十四日做糍粑杀鸭祭祀祖先；十五日杀鸭到社庙祭祀，同时在家中祭祀祖先并送走祖先；十六日已

第五章　两种空间下的互动与维系：传统与现代的交融

婚育女子回娘家走亲戚。其中十五日的"送祖"祭祀最为讲究，妇人先用冥纸剪成钱、衣、鞋、房、车、猪、牛、羊、马等祭品，并制作"冥包"，把上述祭品依等份装入包中，按家中所存祖先名单，每人一包。送祖时，将冥纸、冥包烧掉，名为"烧纸"，以示送给祖先带走享用。烧纸地点有的在厅堂，有的在门外，有的在河边。烧完后用荷叶、蕉叶、海芋叶把纸灰包好，由家中老者放到有水流处，让纸灰漂流沉浮，名为"送祖上船"。节日期间，家家户户每日祭祀后至饭前均需燃放鞭炮，驱赶邪恶的妖魔鬼怪，烧香火纸钱召唤逝去的先人回家吃饭。这一节日，壮族人约定俗成地要杀鸭祭祀祖先，再吃鸭肉，因为当地人认为鸭子善凫水，能接送祖先神渡江河、过湖海。

至今，七月十四在壮族人心中仍是一个大节日。然而，随着外出务工人员的增多，留守者虽然延续着过节习俗，但节日氛围骤降。在很长一段时间里，留守者常埋怨，七月十四已经没有过节气氛，众多亲友在外打工无法回家过节，而对于家中老小，又不得不过节。常常是打上来的鱼放到冰箱冻很长时间才吃完，鸭肉每天都吃剩，但为了祭祀又不得不每天杀一只，因为整鸭祭祀是壮人的规矩。回娘家的人越来越少，有的人家嫁出去的女儿全都在外务工，有的留守女子因夫家人手少脱不开身，且部分留守女性的娘家亲属也多在外，回去也看不到亲人，甚至担心麻烦到留守的老人和小孩。外出者常说，七月十四也想回去，但不放假，这也是没有办法的。部分外出者也常自我安慰地说，七月十四不过也罢，反正外面的人也不过，没有氛围也就不惦记了。然而，有条件的外出务工者，如海口的代耕菜农仍然在他乡延续这些传统节日习俗，如吃生鱼片和炒鱼片、炸油饼、吃鸭肉、烧香祭祀及邀请可能的娘家亲属在七月十六到家中吃饭等。

随着广西区内各大城市的发展，尤其是外出务工者选择在南宁谋生人数的增多，以及交通条件的改善，愈来愈多区内务工者选择在七月十四期间返乡过节。一位大巴车司机说，春节仍然是最繁忙的时候，但现在七月十四前后坐车人数也明显增多。可见，壮乡节日习俗也随着打工文化的需要而变迁，传统节日对于外出务工者仍然具有一定的影响力。外出务工者常因工作需要而放弃返乡过节，但当条件允许时，其也愿意返乡过节或在他乡过节。换言之，当壮族弱小的传统节日文化与强势的外来文化相互碰撞时，壮文化实践者只能自我调整以适应外来文化的需求；当条件允许时，文化的实践者仍希望尽可能将二者关系协调至最佳，既不违背外来文化的需求，又延续自身的传统文化。然而，后者通常只是一种美好的愿望，多数情况下在外壮族人不得不选择放弃自身的文化习俗，以适应外来文化。因此，传统的民族节日因为外出务工导致的留守人口萧条而显得惨淡，大多数分离家庭仍然延续着亲属成员之间分离两地甚至多地的局面。唯有春节——这一中国最大的传统节日，也是壮族人最隆重的节日，为长期分离的务工者与留守者提供难得的聚首机会。

正如《欢打功》所唱："广东赖**冗**钱，合年称到扒……舍**劲**依**劲**裔，悲广东千年；母忧栏西凉，欧钱不鲁够。"其大意为：去广东可以挣很多钱，一整年才能回一次家，老母亲和幼子孤独地留在家中，然而钱是永远挣不够的。可见，务工者抛家弃子在外谋生，家中老小无人照顾，亲情难以维系，只有过年期间是分离者一年唯一的回乡团聚机会。然而，分离者春节短暂的聚首，有时并没有想象中那么舒适和美好，不少返乡者常因返乡期间各种应酬和紧凑的社会活动而忙碌，与家人的聚会反而很短暂，与亲属的聚首时间和交往范围也非常有限。作为中华民族最重要的节日——春节，目前已基本在中国大部分地区和大多数少数民族地区流行，而各地区和各民族的春节习俗又存在较大差异，壮族地区的春节也具有自己的特点。

一 亲朋好友相聚

壮族的春节通常从大年三十持续至正月初三，其间传统的日程安排主要是：年前两日筹备各种年货和过年必需品。大年三十上午打扫卫生，中午杀鸡准备晚餐，祭祀后全家人吃团圆饭。饭后女性负责包驼背粽，男性则着手准备大年初一的菜肴，因初一忌动刀故将菜肴切好放入锅中待煮，同时准备过年期间的腊肉。午夜零点，家中男性洗手洗面焚香祭祀（祭品常包括刚煮熟的驼背粽），并燃放鞭炮和烟花，后家人分享煮好的驼背粽。初一一早天蒙蒙亮时，各户户主携带香烛及鞭炮至村中社庙上香，祈求新的一年五谷丰登、六畜兴旺、万事如意，初一全天忌随意外出，晚饭菜肴多为猪腿、猪骨、木耳、藕片、干笋等合炖，饭后女性仍包驼背粽。初二，杀鸡宰鸭到村中社庙祭祀,邀请亲朋好友到家中聚餐。初三,已婚育女性回娘家走亲戚。其间,每天晚餐前均需祭祀家中各处神龛,同时燃放鞭炮,晚餐后仍摆好饭桌,置各式酒菜以备招待随时到访的宾朋。

随着外出务工人员的增多,亲朋好友间的聚会时间变得更加珍贵。在传统事务安排基础上,增加新的安排:大年三十前一天被定为村中年轻人到村庙聚餐的时间,大年初四成为各年龄组——"帮"的团聚时间;每天晚饭后成为村落年轻人相互拜访的时光;而过年前两日和大年初四、初五成为各种婚宴和满月酒的集中安排期。对于大部分在外务工的返乡者而言,能够在老家待的时间不过一周左右,而这周时间已经基本被各种既定事务安排得满满的。除了既定事务外,还有诸多杂事,如拟亲属和其他亲属关系的往来,请神婆问神和算命先生测算全家新一年的运程等。对于单身青年而言,不仅走亲戚和参加朋友、"帮"成员的集会,还希望利用过年期间到临近各村走访希冀找到中意对象,甚至谈恋爱结婚。换言之,大多数返乡务工者忙于各种应酬和社会事务,事实上待在村落中的时间非常有限,因此交往范围也受到限制。

二 青年会及各"帮"的聚会

"帮"是壮族传统村落社会重要的年龄组织,即各年龄阶段的成员根据年龄和喜好自愿结合成一个集体。"帮"成员之间具有一定的权利和义务关系,须不定期到村庙中聚餐并祭祀社神。

20世纪80年代初期,伏台的结"帮"仪式曾有淡化之势,但大多数村民仍然与自己同一"帮"的人共同活动,年纪小时一同上学、玩耍,成年后一同赶集追女孩,夜间一同外出找女孩对山歌等。随着务工潮的兴起,越来越多的年轻人外出务工,各个"帮"的组织不但没有随之化解,反而凝聚力开始得以强化。由于长期在外务工,过年期间短暂的家乡生活各人也常忙于家中团聚和个人事务。同一村落内的"帮"成员之间更加缺乏交流的机会,村落中的年轻人之间也变得陌生。为了应对这一局面,加强村落内"帮"成员内部和年轻人之间的交流,增强内聚力,20世纪90年代初各村落外出返乡年轻人逐渐兴起过年期间聚餐的风潮,而村落中以年龄为划分标准的各"帮"的聚会也更加具体化和定期化。换言之,过年期间村落中常包括两种青年人聚会,即青年会及各年龄组的聚餐。

村落青年会是一种全村男性青年参与的集体组织,参与者通常是已经外出打工①(若读书则需达到18岁)到30岁之间的年轻人。青年会成员每年返乡期间定期聚餐,时间为大年三十的前一天,地点于村庙聚餐场所,成员每年需缴纳100元的费用,选出会长和副会长各一人。会费统一管理,既用于年轻人的村庙祭祀与聚餐,也用于其他村落事务的开支。聚餐时,除欢聚享用各式美食,分享各自在外务工经验,还主要讨论和处理一些村内的公共事务,包括捐资修路、修庙和解决外村人侵犯本村利益的事情等。

2011年春节期间的聚会,伏台青年会主要讨论有关村落对外水泥路、灯光球场、文化室的修建问题,并从青年会基金中提取部分经费以青年会的名义捐资。2012年的聚会,青年会在选举出新的会长和副会长之后,即有年轻人在会上提出两个议题:村内主干道的水泥铺设和路灯安装。议题的抛出立即引来众人纷纷讨论。有人说,现在对外的道路国家出钱给村里铺上水泥路,但村里道路还是坑坑洼洼,尤其是下雨天,一踩一坑水,再踩一脚泥,现在很多村已经铺上水泥路,钱大多是由年轻人出的。又有人说,其他村青年会早就为村里安上路灯,自己村的人那么多,早该装了。还有人指出,青年会是该带头做好这件事,不然晚上出来漆黑一片,在家的老人和小孩晚上出门都不放心,掉粪坑里都不知道。也有人说,青年会基金就应该用在这些上面,尽快为村里做实实在在的事情。众人畅所欲言,各抒己见。对于村里拉电线安装路灯的议题经过讨论基本得到认可,因为这个项目意义重大,可以解决村民夜行不便的问题,且工程量小,青年会有时间、能力和足够资金完成。尤其有人强调说,村里拉路灯,只要规划好,其实花不了几个钱,加上现在村中很多年轻人在外打工就是做电工或线工。而村内要道铺水泥路的议题异议较多,顾虑可以归纳为,青年会无力成为铺水泥路的主要组织者,铺水泥路是一个大工程需要大量时间、人力和资金,而年轻人常年在外仅过年在家待几天没法组织更难以直接参与,青年会基金数额有限,即使全部用上也远远达不到铺路所需。最后的解决

---

① 如前文所述,打工带来的经济独立依然是村落青年成年的重要标志。村落中的社会成员即使不足18岁,但若已有外出务工经历仍有资格和义务参加青年会;求学者在达到18岁前可自愿选择是否参与青年会。

第五章 两种空间下的互动与维系：传统与现代的交融

方案是，由青年会会长将议题转告村领导，由村里组织全体村民集资，青年会捐资赞助。2012年下半年，伏台通过向政府机构申请相关资金援助和村民集资、捐资等筹资方式，开始重修村内主干道并铺设水泥路面。2013年春节期间，我通过电话获悉，伏台青年在春节前已利用青年会基金及部分外出务工人员的捐资给全村拉上路灯，其电费源于青年会基金。

各年龄组——"帮"的聚会是壮乡过年期间的另一项村落社会组织活动。聚会时间通常定为年后一个特定日子，通常是初四或初五，聚会地点在村庙或每年轮流到各"帮"成员家中。参与者按照一定的年龄标准划分，成员每年需缴纳费用100元，主要作为"帮"内聚会费用和"帮"内成员家中有婚丧嫁娶等事务时的礼金和慰问金。

"帮"成员的加入是自愿性的，但也有一定划分标准，即以实际出生年份为主，如伏台的年轻人中即划分为1977~1979年"帮"、1980~1982年"帮"、1983~1985年"帮"等。当然也有特例，如1982年出生的黄飞按理是属于1980~1982年"帮"的，但由于他读书较迟，成长过程基本是同1983年、1984年出生者一起度过，所以跟这一年龄阶段的人更熟悉，所以他经常同时参加两个年龄组的聚餐。就我所属的1980~1982年的"帮"而言，成员共20人，每年聚会时间为大年初四，地点从村西头的成员家中向村东头轮排，若恰巧遇事或因故不能返乡者，则暂时跳过。帮成员除李利和黄团世留守村落外，其他成员均在外打工，前者掌握安装门窗手艺在镇上为开店堂兄帮忙，后者则于2012年留守帮助父亲打理装潢店。"帮"成员建有QQ群以加强日常交流。李利常通过个人电脑负责将村内发生的事情及时在QQ群里公布，告知其他在外务工的成员。若某位"帮"友家中有婚丧嫁娶之事，其他成员不在时，由李利及黄团世负责代全"帮"成员参加，并用集体资金购买所需物品及赠送礼金。"帮"成员要求在大年初四当日须参加成员聚会，饭菜准备好后统一到村庙祭祀，聚餐过程中讨论的问题主要涉及各人当年外出的经历、收获和感受，"帮"内经费的开支情况，当年"帮"成员留守家庭发生的重大事情，以及村落重大事务等。

可见，村落年龄组——"帮"的强化，主要是大量年轻人外出务工所致。一方面，长期在外务工导致"帮"成员交流的匮乏，各人短暂的春节返乡常常日程紧凑，零散、繁多的聚会反而加重返乡期间的负担，因此为了加强交流，形成统一，只能定在每年特定日期聚会，希冀成员尽可能在当日不安排其他事务，优先参加"帮"内活动；另一方面，各成员家中留守者多为老幼病残，期望在留守亲人遇到困难时能通过留守"帮"成员及所属"帮"的集体力量（资金等）提供一定的援助。

村落青年会和"帮"组织虽然是自愿参加，但作为村落社会组织所具有的互惠性和约束力，仍要求相应的社会成员有参加的义务。青年会对外有维护村落利益和团结对外的义务，当村落中某个年轻人受到来自他村成员的欺负时，村落青年会有义务查明真相，并提供帮助，若确属对方失礼，则应团结一致给对方施压或找人周旋解决矛盾。对内则有维护村内团结，相互帮扶之义务，若某个青年家中有婚丧嫁娶、添丁、儿满月等，其他在家的年轻人均有义务参加，并提供必要的帮助。如某个年轻人结婚，村内所有青年均需到场，燃放烟花和鞭炮，喝酒划拳祝贺，对于婚姻当事人而言，参加者越多，燃放的鞭炮和烟花越多，场面越热闹，越有面子，也说明其地位越高。

2009年春节前，我参加了一场婚礼，结婚者是一名伏台村落中在外务工较成功且口碑极佳的年轻人，曾帮助过不少年轻人在外找工作，也曾数次在其出租房内留宿村内在外的短期失业者。婚礼中，仅年轻人就有二十余桌，摆满半个操场，这些人包括本村的青年会成员和"帮"友，以及外村的朋友。其中青年会成员的礼金均为30元/人，"帮"友为50元/人，外村的朋友则50元至200元不等。青年会的礼金共收到4000余元，"帮"友收了1300余元，外村朋友30余人，共3000余元。曾有个与其关系要好的青年私下对我说，其实他本想给更多礼金，但"帮"中的其他人都是这个数额，自己也不好意思多包，否则反而显得与其他"帮"友生疏，不过以后也可以从其他方面做补偿。可见，个人之间的亲疏关系在某些时候要让位于群体与个人的对应关系，即社会成员之间的关系等级，如青年会成员关系、"帮"友关系形成的个体行为对其他成员具有一定的参照和借鉴意义。从礼金数额也可大致看出对应的社会组织与婚礼举办者的亲疏关系，即"帮"成员之间的关系要比青年会亲密。然而，外村朋友礼金金额不等则体现出外村人可不遵循这一集体参照，而根据个人与婚礼举办者之间的亲疏关系送礼。从青年会内和"帮"内成员间互惠权利和义务的范畴中也可以看出二者的亲疏程度，青年会多在较大型的活动才有义务参加且需提前受到邀请或知会，而"帮"成员之间则不一定受到邀请，如村民添丁得子，其"帮"成员将会在某日到其家中燃放鞭炮庆祝，而村内青年则需等到这位村民选定吉日，并发出邀请后才会到场燃放烟花和鞭炮庆祝；若"帮"成员的父母去世，"帮"内其他成员有义务前往吊唁并帮忙，而村内其他青年则根据亲疏关系和是否受到邀请作为前往的准则。

村落社会组织的参加具有一定的自愿性，但对于不积极参与者，组织也常常有一定的"惩罚"措施。如 2013 年 1 月我返乡参加村落斋会期间，就有村民指出，今年有个年轻人的媳妇生子，但村内没有一个年轻人和跟他同"帮"的成员前往燃放鞭炮庆贺。因为这个年轻人常年在外打工，即使偶尔返乡也从未参加青年会和所属"帮"组织的活动，村中年轻人很自然地将其排斥在外。村民纷纷指责这个年轻人的行为，认为这是村内从未有过的事，替其丢人，并认为来自其他成员的惩戒很有必要。甚至有人指出，这还不是最严重的惩戒，邻村曾有人因不积极参加青年会和"帮"活动而导致村内年轻人拒绝参加其婚礼或双亲葬礼。为此，外出务工及包括我在内外出求学的青年常常被村落中的留守老人警示，虽然已经在外混出点样子，但根还是在伏台，不能疏于村内关系的往来和各种社会组织的活动。因此，春节期间的青年会活动和"帮"集会，返乡年轻人基本会参加，即使部分未返乡者也常委托父母或"帮"中关系要好者缴纳既定金额的会费。

三 婚礼和满月酒的集中期

外出务工潮形成前，永州地区婚礼的举办多安排在秋收结束后至春耕开始前的闲暇时间，满月酒则多举办于新生婴儿满月后不久的某一吉日。外出务工潮形成后，婚礼和满月酒的举办日期变得更加集中，多在年三十前两日和正月初三后两日。婚礼仪式也进一步简化，传统婚嫁的提亲、合命、会亲、送聘金、报佳期、娶亲及"欢娅娜"（婚姻期间的青年男女山歌对唱）、不落夫家等过程基本简化为仅保留娶亲环节，① 甚至娶亲过程也被

---

① 部分家庭仍注重合命环节，但有些老人也很无奈地表示，合命当然重要，但现在的年轻人即使合命不太合适，恐怕也难以把他们分开。

进一步简化。不少成年人直接将婚礼和满月酒合二为一,即取消婚礼,仅在孩子出生后举办满月酒。满月酒的举办时间也不一定在小孩出生后满月不久,而是在当年过年期间,甚至是次年过年期间,然而当地人仍称为"满月酒"或"请酒"。因为,一方面,语言差异导致当地人对满月酒的概念已经模糊化,即来自汉译的"满月"对于不少老一辈的壮族人而言,并不等同于婴儿满月后的庆祝酒,只是将其视为婴儿诞生后的庆祝仪式;另一方面,在外务工的年轻人因工作繁忙而无暇返乡举办庆祝仪式,即使举办者有闲暇返乡,但缺少村落亲友尤其年轻人参与的仪式显然也不妥当,因此只能等到春节返乡时举办。

婚礼仪式的简化同外界观念的传入和影响不无关系,青年人在外遇到心仪者,谈恋爱后即在外同居,直至怀孕生子后才会返乡举办满月酒。但如前文所言,大多数在外务工的年轻人没有正式的婚假,而只能趁过年期间返乡匆忙举办仪式。同时,村落中的其他年轻人返乡时间也很短暂,甚至部分年轻人同一日需参加多场婚礼和满月酒,因此,仪式简化亦符合参加者的需求。

虽然仪式已尽可能简化,但婚宴和满月宴的过度集中也促使大多数村民不得不疲于奔命。2012年春节期间,伏台共有四场宴会,其中两场于正月初五当日同时举办,即一户李姓村民举办婚宴,另一户黄姓村民举办满月宴。对于婚宴仪式举办的冲突,村民只能根据亲疏关系决定该到哪家帮工,甚至有些家庭为了体现对两家的公正,直接将家人分成两拨到两家帮工和吃酒席。举办婚宴的李姓人家还面临另一个尴尬:舅方亲戚的参与对婚宴仪式非常重要,然而新娘有个堂表弟也在为女儿举办满月宴,这意味着舅方亲属也是那场满月宴的主要参与者和帮忙者,因此完全参与李家婚宴几乎不可能。经过协商和协调,最终舅方亲属只能派出部分代表前来参加,并参与特定的祭祀,后又匆匆赶回去参加那边的宴会。曾有村民指出,今天我就跑了两家,大家都集中在这两天,本来还有一个邻村的亲戚举办酒席,但只能托人帮忙带礼金而缺席宴席。需要说明的是,即使是因为婚宴时间冲突导致参加者人数减少,但并不表示宴会的准备工作减轻,当地有一个传统,主人家须为所有送礼金且无法参加的宾客打包一份足量的宴肉①。若亲属关系较近者，常按照家庭人数打包或至少每户打包两份。因此，宴会菜肴数量的准备并不完全根据实际的参加人数计算，而是依据拟定的参加人数准备。

四 春节祖坟祭祀

昔时，壮族地区的扫墓仪式一般在"三月三"和清明节前后，尤其是在三月三至整个三月份结束，家家户户都会蒸煮五色糯米饭，到祖宗坟山祭扫，俗称祭扫节。② 对于伏台所属的壮族聚居区而言，由于当地二次葬习俗根据风水走向决定坟墓位置，各户每位已故先祖坟地常分布各异，乃至在距离居住地非常遥远的山头，因此祭祀大费周章，费时费力。为了防止村民祭祀自家坟墓与族内祖坟的时间冲突，通常规定三月初三前后为全族统一祭扫族内祖坟并进行聚餐的时间，而清明节前后则各户祭扫各家祖坟。族内祭祀祖坟时，仅男丁可以参加，而祭祀各家坟地时所有家庭成员均允许参与。

随着外出务工人数的增多，三月三前后壮乡族内的祖坟祭扫仪式人数锐减，场面也变得冷清。2013年三月初二，我参加了所属李氏宗族的祖坟祭扫仪式，李氏宗族的第十一世"朝"字辈共有41位男丁，年龄在20岁至45岁，正是各户顶梁柱，然而祭祀当日包括我在内在家的朝字辈成员仅有6人，占该字辈男丁总人数的14.63%，其中我因论文田野需要而留在村落中，另外5人或在镇内有公职或留守创业。从具体家庭看，如我祖父繁衍下来的男丁中，父亲辈4人仅有1位伯父留守，兄弟辈9人仅我1人在家，孙辈6人仅1人在家，即19位男丁，仅有3人在家，占15.79%。可见，参加祭祀人数非常少，大多数男丁或在外务工，或随在外务工的子女或父母生活学习。2012年清明节首次得到国务院的认可，成为法定假日之一。清明节放假的新规使清明返乡参加扫墓祭祀者有所增加，但返乡者多为务工地于县内或区内距离较近的城市，大多数务工地位

---

① 当地婚宴以10人为一桌，每桌按照每人一定数目配备肉类，如肥肉4块、瘦肉2块、鸭肉2块、鸡肉2块、鸭蛋1个等，即每桌根据10人算，一般肥肉40块、瘦弱20块、鸭肉20块、鸡肉20块、鸭蛋10个等，不多不少。

② 马山县志编纂委员会编《马山县志》，北京：民族出版社，1997，第131页。

于广东或海南等距离较远城市的村民，依然无从返乡。因此，大多数在外务工者依然无法参与三月三和清明节的扫墓和祭祀，长期不参与祭祀给部分村民的心理带来一定压力。这种压力既源于对祖先神明的愧疚，又源于长期不祭祀会导致缺乏祖先神明庇护甚至遭受祖先神明惩罚的传统观念。为了缓解这一心理压力，同时迎合外出需求，部分村民开始选择在春节返乡期间祭祀祖先坟墓。

春节期间祖坟祭祀的零星出现大致源于 2000 年前后，至今仍在不少家庭中施行。春节期间祖坟祭祀相对于清明节扫墓有一定的差异，祭祀日期多集中在春节过后外出务工前，所祭坟墓多为最近去世的亲属二次葬墓地，无须在坟墓上挂青，全家老幼妇孺均可参与。2009 年春节，我参加了大家庭中人口最齐全祭祀祖父二次葬坟墓的仪式。如前文所述，祖父繁衍至今四代共有男丁 19 人，即 4 子 9 孙 6 曾孙，加上儿媳、孙媳、孙女、曾孙女等后代达 36 人，当时外出男丁全部返回，女性则有 14 人参与，被认为是在家人数最齐的一年。为此，在过年期间开始计划，正月初五要到位于坡瓦的祖父坟墓上祭祀。中午十点多数位兄弟即着手杀鸡宰鱼准备祭品，同时购买烟花、爆竹、香烛、纸钱等祭祀用品。下午两点多，当一切准备就绪后，众人拿着祭祀物品浩浩荡荡地来到村落南边的坡瓦祖父坟墓前。年轻人或摆出祭品，或点烛焚香，或用镰刀为坟头除草，或将鞭炮拆开，烟花逐一摆好。一切就绪后，按照辈分大小逐一在祭祀所需的酒碗中用酒壶添酒，以示敬意。各人在添酒过程中同时表达某些心愿，祈求已逝者神灵的护佑。众人敬酒完毕后，按照一定顺序排成几排，对着坟墓拜三拜，然后在坟前合影。最后焚烧纸钱，并燃放烟花和鞭炮，仪式即告结束。众人返家祭祀家中神龛，并着手准备晚餐，然后坐在一起吃火锅，闲话团聚之情。虽然随后数年都在举行祭祀祖父坟墓的仪式，唯独这次在家人记忆中最深刻，因为人数相对最齐全。在祭祀过程中，曾有兄弟坦言，"自从大家去广东、海南后，再也没有一次聚得那么全，以后更难说了"。果然一语成谶，2009 年年后不久大伯父突发中风，半身不遂，从此常处于精神恍惚、生活无法自理的状态；2010 年大伯母不幸去世；2011 年春节前二伯父病重住院，出院后身体一直欠佳。至此，每年的祭祀都少了不同的参与者，两位伯父也都无法参加 2011 年以后的春节祭祀，部分兄弟过年难以返乡，因此 2009

第五章 两种空间下的互动与维系：传统与现代的交融

年成为人数最齐的一次春节祭祀仪式。这样的祭祀自然具有特别意义，成为后来亲属们聚首时常谈的美好回忆，尤其是在后来的春节祭墓仪式中每次必有人提起。

春节祖坟祭祀作为一种新增习俗，是对外出务工导致传统祭祀期间男丁人数缺乏而做出的调整，也是大家庭一年中难得的聚集机会。这一祭祀仪式的出现并没有促使传统三月三和清明节祭祀仪式的消失，而是作为一种务工者因传统祭祀时间无法返乡而新增的祭祀时间，即适应外出需要而做出的祭祀祖先的补偿。从表面上看，春节祖坟祭祀是在外出务工潮导致的外出者与祖先神灵长期"分离"背景下，村民对祖先产生愧疚和不安心理，而做出的一种为外出者与祖先神灵提供聚首机会的调整。从内在看，这一仪式是大家庭中所有成员难得的团圆机会，返乡者短暂的返乡期和过年期间的繁忙导致即使是家庭成员间的交流时间也非常有限，因此以祭祀之名凝聚大家庭的力量也是这一祭祀仪式的重要意义。换言之，春节祭祀祖坟仪式既是外出者与祖先神明的团聚，也是大家庭中外出者与留守亲人的团聚。此外，外出者在初五过后即纷纷踏上离乡的客车回到他乡的工作环境中，再次回到一种分离的生活状态下，这一仪式也缓解了外出者心中对亲人的不舍和外出的不安。同时，祭祀仪式也是外出者离乡前的缓冲行为，即告别祖先，祈求祖先保佑在外一切平安、顺利。

五 具有仪式意义的春节返乡

如前文所述，春节期间外出者的返乡生活充斥着各种需要完成的事务，最常见的如春节期间物品的筹备，青年会聚会、"帮"的聚餐、各式亲属和拟亲属的往来，各种婚礼、满月宴、同学朋友聚会，祖先坟墓祭祀及大家庭的团聚等，再加上其他杂事和家务缠身，大多数外出村民在返乡期间几乎闲不下来，甚至不少居住地很近的村内成员无缘碰面。即使是我为了抓住这一时期寻求更多的访谈资料，常到村内各户家中走访聊天，但也有不少返乡者无缘碰面。事后，当问其留守家人，你们家某某春节没有回来吗？怎么没有碰到？答案常常是，回来了，不过就待几天，都很少在家里待着，一直在外面跑。

长期的离别，加上春节期间难以碰面，不少村民之间甚至部分亲属之间也变得陌生。春节期间，在村落中最常见的初次见面打招呼用语是："你是哪位啊？是不是谁谁？"回应则是："我叫某某，你呢？很多年没见都认不出来了。"随后便是："原来是你啊，很多年不见了，什么时候回来的？现在在哪里混呢？做什么呢？什么时候下去（指外出打工）？"可见，同一村落中的村民由于长期未谋面，原有的熟悉社会出现短暂的陌生，同一村落的村民甚至不相识。同时，随着春节期间外出务工者的返乡，打工相关的话语再次占据村民交谈的主题，返乡者与亲人碰面、返乡者之间相互碰面无不谈及打工，打工文化变得更加浓厚。

外出务工者返乡目的即与家人、族人、村民团聚，然而返乡时间如此短暂，而离别期间无法从事的一些事务也通过时间的转移，改为春节期间完成。因此，返乡者短暂的春节变得更加繁忙甚至"拥挤"。春节期间，常常听到不少返乡者表示，回家本来是想跟家人团聚，坐下来聊聊天，也让自己放松一下，可以吃好睡好，但有这样那样的事情忙来忙去，坐下来说话的时间都很少，甚至觉得比在外面打工还累。

人类学家维克多·特纳（Victor Turner）在进行仪式研究时，曾在范·盖内普（Arnold Van Gennep）"过渡礼仪"论述的基础上分析了仪式阈限阶段，并提出结构、反结构等重要概念。特纳将人类社会关系分为两种状态。一种是日常状态，在这种状态下，人们的关系保持相对固定或稳定的结构模式，特纳称之为"位置结构"（Structure of Status）。这里的状态指的是"相对固定或稳定的状态"，包括法律地位、职业、职务、等级这样的社会常数；也指一个人为社会所承认的成熟状况，如"已婚状态"或"婴儿状态"，以及人在特定时间内的生理、心理或感情状态。另一种不同于日常生活及社会关系的仪式状态，则被他称为"反结构"，仪式过程就是对仪式前和仪式后两个稳定状态的转换过程。[①] 特纳主张，社会在平时大多处于人与人、群体与群体、阶层与阶层的等级关系和冲突中，等级关系和矛盾是社会的结构。在仪式的过程中，社会的分裂和等级制暂时得到化解，形成一种"社区共庆"（communitas）的局面，过后参与同一仪式的人们又回到他

---

① 蒋俊、郑晴云：《仪式：神圣的旅程》，载张晓萍、李伟主编《旅游人类学》，天津：南开大学出版社，2008。

们原来的社会地位和群体分化的状态。以此观之，仪式的程序是从结构出发，进入反结构状态，再回到结构，其结果是从象征上强化结构。①

对于打工者而言，长期在流入地的日常工作和生活是一种"相对固定或稳定的状态"，即所谓的一种位置结构过程。过年短暂的返乡期间，打工地辛苦地上班攒钱与回到老家大方地花钱，停止他乡日常的工作而忙于春节传统和新式的事务，即务工者的返乡生活摆脱常态，而处于一种"不同于日常生活及社会关系的仪式状态"，即特纳所说的"反结构"状态。可见，从打工者返乡的角度而言，过春节具有一种"仪式"的意义。

从打工者一生的趋势来看，打工生涯可以视为生命历程中重要"仪式"，同样经历"结构—反结构—结构"的状态，即大多数外出者基于自身能力和现实因素而无法留在流入地，因此都希望通过年轻时的打拼，在掌握一定的技能和攒到一定的资金后返乡创业或年老返乡生活。从这一生命历程可以看出，外出务工前，村民在村落中出生、成长，并习得和遵循传统生活方式，处于一种"相对固定或稳定的状态"，即结构，而外出务工期间，务工者在生产生活方式上与传统村落生活有着较大差异，因此处于"反结构"的状态，而当最终因年龄或其他因素返乡时，又重新回到村落生活中，在村落中随年龄而老去，即所谓的结构状态。

本章小结

外出务工现象冲击着壮族社区相对封闭的传统状态，使其变得更加开放。这种开放是以务工者与家乡地缘、业缘、亲缘、神缘分离为代价的。然而，分离的双方并未因交通不便、现代通信沟通不畅而失去联系的桥梁。外出者在新环境中面临诸多现代性的风险，有时甚至危及生命，而面对国家力量的不作为或缺位，务工者常将求助于家乡祖先和神明的护佑作为规避风险的手段。留守者面对亲人的离去，以及在新环境中的生存风险，除了思念还有担忧，还因诸多因素的限制而沟通不畅，转而求助于宗教仪式

---

① 王铭铭：《村落视野中的文化与权力：闽台三村五论》，北京：生活·读书·新知三联书店，1997，第389页。

施行者，尤其是巫师的帮助，通过巫师的祖神和兵马"判断"外出亲人的生活状况，并解决一些被认为可能危害在外亲人的超自然因素。

　　电话、手机和计算机网络等多样化现代通信工具和微信社交软件的出现和普及，一方面促使汉字掌握者专有的沟通工具——书信和电报没落，另一方面却没有降低神明信仰和传统宗教仪式施行者联系外出者的作用。相反，这些现代联系载体方便了外出者与留守者在寻求神明和宗教仪式施行者帮助时的沟通。当外出者面对各种传统认为是不祥之兆时，常常通过手机、家庭电话等及时告知家中留守者；留守者则寻求宗教仪式施行者帮助，在发现问题并解决问题后，及时告知在外的亲人，使其心理得以慰藉。因此，传统和现代在沟通外出者和留守者之间实现了交汇与融合。

　　节日习俗是民族文化的重要体现。当壮族弱小的传统节日文化遇上强势的外来文化时，壮文化只能调整自己以适应外来文化的需求；当条件允许时，文化实践者仍希望尽可能将二者融合，既不违背外来文化的需求，也延续自身传统文化。然而，后者通常只是一种美好的愿望，多数情况下文化实践者不得不放弃自身的文化习俗，以适应外来文化。因此，壮族外出务工者在传统民族节日，如三月三、四月八、七月十四等，即使思乡情切，也只能遵循务工地的工作时间安排生活，加上现实的经济状况，不得不放弃返乡过节。春节作为中华民族最重要的节日，为壮族返乡者提供与家乡亲人团聚的短暂又难得的机会。然而，春节期间各式事务繁杂，人际交往增多，再加上为适应打工需要而调整的各种活动和仪式，返乡者常常疲于奔命，置身于繁杂的春节事务中，与家人、亲人乃至村民的直接交流机会反而减少。这在事实上违背了返乡者与家人团聚、轻松过节的初衷。

第六章 结论与思考

本研究基于一个壮族村庄改革开放前后的人口流动状况，通过对人口流动导致的空间分离背景下家庭成员的互动、适应等情况的研究，试图发掘壮族人口流动的原因、特点和影响，通过详细描述和深度分析，力图构建一个相对完整的壮族人口流动民族志。本章是对全书内容的概述和总结，主要对某些具有深层次意义的问题进行归纳分析，在此基础上思考中国边远地区农村及其外出务工者的未来发展。

第一节 分离、互动与调适

人口流动的出现，使生活于传统农村单一空间格局下的社会成员逐渐分化为留守者和外出者两部分，二者长期分居于两种空间格局（原空间与新空间）之中。外出者常年在新空间环境中漂泊，与原空间的土地、家庭、亲属、社会关系、祖先、神明长期处于分离状态。空间分离促使留守者与外出者之间不断寻求空间互动交流的手段和方式，同时也促进两者对空间分离状况带来的变化做出新调整，以适应新生活。

一 分离

费孝通先生曾在《乡土中国》中对中国农民和农村的形态和特点进行描述，可大致归纳为：靠农业谋生，黏着在土地上，世代定居是常态，迫于生计、逃避灾荒、躲避战乱等背景的迁移是变态。大多数农民聚村而居，形成村落，即乡土社会。乡土社会的生活是富于地方性的，即成员活动范围有地域上的限制。在区域间接触少，生活隔离，各自保持着孤立的社会圈子。乡土社会在地方性的限制下成了生于斯、死于斯的社会。常态的生活是终老是乡。而且这是一个"熟悉"的社会,没有陌生人的社会。① 杨懋春先生在《近代中国农村社会之演变》一书中对中国传统农村生活进行大致的勾画。何谓农村?一些直接以农业为生计的家庭与少数间接以农业为生计的家庭,聚居在一个固定地方:人与人间,特别是家庭与家庭间,有社会性的互动关系。这样一群家庭或这样一个地方称为农村。在这样一个地方,其居民多依靠自然以生活。所谓自然,多指他们所耕种收获的植物种子、茎叶与果实,所放牧、饲养、繁殖的家畜与家禽。动植物生长所需要的土地、水源、林木、沙石等也是自然中的重要项目。② 可以说这是改革开放前以农耕为主的传统中国农民和农村的主要状态。然而,改革开放后,中国农民从乡村大规模流向城市,形成前所未有的人口流动大潮,至此,农民世代定居于乡的传统格局被颠覆,传统农村聚居在一个固定地方依靠自然生活的特点发生改变。进入21世纪,"农民离开农村、离开土地"几乎成为所有人的共识和努力方向,③ 农民离乡背井、远离家人从农村走向城市务工的浪潮几乎席卷中国五湖四海和大江南北,成为当代中国农村最主要的时代特征。在这样的背景下,流动、分离逐渐成为当前中国农民和农村的常态,而留守村落对于农民尤其是青壮年来说更是被视为懒惰、没出息的表现,即社会的"异态"。

  壮族是中国人口最多的少数民族,也是一个以农耕为主要生计方式的群体,壮族人在过去很长时间中也习惯于聚村而居,世代定居,安土重迁,且空间上具有一定的"孤立和隔膜"④。就这方面而言,壮族农村与农民在某种程度上体现出的形态与特性同汉民族相差无几,但作为少数民族,其在自身文化的传承上仍呈现某些特色,伏台所属的壮族社区正是如此。改革开放前由于交通条件、地理环境的限制民众长期生活于相对隔绝的空间环境中,集市交易范围非常有限,即本研究所定义的"原空间"状态。在原空间中,一方面,伏台壮人沿袭传统的生计方式,依靠传统耕作手段种

---

① 费孝通:《乡土中国 生育制度》,北京:北京大学出版社,1998,第2~3页。
② 杨懋春:《近代中国农村社会之演变》,台北:巨流图书公司,1986,第247页。
③ 朱启臻、赵晨鸣主编《农民为什么离开土地》,北京:人民日报出版社,2011,第1~19页。
④ 费孝通:《乡土中国 生育制度》,北京:北京大学出版社,1998,第3页。

植稻田、玉米、花生、黄豆、蔬菜等农作物，其中尤以种植蔬菜为所长；另一方面，伏台壮族人传承和发展着诸多本民族的传统文化，主要体现在以下方面。以三月三抢花炮习俗、山歌、棋游戏等为代表的公共娱乐形式；以自然崇拜、俗神崇拜、祖先崇拜、师公教、巫信仰为主要呈现的多元民间信仰体系；以结"老同"、结"帮"等为核心的诸多拟亲属类型，作为亲属关系的重要补充，构成壮族社区重要的社会关系网络；以依 fwen（歌）择偶与不落夫家、夫妻分床而眠、二次葬等为典型的传统习俗，是其民族文化的特色展示。历代伏台壮族人正是在一种自给自足式的空间社会环境中不断传承和发展自身的社会文化。当然，在原空间中还生存着少量的瑶族和汉族人，三个民族之间虽然存在一些偏见和矛盾，但总体上仍可和平共处。改革开放后，打工潮席卷整个壮族社区，原空间世代定居的壮族人卷入外出务工的浪潮中，使外出务工成为社会成员生命历程中不可或缺的经历。越来越多的壮族农民别妻离子，离开生于斯、长于斯的原空间环境，进入陌生的城市新空间中。这使得原空间中农村传统的熟人社会、以土地谋生、互助互惠、家庭成员长聚不分等特点发生变化，出现社会成员与土地、传统精神生活、祖先神灵、家庭成员、传统社会网络等诸多方面的分离。长期的分离促进原空间社会文化的巨大变迁，"熟人社会"在某种情况下变得"陌生"。因此，从某种程度上说，壮族社区的人口流动既是当前中国农村社会的一个缩影，同时又体现出某些民族性和地方性的特点。

伏台壮族务工者向外拓展新空间的过程，呈现从个体、零星行为，到聚集于特定行业，具有群体性质，再演变为地域和行业相对多样的阶段性特点，这也体现大多数民众从观望到盲目从众，再到理性思考的过程。在空间拓展过程中，伏台人逐渐形成以南宁建筑工、广东工厂员工、海南代耕菜农为主要形式的外出务工职业，前二者是当前中国农民进入城市较具普遍性的职业，后者则是伏台传统生计方式在他乡的延续。海南的壮族代耕菜农以相对聚居的形式，一定程度上弥补新空间中人与土地、祖先神明、传统文化、夫妻及家庭成员间的分离局面。然而这种弥补仍非常有限，因为与原空间整体环境的分离及他乡生活的限制使这种延续的文化发生变异。为了进一步弥补新空间与原空间距离遥远导致的分离程度加剧，当距离原空间较近的各大城市具备就业条件时，即使这些城市的收入明显偏低，不少村民依然愿意回到这些城市中谋生，如回到防城港或南宁种菜，到南宁的工厂打工等。

打工潮的席卷，使打工成为村落文化的重要组成部分，与外出打工相关的各种话题充斥着整个村庄，城市成为大多数村民向往的新空间。村落打工文化的形成，也使"打工"成为社会成员生命中的"通过礼仪"。打工被视为年轻人是否成年、独立，是否适合嫁娶，是否有追求、有出息的评价标准。因此，无论是基于何种原因，无论是否情愿，年轻人若无力通过升学之路外出开拓新空间，必然有意无意地加入外出打工的队伍中。因为打工已成为壮族年轻人进入新空间最主要和最便捷的方式，也是社会文化对年轻人成长过程的一种基本要求。

当然，推-拉理论等传统迁移动因分析对于伏台人外出务工原因依然具有一定的解释效度，但具体到外出各个阶段的原因及具体行业的选择，伏台人外出务工原因仍呈现某些方面的独特性，尤其是在空间拓展的策略和仪式举行上更是体现壮族文化的特点。如壮族拟亲属关系网络在外出过程中发挥着重要作用；延续壮族人对时间认知和对年龄"模糊化"的传统，伏台人为了迎合城市空间规则对年龄的要求，通过各种手段不断修改自己的身份证年龄；面对新空间环境下的各种未知风险，伏台人外出时常通过问神、算命与择吉日、宴请并告别留守亲人、祭祀、携带幸运物品等各种实践活动和传统仪式，不断增加自己的信心和勇气，以调整因与原空间的亲人、村民、祖先、神明及传统文化分离带来的不适。

二　互动

村民通过外出务工扩展新的生活空间，新空间给务工者带来更多的工作和发展机会，却导致务工者与生活于原空间中的社会关系和传统文化的长期分离。处于空间分离中的实践者必然希望尽可能利用各种途径加强联系与沟通，以弥补相互的思念与对彼此的关心。伏台壮族人在空间互动过程中既尽可能利用现代信息技术提供的媒介，也展示出自身传统民间信仰的力量。即使是现代信息技术产品在壮乡社会逐渐推广的今天，超自然力量依然在壮乡留守者与外出者的沟通中发挥重要作用。究其原因，可以归纳如下。

第六章 结论与思考

首先，壮族社区宗教信仰多层次性、复杂性和历史延续性的特点和传统直接影响壮族人的认知和实践。在壮族人的民间宗教信仰谱系中，既包括原始宗教中体现出的自然崇拜、鬼魂崇拜、生殖崇拜、图腾崇拜和祖先崇拜等形式，也包含巫信仰、麽教、师公教等原生型民间宗教，以及道教和汉传佛教等再生型民间宗教。① 而且各种宗教信仰形式在神灵系统、仪式、经典、法器等方面相互影响、借鉴和交融，和谐共处。壮族的宗教信仰体系在长期历史发展过程中，通过不断借鉴汉族等其他民族的宗教文化，进行整合发展，延续至今。即使是在"文革"等各种政治运动期间，壮族的民间宗教信仰也未完全绝迹，依然在民间潜行。换言之，即使是在特殊的政策背景下，壮族民间的宗教观念依然得以保持并延续，而政策一旦变宽松，村民立即将神龛牌位和香炉摆出供奉。在如此浓厚宗教信仰氛围下成长的壮族人，其观念和实践都深深地受到影响。因此，务工者在外出前面对新空间中诸多无法预测的现代风险，常常延续原空间的传统，通过祭祀、算命、求神等形式求助于家乡的超自然力量。

其次，各种条件限制导致国家通信系统在原空间的使用效用降低乃至失灵。早期的外出者在新空间中常居无定所或工作地偏僻地址不详等，导致传统的邮政信件或无法送达或寄件易丢失。而外出者常常因为工作繁忙无暇给原空间中的留守者写信，即使有少部分寄信者也因原空间的偏僻和邮政机构落后，导致信件长期无法送达或在运送过程中遗失。更重要的是，双方（尤其是留守者）汉语言能力的缺乏也促使邮政系统失去作用，这都导致双方常常长期失去联络，外出者杳无音讯。因此，在昔时的分离背景下，超自然力量的作用对留守者和外出者都显得非常重要。即使现代通信工具和新媒体的使用增强了两种空间下的留守者和外出者的沟通，但二者的空间分离仍然是一种事实，新空间下的诸多现代性风险依然存在。

再次，新空间中诸多无法预知的现代性风险使外出壮族人无所适从，促使外出者倾向于选择求助原空间祖先与神明的护佑。城市的新空间环境中，外出者经常由于对城市规则和工作压力的不适而引发各种灾祸，如交

---

① 梁庭望主编《壮族原生型民间宗教调查研究》（上），北京：宗教文化出版社，2009，第 2 页。

通规则意识的缺乏导致车祸，工作流程不熟悉、长期加班过度劳累或疏忽导致的工伤，来自厂方的各种扣押证件、拖欠工资等侵权行为，暂时未找到工作而流落街头，等等。务工者面对这些突如其来的灾祸，在陌生的空间环境中时常只能独自应对，或寻求有限的（多源于原空间）社会关系网络的援助，但面对工伤索赔、证件被扣押、工资拖欠等行为，务工者及其有限的网络群体同样属于弱势群体。壮族外出务工者为了规避这种现代性风险，只能选择求助于原空间祖先和神明的护佑。留守者面对亲人的离去，及其在新空间环境中面临的生存风险，既思念又担忧，却因诸多因素而无法交流和沟通，因此，常求助于家乡的宗教仪式施行者，尤其是巫师跨越空间的超自然力量。这也可以说明为何家庭电话、手机通信设备及微信使用在壮乡越来越普及的今日，虽然传统的书信和电报等文字沟通工具正在没落，但民间信仰力量在沟通不同空间下的留守者与外出者时仍然发挥一定的作用。

超自然力量和现代信息设备的使用虽然为留守者与外出者的交流提供方便，但依然无法弥补社会成员在不同空间下分离的事实，因此春节的短暂聚首变得至关重要。然而，由于春节期间各式事务的繁杂，人际交往的增多，以及为适应打工需要而调整的各式活动和仪式，返乡者最终不得不疲于奔命，置身于繁忙的春节事务中，与家人、亲人乃至村民的直接交流机会反而减少。同时繁忙的春节事务也使外出者甚至在返乡期间比在城市中工作还劳累。这事实上违背返乡者计划在这宝贵的时间中与家人团聚、轻松过节的初衷。

三 调适

外出务工现象的出现，带来社会成员生活空间的分化，即出现原空间（家乡）和新空间（务工地）的差异。社会成员的空间流动必然带来空间的新调整和适应，外出者主要是对新空间陌生环境、制度和文化的适应；留守者及原空间社会则是对缺乏青壮年劳动力和文化传承者所产生困境的适应，以及外出者引进的物质、技术、资金、信息和观念的适应。

外出者在新空间中的适应可以归纳为物质、制度和精神三个层面。在适应过程中原空间习得的"惯习"既可能带来积极影响，也可能引发消极后果。伏台人原空间中传承的种菜经验、拟亲属关系、山歌等文化习惯，为海口代耕菜农群体的出现提供前提条件，也为这一群体在海口新空间中得以立足发挥重要作用。而自身民族语言带来的普通话不标准问题、原空间文化中交通规则意识及相关城市管理规定的匮乏等，也为伏台壮族人新空间的适应带来困扰。因此，伏台壮族人在新空间的适应过程，既要充分利用原"场域"的文化"惯习"和社会文化资本，以实现更好的适应，同时又要摆脱原有文化的某些"惯习"，以适应新"场域"的需求。当然，不同外出务工群体的适应能力仍然存在较大差异。相对于广东的青年打工群体而言，南宁的建筑工和海口的代耕菜农由于大多是中年人，受本民族传统文化的影响更深，适应的过程也相对更加艰难和复杂，其中在异乡海口谋生的菜农更是如此。

面对外出务工潮带来的影响，原空间的留守者及其所处社会文化所要做出的调整和适应更加全面和复杂。壮族村落大量人口外流带来的留守村落劳动力缺乏和社会文化角色缺失，是其面临的主要问题；外出者作为信息传递的直接载体，引入的各种资金、物质、信息、观念等，是其面临的新冲击。留守者及其所属社会不得不做出新调整以应对这些变化和冲击，原空间社会文化的整体变迁无法避免，其中最具代表性和最严重的变迁层面涉及生计方式、婚姻家庭、公共参与和闲暇生活、村落关系与语言认同等。

外出务工潮的出现影响了原空间传统的生计方式。首先，作为农业耕种基础的劳动力缺乏带来一系列的变迁，包括家庭劳动分工的调整、耕作文化传承的断裂、耕牛等家畜养殖的放弃、现代化肥和农药的大量使用、雇佣劳动力的出现等。其中放弃养殖耕牛促进壮族传统敬牛节及相关祭祀仪式的没落，以及机械耕作的使用。其次，外出务工者寄回的务工收入，使留守者可支配的资金增多，这在一定程度上也推动机械耕作、现代化肥和农药的大量使用以及雇用他人耕种的出现。最后，外出务工者作为外来物种的携带者直接催生消灭外来物种药物的产生和使用。当然，外出务工者引进的新观念和新技术也对传统生计方式的改变产生重大影响。

从婚姻和家庭方面来说，外出务工现象的出现，既导致壮族社区传统择偶观念的变化、通婚圈扩大和内卷的并存及不落夫家和夫妻居住模式的变革，也带来家观念的改变、分家传统失去意义、亲属关系陌生化的出现及亲属称谓的变迁。

在新的社会背景下，壮族村落传统的公共仪式（二月二、斋会等）在组织者、参与者以及相应的文化习俗方面都做出新调整。山歌传唱的消失不能仅归咎于外来文化的冲击，务工潮导致的文化传承者缺失造成的影响更是釜底抽薪，而山歌碟片的出现不仅作为新形式的文化保存手段，也是外出务工者民族认同的符号和闲暇娱乐的重要形式。壮语流行音乐的产生主要基于壮族外出务工者从城市丰富多彩的文化中吸收流行元素，并融合自身民族的语言和文化。壮族流行音乐的产生和传播，体现壮族年轻人对民族语言和文化的认同及对现代化思想观念的吸收和适应。这些变迁和适应无不与外出务工现象及其引发的务工文化有直接或间接的关系。

外出务工一定程度上影响了原空间的民族关系，大量人口外流缓解了各民族的资源竞争程度，但民族偏见仍然存在，在青年人返乡最集中的春节以族群为特征的村落矛盾依然凸显。外来汉族新娘的出现，使从未离开过原空间的壮族老人直接体验到外来文化的压力，原空间的文化保护随之被打破，即外来新娘的出现使原空间中也会产生语言交流的障碍。这促使留守老人对汉语认同的提高，加上务工者在外的亲身经历，都导致其对民族语言认同的降低及对汉语认同的增强。

总之，外出务工现象的出现使原空间传统社会的一体化消失，社会成员分化为外出务工者与留守者两部分。走向新空间和新环境的社会成员成为外出者，其与家乡的留守者分居两地，形成新空间和原空间的二元文化格局。原空间和新空间之间遥远的空间距离导致外出者与留守者长久地分离。为了适应这种分离带来的变化，两种空间下生活的成员都不断做出努力进行调适。

正是在这种分离、互动、调适的过程中，壮族社区汇入中国改革开放后的人口流动大潮，演示着其人口流动的历史进程。当然，作为中国流动大军中的一支，壮族人口流动既呈现与汉族人口流动的共通性，也充分体现其自身的特点。与汉族的人口流动相比，壮族人口流动的独特性可以归纳为以下几方面。首先，空间拓展过程策略的地方性，如"纸年龄"的创造，拟亲属关系的利用，以及问神、算命与择吉日、祭祀、携带幸运物品等传统实践活动和仪式。其次，分离期间互动形式的超自然性，即巫师、算命先生、师公道公等为代表的壮族民间信仰力量自分离出现至今一直发挥着重要作用。最后，新空间中的流动者与原空间中的留守者在适应过程中也呈现相应的民族性。流动者在新空间环境下延续着原空间的传统文化，如拟亲属关系及语言认同和布僚族群认同为基础的社会关系网络、民间信仰和民族习俗的延续、山歌碟片和壮语流行音乐为代表的娱乐文化等；原空间中的留守者，一方面不断调整传统的民族文化和思想观念以适应外出务工现象带来的新变化，另一方面通过延续传统文化和观念维持着社会的稳定和正常发展，如拟亲属关系的增多、婚姻圈扩大和内卷的并存、"合家"（与分家相对）现象的产生、双语儿童的出现等。简言之，壮族的人口流动不仅是农村文化与城市文化的直接接触，而且是壮族文化与汉族文化的碰撞与交融。正是由于壮族流动人口在语言、民间信仰、思想观念、族群意识和民族认同等文化方面的独特性，其在空间分离、互动和调适过程中呈现自身的特点。当然，空间分离背景下的调适过程总体上是和谐、稳定和不断适应的态势，但也难免伴随着某些值得关注和需要思考的社会问题。

第二节 问题与思考

本节拟对全书论述过程中提出的一些问题进行归纳和反思，试图分析问题背后的深层次原因，同时对外出务工形成后壮族民族意识和民族认同的变化进行探讨，并对壮族社区及其外出务工者的未来发展进行思考。

一 国家力量的缺位与非正规力量的作用

由前文可知，壮族社会的人口流动作为中国人口流动浪潮下的一波，其在外出原因、类型、特点、影响，及留守者与外出者的互动方式和过程等方面，不仅存在与其他民族和地区人口流动的共通性，而且具有某些方面的独特性。这种独特性产生的原因，除了民族和地方性因素外，外界力量起到的推动作用不容忽视。下文拟对书中总结出的几个主要问题进行整理归纳，并从国家力量的视角进行分析。

拟亲属关系为何在壮族人的外出务工过程中发挥如此重要作用（第二章第三节、第三章第二节）？纸年龄为何可以成为壮族人外出的重要手段（第二章第三节）？求助神明为何成为沟通两种空间下留守者与外出者的主要桥梁（第四章第三节、第五章第一节）？

拟亲属关系、纸年龄、求助神明等几个关键要素之间的共同点可以归纳为非正规的，有的甚至是合法性模糊的。拟亲属是相对亲属而言的，是不具有血缘和姻缘关系的社会成员结为亲属的现象，这种亲属关系相对于一般亲属所具备的血缘和姻缘关系而言是文化建构的、非正规的。纸年龄是身份证的虚假年龄，与真实年龄有异，但二者都在当代壮族人的生命实践中发挥重要作用，纸年龄是对外的，即在外出务工的识别、各种证件的领取等方面发挥作用，而真实年龄则在村落中"帮"归属识别、算命、合八字、问神婆等方面具有实际意义。因此，纸年龄作为一种虚假年龄是非正规的，甚至是非法的。求助神明等迷信活动在新中国成立以来一直备受批判和打压，至今仍被视为不入流的封建迷信文化。

在当今农村外出务工现象普遍化及由此产生的空间分离背景下，这些非正规力量仍然发挥着重要作用，这说明什么？问题的答案不一而足，而国家力量的缺位可以被归纳为引发这些非正规力量的共同原因。在田野过程中，外出务工常被认为是个人行为，地方政府基本没有提供任何扶持或引导。各种培训班、政策引导及同用工单位沟通等曾在其他地区被证实对外出务工有利的措施，在壮乡鲜有所闻。当地对时间概念的模糊化及相关机构户籍管理制度的不完善引发纸年龄的出现。国家力量在集体化时期对地方公共娱乐文化摧毁性的解构，导致农村出现公共娱乐文化缺失及公共话题缺乏的局面。正如研究中国北方农村的人类学家阎云翔所言，自80年代以来，公共生活衰落，社会秩序恶化，乡村社区也在解体。① 地处中国南方的壮族社区亦然，公共生活的衰落及娱乐项目的匮乏，促使民众不断寻找填补的力量。此外，国家力量对城市务工者权利保护的缺位，使得务工者在面对新空间无法预测和应对的现代性风险时，不得不寻求原空间祖先

---

① 阎云翔：《私人生活的变革：一个中国村庄里的爱情、家庭与亲密关系（1949—1999）》，龚小夏译，上海：上海书店出版社，2009，第260~261页。

和神明的护佑,这至少可以成为其能够在这个风险无处不在的陌生空间中继续生活的精神寄托。壮族社区对于自身文化传统的选择,正是基于对国家力量缺位的习惯和由此带来的漠视态度,这与壮族社区长期处于地理、政治、经济、文化边缘的处境密切相关。

壮族最主要的集聚地——广西,历史至今不仅处于中国地理位置的边缘地带,而且处于政治、经济、文化的边缘。在帝制时期,社会控制和治理的技术手段相对欠缺,其行政管辖无法延伸至山区腹地,使处于"帝国边陲"(empire at the margins)的人们尚无从感受到一个科层化帝国的存在,甚至其族群内部之间的交往也并不密切、频繁。① 历代中央王朝政府对这些边疆少数民族的管辖,常采取"以夷制夷"政策或由此发展而来的羁縻制度,至明末清初才推行改土归流政策,此后虽然这一区域在理论上由中央王朝派遣的流官管辖,但中央政府的权力机构也多在县一级以上才能更好发挥效用,对于偏远地区的少数民族则鞭长莫及。伏台所处的壮族地区正是如此,虽然明朝时期由定罗土巡检司管辖,但由于地理环境的闭塞,当时土巡检司犹如地方的"土皇帝",自行施政。中华人民共和国成立后,虽然共产党政府及其机构直接延伸至行政村一级,对村民的生产生活进行更直接的干预,然而由于担任村一级的地方干部均为当地人,地缘、血缘等人情关系使得诸多政策在实施过程中大打折扣。如前文所述之早期打工者李美山正是依赖其叔叔担任大队干部而突破常规外出谋生,集体化时期地方调查组中的一些当地基层干部对于家庭神龛的取缔言行不一,等等。

一方面,改革开放后,随着国家力量对地方控制力的减弱,基层建设受到忽视,基层组织的重要性逐渐降低。基层干部的待遇、权力、权威随之削弱,尤其是在外出务工潮涌现后,面对外出与留守之间巨大的经济、地位差距,不少队长、屯长纷纷辞职外出务工,部分坚守岗位的中年干部也面临后继乏人之窘状。如第四章第三节所述,在2011年伏台的村委选举中,候选人年龄均在55岁左右,全村有投票权的村民超过500人,而参与投票者仅30余人,获取选票最多者9票,最少者1票。这一反常现象在随

---

① Anne Csete, *Ethnicity, Conflict, and the State in the Early to Mid-Qing*, in *Empire at the Margins*, edited by Pamela Kyle Crossley (University of California Press, 2006), pp. 229 – 252.

后很长一段时间内成为留守村民闲聊时的笑谈。村民选举态度和政治参与的消极，一定程度上也使基层干部的工作积极性受挫，工作态度受到影响。

另一方面，由于壮族地区的特殊性如留守人员文化水平不高等，地方干部不得不承担诸多理应由村民个人完成的事务，而基层干部自身工资水平不高、上级众多会议和太多没有实际意义的学习和材料检查，使其疲于奔命，不少事务只好应付了事，能不管则不管。基层组织的弱化和监管力量的缺位为诸多非正规力量的潜生和发挥作用提供了机会。

二 民族认同与民族文化的传承及保护

从前文可知，永州地区壮族人的族群定位和民族意识主要经历两个阶段的演变。早期各种文献中常被称为土人，此后在民族识别中被认定为壮族，这两种称呼的演变对当地人的直观认知并未造成太大影响。大多数当地人在壮族聚居区较封闭的空间环境中生活，自称"布僚"，而官方从"土人"到"壮族"的称谓变化对社会个体并未造成多大影响，仅在身份证和户口本上标出"壮族"二字。在特定的地域空间范围内，当地壮族人对于他者族群的定位仍限于当地的"布瑶"（瑶族人），及少量壮化的汉族人。

改革开放后，永州地区越来越多壮族人远离家乡到新的空间环境中务工，空间环境的变换带来了视觉和意识上的冲击，而新空间中与他者族群的互动，也使其对自身的族群认同和定位更加清晰明了。在海口谋生的代耕菜农正是在与海南村里人、海南山里人、语言有异的壮族人、广西汉族人等不同族群的互动中，通过内部的认同和对他者的认异不断调整和定位其族群边界，对壮族的认知才更清晰。然而这种认知依然存在一些困惑，例如，为何同是壮族者语言却存在差异甚至无法沟通，而对他者族群的认异也常因传统认知的局限而存在偏差，即认为海南山里人也是瑶族等。当然这种定位在一定程度上增强了壮族自身的民族认同，但相对于"布僚"认同而言，"壮族"认同所具有的凝聚力依然不大，即对支系"布僚"的认同强过对"壮族"的认同。因此，"壮族"对于大多数布僚而言仍然是一个凝聚力不强的"想象的共同体"①。

---

① 〔美〕本尼迪克特·安德森：《想象的共同体》，吴叡人译，上海：上海人民出版社，2003。

外出务工潮推动壮族人族群意识增强的同时，也导致诸多传统民族文化卷入现代化的浪潮，民族文化的保护和传承机制摇摇欲坠。首先，打工经验使当地壮族人对自身的民族文字和民族语言产生怀疑。一方面，民众对拼音壮文的认同更加微弱，以致拼音壮文推广的困境进一步加剧；另一方面，越来越多壮族人体验到民族语言（壮语）的对外交流局限，以及夹壮带来的普通话失准，而选择让自己的后代学习普通话而非壮语，部分在外务工的夫妻甚至让随行子女放弃壮语学习汉语（第三章第三节、第四章第四节）。对于留守者而言，壮乡语言环境促使生养于此的儿童很难放弃壮语，但自幼儿园开始即强调普通话交流的重要性，使壮乡培养出越来越多的双语儿童。外来新娘的出现使原空间在封闭环境下具有的语言保护功效受到挑战，留守老人在家中也面临语言交流障碍的可能，这也刺激了壮族老人对普通话重要性的认知。而在交流障碍中发挥翻译作用的双语儿童，难免受到语言障碍双方的赞誉，这进一步推动儿童学习普通话的积极性。其次，外出务工者在新空间中不得不遵循城市社会的时间逻辑，即放弃原空间中的时间观，最终也放弃民族自身的部分传统文化（第三章第二节、第五章第二节）。例如，原空间生活的壮族人可以根据农事节气开展农业生产和相应的节日庆祝，如三月三、敬牛节、七月十四等，新空间中的壮族人只能遵循城市工作中的七天双休（或单休）制、月休一日或国家的节假日制度，即使是代耕菜农也常常一年如一日地耕作在菜地中，无暇如家乡般庆祝传统民族节庆。原空间中的诸多民族文化，为了得以延续不得不遵循因打工带来的日常时间与春节时间的二元划分体系来调整举办时间，即根据春节期间外出务工者才能返乡的现实，将原本在其他日常时间举办的仪式变更至春节期间举行，如春节期间集中举办的满月宴和婚宴、祭祖等。最后，社会成员为了适应外出打工需要不得不放弃某种传统习惯和禁忌，并通过新话语诠释以避免因此产生的心理负担。如斋会过后三日内不允许往户外和村外搬运物品，不允许从身上掏钱消费，但村民在斋会后都急于返回务工地，携带物品和花费无法避免。最终这一禁忌通过道公的解释和村民自身的诠释而变得松懈，理由是"出去打工是为自己投资挣钱，是可以理解的，又不是随便把钱送给别人"，"没事，到时去取款机上取钱来用就好，那又不是身上的，银行的钱肯定可以用"。葬礼过后的守孝及祭祀期限也因为外出务工需要而大大缩短。昔日父母过世,在办完葬礼后女子需守孝和祭祀七七四十九日方可请师公举行脱孝仪式,如今为了早日外出打工,子女常在三日过后即将三日仪式和脱孝仪式合并,理由是"现在都急着出去(打工),谁不这样做啊"(第四章第三节)。可见,为了迎合外出打工需要,壮族社会及其成员通过各种话语和实践,不断调整乃至放弃一些传统习俗。

当然,外出务工者引进的新科技和新思想也在某些方面被壮族人运用到自身民族文化的保护和传承中,如山歌碟片及壮语流行音乐的出现与传播(第四章第三节)。山歌碟片和壮语流行音乐正好体现两代壮族人对新科技、外来文化与民族文化有效结合的认可。随着改革开放的深入,壮乡的山歌传唱正在消失,老一辈壮族人虽然喜爱山歌但传唱环境已经不再,而新一代则沉迷于欧美摇滚及港台流行音乐。随着外出务工潮的兴起,壮族人的民族认同正在增强,越来越多的民族精英意识到自身文化的独特性和保护的重要性,利用现代摄像技术和传媒设备,拍摄本民族山歌相关事物或用壮语翻唱流行歌曲,或独自创作壮语歌曲,制成光碟。拍摄的内容是大多壮族人熟悉的场景,如当地风情、传统服饰、民族语言,甚至熟识的歌手,尤其是使用自身语言,使文化水平不高且不通汉语的壮族人充分享受到电视传媒的真正乐趣。因此,山歌碟片和壮语流行音乐颇受壮族人的欢迎,前者的接受者多为老一辈的人,后者的接受者则是外出务工的年轻人,最终二者在壮乡乃至外出务工群体中广为流传。山歌碟片的兴起,使"旧的东西卷土重来"[1],在恢复民族历史记忆的同时,将固有的文化遗产传递,使民族传统文化得以代代绵延,这种文化传承的"意义不仅来自社会,而且人们通过自己的解释和描写,借助现代媒体,把自己所认为正确的意义赋予社会"[2]。壮语流行音乐的出现,是外出务工者对自身民族认同的再现及异文化务工生活的真实描述,因此其受到壮族在外务工青年的追捧。现代网络技术则成为壮语流行音乐最重要的传播媒介,在外漂泊的壮族年轻人正是通过 QQ 群、微信群、各种音乐网站、个人主页、博客、微博等网

---

[1] 〔美〕弗雷德里克·詹姆逊:《文化转向》,胡亚敏等译,北京:中国社会科学出版社,2000,第 91~131 页。

[2] 纳日碧力戈:《现代背景下的族群建构》,昆明:云南教育出版社,2000,第 290 页。

络平台,以壮语流行音乐乃至壮语认同为主题进行交流和沟通。总之,山歌光碟和壮语流行音乐正是借助现代传媒技术呈现社会意义的客观现实,同时也是拍摄者和表演者等个体对社会意义理解的"真实"文化描写。①

简言之,外出务工潮的兴起对壮族人的民族认同和民族文化的传承保护产生重要影响,而这种影响既有消极的也有积极的。当然,这种影响仍会持续发酵,而壮族民族认同和传统文化保护传承的道路依然艰辛而漫长。

三 边远农村及其外出务工者走向何方?

在数千年的历史长河中,中国城市社会和各种上层建筑一直处于不断变迁和更换的过程中,而中国农村的基本组织结构则处于相对不变的稳固状态,即农村社会结构的整体性和一体化基本保持完好。改革开放后,这一整体性格局受席卷整个中国的人口流动浪潮的冲击,第一次被打破。在这一浪潮的影响下,中国绝大多数农村卷入其中,各地农村的青壮年基本离开家乡,形成外出者与家乡土地、家庭、亲属、社会、神明之间的分离状态。以老人和小孩为主的留守社会由于劳动力主体和社会文化传承主体的缺失,显得缺乏生机,甚至面临着文化、社会结构走向解体的危机。2012年10月20日中国文联副主席、中国民间文艺家协会主席冯骥才在天津接受媒体采访时表示,中国每天消失80至100个村落,速度之快令人咂舌。他援引官方公布的数字说,过去十年,中国总共消失了90万个自然村,比较妥当的说法是每一天消失80至100个村落;这些消失的村落中有多少具有文化保护价值的传统村落,则无人知晓。冯骥才还说,"传统村落中蕴藏着丰富的历史信息和文化景观,是中国农耕文明留下的最大遗产"。但随着社会的发展,村落的原始性,以及吸附其上的文化性正在迅速瓦解。因此,保护中国传统村落已经迫在眉睫。② 正如梁鸿于《中国在梁庄》一书中所言:

---

① 罗正副:《调适与演进:无文字民族文化传承——以布依族为个案的研究》,博士学位论文,厦门大学,2009,第266页。
② 《冯骥才称中国每天消失百个村落:中国有多少村庄》,未来网,http://news.k618.cn/ztx/201210/t20121021_2533435.html,2012年10月21日,最后访问时间:2013年3月18日。

分离、互动与调适

  我并不认同乡村已经完全陷落的观点,但是不可否认的是,乡村的确是千疮百孔的。我也并不认为农民的处境已经到了最艰难的地步,但是,整个社会最大的问题又确实集中在农民与乡村那里。与此同时,政府对于农民工,对于乡村的种种政策和努力都无济于事,乡村在加速衰落下去,它正朝着城市的模本飞奔而去,仿佛一个个巨大的城市赝品。①

  这些村庄加速衰落和消失的直接原因,正是人口流入城市务工引发村落社会文化的衰落和解体。2009 年中国农业大学朱启臻教授等组织了跨越中国 10 多个省区市 20 余个村庄的中国农民和农业现状的调研,在此基础上撰写出《农民为什么离开土地》一书,书中通过诸多活生生的案例和事实,揭示当前农民不愿种地、农村社会分离、农业劳动力老化和匮乏的社会现状。②《都市快报》的"天下"周刊曾策划了一期聚焦"空心村"的主题,对赣西北三个"空心村"进行调查,11 个自然村平均居住不到 8 人;村民外出打工,从山村走向城镇,留下"空心村",有的地方还干脆说成是"空壳村"。"一个人的村庄",不是诗人的浪漫想象,而是散文家的真切写实。③这都足以说明壮村伏台不是唯一受到外出务工潮影响的中国村庄,而像伏台这样地处中国边远山区的村庄在外出务工潮的席卷下将走向何方?最终是步前述村庄后尘,走向解体乃至消失?还是通过变迁不断适应并得以延续和发展呢?

  从目前来看,外出务工潮给壮乡伏台带来巨大变迁毋庸置疑,传统村落社会中的各种文化现象和社会结构的弱化乃至解体依然非常明显。在亲属关系方面,外出者即使是陌生的亲属也变得关系亲密,而留守者理应是熟悉的亲属则变得陌生。由于外出务工常常导致亲属及家庭成员之间的长期分离,同村人在过年返乡期间不相识,乃至出现同胞兄妹因成长于两种

---

① 梁鸿:《中国在梁庄》,南京:江苏人民出版社,2011,前言第 3 页。
② 朱启臻、赵晨鸣主编《农民为什么离开土地》,北京:人民日报出版社,2011。
③ 徐迅雷:《过去 10 年每天消失 80 个自然村:江西一村庄仅剩一人》,搜狐新闻,http://star.news.sohu.com/20121028/n355886937.shtml,2012 年 10 月 28 日,最后访问时间:2013 年 3 月 18 日。

分离空间下而变得陌生的现象（第四章第二节、第五章第二节）。费孝通先生强调传统农村具有的熟人社会性质正在发生变化，社会成员间的陌生化悄然产生。正是在这样的背景下，才出现村民不敢将不确定身份的服毒自杀者送往医院的状况。在国家力量缺位的情况下，为满足外出务工者的各种需求及留守者的娱乐需要，拟亲属关系、纸年龄、超自然力量等各种非正规力量起到某些填补性的作用，而其中一些正在发挥作用的力量也直接逾越当前国家法律的范畴。山歌、依歌择偶和不落夫家习俗、夫妻分床居住模式、传统服饰、地方性审美观、传统耕作技能与文化等都发生了巨大变革，传统正在消解，特有文化正在消失，而各种现代服饰、夫妻同床居住模式、钢筋水泥建筑、现代化机械耕作等与全国其他农村同质性的文化元素在增多，即梁鸿所说的"乡村正朝着城市的模本飞奔而去，仿佛一个个巨大的城市赝品"。因此，在外出务工现象方兴未艾、持续发酵的作用下，壮族村庄的特有文化是否可以维持，或通过"传统的发明"[①] 或"传统的制作"[②] 继续维持？若传统文化消解，维系壮乡凝聚的力量及牵引着外出壮族人的关系网络和信仰力量是否依然可以发挥作用？本书虽然对此做出一定的探索，但仍需随时间推移进行更深层次的分析。

当前农村的问题既体现在村落文化的传承上，也体现在外出者的未来出路方面。大多数外出者已经意识到不可能一辈子都在外打工，城市容不下自己，所以返乡是必然。而何时返乡，返乡以何谋生，这些问题至关重要。就伏台而言，至今没有发现有外出务工者在城市买房的现象，一方面是经济上的原因，即自身低收入和城市高房价的巨大差距使务工者不可企及，乃至望而却步；另一方面是心理上的顾虑，担忧即使城市有房年老后在城市中也无以谋生，更无依无靠。因此，大多数人将打工收入投入老家的房屋建设、婚姻、子女的教育等方面。返乡是必然的，但何时返乡？受访者常常回答"干不动了就回来"。"干不动"除了年龄增长身体不再适合在外奔波，还包括因各种病痛无法继续在外务工。前者如早期南宁建筑工

---

① 〔英〕E. 霍布斯鲍姆、T. 兰格编《传统的发明》，顾杭、庞冠群译，南京：译林出版社，2004。
② 〔丹麦〕克斯汀·海斯翠普编《他者的历史：社会人类学与历史制作》，贾士衡译，台北：麦田出版股份有限公司，1998。

代表李美山及其建筑队成员，他们在返乡后除了经营农业，还兼在村内及周边村落"打工"，即通过为其他村民建房、装修等挣钱。目前，伏台共有三支建筑队，其中两支专门建房，一支负责装修。其成员大多为早期在南宁做建筑工的村民，平均年龄约为 60 岁，年龄最小者 55 岁，最高者 70 岁。

身体不适无法继续外出是村民最不愿意看到的，但不乏其例。外出者身体的不适不仅包括身体上的病痛，也包含心理和精神的各种疾病（第三章第三节）。目前伏台共有两名女性因种菜导致腰椎病痛返乡，二人的丈夫也不得已随同返回（因为种菜职业离不开两个劳力的合作），而有两名年轻人因精神问题待在家中休养。这些务工者在外漂泊的过程中，因过度劳累及身体承受能力所限，导致病痛缠身，折翼而归。2012 年，有名邻村女青年因病痛无法外出而选择结束自己的生命。继这名女性在伏台村口自杀后，2013 年春节前夕，伏台又有一名女性在家中挥刀割颈自杀。当然，这名女性自杀的原因或许是复杂的，但同精神抑郁直接相关。这种精神问题依然与外出务工存在密切的联系。村民对这一自杀现象的评价也说明自杀与外出务工之间存在的某些关联，如："瞎扯，你说平时会有这样的事情发生吗？你们（指务工者）都不在哪有这些事。""我活 50 多年，从来没听说我们那里以前发生过这样的事情。"从这些话语表述中可以体会出其中的深层含义，即外出务工前当地基本不存在自杀现象，自杀同外出务工年轻人接受的事情、思想观念等有关。

2012 年那名女性自杀的原因之一即身体的病痛很可能导致无法外出务工。这不仅体现外出务工在年轻人生命中的重要性，而且从侧面反映年轻人对于留守生活的忧虑，即待在家中不如死掉。外出务工者与家乡的长期分离，使其对家乡的气候情况、耕作方式、人际关系、行为习惯等越来越陌生。几位海口的菜农在聊到回家的感受时，表示："不知道是出来太长时间在海南待惯了还是怎么回事，现在每次回家都很不适应，每次回去都觉得很冷很冷，而且都要病一场。过年的时候还忙一些，平时偶尔回去就闲得慌，也不知道该做什么，就像一个陌生人。所以每次都想早点把该办的事办好，赶紧回来。"这仅仅是短期返乡的一种不适，而长期在外务工者在停止务工返乡后则面临更多的问题。其中一位因种菜导致腰痛返乡的村民表示："刚回来时就像个外人，对村里的事都不了解。村里有些人家里有事情,该不该参加,该不该送礼金,送多少礼金;种地方面,什么时候该播种,怎么播,撒多少化肥,喷多少农药等,我全都不知道,都要去问在家的嫂子。"对于外出种菜十余年的村民尚且如此,那些新生代的年轻务工者未来若要返乡又将如何适应?老一辈的人在外出前已在村落中生活数十年,返乡生活的不适主要是因为其不在家的时间段村落发生的变化,但经过短时间的调整定能很快回到正常的生活轨道上。而年轻人多数是在离开校园后直接加入务工队伍中,他们对于传统村落社会文化、农业耕作模式,包括家中有几亩田地、分布何处等最基本的常识一无所知。这些年轻人若停止外出务工,将何去何从?一旦选择返乡又怎能适应?而部分年轻人甚至直接在城市中随务工父母成长,后留在城市继续打工,即常说的"务工族二代"。这些年轻人很少接触农村文化,甚至不认同农村社会,但从户籍等角度来说又不被城市接纳,若城市中没有工作机会,他们又将何去何从,何以谋生?当然伏台的"务工族二代"才刚刚出现,对他们以后留在城市或返回农村的评论或许言之尚早,但"务工族二代"的问题依然值得关注。

　　壮村伏台的现状证实,村庄仍然通过传统文化的力量维系着自身的凝聚力和牵引力。首先,村落民间信仰中的祖先、神明等超自然信仰力量是要求村民不定期返乡的牵引力(第五章第一节)。壮族人认为,若长期对这种超自然力量缺乏护理(通常是祭祀),则其责任者及家人定会遭受来自这些力量的各种惩罚。这种责任和违背带来的惩罚观念,以各种被认为是真实的民间故事和传闻为载体,影响着大多数人的意识和实践。2013年斋会举行时,众多村民的返乡再一次证实村落仪式对于外出务工者的重要性。其次,拟亲属关系的增多是依赖传统关系缓解外出务工现象带来的社会关系网络匮乏的策略(第四章第二节),而村落年龄组——"帮"组织及青年会的建构和强化,更是依赖传统力量增强村落凝聚力的重要体现(第五章第二节)。最后,对死者灵魂的崇敬和畏惧以及家乡社区力量的约束则是外出者特定情况下返乡的必然要求(第五章第一节)。在村中有人去世时,其外出亲属必须按照一定的亲疏远近准则确定是否返乡参与,若属于理应参与者须设法回乡。一方面,当地人认为,亲属过世时,外出者若不能返乡参与,不仅对不起死者及其灵魂,而且自己未来的运程也会受到影响;另一方面,这是社区应对大量青壮年外出务工做出的规定。永州地区部分人口较少的村落明确规定，凡是村内有人去世举办葬礼，举家在外的村民须至少有一位成人返乡参加，而关系亲密者须全家返乡。这种规定的潜在惩罚是，若村民在他人举办葬礼时不返乡，则在其家中举行葬礼时其他外出者也可能不返乡。曾有村民指出："你们不回来，到你家时怎么办？"这是一种传统社会关系互惠性维系的体现。

更重要的是，随着广西壮族自治区内经济的发展和城市化进程的加快，即使在距离更远的城市有更好的收益和发展前途，但越来越多的壮族人仍选择回到距离家乡较近的区内各大城市务工。2008年以来，随着永州与南宁之间交通的改善，以及南宁务工人员的增多，节假日期间穿梭于两地的务工者越来越多。而国家对休假制度的不断调整和完善，也为往来于两地的务工者提供机会，如2012年开始的清明节假期，即有不少壮族务工者返乡扫墓及与家人团聚。与此同时，受2008年国际金融危机的影响，越来越多的壮族务工者在失业的同时，对外出务工做出更理性的思考。部分年轻人开始选择在南宁等邻近城市创业，推动了外出谋生手段多样化的出现；部分年轻人开始选择学习某种技艺以便返乡创业，即使一些创业者面临暂时的失败，但也不乏成功者。2018年底，伏台在海口的代耕菜农仅余6户，原有菜农家庭或返回南宁等区内城市种菜，或因年迈返乡。这都足以证明这些务工者重新思考并做出新选择的可能，而不再盲从（第二章第一、二节）。

在这样的前提下，壮族农村传统文化难免发生变迁，但传统依然在变迁中延续。这种文化力量正是维系外出者与留守者关系的重要纽带，也是缓解农村走向解体的根本保障。因此，从国家和政府角度来说，少数民族农村地区的文化建设至关重要。党的十八大报告对农村地区的精神文化建设提出新要求，强调：

> 让人民享有健康丰富的精神文化生活，是全面建成小康社会的重要内容。要坚持以人民为中心的创作导向，提高文化产品质量，为人民提供更好更多精神食粮。坚持面向基层、服务群众，加快推进重点文化惠民工程，加大对农村和欠发达地区文化建设的帮扶力度，继续推动公共文化服务设施向社会免费开放。建设优秀传统文化传承体系，

弘扬中华优秀传统文化。繁荣发展少数民族文化事业。开展群众性文化活动，引导群众在文化建设中自我表现、自我教育、自我服务。

党的十九大报告进一步强调推动文化事业和文化产业发展，指出：

> 满足人民过上美好生活的新期待，必须提供丰富的精神食粮。要深化文化体制改革，完善文化管理体制……完善公共文化服务体系，深入实施文化惠民工程，丰富群众性文化活动。加强文物保护利用和文化遗产保护传承。健全现代文化产业体系和市场体系，创新生产经营机制，完善文化经济政策，培育新型文化业态。

同时，加强边远地区的农村建设，尤其是加快小城镇建设，缩小农村与城市、小城市与大城市之间的发展差距，增加中小城市的就业机会，为外出者缩短原空间与新空间的分离距离提供更多机会，这或许也是解决问题的重要思路。对此，党的十八大报告指出：

> 必须科学规划城市群规模和布局，增强中小城市和小城镇产业发展、公共服务、吸纳就业、人口集聚功能。加快改革户籍制度，有序推进农业转移人口市民化，努力实现城镇基本公共服务常住人口全覆盖。城乡发展一体化是解决"三农"问题的根本途径。要加大统筹城乡发展力度，增强农村发展活力，逐步缩小城乡差距，促进城乡共同繁荣。坚持工业反哺农业、城市支持农村和多予少取放活方针，加大强农惠农富农政策力度，让广大农民平等参与现代化进程、共同分享现代化成果。加快完善城乡发展一体化体制机制，着力在城乡规划、基础设施、公共服务等方面推进一体化，促进城乡要素平等交换和公共资源均衡配置，形成以工促农、以城带乡、工农互惠、城乡一体的新型工农、城乡关系。

党的十九大报告进一步提出"实施乡村振兴战略"，强调：

要坚持农业农村优先发展，按照产业兴旺、生态宜居、乡风文明、治理有效、生活富裕的总要求，建立健全城乡融合发展体制机制和政策体系，加快推进农业农村现代化。……构建现代农业产业体系、生产体系、经营体系，完善农业支持保护制度，发展多种形式适度规模经营，培育新型农业经营主体，健全农业社会化服务体系，实现小农户和现代农业发展有机衔接。促进农村一二三产业融合发展，支持和鼓励农民就业创业，拓宽增收渠道。

总之，农村大量人口外流带来的诸多社会问题，证实当前党和政府进一步加快城乡一体化建设、农村精神文明建设、基层组织建设及实施乡村振兴战略的必要性和紧迫性。当然，受外出务工潮影响的中国边远农村的未来发展和外出务工者的未来出路，仍然是一个复杂而多变的综合性问题，也将是我未来继续追踪研究的领域。

附 录

欢打功（古壮字）[①]

Fwen Daj Goeng（拼音壮文） （壮族）打工歌（汉译）

编唱者：徐秀干、陆仕章　古壮字记录：陆仕章　汉语翻译：李虎
拼音壮文翻译：**Daegndei**

古壮字： 汉译：

共产党眉（光）荣，广东称开发； 共产党有（光）荣，广东才开发；
拼音壮文：Gungcanjdangj miz yungz, Gvangjdungh caengh gaihfaz.

跑𠄎悲着𠄎，带劲妑悲凉。 跑上又跑下，带儿妻去（跟）随。
Buet gwnz bae coh laj, daiq lwg' yah bae riengz.

吽读字不鲁，叫父欧银用； 我读书不懂，叫爸要钱花；
Gou doeg saw mbouj rox, heuh boh aeu ngaenz yungh.

广东赖鼠钱，合年称到扒。 广东多得钱，周年才回一（次）。
Gvangjdungh lai ndaej cienz, hopnienz caengh dauq mbat.

[①] 2012年6月12日于大旺村大外屯歌师陆仕章家中记录。陆仕章，54岁，当前永州最具影响力的歌师之一，熟练于古壮字，曾连续参加第一、二、三届"广西南宁·马山文化旅游美食节山歌擂台赛"，并被评为优秀歌师或优秀歌手。徐秀干，55岁，从大外屯嫁到伏台，年轻时山歌水平在当地颇有名气。田野期间，我曾与徐秀干数次赴大外屯拜访陆仕章，当谈及打工现象时，二人即兴编唱这首山歌，反映了当地人对外出务工的态度和看法。Daegndei 为 QQ 的昵称，广西柳州壮族，当时是广西工学院学生，自学拼音壮文数年，是我通过网络结识的，由其负责帮忙译成拼音壮文。

分离、互动与调适

一年级不鲁，写着难登记； 一年级不懂，写名难登记；
Yiznenzgiz mbouj rox, sij coh nanz dwnghgi.
广东字钱眉，能车不鲁到。 广东花钱有，坐车不懂回。
Gvangjdungh cawx cienz miz, naengh ci mbouj rox daeuj.

舍**劲**依**劲**裔，悲广东千年； 留小儿小孙，去广东千年；
Ce lwg' iq lwgnumh, bae Gvangjdungh ciennienz.
母忧栏西凉，欧钱不鲁够。 妈在家凄凉，要钱永不够。
Meh youq ranz siliengz, aeu cienz mbouj rox gaeuq.

悲广东悲忧，鲁楼称贫家； 去广东去住，懂挣才成家；
Bae Gvangjdungh bae youq, rox laeuq caengh baenz gya.
其爹**型**不**罟**，**吓**么通挨柱。 那里无田地，吃啥都挨买。
Giz de reih mbouj naz, gwn maz dungj ngaiz cawx.

悲广东悲忧，鲁楼称贫话； 去广东去住，懂挣才成话；
Bae Gvangjdungh bae youq, rox laeuq caengh baenz vah.
昳乱**吓**乱卦，**口**靠化流**塝**。 （每）天乱吃乱跑，做叫花流浪。
Ngoenz luenh gwn luenh gvaq, guh gaujvaq liuzlangh.

口罟不眉用，悲广东打功； 种田没有用，去广东打工；
Guh naz mbouj miz yungh, bae Gvangjdungh daj goeng.
汗湿**肶**吞毛，**昳**欺么卦朝。 汗渗到发梢，哪一天过（完这一）辈。
Hanh sinz daengz dinbwn, ngoenz gijmaz gvaq ciuh.

后　记

本书是在我于厦门大学完成的博士学位论文基础上修改完善而成。博士毕业至今5年有余，其间我依然关注家乡的流动人口和文化变迁，并在此基础上对论文内容进行适当增补。

本书的完成得到太多师长、同窗与同人的指导与帮助，我一直心存感激。首先感谢导师李明欢教授，她以渊博的学识、宏观的学术视野、严谨的治学态度和缜密的逻辑思维，为我就读厦门大学期间的学习生活及后来的学术道路带来助益。博士论文从选题到田野、从架构到写作，都离不开恩师的引领提携，循循教导。在论文整体时间的安排和规划上，李老师高瞻远瞩、松弛有度，使撰写和修改阶段的进度紧张又合理；在选题、思考和写作过程中，李老师数次摆正我的航向，使我没有迷失于繁杂的田野资料中；在因田野迷惘和写作思路中断而感觉惆怅甚至失去信心时，李老师的指点和鼓励让我拨云见日，重拾信心；在论文完善待版阶段，当我因工作和家庭事务缠身试图懈怠和放松要求时，李老师仍不忘教诲和提点。人类学系的郭志超教授，不弃学生愚钝，数度传授科研方法和写作技巧，甚至带病逐字阅读三十万字的"闲言碎语"，他慧眼如炬，洞察丝毫，在思想深度和提升方向上给予我指导。不幸的是，本书尚未付梓，郭志超老师却于2019年3月23日因病辞世，令我悲痛又惋惜。余光弘教授的知遇之恩令我终生难忘，其田野技巧的传授和民族志撰写的手把手教导，是我田野和写作规范、细腻的基础；其生活上的无私照顾和帮助，使我博士期间的学习和生活更加顺畅。石奕龙教授，儒雅而富有学识，尤其是在文化人类学方面的知识传授使我受益良多。硕士期间的导师朱家骏副教授和林琦副教授伉俪，予我以莫大的关照，并为我的论文提出宝贵的修改意见。董建辉教授宽容大度，慈眉善目，待我如亲，照顾有加。博士论文的答辩委员范可教授、陈奕平教授、曾玲教授、易林教授和朱冬亮教授也提出诸多完善意见。厦门大学胡荣教授、黄向春副教授、蓝达居副教授、马顺老师，中央民族大学黄凤显教授，重庆三峡学院滕新才教授、赵翔宇博士、李霞博士、谭晓静博士等给予诸多的关注和鼓励。恩情难报，唯有感激，永世铭记。

本书中提及的大部分受访者均采用真名，少数则基于隐私和保护当事人的考虑用化名。感谢田野期间给我无私帮助的诸多亲朋：伯父李美山及伯母农美参，伯父李美芬、李美轮，叔叔李猛，婶婶徐秀干，堂哥李朝丰，道公黄英生，村支书黄孟生，村民黄合生、黄朝生，兄长黄誉，"老同"黄冠盛，"帮"友黄平隆、黄团世，友人左红红及其家人。他们都是田野期间的主要报道人，他们及众多乡亲的支持和帮助是书稿完成的基础。同时，马山县档案馆老馆长樊秀武、姨父李天明一家、朋友李峰和谭苑等也提供诸多帮助。

本书写作和修改阶段，得到诸多朋友和同学的支持。"小李飞刀"师门的师兄关丙胜、刘成明，师姐吕云芳、孔结群、陈凤兰，同学陈肖英、姚婷，师弟刘计峰、赵萌，师妹武艳华，同学墨绍山、丁龙、黄云凌等都提出重要建议；人类学系的师姐杨蓉，师弟戴五宏、钟鹭艺，硕士同学哈斯其木格、陈颖、江金秀、郭黎丹，重庆三峡学院陈兴贵博士，河南师范大学李红伟博士，吉首大学李凌霞博士，沈阳师范大学毛伟博士，厦门大学人类学系硕士罗星、雷春香、康杨微，以及西南大学硕士李朝定等，或曾阅读过书稿提出修改意见，或提供其他的帮助。网络上结识的一些朋友，如广西龙州农瑞群老师、河池学院学生陈永笑对古壮字的输入方法进行指点，QQ网名为"Daegndei"的广西工学院学生、QQ网名为"壮國団囡♂神马"的广西武鸣区"贝侬"则提供歌词的壮文翻译。另外，厦门大学公共事务学院的姜玉琴、阳杨、陈斯诗、王卫、谢启秦、徐国冲，人类学系的王世伟、史艳兰、杨春艳等诸多同学，是我就读厦门大学期间不可多得的同窗友人，能与他们一同在厦门大学学习和生活，我至今觉得是莫大荣幸。

本书的出版需要感谢社会科学文献出版社的杨阳、张真真等工作人员，

后　记

他们在书稿的完善、编辑、排版方面付出辛勤的劳动。

最后，要感谢我的双亲、妻儿与弟弟妹妹，他们长期以来都是我学习和生活中的最大理解者和支持者。而且，父母是我田野期间最重要的信息提供者和其他受访人的引荐者；妻子刘爽是我工作上最大的鼓励者和支持者。

李　虎

2019 年 6 月 30 日于重庆三峡学院南浦苑

图书在版编目（CIP）数据

分离、互动与调适：一个壮族村落的人口流动与文化变迁/李虎著.——北京：社会科学文献出版社，2019.9

ISBN 978-7-5201-5455-0

Ⅰ.①分… Ⅱ.①李… Ⅲ.①壮族－人口流动－影响－民族文化－研究－中国 Ⅳ.①C924.24②K281.8

中国版本图书馆 CIP 数据核字（2019）第 198146 号

分离、互动与调适
——一个壮族村落的人口流动与文化变迁

著　　者 / 李　虎
出 版 人 / 谢寿光
责任编辑 / 杨　阳
文稿编辑 / 张真真

出　　版 / 社会科学文献出版社·群学出版分社（010）59366453
　　　　　 地址：北京市北三环中路甲29号院华龙大厦　邮编：100029
　　　　　 网址：www.ssap.com.cn

发　　行 / 市场营销中心（010）59367081　59367083
印　　装 / 三河市龙林印务有限公司

规　　格 / 开　本：787mm×1092mm　1/16
　　　　　 印　张：20.25　字　数：322千字

版　　次 / 2019年9月第1版　2019年9月第1次印刷
书　　号 / ISBN 978-7-5201-5455-0
定　　价 / 98.00元

本书如有印装质量问题，请与读者服务中心（010-59367028）联系

版权所有 翻印必究